MARCEL REICH-RANICKI

DIE ANWÄLTE DER LITERATUR

MARCEL
REICH-RANICKI

DIE ANWÄLTE
DER
LITERATUR

Deutsche Verlags-Anstalt
Stuttgart

Die Deutsche Bibliothek – CIP-Einheitsaufnahme

Reich-Ranicki, Marcel:
Die Anwälte der Literatur / Marcel Reich-Ranicki. –
Stuttgart: Deutsche Verlags-Anstalt, 1994
ISBN 3-421-06564-0

© 1994 Deutsche Verlags-Anstalt GmbH, Stuttgart
Alle Rechte vorbehalten
Satz: Steffen Hahn GmbH, Kornwestheim
Druck und Bindearbeit:
Mohndruck Graphische Betriebe GmbH, Gütersloh
Printed in Germany
ISBN 3-421-06564-0

Für Andrew Alexander Ranicki

Ich hege eine Schwäche für alles, was Kritik heißt, – und diese Liebe möcht' ich nie besiegen ... Die Kritik sei frei – denn sie ist das steigernde, befeuernde, emportreibende Prinzip, das Prinzip der Ungenügsamkeit.

Thomas Mann (1905)

Mit der Kritik sind wir nie auf gutem Fuß gestanden ... Die Reihe der großen literarischen Kritiker ist darum bei uns schütterer als bei anderen Nationen, und wir müssen den seltenen Männern danken, die von ihrer Leidenschaft dahin getrieben werden.

Robert Musil (1928)

Nicht zu vergessen, daß die Kritik, um etwas zu leisten, sich selber unbedingt bejahen muß.

Walter Benjamin (1930)

INHALT

Der Vater der deutschen Kritik

Im Jahre 1797, knapp sechzehn Jahre nach Lessings Tod, spottete der junge Friedrich Schlegel:»Wenige Schriftsteller lobt und nennt man so gern als ihn: ja es ist eine fast allgemeine Liebhaberei, gelegentlich etwas Bedeutendes über Lessing zu sagen.«[1] Schlegel konnte nicht wissen, daß sein aktueller Befund eine Prophezeiung einschloß. Denn was seither über Lessing geschrieben wurde, mag klug oder dumm, wichtig oder belanglos sein – bedeutungsvoll klingt es allemal. Kein anderes deutsches Genie, nicht einmal Schiller, hat man so ausgiebig und hartnäckig mit pompösen Worten und hohlen Phrasen besungen, niemand hat eine vergleichbare Flut feierlicher Ergüsse und rhetorischer Bravourarien ausgelöst – und dies, obwohl Lessing selber ein eher nüchterner als pathetischer Schriftsteller war und bei aller Begeisterung für die Literatur nie das Bedürfnis hatte, schwere Glocken läuten zu lassen.

Das Unglück begann mit Herder. Sein in Lessings Todesjahr geschriebener und veröffentlichter Nachruf, ein ausführliches und diplomatisches Prosastück, macht den Eindruck einer mühevoll zustande gebrachten Verlegenheitsarbeit. Gleichwohl (und vielleicht ebendeshalb) wurden mit diesem Nachruf die Weichen für zwei Jahrhunderte deutscher Lessing-Rezeption gestellt. Eine Lobrede auf Lessing, sagt Herder, sei gar nicht nötig und wäre auch nicht im Sinne des Verblichenen – wonach er ihn unentwegt zu loben bemüht ist, freilich meist halbherzig und mit allerlei Abstrichen und Vorbehalten. Von Lessings Dramen will er überhaupt nicht reden, seine Absicht sei es nur, »die Spur zu verfolgen, wo Lessing seinen Weg nahm, wo er anfing, wo er aufhörte, wo andre ihm nachzugehn oder weiterzugehn haben«[2]. Offenbar hält er die Bühnenwerke nicht gerade für Meilensteine auf diesem Weg, und nachahmenswert scheinen sie ihm erst recht nicht.

Statt dessen verbreitet sich Herder über Lessings Fabeln, Sinngedichte, Lieder und Lehrgedichte – verständlicherweise ganz ohne Enthusiasmus, wohl aber seine Einwände in vorsichtig-höflichen Nebensätzen andeutend. Von den großen Disputen mit Klotz und Goeze hält er nichts, doch sei es nicht Lessings Schuld, daß sie sowenig nützlich waren. Oft sei Lessing in der Polemik gar zu heftig gewesen, aber man habe ihn gereizt. So glaubt Herder, Lessing unentwegt rechtfertigen und verteidigen zu müssen.

Um aber diese apologetische Tendenz wenigstens etwas zu vertuschen, schmückt Herder seinen Nachruf mit rühmenden Ausdrücken, ohne sich dabei durch Einfallsreichtum auszuzeichnen. Seine Standardvokabel lautet: »männlich«. Da lesen wir vom »männlichen, tätig-freundschaftlichen, neidlosen« Lessing, von seinem »männlichen Verstande«, seiner »männlichen Wahrheitsliebe« und »männlichen Untersuchung«. Seine Bücher seien »voll männlichen, festen Gefühls« und seine Urteile über Schauspieler »bescheiden, durchdacht und männlich«. Das Ganze läuft auf eine mächtige Apostrophe zu (»Und wo bist du nun, edler Wahrheitsucher, Wahrheitkenner, Wahrheitverfechter . . .?«)[3] und auf die Bitte des Autors, ihm zu verzeihen, daß er entgegen seinen Absichten doch von dem Charakter des Verstorbenen gesprochen habe.

Das alles hat Schule gemacht: Herders einseitige Betrachtungsweise, seine mit Emphase überspielte Skepsis, seine apologetische Argumentation und sein feierliches Vokabular und schließlich sogar seine Unterschätzung der Dramen Lessings. Es ist ein Brauch von alters her: Auf jeden Fall wird Lessing – als ginge es stets darum, einen Nachruf auf ihn zu schreiben – taktvoll geschont und dann ausgiebig gepriesen. Immer wieder ist von seinem Mut die Rede und von seiner Tapferkeit, von seiner Hilfsbereitschaft, seiner Bescheidenheit und natürlich von seiner Männlichkeit.

Für Friedrich Schlegel war der Gedanke, »daß Lessing irgendeiner Schonung bedürfte«, unerträglich.[4] Aber auch er legte den Akzent mit Nachdruck auf Lessings Charakter, auch er konnte auf die Vokabel »männlich« nicht verzichten. In seinem Diktum »Er selbst war mehr wert, als alle seine Talente«[5] verbirgt sich ein zweideutiges Kompliment: Lessings Persönlichkeit wird höher eingeschätzt als sein Werk. Und auch die Bemerkung Schlegels, Lessing habe »das lebendige Gespräch noch mehr in der Gewalt gehabt als den schriftlichen Ausdruck«[6], ist wohl als (offenbar notwendige) Rechtfertigung jener seiner Zeitgenossen zu verstehen, die begeistert über ihn geschrieben haben.

Noch deutlicher äußerte sich Goethe. Sein Verhältnis zu Lessing war zwiespältig – in Grenzen respektvoll (so in »Dichtung und Wahrheit«, zumal über »Minna von Barnhelm«[7]), doch letztlich auffallend kühl.[7] 1825 sagte er im Gespräch mit Eckermann: »Ein Mann wie Lessing täte uns not. Denn wodurch ist dieser so groß als durch seinen Charakter, durch sein Festhalten! – So kluge, so gebildete Menschen gibt es viele, aber wo ist ein solcher Charakter!«[8] Gab es im Deutschland der zwanziger Jahre des vorigen Jahrhunderts wirklich so viele Menschen, die so klug und gebildet waren wie Lessing?

Sicher ist, daß Goethe ebenfalls Lessings Charakter gegen dessen literarisches Werk ausspielt, das er hier nicht einmal erwähnt. Was er gegen ihn zu sagen hat, spart er allerdings aus – und folgt damit einer Tradition, die von ihm selber, viele Jahre früher, begründet wurde. In einem Brief des neunzehnjährigen Goethe heißt es: »Lessing! Lessing! wenn er nicht Lessing wäre, ich möchte was sagen. Schreiben mag ich nicht wider ihn . . . Er ist ein Phänomen von Geist, und im Grunde sind diese Erscheinungen in Teutschland selten. Wer ihm nicht alles glauben will, der ist nicht gezwungen, nur widerlegt ihn nicht.«[9] So ist es geblieben: Man mag Lessing nicht, aber aus diesen oder jenen mehr oder weniger ehrenwerten Gründen mag man auch nicht gegen ihn schreiben.

Auf Goethes Konto geht auch das aus der Lessing-Literatur mittlerweile nicht mehr wegzudenkende Element eines geradezu penetranten Mitleids, das oft mit Pathos und mit einer kaum weniger penetranten Feierlichkeit verbunden wird. »Bedauert doch« – sagte Goethe, wiederum zu Eckermann – »den außerordentlichen Menschen, daß er in einer so erbärmlichen Zeit leben mußte, die ihm keine besseren Stoffe gab, als in seinen Stücken verarbeitet sind!«[10] Er erwähnt dann so beiläufig wie geringschätzig »Minna von Barnhelm«, »Emilia Galotti« und den »Nathan« – Dramen also, denen man manches vorwerfen kann, nur am allerwenigsten die Wahl der Stoffe.

Der Aufforderung Goethes folgten viele: Kaum jemand läßt sich das Vergnügen entgehen, Lessing zu bedauern und immer aufs neue seinen angeblich makellosen Charakter mit Lob zu überschütten. Heine, der ihn, wie dereinst Herder und Friedrich Schlegel, mit Luther vergleicht, preist seine Ehrlichkeit und Uneigennützigkeit: »Nichts gleicht seiner Wahrheitsliebe.«[11] Auch Franz Mehring findet vor allem Lessings »Ehrlichkeit und Mannhaftigkeit« bemerkenswert, seinen »männlichen und tapferen Geist« und meint unmißverständlich: »Was immer wieder an seine Schriften fesselt, auch an die totgeborenen oder längst abgestorbenen, ist der Charakter dessen, der sie schrieb.«[12]

Und in unserem Jahrhundert? Alfred Kerr rühmt Lessings »still strahlende ... Anständigkeit«[13], Thomas Mann seine Männlichkeit (»Der Poet als Mann, als Charakter, das ist das Phänomen Lessing«)[14], Hofmannsthal »das Großartige seines Charakters«[15]. Die Liste derartiger Beispiele ließe sich beliebig verlängern. Sie zeugen von allerlei Hemmungen und wohl auch Ressentiments, von einer sonderbaren Befangenheit, die vielleicht mit schlechtem Gewissen zu tun hat, jedenfalls von einem stark belasteten Verhältnis. Die Situation scheint einigermaßen paradox: Obwohl niemand ernstlich gegen Lessing war – Horst Steinmetz, der Herausgeber des hervorragenden Sammelbandes »Lessing – ein unpoetischer Dichter«, hat hierauf hingewiesen –[16], fühlte man sich allenthalben gezwungen, ihn in Schutz zu nehmen und gegen seine Geringschätzung oder gar Mißachtung zu protestieren: Wie im Nachruf Herders plädiert auch in den Reden und Essays von Hannah Arendt, Hermann Kesten oder Walter Jens stets der Verteidiger.

Als Lessing in dem berühmten Sinnspruch, der die Ausgaben seiner Werke eröffnet, auf den Erfolg seines Zeitgenossen Klopstock verwies und knapp feststellte: »Wir wollen weniger erhoben,/und fleißiger gelesen sein« – da ahnte er schon, was ihm in Deutschland blühen werde. Er war und ist ein ohne Zweifel bewunderter, doch keineswegs beliebter und schon gar nicht geliebter Schriftsteller. Hochachtung und Dankbarkeit wurden ihm nie verweigert. Aber war es ihm je gelungen, Begeisterung auszulösen? Anders als Schiller oder Hölderlin hat sich Lessing weder im 19. noch im 20. Jahrhundert einer Gefolgschaft rühmen können oder einer Gemeinde zu schämen brauchen. Anders als Kleist oder Büchner war er nie verkannt oder vergessen und ließ sich daher auch nicht wiederentdecken. Und anders als Heine oder Thomas Mann mußte er nie aus Deutschland emigrieren, nie hat man seine Werke aus den Vorlesungsverzeichnissen deutscher Universitäten gestrichen – und so konnte er auch nicht rehabilitiert werden.

Schiller wurde schon von den Romantikern verspottet. Wer hat je das Bedürfnis gehabt, Lessing zu verspotten? Goethe hat man schon zu Lebzeiten aufs schärfste bekämpft, eine ganze literarische Generation wandte ihm den Rücken zu. Wer hat sich je die Mühe gegeben, Lessing zu bekämpfen? Heine erklärte nicht ohne Stolz, er fasse seine schriftstellerische Wirksamkeit als ein Amt auf: »Der Haß meiner Feinde darf als Bürgschaft gelten, daß ich dieses Amt bisher recht treu und ehrlich verwaltet.«[17] Wenn es vor Heine einen großen deutschen Schriftsteller gab, der ein nationales Amt zu verwalten hatte, dann war es Lessing. Aber wurde er je gehaßt? Spricht das alles tatsächlich für oder vielleicht auch gegen Lessing? Seit zweihundert Jahren überschüttet man ihn mit ehrerbietigen Hymnen und huldvollen Lobsprüchen. Ist es so abwegig zu vermuten, man habe bisweilen versucht, sich auf diese Weise den unbequemen, wenn nicht gar etwas unheimlichen Klassiker vom Leibe zu halten?

Lessing selber hat, sein Verhältnis zu Klopstock erläuternd, gesagt: »Aber deswegen, weil ich ihn für ein großes Genie erkenne, muß er überall bei mir Recht haben? Mit nichten. Gerade vielmehr das Gegenteil: weil ich ihn für ein großes Genie erkenne, bin ich gegen ihn auf meiner Hut. Ich weiß, daß ein feuriges Pferd auf eben dem Steige, samt seinem Reiter den Hals brechen kann, über welchen der bedächtige Esel, ohne zu strauchen gehet.«[18] Und über den Züricher Professor Breitinger: »Ich würde von diesem großen Kunstrichter nur wenig gelernt haben, wenn er in meinen Gedanken *noch* überall Recht hätte.«[19] So ist es: Wir würden von Lessing nur wenig gelernt haben, wenn wir ihn verherrlichten, ohne ihn in Frage zu stellen. Wer es gar für richtig hält zu verschweigen, daß er in mancherlei Hinsicht versagt und gefehlt hat, der gibt nur zu erkennen, wie fremd ihm der kritische Geist dieses Autors ist.

Seine große Leidenschaft hieß Polemik. Mehr noch als das von ihm so geschätzte Glücksspiel, das in seinen Biographien meist nur schamhaft erwähnt wurde, liebte Lessing den Widerspruch, die Diskussion, den Streit. Über einen von ihm attakkierten Autor schrieb er: »Eine jede Kritik weiß er in eine Streitigkeit zu verwandeln; und wer streitet gern?«[20] Doch war dies pure Heuchelei. Denn in Wirklichkeit hat er den Streit bei verschiedenen Gelegenheiten geradezu glorifiziert: Es habe – schrieb er – »die Wahrheit bei jedem Streite gewonnen«. Der Streit habe »Vorurteil und Ansehen in einer beständigen Erschütterung erhalten« und »die geschminkte Unwahrheit verhindert, sich an der Stelle der Wahrheit festzusetzen«[21].

Alle seine Werke, natürlich auch die Dramen vom »Jungen Gelehrten« bis zum »Nathan«, sind mehr oder weniger getarnte, doch unmißverständliche Kampfschriften. Das Fräulein von Barnhelm und der Major von Tellheim – sie flirten miteinander und polemisieren gegeneinander, ja sie tun meist beides zugleich. Die Polemik als Flirt – das kannte nicht einmal Shakespeare, das gab es vielleicht bei Molière, aber letztlich hat es doch erst Lessing erfunden. Wahrlich, ihm standen alle Register der Polemik zur Verfügung, und alle beherrschte er virtuos – wie kein Deutscher vor ihm und keiner nach ihm.

Nicht das Ziel faszinierte ihn, sondern der Weg. Von konstanten oder endgültigen Wahrheiten hielt er ohnehin nichts: »Jeder sage, was ihm Wahrheit *dünkt,* und die Wahrheit selbst sei Gott empfohlen!«[22] So galt sein Interesse ungleich weniger dem Resultat als vor allem dem Verfahren: »Das Jagen behagte ihm mehr« – sagte Moses Mendelssohn – »als das gejagte Wildbret.«[23] Der Diskurs wurde nicht selten zum Selbstzweck, zum Bravourstück, imponierend und bedenklich in einem.

Von guten Umgangsformen in der Polemik wollte er allerdings nichts wissen, die Höflichkeit war seine Sache nicht, auf ihre Entbehrlichkeit wies Lessing oft hin und berief sich dabei auf seinen ständigen Kronzeugen – auf die Antike, die er, wo immer es ihm bequem war, als ein keinerlei Kritik unterliegendes Vorbild ausgab. So schrieb er in den »Briefen antiquarischen Inhalts«: »Die Alten kannten das Ding nicht, was wir Höflichkeit nennen.«[24] Derbe Sitten waren damals gang und gäbe, schon wahr, doch hat es Lessing nichts ausgemacht, den von ihm verfeinerten polemischen Stil auch zu vergröbern. Gottsched nannte er einen »gelehrten Scharlatan«, dem er »blinde Eitelkeit« vorwarf und der sich »nicht bloß lächerlich«, sondern auch »verächtlich« mache.[25] An den Hamburger Hauptpastor Goeze richtete er die Worte: »Sie tun alle sieben Tage, was Sie nur einen Tag in der Woche tun sollten. Sie schwatzen, verleumden und poltern . . .« Und: »Es ist erlaubt, Ihnen den Eimer faulen Wassers, in welchem Sie mich ersäufen wollen, tropfenweise auf den entblößten Scheitel fallen zu lassen.«[26]

Oft wird übersehen oder zumindest unterschätzt, was in das seit Herders Nachruf konsequent stilisierte Bild des »edlen Wahrheitssuchers« nicht passen will – daß er nämlich, wie kaum ein anderer in der Geschichte der deutschen Literatur, hassen konnte. Doch »auch der Haß gegen die Niedrigkeit/Verzerrt die Züge«, heißt es bei Brecht, der mit Lessing einiges gemein hat – und sich vielleicht deshalb nie um ihn kümmern wollte. Lessings Haß vermochte zwar nie seinen Stil zu entstellen – seine Sätze stehen »wie mathematische Axiome« (Friedrich Schlegel) und ruhen aufeinander »gleich Quadersteinen« (Heine) –, hat aber seinen Blick für das Gewicht und auch die Proportionen mancher Fragen in seiner Epoche getrübt und ihn daher viel Zeit und wahrscheinlich noch mehr Energie an publizistische Kämpfe verschwenden lassen, die sich doch wohl nicht gelohnt haben.

Leidenschaft und Eifer und eben auch Haß machten aus ihm einen oft unbarmherzigen und grausamen, ja mitunter nahezu sadistischen Polemiker. Ob Dusch oder Klotz oder gar Goeze – seine Gegner waren immer auch seine Opfer. Für den Streit um die Wahrheit, so Lessing, habe die Losung zu gelten: »Die Partei welche verlieret, verlieret nichts als Irrtümer; und kann alle Augenblicke an dem Siege der andern, Teil nehmen.«[27] Freilich war Lessing, eher rechthaberisch veranlagt, keineswegs geneigt, seinen Diskussionspartnern, denen er ohnehin haushoch überlegen war, auch nur den kleinsten Sieg zu gönnen: Er verfolgte sie bis zum bitteren Ende. »Kein Kopf war vor ihm sicher«, schrieb Heine, »ja, manchen Schädel hat er sogar aus Übermut heruntergeschlagen, und dann war er dabei noch so boshaft, ihn vom Boden aufzuheben und dem Publikum zu zeigen, daß er inwendig hohl war.«[28]

Die Unerbittlichkeit und auch die Gehässigkeit vieler seiner Attacken haben zur Folge, daß man seine Gegner in diesen philologischen, literarischen und theologischen Disputen bisweilen bemitleidet und dann versucht ist, sie gegen seine »zermalmende Kraft der Beredsamkeit« (Friedrich Schlegel) in Schutz zu nehmen. Überreden konnte Lessing seine Leser immer. Ob er sie auch überzeugen konnte, sei dahingestellt. Denn schließlich läßt sich niemand gern von einer »zermalmenden Kraft« überzeugen.

Daß sich Lessing in diesen polemischen Auseinandersetzungen durch makellose Lauterkeit ausgezeichnet habe, erzählen die Germanisten seit Generationen. Aber wir haben es hier nur mit einer Legende zu tun. Aufschlußreich ist in dieser Hinsicht sein Kampf gegen Johann Jakob Dusch. Lessing war dem Poeten aus Altona durchaus gewogen. So bemerkt er 1755, Dusch genieße »nicht erst seit gestern den Ruhm eines schönen Geistes, dem es in mehr als einer Art der Poesie gelungen« sei. Die Leser werden sein Buch »schwerlich ohne Vergnügen wieder aus den Händen legen«[29]. In den Jahren 1759 und 1760 nimmt er sich abermals des Autors Dusch an, doch kommt er jetzt nur noch zu niederschmetternden Ergebnissen: »Er fängt lieber zehnmal wieder von vorne an, als daß er da aufhören sollte, wo seine Gedanken aufhören.«[30] Oder: »Herr Dusch hat geschrieben, schreibt, und wird schreiben, so lange er noch aus Hamburg Kiele bekommen kann ... Bei ihm ist alle Kritik umsonst.«[31]

Schon möglich, daß die Arbeiten Duschs zwischen 1755 und 1759 erheblich schlechter geworden sind. Dennoch bleibt Lessings radikaler Sinneswandel ebenso erstaunlich wie die Ausführlichkeit, mit der er die Bücher des Altonaer Poeten abhandelt. Die Aufklärung der Sache ist einfach: Dusch hatte in seinem 1758 erschienenen Buch »Vermischte Kritische und Satyrische Schriften« Lessings »Miß Sara Sampson« entschieden abgelehnt und sich auch noch über die »Bibliothek der schönen Wissenschaften und der freien Künste«, deren Mitarbeiter Lessing war, kritisch geäußert.[32]

Auch die Gefälligkeitskritik hat Lessing sehr wohl gekannt. Über die Oden seines Freundes Karl Wilhelm Ramler schrieb er 1767, als er schon längst ein reifer Mann war: »Wir können ihn, ohne Schmeichelei, unsern Pindar, unsern Horaz nennen, und alle unsre Nachbarn auffordern, uns einen Mann darzustellen, der ihm gleiche.« Von dem Leipziger Altphilologen Reiske hielt er nichts. In einem Brief aus dem Jahre 1764 heißt es: »Wie muß man einen Reiske nennen? Um des Himmels willen, was für einen Demosthenes gibt uns dieser Pedant!«[33] Wenig später zeigte sich, daß Reiske Lessings Verbündeter im Kampf gegen Klotz war. Und schon kam Lessing in einer 1767 gedruckten Rezension der Demosthenes-Ausgabe Reiskes zu einem ganz anderen Urteil: »Wir haben nicht nötig zur Anpreisung dieses Unternehmens viele Worte zu verschwenden. Wem der Name Reiske nicht statt aller Anpreisung ist, muß überhaupt ein Fremdling in dieser Gelehrsamkeit sein.«[34] Lessing war gewiß ein so ehrenwerter Mann wie der Major von Tellheim, doch in der Literaturbetrachtung, zumal in polemischen Auseinandersetzungen, hat er, wie man sieht, die Methoden des Riccaut de la Marliniere nicht verpönt.

Ein vorwiegend polemisches Werk ist auch die »Hamburgische Dramaturgie«, eine Zusammenfassung von zunächst zweimal wöchentlich und bald nur noch unregelmäßig erscheinenden Theaterkritiken, die gleichsam als Flugblätter oder auch Prospekte vertrieben wurden. Mit ihnen verfolgte Lessing, wie mit allen seinen Arbeiten, hohe pädagogische Ziele – die Erziehung des Publikums und der Schauspieler. Sein Auftraggeber, das Hamburger Schauspielhaus, hatte freilich anderes im Sinn: Da mochte sich Lessing als *Praeceptor Germaniae* verstehen und von vielen damals, Ende der sechziger Jahre des 18. Jahrhunderts, in dieser Eigenschaft tatsächlich anerkannt sein – das Theater in Hamburg benötigte ihn vor allem als Werbechef und Pressesprecher. An diesen unterschiedlichen Vorstellungen von den Aufgaben der »Dramaturgie« mußte das Unternehmen rasch scheitern: Es existierte nur etwa ein Jahr.

Schwierigkeiten waren schon deshalb entstanden, weil die Schauspieler begreiflicherweise dagegen protestierten, daß ein am Theater beschäftigter Schreiber sie öffentlich und natürlich nicht immer schmeichelhaft beurteilte. Daß Lessing diese unglückliche Konzeption überhaupt für realisierbar hielt, läßt vermuten, daß er sich in der Theaterwelt doch nicht so gut auskannte. Die »Hamburgische Dramaturgie« sei – schrieb Franz Mehring – »die höchste nationale Kundgebung, die Deutschland seit Huttens Pamphleten gesehen hatte«[35]. Seit zweihundert Jahren wird das Buch gerühmt, häufig mit patriotischen Akzenten. Wie Friedrich der Große bei Roßbach, so habe Lessing in der »Dramaturgie« die Franzosen glorreich geschlagen. Zugleich habe er Shakespeare dem Publikum vorgestellt und ihn in Deutschland ein für allemal etabliert. Und überdies enthalte die Sammlung eine Fülle mustergültiger Literatur- und Theaterkritiken. Von alldem stimmt nur wenig. Jedenfalls ist die »Dramaturgie« ein zwar vielgepriesenes, offenbar aber kaum bekanntes Buch, ja mittlerweile fast ein Mythos.

Doch wer diesem Werk vorwirft, es sei unsystematisch und widerspruchsvoll und streckenweise sprunghaft und assoziativ geschrieben, kritisiert weniger dessen Verfasser als vor allem jene Interpreten, die leichtsinnig genug waren, der losen Folge von Artikeln den Rang eines Gesetzbuches zuzusprechen. Lessing selber hingegen erinnerte seine Leser daran, »daß diese Blätter nichts weniger als ein dramatisches System enthalten sollen... Meine Gedanken mögen immer sich weniger zu verbinden, ja wohl gar sich zu widersprechen scheinen: wenn es denn nur Gedanken sind, bei welchen sie Stoff finden, selbst zu denken.«[36]

Nicht gegen die Franzosen ist die »Dramaturgie« gerichtet. Im Gegenteil: Auf keinen Zeitgenossen beruft sich Lessing so häufig und so nachdrücklich wie auf einen Franzosen – auf Diderot, den er selber übersetzt hat. Ja, sogar die Behauptung, Lessing habe das klassizistische französische Drama bekämpft, ist nur partiell richtig. Sein eigentlicher Kampf galt den Deutschen, die noch weit französischer seien als die Franzosen. Er

zitierte in der »Hamburgischen Dramaturgie« einen lateinischen Spruch, dem zufolge die erste Stufe der Weisheit die
Erkenntnis des Falschen sei. Danach sollte sich der Kritiker
richten und sich erst einmal jemanden suchen, mit dem er
streiten könnte: »Hierzu habe ich mir in diesem Werk, ich
bekenne es aufrichtig, nun einmal die französischen Skriben-
ten vornehmlich erwählet . . .«[37] Der Kampf gegen das klassizistische französische Drama ist also als ein taktisches Manöver
zu verstehen: Es sollte den Weg zum deutschen Theater und
zur deutschen Literatur ebnen.

Nur fällt es auf, daß Lessing die großen französischen
Dramatiker zwar zornig verurteilte (um nicht zu sagen: denun-
zierte), doch wenig Lust hatte, seine Ansichten mit Analysen
zu erhärten. Er ist auf kein einziges Stück von Racine näher
eingegangen; er hat von Corneille lediglich das Trauerspiel
»Rodogune« ausführlicher kommentiert. So mußten für die
Ablehnung der klassizistischen Dramatik vor allem die Tragödien Voltaires herhalten, was zur Folge hatte, daß die auf
Aristoteles zurückgreifende Argumentation oft recht abstrakt
anmutet.

Kein Zweifel, Lessing hat den literarhistorischen, den poetischen Rang Racines und Corneilles verkannt und mit seinem
taktischen Manöver dazu beigetragen, nicht nur ihre hiesigen
Nachahmer, sondern auch sie selber von der deutschen Bühne
zu verjagen, und dies so gründlich, daß sie, von Ausnahmen
abgesehen, nie wiederkommen konnten und bis heute dem
deutschen Publikum fremd sind. Wenn dies ein Sieg war, so
keiner, der Lessing zur Ehre gereichte und auf den die deutsche
Literaturgeschichte stolz sein könnte.

Und man sollte nicht übersehen, daß er sich lieber und
leidenschaftlicher mit den Schwächen schlechter Werke
befaßte als mit den Vorzügen guter. Die Stücke, die er in seiner
»Dramaturgie« abhandelte, sind allesamt vergessen. Der Ein-
wand, er sei vom Spielplan des Hamburger Theaters abhängig
gewesen, überzeugt nicht ganz: So wurde dort, um nur dieses

Beispiel anzuführen, Molières »Schule der Frauen« aufgeführt, doch was er zu dieser Komödie zu sagen hatte, ist belanglos. Die wenigen anderen Bemerkungen über Molière sind eher mißvergnügt. An anderen bedeutenden europäischen Dramatikern war Lessing ebenfalls kaum interessiert. Lope de Vega und Calderón werden in der »Hamburgischen Dramaturgie« je einmal respektvoll erwähnt, doch scheint er sich nie mit ihren Stücken beschäftigt zu haben. Auch die Komödien Goldonis und Gozzis hat er ignoriert. Die Dramen der alten Griechen nannte Lessing häufig, ohne sie analysieren zu wollen: Die Theorie des Aristoteles regte ihn ungleich stärker an als die Praxis des Aischylos oder des Aristophanes.

Und Shakespeare? Dies war doch die stärkste Karte, die er zur Verfügung hatte und auf die er immer wieder setzte. 1759 hat Lessing in den »Briefen, die neueste Literatur betreffend« zum ersten Mal Shakespeare gerühmt und ihn sofort gegen Corneille und Racine ausgespielt. Seit dem »Ödipus« des Sophokles habe »kein Stück mehr Gewalt über unsere Leidenschaften als ›Othello‹, ›König Lear‹ oder ›Hamlet‹«.[38] Wann immer Lessing in späteren Jahren, zumal in der »Hamburgischen Dramaturgie«, die französischen Klassizisten mißbilligte, verwies er auf Shakespeare. Die französischen Tragödien – lesen wir – seien keine Tragödien, ihre Autoren könnten nicht als tragische Dichter gelten. Corneille, Racine, Voltaire – sie hätten wenig oder gar nichts von dem, »was den Sophokles zum Sophokles, den Euripides zum Euripides, den Shakespeare zum Shakespeare« mache[39].

Aber was macht den Shakespeare zum Shakespeare, womit stellen seine Dramen alles seit Sophokles in den Schatten? Lessing behauptet lediglich, das Shakespearesche Drama entspreche den Anforderungen des Aristoteles, wofür er nicht einmal den Schimmer eines Beweises liefert und was, selbst wenn es stimmte, schwerlich jene »Gewalt über unsere Leidenschaften« erklären könnte, die er dem »Hamlet« oder dem »König Lear« bescheinigt. Über »Romeo und Julia« sagt er, es sei »eine Tragödie, an der die Liebe selbst arbeiten helfen«.[40] Nichts mehr. Über »Othello« hören wir, hier gehe es um Eifersucht, das Stück sei »das vollständigste Lehrbuch über diese traurige Raserei«[41]. Nichts mehr. Der Kunstrichter – lehrte Lessing – müsse seine Empfindung »mit Gründen unterstützen«, immer füge er »auch noch sein *denn* hinzu«.[42] In Sachen Shakespeare hat er sich um dieses »denn« nie bemüht.

In der germanistischen Literatur kann man oft lesen, Lessing habe sich »eine umfassende Kenntnis des Shakespearschen Gesamtwerks erworben« (Paul Rilla)[43] und feiere Shakespeares Größe »in einer Reihe wundervoller Vergleiche« (Franz Mehring)[44]. Solche Behauptungen klingen wie barer Hohn, aber sie zeugen nur von der Langlebigkeit mancher Legenden. Wie ist es zu verstehen, daß ein so scharfsinniger, so geistreicher Schriftsteller wie Lessing in seinem ganzen Leben zu den Dramen Shakespeares keinen einzigen bemerkenswerten Satz geschrieben hat und immer nur leere Phrasen? »Shakespeare will studiert, nicht geplündert werden« – meinte Lessing[45]. Sehr richtig. Aber er selber, hat er ihn studiert? Oder vielleicht nur geplündert?

Auch auf die großen Italiener (Dante, Petrarca, Ariost) kam Lessing sehr selten zu sprechen und meist einzig in einem negativen Zusammenhang; und manche der bedeutenden Engländer und Franzosen hat er allem Anschein nach überhaupt nicht gekannt. Jedenfalls ist sicher, daß er sich mit der ausländischen Literatur nur wenig und eher sporadisch befaßte. Was er über sie zu sagen hatte, ist in der Regel unerheblich und – wie schon nachgewiesen wurde – häufig aus ausländischen Quellen übernommen. Er hat sich vor allem mit deutscher Literatur beschäftigt. Fragt sich nur, ob da sein Blick für Qualität besser, sein literarisches Urteil sicherer war. Er könne – stellte er 1759 fest –, »auch nicht ein einziges neues Genie nennen« und »nur sehr wenige Werke schon bekannter Verfasser anführen, die ... aufbehalten zu werden verdienten«.[46] Daran hat sich bis zum Ende seines Lebens nichts geändert: Lessings Verhältnis zur

deutschen Literatur seiner Zeit blieb, um es gelinde auszudrük-
ken, gestört.

Daß er für das Neue besonders hellhörig gewesen sei – man
behauptet es oft –, gehört ebenfalls zu jenen freundlichen
Erfindungen, die sich die Germanisten von Generation zu
Generation, gleichsam im Stafettenlauf, weiterreichen. Denn
was war das Neue in dieser Epoche? Doch wohl Klopstock und
Wieland. Lessing hatte zu seinen beiden Generationsgenossen
ein höchst skeptisches, ein zumindest gebrochenes Verhältnis.
Nun ja, Klopstocks »Messias« ist heute kaum noch lesbar, und
schon der Teufel in Grabbes »Scherz, Satire, Ironie und tiefere
Bedeutung« hielt dieses Epos für ein »unfehlbares Schlafmittel-
chen«. Dennoch läßt sich schwerlich bestreiten, daß Klopstock
ein neues Selbstbewußtsein artikuliert und eine bisher unbekannte Gefühlskultur ermöglicht hat.

Hat Lessing dies erkannt? Seine meist kleinlichen Einwände
gegen das Vokabular und die Metaphorik lassen daran zweifeln, zumal er sich nicht die geringste Mühe gab, den Lesern zu
erklären, was denn am »Messias« wichtig sei. Und wenn er sich
über andere Dichtungen Klopstocks äußerte, zeigte er sich
befremdet oder enttäuscht: »Es ist, – wie des Herrn Klopstocks
Lieder alle sind; so voller Empfindung, daß man oft gar nichts
dabei empfindet.«[47]

Auch für Wieland hatte Lessing wenig Sympathie. 1759
attackierte er ihn auf nicht gerade vornehme Weise. Er spielte un-
zweideutig auf Gerüchte über Wielands Privatleben an: »Ich mag
es nicht wieder erzählen, was Leute, die ihn in K. B. persönlich
gekannt haben, von ihm zu erzählen wissen.«[48] Die Ursache des
bösartigen Angriffs: Lessing hielt Wieland für den Verfasser von
zwei Rezensionen, in denen er ungünstig erwähnt war. Im selben
Jahr nahm er sich noch einmal Wieland vor und beschuldigte ihn
(recht höhnisch) eines Plagiats. Der »edle« Lessing? Später hat er
Wielands Roman »Agathon« ausgiebig gelobt, was aber nichts an
der Tatsache ändert, daß dieser große Zeitgenosse Lessings in
dessen Schriften nur am Rande behandelt wird.

Und sein Verhältnis zu Goethe? Als er starb, war Goethe immerhin schon 31 Jahre alt und ein berühmter Autor. Einiges hatte Lessing gelesen, doch seine wenigen Bemerkungen zum Thema Goethe sind verständnislos und klingen verdrossen. Im April 1774 schreibt er seinem Bruder: »Daß ›Götz von Berlichingen‹ großen Beifall in Berlin gefunden, ist, fürchte ich, weder zur Ehre des Verfassers, noch zur Ehre Berlins.«[49] In einem Brief vom Oktober desselben Jahres billigt er dem »Werther« zwar »poetische Schönheit« zu, kann sich aber letztlich mit dem Roman nicht abfinden: »Glauben Sie wohl, daß je ein römischer oder griechischer Jüngling sich *so* und *darum* das Leben genommen? Gewiß nicht.«[50] Er empfiehlt Goethe, den »Werther« noch mit einer moralischen »Schlußrede« zu versehen.

Äußerungen Lessings zu »Clavigo« und »Stella« (gedruckt 1774 und 1776) gibt es nicht. Und 1775 meint er in einem Brief an Wieland: »Der Kerl ist ein Genie, aber ein Genie ist ein schlechter Nachbar: sagt Nicolai sehr gut in seinem, wo nicht bessern, doch klügern ›Werther‹.«[51] Daraus zu folgern, Lessing habe Goethe schließlich doch für ein Genie gehalten, scheint zumindest fahrlässig. Wahr vielmehr ist, daß er, von manchen Besuchern und Korrespondenzpartnern auf dessen Arbeiten hingewiesen, es abgelehnt hat, sich mit ihnen näher zu befassen. Auch Goethe wurde von Lessing verkannt. Von den anderen Dichtern des »Sturm und Drang« sprach er nur verächtlich – er hat nicht einmal ihre Namen genannt, er wollte mit ihnen nichts zu tun haben.

Zu den beliebten Zitaten aus Lessings Schriften gehört seine Empfehlung: »Man schätzet jeden nach seinen Kräften. Einen elenden Dichter tadelt man gar nicht; mit einem mittelmäßigen verfährt man gelinde; gegen einen großen ist man unerbittlich.«[52] Das sind schöne Sätze, nur dachte Lessing nicht daran, sich an sie zu halten: Er hat immer wieder elende Dichter getadelt; er verfuhr mit mittelmäßigen keineswegs gelinde; und mit den großen befaßte er sich nur selten.

So gibt es in seinem Werk nur wenige kritische Auseinandersetzungen mit hervorragenden Schriftstellern sowohl seiner
Zeit als auch früherer Epochen. Die Frage läßt sich nicht mehr
unterdrücken: War Lessing ein großer Kritiker? Oder gar: War
er, der Polemiker, denn überhaupt ein Kritiker? Von höchstem
Interesse sind in Lessings Schriften über Literatur nicht die
Analysen einzelner Werke, nicht die Bemerkungen über einzelne Autoren, nicht die Urteile und Wertungen, sondern die
prinzipiellen Äußerungen und die Postulate.

Er habe, schrieb Lessing, in der »Hamburgischen Dramaturgie« »nichts als *Fermenta cognitionis* ausstreuen«[53], nichts als den
Sauerteig der Erkenntnis liefern wollen. Dies gilt für alle seine
Schriften über Literatur. Der Sauerteig aber ist kein Material, aus
dem sich ein Kodex machen läßt oder gar ein nationales
Gesetzbuch. Es ist nicht seine Schuld, daß man dies, seine
Ansichten und Absichten gründlich verkennend, gelegentlich
versucht hat. Man kann aus seinem Werk kein System ableiten,
keine Theorie der Literatur, kein Programm der Kritik. Axiome
sind da nicht zu finden, sondern immer nur Thesen und
Gedanken, die zur Diskussion gestellt werden, Empfehlungen
und Vorschläge, von denen manche – aber eben nur manche –
ihre Aktualität bis heute nicht eingebüßt haben.

Lessing war ein Einzelgänger, und nichts konnte ihn hindern, bis ans Ende seines Lebens ein Einzelgänger zu bleiben.
Als Friedrich Nicolai ihm 1777 mitteilte, daß in Berlin sowohl
die Theologen als auch die Freigeister eine gute Meinung von
ihm hätten, da erinnerte sich Lessing, daß er während des
Siebenjährigen Krieges »zu Leipzig für einen Erzpreußen,
und in Berlin für einen Erzsachsen bin gehalten worden, weil
ich keines von beiden war, und keines von beiden sein
mußte . . .«[54]

So konnte auch in dem zentralen literarischen Streit der
Epoche, in jenem zwischen den Leipzigern und den Zürichern,
also zwischen Gottsched einerseits und Bodmer und Breitinger
andererseits, keines der feindlichen Lager Lessing für sich in

Anspruch nehmen. Nie war er bereit, sich einer Schulmeinung anzuschließen, nie hat er eine Gruppe oder Stilrichtung repräsentiert. Die Einsamkeit schien ihm die Voraussetzung für die Unabhängigkeit des Kritikers, die Unabhängigkeit die Bedingung für sein Amt.

An den Prinzipien der Aufklärung – Vernunft, Toleranz, Humanität – hielt er fest, doch nicht einmal ihnen erlaubte er, seine Bewegungsfreiheit einzuengen. Im Grunde urteilte er von Fall zu Fall: »Das Allgemeine« – meinte er – »existieret nur in dem Besonderen, und kann nur in dem Besonderen anschauend erkannt werden.«[55] Ob es sich um ein Buch, ein Theaterstück, eine philosophische Abhandlung oder eine publizistische Debatte handelte – er blieb stets dicht am Gegenstand, er konzentrierte seine Aufmerksamkeit auf das konkrete Faktum. Das hat auf manche seiner kritischen Arbeiten einen ungünstigen Einfluß ausgeübt, zumal er glaubte, »es sei die Pflicht des Kriticus, so oft er ein Werk zu beurteilen vornimmt, sich nur auf dieses Werk allein einzuschränken«[56]. Er solle sich nicht darum kümmern, ob der Autor noch andere Bücher, sei es schlechtere, sei es bessere, geschrieben habe. Überdies forderte Lessing, daß der Kritiker, der sich mit einem konkreten Werk auseinandersetzt, stets auf »das Ganze« aus sein müsse. Doch er selber verlor sich häufig in Details, die ihm eben den Blick für das Ganze versperrten.

Fast will es scheinen, als sei er von der Philologie in noch weit höherem Maße fasziniert gewesen als von der Literatur. Gleichwohl hat er immer – und das war damals etwas Außergewöhnliches – den Primat der Praxis vor der Theorie, der Kunst vor der Wissenschaft von der Kunst verfochten. Er berief sich, wann immer es ihm opportun war, auf die Forderungen des Aristoteles, aber schon 1751, am Anfang seiner Laufbahn als Kritiker, unterstrich Lessing mit Nachdruck: »Die Regeln in den schönen Künsten sind aus den Beobachtungen entstanden, welche man über die Werke derselben gemacht hat. Diese Beobachtungen ... vermehren sich noch, so oft ein Genie, welches niemals seinen Vorgängern ganz folgt, einen neuen Weg einschlägt.«[57] »Angesichts des Genies« – schrieb er – »vergesse man das Lehrbuch.«[58] Und: »Das Genie lacht über alle die Grenzscheidungen der Kritik.«[59]

Was immer er prüfte und darlegte, er suchte stets die rationalen Gründe: ».. . nichts ist anstößiger« – verkündete er ohne Pardon – »als wovon wir uns keine Ursache geben können.«[60] Er war kühn genug, in der »Hamburgischen Dramaturgie« den gesunden Menschenverstand, der in Deutschland so gern verspottet wird, als eine fundamentale Kategorie der Kritik zu konstituieren.

Er hat die pädagogische Funktion der Ablehnung gefordert und so der Negation in der Literaturkritik zur höchsten Würde verholfen: Die nachdrückliche Warnung vor einem schlechten Buch hielt Lessing für einen Dienst, »den man dem gemeinen Wesen leistet«[61]. Es sei gut, »wenn das Mittelmäßige für nichts mehr ausgegeben wird, als es ist; und der unbefriedigte Zuschauer wenigstens daran urteilen lernt«[62]. Er protestierte gegen einen situationsbedingten Preisnachlaß der Kritik, also gegen jene, die bereit sind zu loben, nur weil Besseres gerade nicht zu haben sei: »Wenn Hinkende um die Wette laufen, so bleibt der, welcher von ihnen zuerst an das Ziel kommt, doch noch ein Hinkender.«[63]

Allerdings machte sich Lessing Illusionen, die mißbilligende Kritik würde auch von den betroffenen Schriftstellern und Schauspielern geschätzt werden. Er bildete sich ein, »daß die Empfindlichkeit der Künstler, in Ansehung der Kritik, in eben dem Verhältnisse steigt, in welchem die Gewißheit und Deutlichkeit und Menge der Grundsätze ihrer Künste abnimmt«[64]. Der Künstler möchte – sagte er an einer anderen Stelle – »zehnmal lieber einen unverdienten Tadel, als ein unverdientes Lob, auf sich sitzen lassen«[65]. Hier war der Wunsch der Vater des Gedankens.

Aber die negative Kritik, die sich gegen seine eigenen Werke richtete, hat Lessing keineswegs gern akzeptiert. Was ein Kriti-

ker an seiner »Miß Sara Sampson« auszusetzen hatte, sei,
räumte er ein, »zum Teil nicht ohne Grund«. Dennoch reagierte er gereizt, er wolle »lieber seine Fehler behalten, als etwa
das Stück umarbeiten«[66]. Als die »Deutsche Bibliothek der
schönen Wissenschaften« eine ernste und durchaus nicht
unvernünftige, wenn auch sehr kritische Rezension des ersten
Teils der »Hamburgischen Dramaturgie« publizierte – vermutlich hatte sie sein alter Widersacher Klotz geschrieben –,
antwortete Lessing im zweiten Teil der »Dramaturgie« mit
einem wahrhaft inhumanen Zornausbruch: »Doch was halte
ich mich mit diesen Schwätzern auf? Ich will meinen Gang
gehen, und mich unbekümmert lassen, was die Grillen am
Wege schwirren. Auch ein Schritt aus dem Wege, um sie
zu zertreten, ist schon zu viel. Ihr Sommer ist so leicht abge-
wartet!«[67]

Daß alle Gattungen der Poesie den Menschen bessern sollen,
war für ihn eine Selbstverständlichkeit. Doch vom Einfluß
nichtkünstlerischer Kategorien auf das ästhetische Urteil wollte
er nichts wissen: »Vor allen Dingen wünschte ich, die Religion
hier aus dem Spiele zu lassen.«[68] Ähnlich wehrte er das
vaterländische Element ab: Der Patriotismus in der Poesie
stimmte ihn in der Regel mißtrauisch. Dem Weltbürger Lessing
schien die Liebe des Vaterlandes »aufs höchste eine heroische
Schwachheit, die ich recht gern entbehre«[69].

Unverkennbar ist in seiner kritischen Prosa die Herkunft
vom Journalismus. Das hat ihr nicht geschadet. Denn er diente
der Wissenschaft mit dem Temperament des Journalisten und
dem Journalismus mit dem Ernst des Wissenschaftlers. Seine
Kritik war an das Publikum gerichtet, dessen Reaktion ihm nie
gleichgültig war, nur daß »derjenige, dessen Erwartungen
getäuscht werden, auch ein wenig mit sich selbst zu Rate gehe,
von welcher Art seine Erwartungen gewesen«[70]. Mit dem
Adressaten hat auch die Diktion dieser Kritik zu tun: Lessing
scheute weder Übertreibungen noch Überspitzungen, liebte
effektvolle Formeln und pointierte Sentenzen und übernahm

viele aus der Umgangssprache stammende Wendungen – alles um der Verständigung, der Deutlichkeit willen.

So hat er ein Leben lang für die Kritik als Institution plädiert, er hat sie verteidigt, er hat unermüdlich ihre Anerkennung gefordert. Als Lessing in dem berühmten letzten Stück der »Hamburgischen Dramaturgie« erklärte, er habe alles, was ihm als Dramatiker gelungen sei, »einzig und allein der Kritik zu verdanken«, denn er fühle keine »lebendige Quelle« sprudeln und müsse »alles durch Druckwerk und Röhren« aus sich herauspressen[71] – da hat man es als ein freimütiges Eingeständnis der eigenen Unzulänglichkeit mißverstanden: Man nahm als bare Münze, was nichts anderes sein sollte als ein Preislied auf die Kritik und ein Protest gegen jene, die glauben, ohne sie auskommen zu können.

Ein großer Kritiker? Er war weniger und mehr zugleich. Denn was der Kritiker, der Praktiker, hinterlassen hat, ist längst verblaßt und bestenfalls von historischer Bedeutung. Doch was wir dem Theoretiker der Kritik schulden, ist zu einem erheblichen Teil noch keineswegs überholt. Lessing sei – schrieb Adam Müller 1806 – »eigentlicher Urheber, Vater der deutschen Kritik«[72]. Das gilt nach wie vor. In den zweihundert Jahren seit seinem Tod wurde die Kritik in Deutschland immer wieder beschimpft und bekämpft und gelegentlich auch vom Staat verboten. Aber was Lessing erreicht hat, konnte niemand mehr rückgängig machen. (1981)

Der Gründer unseres literarischen Lebens

»Große Seelen dulden still« – das ist ein schönes Wort, wir hören es im »Don Carlos« aus dem Mund des Marquis von Posa. Aber gilt es auch für die Dichter selber? Dulden sie still, wenn sie, beispielsweise, öffentlich kritisiert werden? Nein, in der Regel schlagen sie zurück und sind dabei nicht gerade zimperlich. Denn zu jener besonderen Empfindlichkeit, der wir die Entstehung bedeutender Literatur verdanken, gehört beinahe immer auch die Empfindlichkeit der Autoren gegen ungünstige Äußerungen über ihre Werke. Verwunderlich ist das gewiß nicht. Es fragt sich nur, in welcher Münze den Kritikern heimgezahlt wird.

Im Jahre 1796 rezensierte Friedrich Nicolai die ersten sechs Hefte der von Schiller herausgegebenen Zeitschrift »Die Horen«. Sie mißfiel ihm, er begründete seine Ansicht ausführlich: streng und scharf, doch sachlich. Schiller reagierte prompt – mit einem Zweizeiler, »Verkehrte Wirkung« betitelt:

Rührt sonst einen der Schlag, so stockt die Zunge gewöhnlich:
Dieser, so lange gelähmt, schwatzt nur geläufiger fort.

Nicolai hatte ein literarisches Produkt beanstandet und dessen Herausgeber getadelt. Schiller indes wollte nicht etwa die Argumente des Kritikers widerlegen und ihn in seine Schranken weisen, er wollte ihn vielmehr vernichten. Johann Gottlieb Fichte ging noch weiter. Auch ihn hat Nicolai gereizt und geärgert, und zwar mit einem Aufsatz, in dem er, Fichte, nur mit einigen Seitenhieben bedacht wurde. Dieser erklärte knapp: »Das Urteil eines Nicolai ist mir zu unbedeutend und zu verächtlich, als daß ich mich dagegen verteidigen ...

sollte.«[1] Was ihn freilich nicht hinderte, sogleich gegen Nicolai ein Pamphlet im Umfang von 130 Seiten zu verfassen.

Von Kritik hielt Fichte nichts: »Findet ein Buch sogleich bei seiner Erscheinung seinen kompetenten Richter, so ist dies der treffendste Beweis, daß dieses Buch eben sowohl ungeschrieben hätte bleiben können.«[2] Von allen Kritikern schien ihm Nicolai der verwerflichste, weshalb er ihn in seinem Pamphlet als einen Mann darstellte, der überhaupt nicht mehr lebte, ja viel zu spät gestorben sei. Unter anderem bedauerte es Fichte, nachdem er auf seine Weise einen Gedankengang des verhaßten Feindes referiert hatte, »daß Nicolai nicht unmittelbar darauf, als er diese Widerlegung zu Ende gebracht hatte, aufgehenkt worden...«[3] Er zögerte nicht, jenem, der ihn kritisiert hat, jeglichen Verstand abzusprechen: Es sei kein Zweifel, »daß auch ein Hund, wenn man ihm nur das Vermögen der Sprache und Schrift beibringen« und ihm »die Nicolaische Unverschämtheit« garantieren könnte, mit demselben Erfolg arbeiten würde »wie unser Held«.[4] Und schließlich: Nicolai war »nun einmal zum literarischen Stinktiere und der Natter des 18. Jahrhunderts bestimmt«, er »verbreitete Stank um sich und spritzte Gift...«[5]

Fichtes Buch über Nicolai wurde von der preußischen Zensur als Injurie eingestuft und daher nicht freigegeben; es erschien 1801 bei Cotta in Tübingen, herausgegeben von August Wilhelm Schlegel, der ein kurzes, virtuos geschriebenes Vorwort beisteuerte. Es ist nicht ganz so brutal und so ordinär wie die Schrift Fichtes, doch nicht weniger infam. Die Berliner Buchhändler weigerten sich, das Pamphlet zu vertreiben, aber wer es haben wollte, konnte es ohne Schwierigkeiten erwerben – in Nicolais Buchhandlung: Der Kritiker hatte keine Hemmungen, die gegen ihn gerichtete Publikation den Interessierten anzubieten. Dieser Schritt sollte seine Souveränität und Toleranz beweisen, wurde indes von seinen Gegnern auf boshafte Weise gedeutet: Nicolai, zu jener Zeit längst ein reicher Mann, der große Summen für wohltätige Zwecke spendete, habe Fichtes Buch nur feilgehalten, weil er auch noch bei dieser Gelegenheit Geld verdienen wollte.

Übertreibt man, wenn man dieses Pamphlet als eines der abstoßendsten Dokumente in der Geschichte der deutschen Literatur bezeichnet? Sogar Schiller, der schließlich allen Anlaß hatte, Nicolai gram zu sein, und dessen zitierter Zweizeiler nicht gerade dezent war, konnte sich mit Fichtes Schrift nicht abfinden: Ihr Ton sei »doch zu prosaisch, zu grob und zu wenig witzig«, und überdies hätte »der Gegenstand mehr ins Allgemeine gespielt« werden sollen.[6] Gleichwohl fällt es auf, daß die Reaktion auf Nicolais Veröffentlichungen und Aktivitäten meist überaus derb und vulgär, oft inhuman war.

So hat Goethe auf Nicolais Parodie »Freuden des jungen Werthers« mit einem ungewöhnlich vulgären Gedicht reagiert. Immerhin hat er dieses Fäkaliengedicht, dessen Abschriften in Weimar von Hand zu Hand gingen, nicht drucken lassen, es wurde erst aus seinem Nachlaß veröffentlicht. Wie sehr ihn Nicolais Parodie geärgert hat, läßt ein etwa gleichzeitig geschriebener Brief erkennen: »Wo ich in eine Stube trete, find ich das Berliner ppp Hundezeug . . .«[7]

Später, als Nicolai schon tot war, wollte ihm Goethe Gerechtigkeit widerfahren lassen. Im dreizehnten Buch von »Dichtung und Wahrheit« schrieb er keineswegs unzutreffend: »Dieser übrigens brave, verdienst- und kenntnisreiche Mann hatte schon angefangen alles niederzuhalten und zu beseitigen, was nicht zu seiner Sinnesart paßte, die er, geistig sehr beschränkt, für die echte und einzige hielt.«[8] Etwas weiter ist abermals von Nicolais »so entschiedenen Verdiensten« die Rede, zugleich aber heißt es – und sogar zweimal –, er sei »dünkelhaft« gewesen.[9]

Diese Äußerung hatte Folgen: Mehr als ein Jahrhundert lang wollten die meisten, die über Nicolai schrieben oder ihn nur erwähnten, auf die Vokabel »dünkelhaft« nicht mehr verzichten. Es stellte sich heraus, daß er auch nach seinem Tod unentwegt beschimpft wurde und nicht nur von jenen, die er kritisiert hat.

In einer Abhandlung aus dem Jahre 1833 fragte Gervinus, warum man sich »so gerne ein Geschäft daraus gemacht« habe, »den ehrlichen Friedrich Nicolai«, von dessen Schriften er allerdings nicht viel hielt, anzufeinden.[10] Heine meinte, es sei »noch nie in Deutschland ein Mann so grausam, so unerbittlich, so zernichtend verspottet worden« wie eben Nicolai.[11]

Die Warnungen von Gervinus und Heine haben nichts bewirkt: Nicolai blieb der Prügelknabe der deutschen Literaturgeschichte. Ein Beispiel für viele: Der in der wilhelminischen Zeit berühmte Berliner Germanist Erich Schmidt urteilte in seiner Lessing-Monographie aus dem Jahre 1884 so lapidar wie brutal: »Nicolai hat von 1733–1811 gelebt; viel zu lange.«[12] Und in unserem Jahrhundert? Der Literarhistoriker Paul Rilla hat in seinem 1958 in der DDR erschienenen Buch »Lessing und sein Zeitalter« keine Bedenken, das Gesamtwerk von Nicolai entschieden abzulehnen, er spricht vom »selbstzufriedenen und überheblichen Nicolaischen Geschwätz«[13]. Auch in manch einer Literaturgeschichte neueren Datums wird, sobald sein Name fällt, mit abwertenden Adjektiven nicht gespart. Warum ist das so?

»Ein Kerl, den alle Menschen hassen,/Der muß was sein!« – lesen wir bei Goethe. Das trifft mit Sicherheit auch auf Nicolai zu. Er war schon ein außergewöhnlicher Mann, eine Jahrhundertfigur. Doch war es durchaus kein Zufall, daß ihn viele seiner Zeitgenossen mehr gefürchtet als geachtet haben und daß er zur Zielscheibe schärfster Attacken wurde. Es ist auch kein Zufall, daß er, der unermüdliche Förderer der Literatur, bis heute in einem schlechten Ruf steht, als amusisch gilt, jedenfalls als Gegner der Poesie. Nicolai und die Nicolaiten, sie könnten die Nachtigallen nur als Braten genießen und mit den Myrten nur die Öfen heizen – heißt es bei Jean Paul.[14] Und manche glauben es immer noch. Doch so einfach war es nicht und ist es nicht.

In einem Brief an Lichtenberg, 1782 geschrieben, schilderte Nicolai ganz ohne Selbstmitleid seine schwierigen Anfänge: Er habe »außer den gewöhnlichsten Schulstudien keine gelehrte Erziehung« gehabt. Aber er gierte förmlich nach Bildung, nur kannte er niemanden, der ihm dabei hätte helfen können: »Ich mußte alles aus Büchern und aus mir selbst ziehen.« So erlernte er mehrere Sprachen und las unermüdlich ein Buch nach dem anderen, »ohne daß ich mit irgend jemand mich unterreden konnte, welches doch zur Entwicklung der Gedanken so vorteilhaft ist«[15].

Als Neunzehnjähriger trat er, nachdem er eine Buchhandelslehre absolviert hatte, in das Geschäft seines Vaters ein, eine angesehene Berliner Verlagsbuchhandlung. Im nächsten Jahr veröffentlichte er sein erstes Buch, eine hundert Seiten umfassende Abhandlung über Miltons »Verlorenes Paradies« und dessen Quellen. Bald darauf, 1754, verfaßte er, kaum 21 Jahre alt, eines der Meisterwerke der deutschen Literaturkritik, die »Briefe über den itzigen Zustand der schönen Wissenschaften in Deutschland«.

Was hat ihn veranlaßt, diese fiktiven Briefe zu schreiben? Nichts anderes als die Unzufriedenheit mit der zeitgenössischen deutschen Literatur: »Weil ich niemand hatte, dem ich meine Gedanken mündlich mitteilen konnte, so mußte ich sie der Feder anvertrauen.«[16] Und: »Ich schrieb, um den schlechten Schriftstellern den Verdruß empfinden zu lassen, den sie mir im Lesen machten.«[17] Das Buch erregte Interesse und auch Aufsehen. Denn da hatte ein unbekannter junger Mann etwas getan, womit er aus dem Rahmen fiel: Ohne zu paktieren und zu taktieren, legte er offen und unmißverständlich seine bisweilen kühnen und jedenfalls unkonventionellen Ansichten dar. Das war eine Provokation, die alle verblüffte und die offenbar in der Situation, auf die sie traf, als nötig und heilsam empfunden wurde.

Ungewöhnlich ist schon die dem Buch vorangestellte »Nachricht«: Nicolai ersucht seine Leser, »lieber auf die vorgetragenen Sachen, als auf die Art, sie vorzutragen, ihre Aufmerksamkeit zu richten«[18]. Denn er will sein Publikum nicht etwa beeindrucken, sondern überzeugen. Daher möchte er vor allem verstanden werden. Ein Ziel, das er nie aus den Augen verliert, ist die Deutlichkeit – und um diese zu erlangen, müsse man reden wie andere Menschen. Bisweilen reiht er ähnliche Formulierungen aneinander und scheut auch nicht gelegentliche Wiederholungen. Er nimmt in Kauf, daß ihn manche für redselig halten – was er übrigens in späteren Jahren tatsächlich war.

Er schreibt temperamentvoll, mit rhetorischem Schwung und Anspruch. Aber er möchte vermeiden, daß das Rhetorische den Blick auf den Gegenstand verstellt, um den es ihm geht. Nicolais Buch soll einen pädagogischen Einfluß ausüben, doch nicht pädagogisch anmuten: Er versucht, »die Leser zu vergnügen, ohne das Ansehen zu haben, daß man sie unterrichten wolle«. Er beabsichtigt, »gegen allgemeine Vorurteile zu protestieren«[19].

Ein »Lehrgebäude« habe er nicht zu bieten. Doch ist seine Auseinandersetzung mit der Gegenwartsliteratur nicht punktuell, sie ist so systematisch wie konsequent. Der Autor der »Briefe« zielt nicht auf Einzelfälle ab, sondern auf die Tendenzen und die Zusammenhänge. Er behauptet, daß deutsche Schriftsteller von der einheimischen Kritik anders behandelt werden als Engländer oder Franzosen: »Sie tadeln mich, daß ich mit vielen deutschen Schriftstellern nicht zufrieden bin; ist dies meine Schuld?« Von einem Preisnachlaß für Landsleute, von einem ermäßigten Tarif will er nichts wissen: »Soll ich . . . alles für gut erkennen, was nur erträglich ist, bloß darum, weil es deutsch ist?«[20]

In den langjährigen Streit der Poeten – auf der einen Seite der Leipziger Gottsched, auf der anderen einige Schweizer mit Bodmer an der Spitze – mischt sich Nicolai respektlos ein. Mit viel Verve und ohne Pardon setzt er sich mit den epischen Gedichten Bodmers auseinander: Er läßt hier einen Verteidiger dieser Verse reden und ihn alles anführen, was man zu ihren Gunsten sagen kann – um dann dessen Argumente gründlich und effektvoll zu widerlegen. Aber er lehnt es strikt ab, sich für die eine oder die andere Seite zu engagieren, er will sich weder hier noch da binden. Seine Hiebe, in beide Richtungen, sind hart; bisweilen kann man sich des Eindrucks nicht erwehren, daß es dem Anfänger Spaß machte, um sich zu schlagen. Das hatte damals seine guten Gründe, es war schon berechtigt und nötig. Nur hat Nicolai Jahrzehnte später, in einer ganz anderen literarischen Situation, nach wie vor gern um sich geschlagen – und damit nicht selten viel Schaden angerichtet und sich selber das Leben erschwert.

Jedenfalls hatte der Autor der »Briefe über den itzigen Zustand . . .« nicht die geringste Angst, zwischen den Stühlen zu landen. Dies, meinte er, sei der ihm angemessene Platz: »Ich scheine in ihren Augen strafbar, weil ich keiner Partei folge, weil ich nichts vergöttere, weil ich alles genau untersuche . . .« Doch verteidige er nicht seine Anschauungen und Urteile, sondern die Sache der Kritik. Mit anderen Worten: Er will die Kritik als prüfende und kontrollierende, als unabhängige Instanz. Denn die Kritik sei »das einzige Mittel, den guten Geschmack zu erhalten und zu bestimmen«[21].

Der Kritiker hat, Nicolai zufolge, eine noch viel höhere Verantwortung als der Schriftsteller. Dieser »ist schlecht für seine eigene Rechnung«. Ein Kritiker hingegen, der einen minderwertigen Schriftsteller lobt, handele unverantwortlich, da ein großer Teil der Leser glauben könnte, »daß derselbe wenigstens erträglich ist, und es ist der nächste Weg zu einem verderbten Geschmack, wenn man das Mittelmäßige für erträglich hält«[22]. So sei die Kritik mitschuldig an dem niedrigen Niveau der Dichtung in Deutschland, genauer: das Fehlen der Kritik. Ihr Unglück seien »die Lobredner von Profession«, jene, die sich »deutsche Kunstrichter« nennen und mit ihren Anpreisungen höchst freigebig sind: »Die Fehler der Kritiker schaden lange nicht sosehr als die Lobsprüche, die sich die Schriftsteller untereinander geben.«[23]

Leidenschaftlich und fast schon beschwörend plädiert Nicolai für die Institution der Kritik, zumal für das Recht und für die Pflicht des Kritikers, negative Urteile zu fällen. So schreibt er: »Werden Sie denn nicht aufhören, mir meine schwarze Galle vorzuwerfen! . . . Was bewegte Sie doch zu glauben, daß ich eigensinnig und menschenfeindlich handle? Daß ich bei Schönheiten die Augen mutwillig schlösse, und daß ich nur Fehler finden will . . .«[24] Dem Kritiker, der eine negative Ansicht äußert, sei an nichts anderem gelegen als an dem Positiven: »Die Kritik nimmt also nicht aus Milzsucht, Haß oder Eigensinn ihren Ursprung, sie hat vielmehr die besten Zwecke, und so wehe sie der Eigenliebe gewisser Schriftsteller tut, so heilsam ist sie denselben und allen, die die schönen Wissenschaften lieben.«[25]

Keine Literatur brauche die Kritik so sehr wie die deutsche. Warum? Die Franzosen hätten Paris, die Engländer London – und somit gebe es hier wie da ein kulturelles Zentrum, hier wie da könnten sich die Dichter, die Künstler und die Journalisten in Salons und Kaffeehäusern treffen. In Deutschland hingegen, dem Land ohne Hauptstadt und ohne Zentrum, lebten die meisten Schriftsteller isoliert, viele von ihnen sehnten sich nach Kommunikation und Diskussion. Da könne bloß die Kritik helfen, vorausgesetzt allerdings, daß sie ihre eigenen Organe habe, überregionale Zeitschriften also. Nur dann wäre es möglich, die vielfachen Bemühungen der Schriftsteller zu bündeln, miteinander zu vergleichen und schließlich zu bewerten. Weil es keine Hauptstadt, kein Zentrum und keine Kritik gibt, sei die deutsche Literatur sowohl provinziell als auch in hohem Maße weltfremd. Die deutschen Schriftsteller kennen das Leben nicht: »Sie kennen nichts als ihr Cabinet, ihr Collegium, ihre Universität, auf der sie schreiben: Die Welt, für die sie schreiben, ist ihnen unbekannt.«[26]

Ob diese Unkenntnis des wirklichen Lebens und die damit zusammenhängende Schwäche der Literatur vielleicht durch die materielle Situation des deutschen Schriftstellers verursacht sei? Während die Franzosen und die Engländer ihre besten Köpfe großzügig besolden, kenne man in Deutschland eine derartige finanzielle Förderung der Poeten nicht. Aber dem jungen Nicolai scheint dies kein Ausweg aus der Misere. Ein Poet habe »so verschiedene Arten von Kenntnissen nötig, daß er, wenn er nichts als ein Poet ist, große Gefahr läuft, viele Sachen mit allzu poetischen Augen anzusehen«. Es sei daher besser, »wenn er sich in Verbindungen befindet, die ihn öfters aus seiner poetischen Sphäre reißen und ihn erinnern, daß er in einer sehr unpoetischen Welt« lebe.[27]

Nein, Nicolai hat nichts dagegen, daß man bedeutende Dichter, zumal wenn sie an größeren Werken arbeiten, regelmäßig besoldet, doch die Mehrheit der Schriftsteller sollte einen Beruf ausüben, sich jedenfalls einer Tätigkeit widmen, die den Kontakt mit dem Alltag der Bevölkerung ermöglicht und nicht zuletzt mit jenen, die ihre Bücher lesen sollen. Übrigens versucht er, mit der Weltfremdheit deutscher Autoren einen Umstand zu erklären, über den man sich bis heute Gedanken macht – warum nämlich so selten in deutscher Sprache Komödien geschrieben werden: Einem jeden Schriftsteller sei die Kenntnis der Welt nützlich, »aber einem komischen Verfasser ist sie unentbehrlich«[28].

Die zeitgenössischen Dramatiker werden in diesen »Briefen über den itzigen Zustand . . .« mit besonderer Strenge behandelt. Nicolai verspottet die Autoren, die sich immer wieder darauf berufen, daß ihre Stücke »regelmäßig«, also »nach den Regeln und den Mustern der Alten« geschrieben seien. Dies, sagt er, »kann man ihnen auch nicht streitig machen – sie aber können nicht begreifen, daß ein Werk des Witzes *regelmäßig schlecht* sein kann«, durch diese Stücke werde man oft »nach allen Regeln Aristotels eingeschläfert«.[29]

Den deutschen Dramatikern empfiehlt er einen Stückeschreiber, der ohne Gelehrsamkeit und ohne Kenntnis der Regeln weltberühmt geworden sei: Shakespeare. Diesen Ruhm verdanke er vor allem »der Mannigfaltigkeit und der Stärke seiner Charaktere«. Überhaupt wäre es zu wünschen, »daß die engländische Schauspiele bei uns nicht so gering geschätzet würden«.[30] Doch war nicht der Kritiker, der Shakespeare für das deutsche Publikum entdeckt hat, der große Lessing? Dessen erste enthusiastische Äußerung über Shakespeare findet sich im siebzehnten der »Briefe, die neueste Literatur betreffend«, 1759 gedruckt, also vier Jahre *nach* der Veröffentlichung der Nicolaischen »Briefe über den itzigen Zustand . . .«.

Indes sollte man nicht meinen, Nicolai habe die Schriftsteller für erziehbare oder lenkbare Wesen gehalten. Er wünschte wohl, auf sie einen erzieherischen Einfluß auszuüben – natürlich durch die Kritik. Aber so jung er war, hatte er doch keine Illusionen: Der einundzwanzigjährige Autor der »Briefe« schrieb, es habe »wenig Sinn, einem Dichter vorzupredigen«. Denn der hört zwar geduldig zu, bisweilen verspricht er, sich zu bessern, »und eilt in die Arme der Musen, wo er hurtig alles vergißt, was er versprochen hat«.[31] Nicht der Größenwahn mancher Poeten beunruhigte ihn, sondern die sich daraus ergebende Intoleranz: Sie glauben nicht nur, daß ihre Gedichte die vortrefflichsten seien, sondern sie wissen es »nach allen Regeln der Kunst zu beweisen, daß alle anderen Arten von Gedichten nichts taugen«. Sie sind sicher, daß alle anderen Wege Irrwege, bloß Irrwege seien.[32]

Das mag das Erstaunlichste an diesen »Briefen über den itzigen Zustand . . .« sein: Ihr Autor spricht, so unerfahren er auch ist, doch stets als Praktiker. Ob es sich um die Poesie handelt, um die Sprache oder um das Theater – er ist immer darauf bedacht, die Frage nach den realen Möglichkeiten nicht aus dem Auge zu verlieren. 1754 veröffentlichen die »Göttingischen gelehrten Anzeigen« den Entwurf eines großen deutschen Wörterbuchs; es sollte von den bestehenden Akademien und wissenschaftlichen Gesellschaften gemeinsam erstellt werden. Nicolai hält ein solches Wörterbuch für dringend erforderlich, aber er hat zugleich ernste Einwände. Es sei geplant, in das Wörterbuch auch ungebräuchliche und sogar ganz veraltete Wörter aufzunehmen und überdies »Kunstwörter, Provinzialwörter, pöbelhafte Wörter«. Dies sei gar nicht überflüssig –

meint Nicolai –, doch müßte es besonderen Wörterbüchern
vorbehalten bleiben, weil sonst das vorgeschlagene allgemeine
Wörterbuch vielen Schwierigkeiten ausgesetzt sein würde und
einen solchen Umfang haben müßte, daß sich gar nicht
voraussehen lasse, wann man das Ganze, das doch alle brauchen und ungeduldig erwarten, werde abschließen können.[33]
Es hat sich gezeigt, daß die Befürchtungen des jungen Nicolai
ganz und gar berechtigt waren.

Alles, was ich bisher von ihm zitiert habe, stammt aus
diesem nicht mehr als 150 Seiten umfassenden Buch »Briefe
über den itzigen Zustand der schönen Wissenschaften in
Deutschland«. Kein Wunder, daß die Zeitgenossen wissen
wollten, wer wohl diese virtuose Programmschrift, die anonym
erschienen war, geschrieben hatte. Man hielt den vier Jahre
älteren und schon ziemlich bekannten Lessing, auf den Nicolai
in einem der »Briefe« respektvoll, ja begeistert hinweist, für
deren Autor. Lessing erklärte sofort, an der Publikation keinerlei Anteil zu haben. Stand der junge Nicolai unter dem Einfluß
Lessings, dessen frühe Schriften er natürlich kannte? Derartige
Fragen sind in der Regel müßig, weil sie beinahe immer
zugunsten des Bedeutenderen und Berühmteren entschieden
werden. Wenn man sich aber darauf einlassen will, dann muß
man auch sagen, daß der junge Nicolai zwar viel von Lessing
gelernt hat, daß er jedoch in einigen Punkten – und dazu
gehören seine konsequenten Bemühungen um die Anerkennung und Institutionalisierung der Kritik – geradezu ein Vorläufer Lessings war.

Nicolais Buch war rasch vergriffen, aber erst 1759 arbeitete er
an einer erweiterten, einer zweibändigen Neuausgabe. Sie kam
nie zustande. Warum? Man kann es sich denken. Nach fünf
Jahren schien ihm wohl manches in seinen jugendlich-vehe-
menten »Briefen« nicht mehr treffend; andererseits wird er
gesehen haben, daß nachträgliche Korrekturen und Hinzufü-
gungen den ursprünglichen Charakter seiner Programmschrift
auf unzulässige Weise verwischen würden. So gerieten die

»Briefe über den itzigen Zustand der schönen Wissenschaften in Deutschland« in Vergessenheit, und auch eine verdienstvolle Neuausgabe, die 1894 veranstaltet wurde, hat nicht viel daran geändert: Das frühe Meisterwerk der deutschen Literaturkritik verstaubt in den Bibliotheken.

Gewiß wollte sich Nicolai um dieses Buch auch deshalb nicht mehr kümmern, weil er inzwischen ganz und gar von anderen Aufgaben in Anspruch genommen war. Sowohl gegen Gottsched als auch gegen Bodmer schreibend, blieb er, wie gesagt, zwischen den Stühlen. Aber er war dort nicht lange einsam: Eben dadurch, daß er die beiden Poeten und Gelehrten öffentlich gezüchtigt hatte, gewann er die Freundschaft zunächst Lessings und dann Moses Mendelssohns. Nicolai hoffte, als Privatgelehrter und Schriftsteller leben zu können. Doch 1758 starb sein älterer Bruder, der die vom Vater einst gegründete Berliner Verlagsbuchhandlung geleitet hatte. Friedrich Nicolai mußte die Firma übernehmen. Trotz der ungünstigen Zeitumstände – man war mitten im Siebenjährigen Krieg – machte er aus dem stark verschuldeten Geschäft in relativ kurzer Zeit ein blühendes Unternehmen, das es ihm in späteren Jahren ermöglichte, auf großem Fuß zu leben. Von dem Baumeister Karl Zelter, jenem Zelter, der im Nebenberuf Komponist war, und ein besonders erfolgreicher, ließ er sich ein weitläufiges und elegantes Haus errichten, das man noch heute in Ostberlin besichtigen kann. Als Nicolai 1808 starb, hinterließ er ein für damalige Verhältnisse ungewöhnlich großes Vermögen.

Seinem Verlag und seiner Buchhandlung widmete er viel Zeit und viel Energie. Er verlegte häufig über dreißig, ja sogar über vierzig Bände jährlich, vornehmlich belletristische und theologische Bücher, aber auch philosophische, medizinische, pädagogische und naturwissenschaftliche Werke sowie, das war sein Spezialgebiet, Bücher über Preußen und die Mark Brandenburg. Gleichzeitig wirkte er unermüdlich als Autor und als Herausgeber von Zeitschriften und Anthologien. Die Dimen-

sionen seines schriftstellerischen Werks sind so außergewöhnlich wie seine Vielseitigkeit. Er verfaßte Romane und Reisebücher, Rezensionen und Pamphlete, Satiren und Parodien, journalistische Arbeiten und immer wieder wissenschaftliche
Abhandlungen, zumal historische, ästhetische und kulturgeschichtliche. Er war, kein Zweifel, ein manischer Vielschreiber,
vital und temperamentvoll, eigensinnig und rechthaberisch,
streitbar, ja streitsüchtig und dabei ein gütiger Mensch, der
bereit war, allen zu helfen, auch seinen Gegnern und Feinden.

Die Literatur hatte, dessen war er ganz sicher, da ließ er sich
nicht beirren, vor allem der Gesellschaft zu dienen, sie sollte
um jeden Preis »auf den Nutzen des menschlichen Geschlechts
bedacht sein«. Es gab nur, meinte er, ein einziges Mittel, das
dem Publikum zu einer solchen Literatur verhelfen konnte:
Dieses Wundermittel, das war die Kritik, die publizistische,
versteht sich. Wahrheitsfindung und Aufklärung durch Kritik –
so lautete das Ziel, das er ständig vor Augen hatte. Er ging
systematisch vor: Was er in den »Briefen über den itzigen
Zustand . . .« gefordert hatte – daß man um der erwünschten
Wirkung der Kritik willen erst einmal die Organisationsformen
schaffen müsse, damit sie sich über die zeitgenössische Literatur und Kunst, die deutsche und die ausländische, ausführlich
und regelmäßig artikulieren könne –, das also setzte er nun in
die Tat um.

Er gründete (und zwar schon kurz nach der Veröffentlichung
seiner »Briefe«) zusammen mit Moses Mendelssohn eine Zeitschrift, die er »Bibliothek der schönen Wissenschaften und der
freien Künste« nannte. Die Beiträge stammten meist von den
beiden Herausgebern und betrafen nicht nur die Literatur,
sondern auch die Musik und die bildenden Künste. 1759
überließ Nicolai die übrigens durchaus erfolgreiche »Bibliothek« einem Nachfolger, um zusammen mit Lessing und
Mendelssohn eine noch effektivere Zeitschrift zu gründen: die
»Briefe, die neueste Literatur betreffend«. Gleichzeitig gab er
als ersten Titel des von ihm übernommenen Verlages eine

ungewöhnliche sechsbändige Anthologie heraus: die »Sammlung vermischter Schriften zur Beförderung der schönen Wissenschaften und der freien Künste«; sie bot dem Publikum aus fremden Sprachen übersetzte Arbeiten zu ästhetischen Fragen.

Die »Briefe, die neueste Literatur betreffend« wurden schließlich (1765) von der »Allgemeinen deutschen Bibliothek« abgelöst, die Nicolai beinahe vierzig Jahre lang herausgab: Es ist das größte und ehrgeizigste literarkritische Unternehmen, das je in deutscher Sprache existiert hat. Die Zeitschrift war, wie Nicolai ankündigte, »für alle Liebhaber der neuesten Literatur« bestimmt: »Diese sind« – schrieb er – »in Deutschland in vielen Städten, zumal in kleinen Städten, wo nicht einmal ein Buchladen befindlich ist, zerstreuet, und ihnen ist also sehr damit gedient, zuverlässige Nachrichten von den neuen Büchern und von ihrem Werte zu erhalten.«[34]

Hier sollten ausnahmslos alle Neuerscheinungen in deutscher Sprache rezensiert werden – und das war zunächst auch durchaus möglich. Man hat ausgerechnet, daß in der »Allgemeinen deutschen Bibliothek« von 150 Mitarbeitern – der prominenteste war Herder – rund 80 000 Bücher besprochen wurden. Wenn Nicolai 1806 als Herausgeber dieser Zeitschrift kapitulierte, so vor allem deshalb, weil er alt und krank war. Aber eine gewisse Rolle spielte bestimmt auch die von ihm beklagte ungeheure Zunahme der Bücher. Die ursprüngliche Idee, alles zu rezensieren, ließ sich, obwohl die Bände der »Allgemeinen deutschen Bibliothek« immer umfangreicher wurden, nicht mehr verwirklichen.

Von der Ansicht »verschiedener Gelehrter«, es wäre besser, wenn man in der »Allgemeinen deutschen Bibliothek« bloß wichtige und gute Bücher anzeigte und die mittelmäßigen und schlechten ganz wegließe, wollte Nicolai nichts wissen: Auf diese Weise würde sich ein falsches Bild des Zustands der deutschen Literatur ergeben. Es genüge, bildete er sich ein, »das mittelmäßige Zeug«, das von vielen noch für gut gehalten werde, entsprechend zu kritisieren, um die Leser abzuschrekken. Das aber war ein donquichottesker Kampf: Denn das Publikum der Trivialliteratur las nicht die Kritiken, und die Leser der Kritiken brauchte man in der Regel vor den primitiven Erzeugnissen des Buchmarkts nicht zu warnen.

Wie dem auch sei: Nichts konnte Nicolai von der Idee abbringen, die Verhältnisse in den deutschen Landen würden sich schon bessern, wenn nur die Literatur und die Wissenschaft tatsächlich das Publikum erreichten. Und er hörte nicht auf zu bedauern, daß die zeitgenössische deutsche Literatur keinen nennenswerten Einfluß auf die Leser ausübe. Diese Klage taucht gleichsam refrainartig in seinen späteren kritischen Schriften auf. Auch die Schuldzuweisung wiederholt er bei jeder sich bietenden Gelegenheit: An der Kluft zwischen der Literatur und dem Leben seien vor allem die Autoren schuld, weil sie keine Rücksicht auf die Leser nähmen und sie auch nicht nehmen könnten, weil sie die Leser nicht kennen, für die sie schreiben.

Die Kluft zwischen den Schriftstellern und dem Publikum ist ein zentrales Motiv keineswegs nur der kritischen Arbeiten Nicolais. Davon spricht er häufig auch in seinen Reiseschilderungen und erst recht in seinen Romanen. Man übertreibt nicht, wenn man sagt, daß er diese Bücher zu einem nicht geringen Teil in den Dienst seiner literarkritischen Bemühungen gestellt hatte. Das gilt etwa für seinen dreibändigen Roman »Leben und Meinungen des Herrn Magisters Sebaldus Nothanker«, erschienen in den Jahren 1773–1776. Hier heißt es, daß die französischen und die englischen Autoren ihren Landsleuten liefern, was diese »zu lesen nötig haben und lesen können«. In Deutschland hingegen beziehe sich der Schriftsteller »beinahe bloß auf sich selber oder auf den gelehrten Stand«: »Dieses gelehrte Völkchen von Lehrenden und Lernenden, das etwa zwanzigtausend Menschen stark ist, verachtet die übrigen zwanzig Millionen Menschen, die außer ihnen deutsch reden, so herzlich, daß es sich nicht die Mühe gibt, für sie zu schreiben.« Die Folge sei fatal: »Die zwanzig Millionen Ungelehrten vergelten den zwanzigtausend Gelehrten Verachtung mit Vergessenheit; sie wissen kaum, daß sie in der Welt sind.«[35]

In diesen siebziger Jahren, aus denen der Roman über »Sebaldus Nothanker« stammt, wuchs Nicolais Ansehen unentwegt. Dazu haben vor allem zwei – sehr unterschiedliche – Publikationen beigetragen. Er veröffentlichte eine sechshundert Seiten umfassende »Beschreibung der Königlichen Residenzstädte Berlin und Potsdam und aller daselbst befindlichen Merkwürdigkeiten«, ein kulturhistorisches Dokument hohen Ranges und, wenn ich recht informiert bin, der erste Baedeker in der Geschichte der Menschheit oder doch jedenfalls Deutschlands. Und 1775 publizierte Nicolai ein kleines Buch, das geradezu Furore machte: »Freuden des jungen Werthers«.

Die Parodie bereitete den Lesern viel Vergnügen, wurde aber auch oft gründlich mißverstanden: Man meinte, Nicolai habe den künstlerischen Wert des überaus erfolgreichen Romans nicht erkannt und wolle Goethe verspotten. Die Wahrheit ist, daß er sich der Bedeutung des Buches sehr wohl bewußt war, er schrieb damals an Lavater: »Niemand kann die Leiden des jungen Werthers, als Werk des Geistes betrachtet, mehr schätzen, ja bewundern, als ich selbst.«[36] In der Tat richtete sich seine Parodie nicht gegen den Roman, wohl aber gegen dessen ungeheuerliche und – nach Ansicht keineswegs nur Nicolais – verheerende gesellschaftliche Wirkung. Der berühmte Roman – so Madame de Staël – habe mehr Selbstmorde verursacht als die schönste Frau der Welt. Nicolais »Werther« sei zwar nicht besser als jener Goethes, doch klüger – das meinte, immerhin, Lessing.[37] Goethe freilich hatte für diese Parodie und ihren Humor keinen Sinn.

Etwa um 1780 – er war nun bald fünfzig Jahre alt – erreichte Nicolais Laufbahn ihren Höhepunkt. Der junge Schiller schrieb 1782 an seine Schwester Christophine, Nicolai sei »gleichsam der Souverän der Literatur« und habe »einen ungeheuren Einfluß . . . beinah im ganzen deutschen Reich der Gelehrsamkeit«.[38] Er hatte als Verleger, als Buchhändler und vor allem als Zeitschriften-Herausgeber eine enorme Macht in seinen Händen vereint – und er besaß auch noch viel Geld. Denn dieser Schriftsteller, Kritiker und Journalist war ein glänzender Organisator, ein überaus tüchtiger und umsichtiger Kaufmann, beinahe ein Finanzgenie. So konnte es nicht ausbleiben, daß er Mißgunst und Neid zu spüren bekam.

Vermutlich hatten die kommerziellen und die organisatorischen Erfolge Nicolais auf seine Literaturpolitik einen ungünstigen Einfluß. Als Kaufmann gewohnt, vorsichtig zu kalkulieren und niemals die Marktlage aus dem Auge zu verlieren, wollte er als Kritiker von Taktik nichts wissen, er agierte leichtsinnig, er wurde übermütig und bot seinen Gegnern unentwegt Angriffsflächen, ungeschützt lieferte er sich ihnen aus. So wurde er nicht nur gefürchtet, er wurde auch gehaßt: Er hatte keine Bedenken, sich immer neue Feinde zu machen.

Hatte der Ruhm – und er war einer der berühmtesten Männer der Epoche – seine Sicht getrübt oder ihn gar geblendet? Nicht nur. Ihm, Nicolai, ging es stets um die Sache, er hat sich nie von persönlichen Rücksichten oder gar Ressentiments leiten lassen. Das müßten doch alle, die andere Ansichten vertraten als er, respektieren – bildete er sich ein. Es war aber ein Irrtum, ein rührender und beinahe naiver Irrtum, der ihm schließlich zum Verhängnis wurde. Seine eingangs erwähnte Auseinandersetzung mit Schillers »Horen« ist in dieser Hinsicht beispielhaft. Sie findet sich in Nicolais zwölfbändiger »Beschreibung einer Reise durch Deutschland und die Schweiz«. Während seines Aufenthalts in Tübingen (die Beschreibung dieses Aufenthalts ist bis heute lesenswert) erinnerte er sich daran, daß gerade hier die »Horen« verlegt wurden, und so sagte er gleich, was ihm offenbar schon seit einiger Zeit am Herzen lag. Dabei ging es ihm gar nicht um Schiller, sondern um ein Produkt, das mit seinem Literaturverständnis unvereinbar war.

In den ersten sechs Heften der »Horen« – schrieb er – seien zahlreiche Abhandlungen enthalten, »strotzend von dunkeln

Schulterminologien, von leeren Schulspitzfindigkeiten, von unverständlichen Wendungen und Zusammenfügungen«. Derartiges müsse den Lesern eines solchen Journals »wo nicht unverständlich, doch widrig sein«.[39] Auch in Schillers »Briefen über die ästhetische Erziehung des Menschen« beanstandete Nicolai Mangel an Deutlichkeit und »dunkle Schreibart«. Ja, er ging so weit zu behaupten, Schiller sei, da er mit Kantschen Terminologien um sich werfe, auf dem geraden Wege, »deutsche Literatur und Schreibart im Grund zu verderben«.[40]

Natürlich: die Ansicht, Schillers Prosa sei geeignet, »deutsche Literatur und Schreibart zu verderben«, kann man schwerlich ernst nehmen. Aber das, worauf es Nicolai hier abgesehen hatte, war weder absurd noch abwegig. Schiller hatte 1795 mit Blick auf die »Horen« an Cotta geschrieben, es komme doch darauf an, »ob das Publikum uns, oder ob wir das Publikum zwingen«.[41] Das klingt effektvoll, ist aber weltfremd. Nicolai, der erfahrene Praktiker, hielt von solchen Alternativen nichts: Er wußte, besser als Schiller, daß die Schriftsteller das Publikum nicht zwingen können, und er wußte ebenfalls, daß sie sich vom Publikum nicht zwingen lassen dürfen. Er hatte nichts anderes im Sinne als einen vernünftigen Kompromiß. Schiller mußte sich denn auch bald davon überzeugen, daß Nicolai die Lage ungleich richtiger eingeschätzt hatte als er: Die »Horen« waren falsch konzipiert, es gab für diese Zeitschrift in Deutschland keine Leser, sie mußte nach kurzer Zeit ihr Erscheinen wieder einstellen. In Nicolais Kritik der »Horen« heißt es einmal, daß »auch treffliche Köpfe zuweilen auf nachteilige Seiten der Gegenstände nicht aufmerken, wenn sie alles aus einem voraus festgesetzten Gesichtspunkt betrachten, welcher jene Seiten verdeckt«.[42] Das ist mit Sicherheit ein treffendes Wort, nur kann der im voraus festgesetzte Gesichtspunkt ebenso die vorteilhaften Seiten verdecken wie die nachteiligen. So gilt dieses Wort, gegen Schiller gerichtet, für keinen mehr als für Nicolai selbst.

Er hat den Klassikern und später den Romantikern ein Übermaß an Esoterik vorgeworfen. Denn er ahnte, wohin das führen mußte: zur zumindest partiellen Abwendung des Publikums von ihm unbegreiflichen Werken und zu dessen Hinwendung zur Unterhaltungskonfektion. Daher fürchtete er, daß die deutsche Literatur sich in zwei verschiedenen Richtungen entwickeln und allmählich sogar in zwei verschiedene, voneinander beinahe unabhängige Literaturen zerfallen werde: eine hohe für die gebildeten Leser und eine triviale für das breite Publikum. Diese Entwicklung schien ihm verhängnisvoll. Er hatte damit eine Frage erkannt, auf die man im 19. Jahrhundert immer wieder zu sprechen kam und die manchen von uns noch heute beunruhigt.

Dürfen wir Nicolai verübeln, daß er sich Illusionen machte, er sei imstande, die fatale Spaltung aufzuhalten oder gar rückgängig zu machen? Er konnte das um so weniger, als er für die Romantiker kein Verständnis hatte, ja in dieser Hinsicht mit Blindheit geschlagen war. Sie repräsentierten in seinen Augen das Fremde und das Finstere. Schlimmer noch: das Chaotische. Ihm paßte die ganze Richtung nicht. Maßlos seine Rolle und seine Möglichkeiten überschätzend, war er tollkühn und, man muß es sagen, töricht genug, die Romantiker alle auf einmal zu attackieren. In einer Sammelbesprechung von 1801 ging er mit ihnen hart ins Gericht: Er nannte Tieck, Schelling und Fichte, Friedrich und August Wilhelm Schlegel. Ihre Bücher seien »unbedeutende Schriften voller Prätension und leerer hochtrabender Phrasen, welche oft nahe an Unsinn grenzten«.[43] Das war selbstmörderisch. Er, der die Frühromantiker alle auf einmal bloßstellen und züchtigen wollte, erreichte gerade das Gegenteil: Sie verbündeten sich gegen ihn und versetzten ihm, zumal sie Goethe und Schiller auf ihrer Seite wußten, Schläge, von denen er sich nie mehr erholen konnte.

Nicolai hat an den gesunden Menschenverstand geglaubt – und das spricht nicht gegen ihn. Aber was sich mit dem gesunden Menschenverstand nicht mehr fassen ließ, dem war er auch als Kritiker kaum gewachsen. Der zentrale Begriff seiner unterschiedlichen Schriften lautet »Vernunft« – und das gereicht ihm zur Ehre. Daß es aber, wie Hamlet zu sagen pflegt, mehr Dinge im Himmel und auf Erden gibt, als unsere Schulweisheit sich träumen läßt, Dinge also, vor denen die Vernunft versagt, wollte er nicht zur Kenntnis nehmen. So entging ihm bisweilen mit dem Genialischen, das neu war, auch das Geniale.

Er hielt es für seine wichtigste Aufgabe, das Nützliche zu fördern – und alles, was ihm nicht nützlich schien, hat er hartnäckig bekämpft. Gar zu oft übersah er, daß das Schöne, das zunächst unnütz scheinen mag, letztlich doch nützlich ist. »Er suchte, wie Odysseus« – schrieb Heine –, »die Ohren seiner Gefährten zu verstopfen, damit sie den Gesang der Sirenen nicht hörten, unbekümmert, daß sie alsdann auch taub wurden für die unschuldigen Töne der Nachtigall. Damit das Feld der Gegenwart nur radikal von allem Unkraut gesäubert werde, trug der praktische Mann wenig Bedenken, auch die Blumen mit auszureuten.«[44] Vielleicht war es das Unglück seiner späten Jahre, daß er, statt nach der Wahrheit zu forschen, glaubte, im Besitze der Wahrheit zu sein.

Als Gründer und Herausgeber von Zeitschriften und als Anthologist, als Verleger und Buchhändler, als Förderer und Vermittler der Literatur hat Nicolai nicht seinesgleichen – weder im 18. noch im 19. Jahrhundert. Dem berühmten Lessing-Wort zufolge sei es bloß »ein gutherziger Einfall« gewesen, »den Deutschen ein Nationaltheater zu verschaffen, da wir Deutsche noch keine Nation sind«.[45] Aber wenn auch die Deutschen noch keine Nation waren, so hat ihnen doch Nicolai zu einem nationalen literarischen Leben verholfen. Daß er von der Nachwelt beinahe immer unterschätzt oder verkannt wurde, hat nicht nur mit seinen Untugenden und Schwächen zu tun und nicht nur mit der nachweisbaren Tatsache, daß man ihn in der Regel mit den Augen seiner berühmten Gegner und Feinde sah. Im Verhältnis zu Nicolai spiegelt sich auch das vorherrschende Verhältnis zur deutschen Aufklärung, für die man in der Vergangenheit so rasch Adjektive wie »platt« oder »hausbacken« oder »poesiefeindlich« parat hatte.

Der aus der DDR stammende Schriftsteller Günter de Bruyn hat 1982 einen schönen Aufsatz mit dem Titel »Nicolai oder Ein Opfer der Vernunft« geschrieben. Die Arbeit endet mit den Worten: »Daß sich heut an dem Grab dieses exemplarischen Preußen die die Stadt trennende Mauer erhebt, scheint ein Symbol zu sein.« De Bruyn fügt ratlos hinzu: »Man weiß nur nicht recht: wofür?«[46] Die Teilung Berlins und Deutschlands war, wie jedermann weiß, ein Erbe des »Dritten Reiches«. Daß aber dort, wo der große Kritiker, der unermüdliche Aufklärer Friedrich Nicolai begraben wurde, später die Berliner Mauer stand, ist vielleicht ein Symbol für das Scheitern der Aufklärung in Deutschland.   (1989)

Der Verächter der Kritik

Auch wer nichts über Goethes Verhältnis zur Kritik weiß, der kennt seine Verszeile: »Schlagt ihn tot, den Hund! Es ist ein Rezensent.« Sie erfreute sich schon im vergangenen Jahrhundert außerordentlicher Beliebtheit, wurde immer häufiger und mit beinahe wollüstiger Schadenfreude zitiert und gehört nach wie vor zum Standardrepertoire deutscher Feuilletons. Die kernige und nicht gerade menschenfreundliche Aufforderung stammt aus einem kleinen Gedicht, das der Vierundzwanzigjährige wohl im Zorn und Übermut geschrieben hat. Haben wir es hier mit einer derben, letztlich belanglosen Entgleisung des jungen Goethe zu tun?

Künste und Wissenschaften – heißt es in »Wilhelm Meisters Wanderjahren« – erreiche man durch Denken, nicht aber die Poesie. Diese sei »Eingebung« und werde »in der Seele empfangen«.[1] Wann immer Goethe von der Entstehung seiner Werke sprach, betonte er vor allem die Rolle der Inspiration, ohne die Leistung des kontrollierenden Verstands auch nur erwähnen zu wollen. Den »Werther« – lesen wir in »Dichtung und Wahrheit« – habe er »ziemlich unbewußt, einem Nachtwandler ähnlich, geschrieben«.[2] Seine Gedichte – berichtete er in einem Gespräch mit Eckermann – seien plötzlich über ihn gekommen, »so daß ich sie auf der Stelle instinktmäßig und traumartig niederzuschreiben mich getrieben fühlte«. Auch hier ist von einem »nachtwandlerischen Zustande« die Rede.[3] Und in einem Brief an Schiller meinte er, »daß alles, was das Genie, als Genie, tut, unbewußt geschehe«, woraus folge, daß kein Werk eines Genies durch Reflexion verbessert und von seinen Fehlern befreit werden könne.[4] Mehr noch: Der poetischen Schöp-

fung sei durch Reflexion überhaupt nicht beizukommen. Sein
»Wilhelm Meister« gehöre, sagte er, »zu den inkalkulabelsten
Produktionen, wozu mir fast selbst der Schlüssel fehlt«[5] – und
es scheint, daß er darauf stolz war. Der »Faust« sei »doch ganz
etwas Inkommensurables«; alle Versuche, das große Drama
dem Verstand näher zu bringen, seien vergeblich.[6] Ja, Goethe
ging sogar so weit, kurzerhand zu erklären: »Je inkommensura-
bler und für den Verstand unfaßlicher eine poetische Produktion, desto besser.«[7]

Wer solchen Anschauungen huldigt, der kann sich schwerlich den reflektierenden, den nüchtern prüfenden, den kritischen Leser wünschen. Und wer meint, die Werke der Kunst
glichen den Schöpfungen der Natur und sollten wie diese
behandelt werden – Goethe hat derartige Gedanken wiederholt
geäußert –, der braucht ein Publikum, das die Dichtung
akzeptiert und rezipiert, ohne viel zu fragen oder gar zu
zweifeln. Wenn man aber den Deutschen eine Blume zeige –
bedauerte Goethe –, dann wollten sie gleich wissen, ob sie
rieche und ob sie sich zur Zubereitung von Tee eigne.[8] Am
liebsten seien ihm jene Leser, die dem Autor keinerlei Widerstand leisteten, die sich ihm ohne Vorbehalt auslieferten und
sich in einem Buch ganz und gar verlieren könnten. Noch der
alte Goethe verübelte den Deutschen ihre angebliche Neigung,
überall tiefe Gedanken und Ideen zu suchen: »Ei, so habt doch
endlich einmal die Courage« – appellierte er an Eckermann –,
»euch den Eindrücken hinzugeben, euch ergötzen zu lassen,
euch rühren zu lassen, euch erheben zu lassen, ja euch belehren und zu etwas Großem entflammen und ermutigen zu
lassen.«[9]

Wer aber nach dem möglichst willfährigen und gefügigen
Leser ruft, der will auch von der Institution der Kritik nichts
wissen: Er muß sie als überflüssig und lästig empfinden, wenn
nicht gar für schädlich halten. Wozu sollte sie denn gut sein?
Da dem Genie Geschmack angeboren sei – meinte Goethe –,
habe in musischen Fragen nur der Künstler zu entscheiden,

auch »die schätzbarste Teilnahme« (so in einem Brief an Schiller) könne ihn nichts lehren, mit keiner Art von Tadel werde ihm geholfen.[10] Und dem Publikum – ist ihm ebenfalls nicht zu helfen? Tatsächlich belehrte Goethe den Kanzler von Müller, daß man ein literarisches Kunstwerk, zumal ein bedeutendes, gar nicht beurteilen könne. Sein Rezept lautete: »Man lese ein Buch und lasse es auf sich einwirken, gebe sich dieser Einwirkung hin; so wird man zum richtigen Urteil darüber kommen.«[11]

Das Mephisto-Wort »Grau, teurer Freund, ist alle Theorie« erklärt auch die tiefste Ursache der gleichsam elementaren und lebenslangen Abneigung Goethes gegen die Kritik ästhetischer Gegenstände – einer Abneigung, die oft genug in Widerwillen und Haß überging. Er war wirklich der Ansicht, daß das Theoretisieren bloß vom Mangel an Produktionskraft zeuge und den Weg zum wahren Genuß des literarischen Werks versperre. Theorie und Genuß, Kritik und Glaube – das sind in Goethes Überlegungen Begriffspaare und Gegensätze zugleich. Ein Kerl, der spekuliert, sei »wie ein Tier, auf dürrer Heide / Von einem bösen Geist im Kreis herumgeführt, / Und ringsumher liegt schöne, grüne Weide«. Das kalte Analysieren könne, Goethe zufolge, die Poesie bloß zerstören: »Es bleiben nur Scherben übrig, die zu nichts dienen und nur inkommodieren.«[12] »Zerstückeln« und »zersplittern« waren die Verben, die er mit Vorliebe gebrauchte, wenn er auf die Kritik zu sprechen kam. Als er 1797 zum zweiten Mal in seinem Leben die Poetik des Aristoteles studierte, habe ihn – so informierte er den Kollegen Schiller – ganz besonders der Umstand erquickt, daß der Philosoph die Dichter »gegen Grübler und Krittler« in Schutz nehme.[13] »Das ewige Opponieren und übellaunige Kritisieren und Negieren« – bekannte er in einem Gespräch – sei ihm zuwider.

Wie aber solle man gegen die »mißlaunischen Krittler« vorgehen, also gegen die Rezensenten, deren Ansichten und Urteile Goethe nicht genehm waren? Er empfahl, diese »Kritt-

ler« ganz einfach aus der Gesellschaft zu entfernen wie jeden,
»dessen vernichtende Bemühungen nur die Handelnden mißmutig, die Teilnehmenden lässig und die Zuschauer mißtrauisch und gleichgültig machen könnten«.[14] So lesen wir es in
Goethes aus dem Jahr 1795 stammendem Essay »Literarischer
Sansculottismus«, einem heftigen Pamphlet zur aktuellen
Situation der deutschen Schriftsteller. Mit welchen Mitteln er
selber unwillkommene Kritiker mundtot machte, zeigte sich
wenig später.

Im Januar 1802 inszenierte Goethe in dem von ihm geleite-
ten Weimarer Theater die Uraufführung der Tragödie »Ion«
von August Wilhelm Schlegel. Dem Kritiker Karl August
Böttiger mißfiel diese Darbietung, er verfaßte eine umfang-
reiche und recht ungünstige Rezension für das »Journal des
Luxus und der Moden«. Goethe erfuhr davon und zögerte
keinen Augenblick, die Veröffentlichung dieser Rezension zu
verhindern. Dem Redakteur des »Journals«, Friedrich Justin
Bertuch, teilte er am 12. Januar 1802 mit, »daß wenn Sie nicht
selbst geneigt sind, die Sache zu remedieren und den Aufsatz
zu unterdrücken, ich sogleich an Durchlaucht den Herzog
gehe und alles auf die Spitze setze. Denn ich will entweder von
dem Geschäft sogleich entbunden oder für die Zukunft vor
solchen Infamien gesichert sein.« Der Brief endet mit einem
Ultimatum: »Ich erbitte mir vor vier Uhr Ihre Erklärung
darüber. Mit dem Schlage geht meine Vorstellung an Durchlaucht den Herzog ab.«[15]

Der Redakteur Bertuch kapitulierte, der beanstandete Artikel
erschien im »Journal des Luxus und der Moden« nicht. Das
allerdings genügte Goethe keineswegs. Gleich am nächsten
Tag, dem 13. Januar 1802, wandte er sich an seinen alten
Duzfreund Wieland, der in Weimar den »Neuen Teutschen
Merkur« herausgab. In dieser Zeitschrift könnte der »nieder-
trächtige Mensch« Böttiger, befürchtete Goethe, die vom
»Journal« abgelehnte Rezension doch noch unterbringen wollen. Sollte dieser »Tigeraffe« das tun wollen – schrieb Goethe

an Wieland –, »so wünschte ich nicht, daß er den Merkur zum Gefäß seiner Unreinigkeiten ersehe«.[16] Wieland dachte nicht daran, Goethe zu verärgern, die Rezension wurde auch im »Neuen Teutschen Merkur« nicht publiziert. Das Ganze hatte übrigens noch ein Nachspiel. Das Theaterreferat im »Journal« wurde dem Kritiker Böttiger ganz und gar entzogen – und der es jetzt übernahm, war kein anderer als der Theaterdirektor in eigener Person, also Goethe.

Dennoch sollte man nicht annehmen, er, der die Institution der Kritik immer wieder diffamierte und offen bekämpfte, habe sie abschaffen wollen. Er wollte sie nur anders haben. Wie die Kritik sein sollte, wie er sie sich vorstellte, das läßt sich seinen eigenen Rezensionen kaum entnehmen. Ihre Zahl ist nicht klein, ihre Bedeutung indes nur gering. Ihn hat die literarkritische Arbeit nie wirklich interessiert. »Leider muß ich nun die schönen Stunden mit Rezensiren verderben . . .«[17], klagte der junge Goethe in einem Brief an Kestner. Noch Jahrzehnte später bemerkte er ohne Reue, das Rezensieren sei niemals seine Stärke gewesen. Von den in seinen Anfängen, in der Zeit bis 1772 für die »Frankfurter Gelehrten Anzeigen« verfaßten Besprechungen rückte er im Alter entschieden ab. Er verspottete sie als »Ergiessungen meines jugendlichen Gemüts«. In ihnen sei »so wenig ein Eingehen in die Gegenstände als ein gegebener, in der Literatur begründeter Standpunkt, von wo aus wären diese zu betrachten gewesen, sondern alles beruhet durchaus auf persönlichen Ansichten und Gefühlen«.[18]

Dies gilt mehr oder weniger für das gesamte literarkritische Œuvre Goethes: Nie bemüht er sich, auf die Gegenstände näher einzugehen oder sie gar zu analysieren. Und bisweilen ist er bereit, dies offen zuzugeben. Einen Aufsatz aus dem Jahre 1824 beginnt er mit dem Hinweis, man habe festgestellt, daß er, statt über Bücher zu urteilen, bloß über den Einfluß schreibe, den diese auf ihn ausgeübt hätten. Er bestreitet das nicht, er behauptet vielmehr, so täten es alle Lesenden.[19] Alle? Auch die Kritiker? Sind es immer nur Rapporte über persönliche Lektüreerlebnisse, gibt es überhaupt keine objektiven Gesichtspunkte, keine Maßstäbe? Sicher ist: Goethes Meinungen über einzelne Bücher lassen sich von seinen Ansichten über deren Autoren nicht trennen. Und diese Ansichten wiederum hängen, wenn es sich um Zeitgenossen handelt, meist mit deren Verhältnis zu ihm zusammen. Ein Beispiel für viele: Er hat Byron bewundert, vielleicht sogar aufrichtig. Nur darf man nicht vergessen, daß Byron für Goethe geschwärmt und ihm überdies eines seiner Werke gewidmet hat.

Wie wenig er bereit oder imstande war, die Eigenart anderer Genies zu erkennen und ihnen gerecht zu werden, beweisen seine mitunter verblüffenden Äußerungen über Shakespeare. Er hat ihn geschätzt und gerühmt, er hat über ihn, zumal über den »Hamlet«, geistreich und wunderbar geschrieben. Aber in seinem Essay »Shakespeare und kein Ende« lesen wir den entwaffnenden, den wahrhaft umwerfenden Satz: »So gehört Shakespeare notwendig in die Geschichte der Poesie; in der Geschichte des Theaters tritt er nur zufällig auf.«[20] Noch zu Goethes Lebzeiten hatte Ludwig Tieck ohne Umschweife erklärt, warum dieser »den größeren Dramatiker nie eigentlich verstehen« könne: »Ihn stört es immerdar, daß Shakespeare so durchaus nirgend Goethe ist.«[21]

Nie hatte er Lust, sich systematisch mit der deutschen und der ausländischen Literatur auseinanderzusetzen. Die Namen vieler wichtiger Schriftsteller der Epoche Goethes sucht man in seinen Briefen und Gesprächen ebenso vergeblich wie in jenen meist beiläufigen und auffallend flüchtigen Arbeiten, die als seine »Schriften zur Literatur« gesammelt wurden. Was er gelesen oder nicht gelesen hat – oft hing es, allem Anschein nach, vom Zufall ab. Auf der Suche nach einem gemeinsamen Nenner dieser disparaten Schriften haben die Germanisten auf die Idee der Weltliteratur verwiesen. Aber was bedeutet denn eigentlich dieser immer wieder beschworene Begriff, den Goethe erst im Alter – nämlich 1827 – geprägt und verwendet hat? Man beruft sich gern auf Curtius, der die heikle Frage treffend,

wenn auch sehr umständlich beantwortet hat: »Weltliteratur«
sei bei Goethe »keine definitorische Abgrenzung, sondern
Einheitspunkt vieler Bezüge, Zentrum divergierender Perspektiven: sie ist ein Aufgegebenes«.[22] Mit anderen Worten: Der
alte Goethe hat postuliert, ohne zu definieren.

»Weltliteratur« ist ein unzweifelhaft hehrer Begriff, doch
allzu vieles umfassend und allzu vage, um den Standort eines
Kritikers hergeben oder auch nur andeuten zu können. Die
Romantiker hatten schon recht, wenn sie, wie eben Ludwig
Tieck, Goethes Anschauungen über Literatur nie sonderlich
ernst nahmen und ihn als Kritiker nicht gelten lassen wollten.
Und einer von ihnen, der große Friedrich Schlegel, wußte den
Grund exakt zu benennen. Er notierte lapidar: »Goethe ist zu
sehr Dichter, um Kunstkenner zu sein.«[23]

Dies hinderte Goethe natürlich nicht, an die Kritik Ansprüche und Forderungen zu stellen, die er meist in herrischem und
gebieterischem Ton vorbrachte. Zunächst einmal: Angesichts
eines Meisterwerks habe der Kritiker ehrfurchtsvoll die Waffen
zu strecken. Klopstocks »Deutsche Gelehrtenrepublik«, 1774
gedruckt, nannte Goethe ein »herrlisches Werck« und »die
Einzige Poetick aller Zeiten und Völcker«. Aus dem Rezensenten, der nach der Lektüre dieses Buches »nicht seine Federn
wegwirft« und »alle Kritick und Kriteley verschwört«, werde
nichts werden.[24] Goethe selber ist auf Klopstocks angeblich so
herrliches Werk später noch einmal zu sprechen gekommen –
in »Dichtung und Wahrheit«, wo er es ungleich zurückhalten-
der und keineswegs enthusiastisch beurteilt hat.[25]

Ähnliches empfahl Goethe, als Achim von Arnim und
Clemens Brentano 1806 die Liedersammlung »Des Knaben
Wunderhorn« herausbrachten. Den beiden aufstrebenden Poeten und Editoren war verständlicherweise an Goethes Beifall
gelegen. Um sicherzugehen, widmeten sie ihm devotest den
ersten Band der Sammlung. Sie verrechneten sich nicht. Goethe schrieb für die »Jenaische Allgemeine Zeitung« eine begei-
sterte Besprechung, ohne freilich zu vermerken, daß es ein ihm

dediziertes Buch war, das er so gütig und ausgiebig lobte. Und wieder einmal verkündete er, mit einem solchen Werk dürfe sich die Kritik überhaupt nicht befassen. Denn die beiden Herausgeber hätten es »mit so viel Neigung, Fleiß, Geschmack, Zartheit« ediert, »daß ihre Landsleute dieser liebevollen Mühe nun wohl erst mit gutem Willen, Teilnahme und Mitgenuß zu danken hätten«.[26] Nicht etwa Kritik und Dankbarkeit heißt also Goethes Losung, sondern Dankbarkeit statt Kritik. An derartigen Prinzipien hat er bis zum Ende seines Lebens festgehalten: Das Vortreffliche – schrieb er 1827 in einem Brief an Zelter – »sollte durchaus nicht bekrittelt noch besprochen, sondern genossen und andächtig im stillen bedacht werden«.[27]

Wie aber, wenn das zur Debatte stehende Werk keineswegs vortrefflich war? Ein solches Werk, die Tragödie »Attila, König der Hunnen« von Zacharias Werner, wurde 1808 in Weimar aufgeführt. Die »Jenaische Allgemeine Zeitung« erhielt eine unfreundliche Rezension dieses Stücks. Der Redakteur, der natürlich wußte, daß Goethe den Dramatiker Werner schätzte, wollte sich eventuelle Unannehmlichkeiten ersparen und schickte ihm daher das Manuskript der Besprechung zu. Goethe antwortete sogleich: In der Kritik sei viel Wahres, viel, was auch er über das Stück denke. Trotzdem sei er gegen die Veröffentlichung, da die Rezension »nicht urteilend, aufbauend« sei, sondern »verdammend und vernichtend«.[28]

Nicht aufbauend? Was soll das bedeuten? Die Antwort finden wir in dem dreizehn Jahre später publizierten Artikel »Graf Carmagnola noch einmal«. Goethe unterscheidet hier zwischen zerstörender und produktiver Kritik. Die zerstörende nennt er jene, die »irgendeinen Maßstab« oder »irgendein Musterbild« aufstellt und dann das kritisierte Kunstwerk ablehnt, weil es diesem Maßstab nicht entspricht. »So befreit man sich« – schreibt Goethe – »von aller Dankbarkeit gegen den Künstler.« Die produktive Kritik frage hingegen, was der Autor gewollt habe, ob dies vernünftig sei und inwiefern es ausgeführt wurde. Das mag einleuchtend klingen und ist doch eine fragwürdige Alternative. Mit der »Dankbarkeit gegen den Künstler« meint Goethe nicht etwa ein mögliches Ergebnis der kritischen Untersuchung, sondern deren offenbar unerläßliche Voraussetzung. Und wenn zu dieser Dankbarkeit gar kein Anlaß besteht? Eine einsichtige und liebevolle Beantwortung der aufgeworfenen Fragen wird verlangt, denn »so helfen wir dem Verfasser nach«. Kommt es darauf an? In der Tat meint Goethe, »daß man mehr um des Autors als des Publikums willen urteilen müsse«.[29]

Von hier aus erhalten denn auch die Kategorien »zerstörend« und »produktiv« ihren Sinn: Als ein produktiver Kritiker bewährt sich derjenige, der sich bemüht, die Sache des Autors zu vertreten und ihm zu dienen. Was dieser beabsichtigt und geleistet hat, darf zwar kritisch kommentiert und sogar angezweifelt werden, die Ablehnung jedoch oder die Verneinung des behandelten Gegenstands schließt Goethe von vornherein aus. Daß Kritiken zunächst einmal um der Literatur willen entstehen und mit dem Blick nicht auf den Autor geschrieben werden sollten, sondern auf die Leser – davon will er nichts wissen.

Wer immer in Deutschland die Kritik verleumden und bekämpfen wollte, konnte sich nun auf Goethes ebenso dubiose wie handliche, bequem zitierbare Formulierungen berufen. Und wer den Kritiker in die Schranken weisen oder ganz mundtot machen wollte, der konnte dessen Kompetenz mit Goethes Hilfe effektvoll in Frage stellen. Der Vater der deutschen Kritik, Lessing also, hatte einst gelehrt: «Ich finde meine Suppe versalzen: darf ich sie nicht eher versalzen nennen, als bis ich selbst kochen kann . . .« Und: »Der Rezensent braucht nicht besser machen zu können, was er tadelt.«[30] Goethe indes dekretierte: »Niemand sollte über etwas urteilen, wenn er nicht zugleich bewiese, daß er es selbst machen könne.«[31]

Er kann nicht aufhören, den Kritiker als böswillig zu denunzieren: Für ihn ist der Autor ein Wohltäter, der den Lesern

Freude bereitet, der Kritiker hingegen ein Störenfried und Spaßverderber. Aus dieser Sicht gewinnt das eingangs zitierte rabiate Gedicht gegen die Rezensenten an Ernsthaftigkeit und auch an Bedenklichkeit. Er habe, erzählt hier der junge Goethe, einen Kerl zu Gast gehabt, der, nachdem er sich »pumpsatt gefressen«, zum Nachbar gegangen sei, um über das Essen zu räsonieren:

> »Die Supp' hätt' können gewürzter sein,
> Der Braten brauner, firner der Wein. –
> Der Tausendsackerment!
> Schlagt ihn tot, den Hund! Es ist ein Rezensent.«

In simpler Verkürzung gibt diese berüchtigte Zeile die wahren Anschauungen Goethes in Sachen Kritik wieder: Auch der reife, der alte Goethe wollte das Kunstwerk – zumal wenn er es selber geschaffen hatte – als Gabe verstanden wissen, nach wie vor hielt er den Kritiker für einen undankbaren Kumpan, der es nicht wert war, daß man ihn beschenkte. Doch sollte man nicht ungerecht sein: Ein Dichter, der sich so leidenschaftlich mit seiner eigenen Person beschäftigte, der sie stets aufs neue als Ausgangspunkt für alle seine Überlegungen und als Thema für seine poetischen Arbeiten verwendete, ein solcher Dichter mußte wohl auf jeden Versuch, sein Werk kritisch zu analysieren, höchst empfindlich reagieren und jene, die dies wagten, zum Teufel wünschen.

Aber von Anfang bis zum Ende seiner langen schriftstellerischen Laufbahn war Goethe auf das öffentliche Echo angewiesen – und gerade deshalb hat er die Kritik immer gefürchtet. Als der Sechzehnjährige eine strenge Rezension seiner Hochzeitsgedichte gelesen hatte – so an die Schwester Cornelia –, »entfiel mir aller Muht, und ich brauchte ein halbes Jahr biß ich mich wieder erholen« konnte.[32] Einige Jahre später prahlte er in einem Brief: »Mir kommts darauf an, ob der Rezensent ein rechter Kerl ist, er mag mich loben oder tadeln.«[33] Das Gegenteil trifft zu: Die Person des Rezensenten war ihm in der

Regel gleichgültig, nur wollte er unbedingt gelobt werden.
Wurde er aber gelobt, dann sollten es alle erfahren. Was im
»Morgenblatt für gebildete Stände« über seine »Wahlverwandtschaften« zu lesen war, gefiel Goethe – und offenbar schmä-
lerte es seine Freude nicht, daß diese Zeitschrift vom selben
Cotta finanziert wurde, der auch den rezensierten Roman
verlegt hatte. Er genierte sich nicht, einen Sonderdruck der ihn
rühmenden Kritik auf eigene Kosten anfertigen und an eine
größere Anzahl von Personen verschicken zu lassen.

Bleibt das Echo aus, dann ist auch der längst weltberühmte
Autor Goethe empört und verzweifelt. In einem Brief an
Schiller beschwert er sich über eine angeblich gegen ihn
geführte »geheime Fehde des Verschweigens« und kündigt
ungeniert Gegenmaßnahmen an: »Ich denke gegen Rezensenten, Journalisten, Magazinsammler und Kompendienschreiber
sehr frank zu Werke zu gehen.«[34] Keinem werde er seine
Renitenz passieren lassen. Einen dieser renitenten Schreiber
nennt er gleich beim Namen. Es ist Lichtenberg. Er war so
kühn, in einer Arbeit über Optik die Experimente Goethes
unerwähnt zu lassen. In einem anderen Brief an Schiller ist
vom »literarischen Faustrecht« die Rede, das noch nicht abge-
schafft sei, und von der Befugnis, sich selbst Recht zu verschaffen.[35]
Wenn sich die prominenten Kritiker der jüngeren Generation – die beiden Schlegels etwa oder Novalis – über seine
Arbeiten skeptisch äußerten oder sie gar zu ignorieren wagten,
war er in höchstem Maße verärgert. In »Dichtung und Wahrheit« verwies er auf große Dichter der Vergangenheit, auf
Corneille, Racine und Voltaire – sie alle hätten unter der Kritik
gelitten und seien gezwungen gewesen, sich gegen engstirnige
Rezensenten zu verteidigen.[36] In den Gesprächen mit Eckermann beklagte er sich immer wieder, daß sein Werk die ihm
gebührende Anerkennung nicht gefunden habe. In seinen
letzten Lebensjahren sagte er einem Besucher, er sei in der
gleichen Situation wie Voltaire, »der nichts heißer erstrebte als

die Anerkennung derjenigen, die ihm ihren Beifall versagten«.[37] Auf Goethe trifft zu, was er den Carlos im Trauerspiel »Clavigo« aussprechen läßt: »Wenn die Menschen dich nicht bewundern, oder beneiden, bist du auch nicht glücklich.«

Schon zu seinen Lebzeiten nannte man ihn einen göttlichen Menschen. Mir mißfällt diese Bezeichnung. Denn Goethe war ungleich mehr: Er war unter allen großen Deutschen der menschlichste – menschlich in seiner Sehnsucht nach Liebe und Frauen, menschlich in seiner Angst vor Kritik, menschlich in seinem Bedürfnis nach Beifall, in seiner Empfänglichkeit für Lob und in seiner Abhängigkeit vom Erfolg. Thomas Mann sprach in diesem Zusammenhang von Goethes »Schwachheit« und fügte, verständnisvoll und nicht ohne Zufriedenheit, hinzu: »Er ist sehr groß, aber er ist wie wir alle.«[38]   (1984)

Der romantische Prophet

Er wurde schnell bekannt, ja berühmt. Und gleich war sein Ruf schlecht: Man mochte ihn nicht, man beschimpfte ihn. Er galt als unbescheiden, ungezogen und unverschämt, als frech, faul und vorlaut und, zu allem Unglück, auch noch als unmoralisch. So war es in seinen frühen, seinen besten Jahren. Und später? Er wurde geschätzt, gewiß, aber ungern, wenn nicht widerwillig. Unbeliebt, um es gelinde auszudrücken, blieb er immer.

Doch niemand litt unter ihm mehr als er selber, er, Friedrich Schlegel, geboren 1772 in Hannover. Der Achtzehnjährige – er studierte die Rechtswissenschaften, erst in Göttingen und dann in Leipzig – dachte nahezu täglich an Selbstmord. Nur fehlte ihm die Kraft zur Tat, zu welcher auch immer. Wenn er beten könnte – schrieb er 1791 an August Wilhelm, seinen älteren Bruder –, würde er »Gott nicht um Verstand, sondern um Liebe bitten«.[1] Das ist es – Friedrich Schlegel wollte geliebt werden: »Man findet mich interessant und geht mir aus dem Wege. Wo ich hinkomme, flieht die gute Laune, und meine Nähe drückt. Am liebsten besieht man mich aus der Ferne, wie eine gefährliche Rarität.«[2] Um jeden Preis wollte er seine Einsamkeit überwinden. Eine erotische Affäre, die wahrscheinlich nicht weit gediehen war, machte ihn lächerlich und stürzte ihn überdies in Schulden.

Gleichwohl kann er von Glück reden. Er berichtet dem Bruder: »Das Schicksal hat einen jungen Mann in meine Hand gegeben, aus dem Alles werden kann.«[3] Ja, das stimmt, aus diesem jungen Mann kann noch alles werden. Denn es ist Friedrich von Hardenberg, Novalis also, der den neuen Freund

sogleich pathetisch beschwört: »Du bist aus der Familie des
Untergangs... Du wirst an der Ewigkeit sterben. Du bist ihr
Sohn – sie ruft Dich zurück...« Er warnt ihn: »Dein Geist
kann unmöglich lange mehr diesen Aufruhr Deines innern
Lebens ertragen...«[4] Um dieses Aufruhrs Herr zu werden,
verschlingt der Student Schlegel, von Lesewut und »gefräßiger
Wißbegier«[5] getrieben, ganze Bibliotheken. Das ist er: ein
Getriebener, ein Gehetzter, der nirgends Ruhe findet.

Und er ist der erste deutsche Schriftsteller nicht, der sich
beglückt in einer Figur wiedererkennt, die die Intellektuellen,
die deutschen zumal, bis heute aufs höchste fasziniert: Jener
dänische Prinz hat es ihm angetan, den Tonio Kröger als einen
»typischen Literaten« bezeichnen wird. Der Grund der
»inneren Zerrüttung« und des »innren Todes« des Hamlet –
schreibt Friedrich Schlegel an den Bruder – liege in der Größe,
in dem »Übermaß seines Verstandes«. Wäre sein Verstand
kleiner, so würde dieser Prinz ein Held sein, aber das sei für ihn
der Mühe nicht wert. Und: »Er übersieht eine Menge von
Verhältnissen – daher seine Unentschlossenheit.«[6] Drei Jahre
später äußert er sich wieder einmal über den Hamlet – und
zugleich über sich selber: »Er kennt die Menschen und die
Menschheit; er weiß ... alles, nur das nicht, was man zunächst
braucht.« Hamlet habe die Fäden verloren, um das, was sein
soll, mit dem verknüpfen zu können, was ist.[7]

Das mag die Situation auch Friedrich Schlegels sein: Er weiß
alles, nur kann er es nicht anwenden, er kann sich im Leben
nicht zurechtfinden. Friedrich Nicolai glaubt, der junge Schlegel dürfe nicht allzu lange »in der der Eigenliebe so behagli-
chen Region eigener abgesonderter Imaginationen und eigener
abgesonderter Spekulationen« verweilen. Er habe das Zeug,
meint der nüchterne Praktiker Nicolai, einer der vorzüglich-
sten deutschen Schriftsteller zu werden, »wenn er nur bald in
die wirkliche Welt tritt und fleißig mit Menschen aller Stände
Gedanken wechselt...«[8] Der etwas naiv anmutende Befund
war, wie sich zeigte, nicht falsch.

1797 – Schlegel ist nun 25 Jahre alt – trifft er im Salon der
Berliner Jüdin Henriette Herz eine nicht mehr ganz junge
Frau, die sein Dasein verändert, die ihn rettet. Schön war sie
nicht, auch nicht anmutig, besondere Klugheit wurde ihr nie
nachgerühmt. Gleichwohl ist Schlegel von ihr, wenn man den
Zeugen glauben darf, sofort tief beeindruckt gewesen. Vielleicht hat er gespürt, was sich in dieser Frau, die ebenfalls eine
Berliner Jüdin war, verbarg: Sie, die Tochter Moses Mendelssohns, die einst mit Vornamen Brendel hieß und sich jetzt
Dorothea nannte, zeichnete sich durch eine Eigenschaft aus,
die oft bei Juden auffällt, sei es günstig, sei es ungünstig, und
die zur Folge hat, daß sie, die Juden, für manche Menschen
ihrer Umgebung nicht so leicht erträglich sind und ihnen
vielleicht sogar auf die Nerven gehen, daß sie aber von anderen
aus demselben Grund für äußerst attraktiv gehalten werden.
Was ich meine, läßt sich mit Worten wie »Intensität« oder
»Heftigkeit« andeuten. Eben diese Intensität kam in Dorotheas
wohl am deutlichsten ausgeprägter Fähigkeit zum Vorschein:
Sie war zum Lieben geboren und also zum Leiden bestellt. Sie
wollte einem Mann dienen, den sie liebte – nur nicht jenem,
mit dem sie gegen ihren Willen verheiratet war, nur nicht dem
Bankier Simon Veit, von dem sie zwei Söhne hatte.

Dorothea hat keinen Augenblick gezögert, sich dem acht Jahre
jüngeren Friedrich Schlegel ganz und gar unterzuordnen. Ricarda
Huch spricht in ihrem schönen und klugen Buch über die
Romantik von einer »Affenliebe« und von »blinder Unterwürfig-
keit«.[9] In der Tat, diese leidenschaftliche Jüdin sah in ihm ihren
Herrn und Gebieter, ihren Fürsten und vielleicht sogar ihren Gott.
Seine Geliebte war sie und seine Ehefrau, seine Schwester und
seine Mutter, sie diente ihm als Sekretärin, Haushälterin und
Betreuerin. Sie hat ihn auch fortwährend beraten. Denn sie war in
geistiger, in literarischer Hinsicht ungleich mehr wert, als es die
bisweilen ziemlich gehässigen Bemerkungen, die Seitenhiebe
ihrer Freundinnen befürchten ließen.

Im Laufe der Jahre verfaßte sie Buchbesprechungen für

Zeitschriften, sie übersetzte aus dem Französischen und schrieb viele nachdenkliche Briefe. Ja, sie veröffentlichte sogar den ersten Band eines Romans, über den, immerhin, Goethe und Schiller miteinander korrespondierten. Der Roman beweise – meinte Schiller 1801 –, »wie weit die Dilletanterei wenigstens in dem Mechanischen und in der hohlen Form kommen« könne.[10] Goethe war mit diesem Urteil zwar einverstanden, fügte aber hinzu: »Einige Situationen sind gut angelegt, ich bin neugierig, ob sie die Verfasserin in der Folge zu nutzen weiß.«[11] Wie dem auch sei – Dorothea war schon eine intelligente, eine tüchtige deutsche Schriftstellerin, freilich eine solche, der die ihr offenbar nicht von der frühen Kindheit an vertraute deutsche Sprache noch einige Schwierigkeiten bereitete.

Das jedenfalls ist sicher: Die hier zueinandergefunden hatten, die reizlose, vom Leben stiefmütterlich behandelte Jüdin und der ungeliebte Literat, der zwar von vielen gelesen und doch von den meisten gemieden wurde – es waren zwei Parias, moderner ausgedrückt, zwei Outcasts, die für ihr Unglück, wie hätte es anders sein können, ihre Umwelt verantwortlich machten. So hatte denn ihre die Sitten ignorierende Verbindung den Charakter wenn nicht einer Rebellion, so doch zumindest eines trotzigen Protests.

Aber dieses Verhältnis hat nicht deshalb zu einem Skandal geführt, weil Friedrich Schlegel mit Dorothea Veit sieben Jahre ohne Segen der Kirche zusammenlebte – nun ja, üblich war das nicht, doch auch nicht so ungewöhnlich. Daß er sich für eine Jüdin entschieden hatte, sah man natürlich ungern. Man hätte für die Affäre mehr Verständnis gehabt und die Sache für verzeihlicher gehalten, wenn Dorothea aus einem vermögenden Haus gekommen wäre; aber hiervon konnte keine Rede sein. Wodurch sich die Gesellschaft herausgefordert fühlte, das war die offenkundige und rücksichtslose Darstellung dieser erotischen Beziehung in Schlegels 1799 erschienenem Roman »Lucinde«.

Eine zusammenhängende Handlung gibt es in dem Buch nicht, vielmehr besteht das Ganze aus Episoden und Erzählungen, Skizzen und Szenen, aus Briefen und Betrachtungen. Eine zentrale Stelle der »Lucinde«, gleichsam das Programm des Romans, lautet:»›Wie kann man schreiben wollen, was kaum zu sagen erlaubt ist, was man nur fühlen sollte?‹ Ich antworte: Fühlt man es, so muß man es sagen wollen, und was man sagen will, darf man auch schreiben können.«[12] Ohne derartige Hinweise würde der Leser unserer Zeit wohl gar nicht merken, daß hier zwar nicht dargestellt, aber doch einige Male mitgeteilt wird, »was kaum zu sagen erlaubt« sei – womit Anspielungen auf Sexuelles gemeint sind. Dem als arrogant und impertinent verrufenen Schriftsteller Friedrich Schlegel warf man nun auch bare Schamlosigkeit vor.

Heine nahm das einst vieldiskutierte Buch nicht ernst, es sei – schrieb er 1835 – längst vergessen und verschollen. Für sein wichtigstes Gebrechen hielt er die Titelfigur, die kein Weib sei, sondern bloß »eine unerquickliche Zusammensetzung« von Abstraktionen.[13] Das trifft schon zu, doch fällt uns heute ein anderer Makel noch mehr auf: Denn unverkennbar ist die im Stil und in der Stimmung erstaunliche Nähe des berühmten Buches zum Trivialroman, zumal zu jenem des vorigen Jahrhunderts: »Leicht bekleidet standen Lucinde und Julius am Fenster im Pavillon, erfrischten sich an der kühlen Morgenluft und waren verloren im Anschaun der aufsteigenden Sonne, die von allen Vögeln mit munterem Gesang begrüßt ward.«[14] Und: »Er bedeckte sie mit Liebkosungen und er geriet außer sich vor Entzücken, da das liebenswürdige Köpfchen endlich an seine Brust sank, wie sich die zu volle Blume an ihrem Stengel senket. Ohne Zurückhaltung schmiegte sich die schlanke Gestalt um ihn, die seidnen Locken der goldnen Haare flossen über seine Hand, mit zärtlicher Sehnsucht öffnete sich die Knospe des schönen Mundes, und aus den frommen dunkelblauen Augen strahlte und schmachtete ein ungewohntes Feuer.«[15]

Trotz vieler derartiger Passagen wird die »Lucinde« mitunter als neuartig bezeichnet, ja, der Roman sei in mancherlei Hinsicht die Vorwegnahme jener modernen epischen Form,

die man »offen« nennt. Doch drängt sich der Verdacht auf, daß
es nicht die ästhetischen Ansichten Schlegels waren, die ihn in
der »Lucinde« auf eine Handlung verzichten und die »offene«
Form anstreben ließen; vielmehr hat dies auch oder gar vor
allem mit seinem künstlerischen Unvermögen zu tun. Das
Buch zeigt, was Schlegel nicht war und nicht konnte – er war
kein Erzähler, kein Romancier; übrigens auch kein Lyriker und
kein Dramatiker. Man übertreibt nicht, wenn man sagt, sein
Blick für die dichterische Qualität sei untrüglich gewesen. Nur
war er – und das gilt für manch einen späteren Kritiker
gleichfalls – für die Qualität seiner eigenen poetischen Versuche geradezu blind.

Oft zitiert man Schlegels Diktum über Lessing: »Alles, was
Lessing getan, gebildet, versucht und gewollt hat, läßt sich am
füglichsten unter den Begriff der Kritik zusammenfassen.«[16] Und
wie ist es um die *dichterischen* Bestrebungen Lessings bestellt,
zumal um dessen Theaterstücke? Sie seien bloß »Beispielsübun-
gen für seine Prinzipien der Poetik und Dramaturgie«.[17] Im
»Nathan« würden, beanstandet Schlegel, »selbst die mäßigsten
Forderungen an Konsequenz der Charaktere und Zusammenhang der Begebenheiten oft genug beleidigt und getäuscht«.[18]
Über »Emilia Galotti«: »Ins Gemüt dringts nicht und kanns nicht
dringen, weil es nicht aus dem Gemüt gekommen ist.«[19] Die
»Minna von Barnhelm« wird kaum erwähnt.

Schlegel zweifelt, ob Lessing überhaupt ein Dichter gewesen
sei, »ja ob er poetischen Sinn und Kunstgefühl gehabt habe«.[20]
Von seinem Stil hält er offenbar nicht viel, denn er vermutet
nicht ohne Häme, Lessing habe »das lebendige Gespräch noch
mehr in der Gewalt gehabt als den schriftlichen Ausdruck«.[21]
Den Satz »Er selber war mehr wert, als alle seine Talente«[22] –
ebenfalls ein beliebtes Zitat – versteht man in der Regel als hohe
Anerkennung Lessings, während dieser Ausspruch in Wirklichkeit sein Werk deutlich abwertet, wenn nicht mißbilligt.

Nun werden literarkritische Urteile von den Ansichten und
Vorstellungen von dem Geschmack ihrer Epoche geprägt, sie

sind also, auch die der bedeutendsten Kritiker, zeitbedingt und daher für spätere Generationen oft schwer begreiflich oder zumindest überraschend. Der junge Schlegel beschäftigte sich mit Lessing rund zwanzig Jahre nach dessen Tod, eine gründliche Revision der Urteile über ihn schien damals nötig. Hat er ihn schließlich unterschätzt, gar verkannt? Gewiß, und doch gehören diese Arbeiten zu seinen wichtigsten, sie haben bis heute von ihrem Glanz nur wenig eingebüßt. Denn hier plädiert einer leidenschaftlich und suggestiv in eigener Sache – das soll heißen: Wann immer Schlegel über Lessing redet, spricht er auch über sich selber, wie er zu sein glaubte und wie er sein wollte.

Nein, nicht alles, was Friedrich Schlegel getan, gebildet, versucht und gewollt hat, läßt sich mit dem Begriff »Kritik« zusammenfassen, wohl aber alles, was von seinem Werk geblieben ist. Doch war er »durchaus nicht Systematiker und Sektenstifter, sondern Kritiker«.[23] Auch dies schrieb er über Lessing, und auch dies gilt vor allem für ihn selber. Wie Lessing verteidigte er unermüdlich die Kritik als eine Institution, ohne die keine Literatur bestehen könne. Mit Verachtung strafte er die »mystischen Kunstliebhaber, welche jede Kritik für Zergliederung, und jede Zergliederung für Zerstörung des Genußes halten«.[24] Er begriff die Kritik als »die Mutter der Poetik«[25]: Es sollte sich also die Poetik aus der praktischen Auseinandersetzung mit der Literatur ergeben – und nicht etwa umgekehrt.

»Kühn ging er von einem zum andern über, in unregelmäßiger Laufbahn, viele Systeme so wie sehr verschiedene Fächer der Literatur durchschneidend.«[26] Von wem ist hier die Rede? Wieder einmal von Lessing – doch dessen Arbeitsweise charakterisierend, charakterisiert Schlegel vor allem seine eigene: Wenn er Lessing die Vorliebe für das Fragmentarische nachsagt, so ist das keine Selbstauseinandersetzung, es ist vielmehr eine Selbstrechtfertigung. Mehr noch: Schlegel behauptet, Lessings Philosophie sei nur ein Fragment, »da sie in einzelnen Winken und Andeutungen, oft an dem unscheinbarsten Ort andrer Bruchstücke, über alle seine Werke ... zerstreut« liege.[27] Auf Lessing trifft dies nur bedingt zu, aber auf Schlegel selber ganz und gar: Seine Kritik und Polemik, seine Ästhetik, seine Literaturbetrachtung – das alles liegt zerstreut in vielen Bruchstücken, es ist enthalten in »einzelnen Winken und Andeutungen«.

Der Aphorismus, der auf französische Vorbilder zurückgeht, sei, hören wir oft, in deutschen Händen etwas ganz anderes geworden. Einst schrieb der Dichter Klabund: »In seiner französischen Heimat war er ein Witz oder bestenfalls ein Blitz. In Deutschland wurde er zum Fragment: zu einem kleinen Ausschnitt aus einem ungeheuern Denkprozeß; Bruchstück aus einer Kreislinie, die um Erde und Himmel läuft mit dem Radius Unendlich; Tropfen aus einem Ideenmeer; winzig wie der Same einer Ureiche, aber ebenso ungeheuer viel in sich bergend.«[28] Das ist sehr schön gesagt. Doch war die literarhistorische Wirklichkeit erheblich nüchterner: Sie hat vor allem mit dem Temperament, mit der Mentalität Friedrich Schlegels und auch anderer Romantiker zu tun. »Wußtest Du nicht« – fragte er den Bruder –, »daß ich den Mangel an innerer Kraft immer durch Pläne ersetze?«[29] Novalis, dem Schlegels Schwäche und Ruhelosigkeit nicht fremd waren, hatte ihn durchschaut: »Deine herrlichen Kräfte müssen erlahmen ... Du verschwendest in Minuten, wovon Du jahrelang zehren könntest.«[30]

Nur selten gelang es Schlegel, diesen »Mangel an innerer Kraft« zu überwinden. Meist drückte er seine Gedanken in jenen Aphorismen aus, die er kurzerhand »Fragmente« oder »Ideen« nannte. Daß es überaus originelle, geistreiche und erhellende Einfälle und Bonmots sind, ist allgemein bekannt: Sie begeistern und verblüffen uns nach wie vor.

Aber es scheint, daß Schlegel diese Form so konsequent bevorzugte, weil sie es ihm ermöglichte, die unterschiedlichsten Behauptungen und Thesen zu formulieren, ohne sie näher erklären oder gar begründen zu müssen. Die »erste Notiz« über ein Buch sei oft – meinte er – dessen beste Rezension.[30a] Er liebte es, aus seiner Not eine Tugend zu machen. Dem Freund Novalis warf er »grenzenlose Flüchtigkeit« vor.[31] Traf dies nicht auch auf ihn selber zu? Woran litt er denn unentwegt – wie Hamlet am »Übermaß seines Verstandes« oder vielleicht auch am Mangel an Energie und Disziplin? Jedenfalls war es ihm nicht gegeben, mit seinem Pfunde zu wuchern. Kurz gesagt: Seine Genialität übertraf seine Willenskraft, diese war jener nicht gewachsen.

Recht hat Schlegel, wenn er darauf besteht, daß die Kritik »kein geschlossener Lehrbegriff« sei. Wenn er aber gleich hinzufügt, sie müsse »von mehr unbestimmter und ganz freier Art«[32] sein, so verteidigt er wieder seine eigene literarkritische Arbeit – und zugleich mit ihrer Besonderheit auch ihre Fragwürdigkeit. Klipp und klar verkündet er, es sei »gleich tödlich für den Geist, ein System zu haben, und keins zu haben«.[33] Nun ja, aber was tun? Er weicht aus und behilft sich mit einer raschen Synthese: Der Geist werde sich wohl entschließen müssen, beides zu verbinden.

Wie war das eigentlich: Avancierte Schlegel zum Theoretiker der romantischen Schule trotz oder dank seiner Unstetheit und Labilität, seiner Unsystematik, seiner Sprunghaftigkeit? Wie immer man diese Mentalität einschätzen mag – verwunderlich ist es nicht, daß gerade er, der genialische Improvisator, die Zeitgenossen faszinierte und daß seine aphoristischen Verlautbarungen (zumal in dem oft gerühmten 116. Athenäums-Fragment) als das Programm dieser Schule empfunden wurden.

Den Terminus »Romantik« wollte Schlegel denkbar weit verstanden wissen. Die Aufgabe der Romantik sei es, »alle getrennte Gattungen der Poesie wieder zu vereinigen«, die romantische Dichtung – er nennt sie »progressive Universalpoesie« – umfasse »alles, was nur poetisch ist«, sie sei »gleichsam die Dichtkunst selbst«, denn »in einem gewissen Sinne ist oder soll alle Poesie romantisch sein«.[34] In der Tat hat er nicht gezögert, alles, was ihn in der Weltliteratur entzückte, für die Romantik in Anspruch zu nehmen. Die jungen deutschen Romantiker – sie hörten es gern. Aber es fragt sich, ob eine derartige Ausdehnung dieses Begriffs nicht letztlich die Defini-

tion durch eine großzügige Deklaration ersetze. Vielleicht hat
Friedrich Schlegel die Romantik in weit höherem Maße repräsentiert als interpretiert.

Darf man seine Einfälle, seine offenkundig hastigen Eintra-
gungen – es sind ja nicht Hunderte erhalten, sondern Tausende
– immer für bare Münze nehmen? Darf man vergessen, daß es
ihm oft gefiel, Provozierendes zu notieren? Er hat keine
Hemmungen zu schreiben: »Poesie kann nur durch Poesie
kritisiert werden. Ein Kunsturteil, welches nicht selbst ein
Kunstwerk ist, ... hat gar kein Bürgerrecht im Reiche der
Kunst.«[35] Hat er dies allen Ernstes gewollt? Kann er wirklich
die »poetische Kritik« verlangt haben, der es nicht genüge zu
sagen, »was die Sache eigentlich sei, wo sie in der Welt stehe
und stehn solle«, die vielmehr »das schon Gebildete noch
einmal bilden« möchte?[36] Soll derjenige, der ein Kunstwerk
beurteilt, selber ein zweites Kunstwerk schaffen, also den
Gegenstand der Betrachtung verdoppeln?

An unzweifelhaften Widersprüchen mangelt es bei Schlegel
nicht. So hat er bei verschiedenen Gelegenheiten mit Nachdruck gesagt, es komme vor allem darauf an, das zu bespre-
chende literarische Werk zu verstehen und zu erklären. In der
Charakteristik, einer seiner Ansicht nach eigenen Gattung, sei
die »Darstellung vom Eindruck des Schönen die Hauptsache«.
Doch in der Form müsse das Poetische vermieden werden, nur
der Geist und der Stoff seien poetisch, hingegen sollte »der
Ausdruck so prosaisch als möglich« sein.[37]

Der Praktiker, der Kritiker Schlegel hat sich um seine kühne
These, Poesie könne nur durch Poesie kritisiert werden, niemals kümmern wollen. In seinen Kritiken ist der Ausdruck
durchweg prosaisch: Glanzstücke des Essayismus sind es, aber
keine poetischen Versuche. Mehr noch: Er hat bei verschiedenen Gelegenheiten die Poeten als Kritiker der Poesie mit aller
Entschiedenheit abgelehnt. Er stellte fest: »Goethe ist zu sehr
Dichter, um Kunstkenner zu sein.«[38] In seiner Studie über den
»Wilhelm Meister« hat er diesen Gedanken etwas näher ausge-

führt. Goethe – heißt es da – sei »wohl zu sehr Dichter, als daß
er sich seiner Schöpferkraft ganz entäußern, und mit der treuen
Enthaltsamkeit eines bescheidnen Forschers die Werke eines
andern Dichters erklären könnte«.[39]

So ist es nach wie vor: Jeder Dichter von einiger Bedeutung
hat eine eigene künstlerische Konzeption, er ist in ihr mehr
oder weniger befangen und daher in der Regel nicht imstande,
einem anderen Dichter wirklich gerecht zu werden. Gerade den
genialen Poeten – meinte Schlegel – mangele es im eigenen
Fach an einem rechten Urteil. Wir wissen es längst: Goethe hat
Kleist verkannt, Schiller Hölderlin. Fontane, kein Dramatiker,
doch ein Romancier, war ein vorzüglicher Dramenkritiker und
ein nur schwacher, wenn nicht schlechter Romankritiker.
Brecht hat gern Dramatiker und auch Lyriker gelobt und
gefördert, vorausgesetzt, daß sie Brecht-Epigonen waren.
Schlegel mag übertrieben haben, aber er hatte nicht so unrecht,
als er etwas übermütig fragte: »Wer ist ungeschickter, Gedichte
zu beurteilen als ein Dichter?«[40]

Übrigens plädiert er in demselben »Wilhelm Meister«-Auf-
satz, in dem er jene »poetische Kritik« befürwortete, die »das
schon Gebildete noch einmal bilden« wolle, für die nüchterne
Analyse des Kunstwerks: »Warum sollte man nicht den Duft
einer Blume einatmen, und dann doch das unendliche Geäder
eines einzelnen Blatts betrachten und sich ganz in dieser
Betrachtung verlieren können?« Schlegel empfiehlt, sich vom
Zauber des Dichters freizumachen und dem nachzuspähen,
»was er unserm Blick entziehn oder doch nicht zuerst zeigen
wollte, und was ihn doch am meisten zum Künstler macht«.[41]

Dennoch wandte er sich gegen die »mikrologische Kritik«,
jene also, die sich vornehmlich mit den Details und mit den
Kleinigkeiten beschäftige. Sie vertrage sich nicht mit einer
»mehr historischen Ansicht«, da die allzu große Nähe zum
beurteilenden Werk »des Ganzen Zusammenhang und
Gestalt«[42] verberge. Andererseits sei es sinnlos, einem Autor
rezensierend zu Leibe zu gehen, ohne seine einzelnen Schrif-

ten aus der Nähe zu kennen. Diese Überlegung führt zu der ebenso richtigen wie doch wohl banalen Einsicht, beide Arten von Kritik seien gleich notwendig.

Wir haben es hier mit einem für Schlegel typischen Gedankengang zu tun. Das einzige Geschäft des Kritikers sei es – dekretierte er –, »den Wert oder Unwert poetischer Kunstwerke zu bestimmen«.[43] Um dies leisten zu können, müsse er die jeweiligen Gegenstände kühl und aus der Distanz betrachten, er dürfe sich für sie – Schlegel überspitzte gern – nicht mehr interessieren. Er forderte also die dicht am Objekt bleibende Kritik, er meinte, wer Goethes »Meister« gehörig charakterisierte, der hätte »damit wohl eigentlich gesagt, was es jetzt an der Zeit ist in der Poesie«.[44] Schon wahr, aber Schlegel hat derartige Charakteristiken, derartige sich von ihrem Gegenstand nicht entfernende Rezensionen sehr selten geschrieben. Exemplarisch ist seine Auseinandersetzung eben mit dem »Wilhelm Meister«. Dort, wo die oft gepriesene Abhandlung zunächst publiziert war, 1798 im ersten Band der Zeitschrift »Athenäum«, endet sie mit den Worten: »Die Fortsetzung folgt.« Nur ist diese leider nie gefolgt, die Arbeit blieb unvollendet – also noch ein Fragment in Schlegels Werk. Nichts anderes hat diesem großen Autor so gefehlt wie Geduld und Ausdauer.

Gewiß, wenn er nur die Kraft dazu aufbrachte, beherrschte er beides virtuos: die »mikrologische Kritik« ebenso wie die historische Betrachtungsweise. Häufig gelang es ihm, als Kritiker auch ein Literarhistoriker und als Literarhistoriker auch ein Kritiker zu sein. Er schrieb über die Großen der Vergangenheit, über Dante, Cervantes und Boccaccio, über Shakespeare zumal, ohne je die Literatur der unmittelbaren Gegenwart zu vergessen. Und er kritisierte seine Zeitgenossen, Goethe und Schiller, Jean Paul und Ludwig Tieck, Georg Forster und Adam Müller, stets mit dem Blick auf die Literatur der kommenden Generationen. Er war ein »rückwärts gekehrter Prophet«[45] und ein auf die Zukunft fixierter Historiker.

Von Vorurteilen wußte er sich weitgehend frei zu halten. Er

fand es unzulässig, wenn der Kritiker sich von seinen Erwartungen leiten oder bestimmen lasse, vielmehr sollte er imstande sein, auf manche seiner Wünsche zu verzichten, wo andere ganz befriedigt werden. Er hat seine Leser gewarnt: »Nicht selten ist das Auslegen ein Einlegen des Erwünschten oder des Zweckmäßigen ...«[46] – was ihn freilich nicht gehindert hat, Lessing durch das »Einlegen des Erwünschten« für seine Selbstdarstellung zu mißbrauchen.

Nichts wollte Schlegel von Autoritätsgläubigkeit wissen, zornig bekämpfte er die »gedankenlose Gewohnheit, welche bald heilige Überlieferung und endlich beinah unverbrüchliches Gesetz wird«. Es zeige sich – klagte er –, daß »die Macht einer öffentlichen und alten Meinung« auch auf solche Einfluß hat, die selbständig urteilen könnten.[47] »Das Klassische behandelte er oft mit der Leichtigkeit und Popularität, in der man sonst nur von dem Modernen zu reden pflegt, und das Moderne prüfte er mit der Strenge und Genauigkeit, die man ehedem nur bei Behandlung der Alten notwendig fand.«[48] Auch dies hat er Lessing nachgerühmt und auch dies gilt für ihn selber. Kniend schrieb Schlegel niemals, aufmüpfig häufig. Goethe sah es ungern, Schiller war empört.

Ohnehin hatte Schiller darunter gelitten, daß man Goethe für den größeren Poeten hielt und daß man nicht aufhören wollte, dies immer wieder lauthals zu verkünden. Schlegel beanstandete – es war 1796 – in Schillers Gedicht »Die Ideale« die Verse »So schlangen meiner Liebe Knoten / Sich um die Säule der Natur« und schlug vor, ein anderes Gedicht von Schiller, »Würde der Frauen«, strophenweise rückwärts zu lesen. Das war eine Unverschämtheit sondergleichen, Schiller schäumte vor Wut. Aber für die nächste Buchausgabe seiner Gedichte hat er sowohl »Die Ideale« als auch »Würde der Frauen« bearbeitet und gekürzt – und dabei die frechen Bemerkungen des jungen Kritikers sehr wohl berücksichtigt.[49]

Wollte Schlegel Schiller kränken? Nein, wahrscheinlich nicht. Aber er brauchte einen großen Dichter der Gegenwart, bei dem er die Verwirklichung seiner aus der Antike abgeleiteten ästhetischen Ideale nachweisen konnte. Nicht Schiller schien ihm hierfür geeignet, sondern Goethe. Die Arbeiten, die er Goethe widmete, gehören denn auch zu den Höhepunkten seines literarkritischen Werks. Zweierlei war und ist aus ihnen zu lernen. Die Studie über den »Wilhem Meister« zeigt, wie man durch die Darstellung eines Einzelwerks dieses zugleich analysiert und wie man es durch die Analyse zugleich darstellt. Der wenig später, um 1800, entstandene »Versuch über den verschiedenen Styl in Goethes früheren und späteren Werken« ist nicht um einen Einblick bemüht, sondern um einen großen Überblick: Schlegel skizziert die Entwicklung Goethes vom »ganzen Ungestüm der jugendlichen Begeisterung« bis zur »Reife der vollendeten Ausbildung«[50], also von »Götz von Berlichingen« bis zu »Hermann und Dorothea«.

Aus Anlaß des »Wilhelm Meister« hat Schlegel auch den, wie mir scheint, zentralen Gedanken seiner Literaturbetrachtung formuliert: Die Kritik habe über »die Grenzen des sichtbaren Werkes mit Vermutungen und Behauptungen« hinauszugehen, weil »jedes vortreffliche Werk, von welcher Art es auch sei, mehr weiß als es sagt, und mehr will als es weiß«.[51] So mußte sich Schlegel gegen die Aufklärung wenden, der er vorwarf, sie habe das Irrationale im künstlerischen Werk verkannt und das Dichterische oft unterschätzt. In Wirklichkeit ließen sich klassische Schriften – er hat daran wiederholt erinnert – nie ganz verstehen und müßten somit immer wieder kritisiert und interpretiert werden.

Mit dem Umstand, daß das Kunstwerk mehr weiß, als es sagt, und mehr will, als es weiß, hängt auch jene bekannte Maxime Schlegels zusammen, die meist mißverstanden und deshalb schroff abgelehnt wird: »Kritisieren heißt« – schrieb er – »einen Autor besser verstehn, als er sich selbst verstanden hat.«[52] Niemals kam Schlegel auf die Idee, der Kritiker sei klüger oder gebildeter als der Autor. Und doch ist er dem Autor in einer gewissen Hinsicht überlegen. Denn jener, der das Kunstwerk geschaffen hat, weiß, was er beabsichtigt, was er gewollt hat – und gerade dieses Wissen trübt seinen Blick für das Ergebnis seiner oft langwierigen, wenn nicht qualvollen Arbeit. So fällt es dem Autor schwer, es ist auch nicht seine Sache, den künstlerischen Mehrwert wahrzunehmen, der entsteht, weil das Werk, wenn es denn vortrefflich ist, mehr weiß, als es sagen sollte und wollte. Bloß in diesem Sinne vermag der Kritiker den Autor besser zu verstehen, als dieser sich selbst verstehen kann.

Als Schlegel die 1807 gedruckten Vorlesungen Adam Müllers rezensierte, bemerkte er etwas unwillig, der Hauptgedanke des Buches sei die »Idee von der vermittelnden Kritik«, worauf er nur hinweise, um es seinerseits an dem Geschäft der vermittelnden Kritik nicht ganz fehlen zu lassen. Denn es sei doch klar, »daß jede Kritik notwendig eine vermittelnde« sei, daß sie ihrem Wesen nach nichts anderes sein solle und sein könne »als eine gemeinschaftliche oder mittlere sei es nun Kunst oder Wissenschaft . . .«[53]

Aber sosehr er sich um Vermittlung bemühte, sowenig war er bereit, Zugeständnisse an den Publikumsgeschmack zu dulden. Er protestierte gegen jene, die den Schriftstellern verübeln, sie kümmerten sich zuwenig um die Leser: »Sie jammern immer, die deutschen Autoren schrieben nur für einen so kleinen Kreis, ja oft für sich selbst untereinander. Das ist recht gut. Dadurch wird die deutsche Literatur immer mehr Geist und Charakter bekommen. Und unterdessen kann vielleicht ein Publikum entstehen.«[54] Also Literatur für eine intellektuelle Minderheit? Ja, Schlegel verteidigte deren Daseinsberechtigung. Doch weltfremd war er nicht. Als er von seinem Bruder August Wilhelm dessen »Hamlet«-Übersetzung erhielt, fand er sie zwar »sehr gut«, aber es fielen ihm in beinahe jeder Zeile »ungewöhnliche Worte« auf. Er warnte ihn: »Du könntest in Gefahr kommen, nur für Gelehrte zu dichten.«[55] Das Leben und die Gesellschaft wollte Schlegel poetisch machen und »die Poesie lebendig und gesellig«.[56]

Seine Glanzzeit war so kurz wie intensiv, sie dauerte kaum

mehr als zehn Jahre. Als er 1808 zusammen mit Dorothea, die er 1804 geheiratet hatte, zum Katholizismus übertrat und beim Mystizismus Zuflucht suchte, da verblaßte sein Ruhm. Rückblickend schrieb er, es sei sein vorzüglichster Wunsch gewesen, »der großen Kluft, welche immer noch die literarische Welt und das intellektuelle Leben des Menschen von der praktischen Wirklichkeit trennt, entgegenzuwirken ...«[57] Schon in der ersten der Vorlesungen, die er 1812 in Wien hielt, hatte er erklärt, er beabsichtige, »die Literatur in ihrem Einfluße auf das wirkliche Leben, auf das Schicksal der Nationen und den Gang der Zeiten darzustellen«.[58]

Ebendeshalb hat er jenen Rezensionen, die wir gemeinhin »Verrisse« nennen, immer viel Aufmerksamkeit gewidmet. So stark der Gegensatz zwischen den Romantikern und den Aufklärern auch war, so gab es zwischen ihnen in dieser Beziehung keinen nennenswerten Meinungsunterschied – sowohl die großen Kritiker der Romantik als auch die Vertreter der Aufklärung billigten der Negation innerhalb der Literaturkritik eine unerläßliche Funktion zu. Die Kritik – schrieb Schlegel – ist die Kunst, »die Scheinlebendigen in der Literatur zu töten«.[59]

Aber wozu etwas töten, was gar nicht lebt? Schlegel beklagte die Voraussetzungen für die Rezeption der Literatur in seiner Epoche. Doch was er damals schrieb, kommt uns heute erstaunlich aktuell vor: Seit der Erfindung der Buchdruckerei und seit der Verbreitung des Buchhandels werde – meinte er 1804 – »durch eine ungeheure Masse ganz schlechter und schlechthin untauglicher Schriften der natürliche Sinn bei den Modernen verschwemmt, erdrückt, verwirrt und mißleitet«.[60] Es sei »die Masse des Falschen und Unechten, was in der Bücherwelt, ja auch in der Denkart des Menschen die Stelle des Wahren und Echten einnimmt, gegenwärtig ungeheuer groß«. Was sollte man dagegen unternehmen?

»Damit nun wenigstens Raum geschafft werde für die Keime des Besseren, müssen die Irrtümer und Hirngespinste jeder Art erst weggeschafft werden.« Wieder einmal berief sich Schlegel

auf Lessing, der sich sein ganzes Leben hindurch um die
»Absonderung des Unechten« bemüht habe. Schlegel zögerte
nicht, die »billige Verachtung und Wegräumung des Mittelmäs-
sigen oder des Elenden« zu den wichtigsten Verdiensten der
Lessingschen Kritik zu zählen.[61]
Doch war er der Ansicht, es genüge nicht, das Unechte
wegzuschaffen, man müsse auch das Neue und Benötigte
fördern, »das Rechte soll organisiert werden«. Die Kritik solle,
verlangte er, nicht nur die »vorhandene, die vollendete und
verblühende Literatur« kommentieren, sondern wenigstens
indirekt durch »Lenkung, Anordnung, Erregung« zur neuen
Literatur beitragen.[62] Hier ist der Punkt erreicht, wo ich
Schlegel nicht folgen kann. Mir will es nicht einleuchten, daß
der Kritiker imstande und verpflichtet sein sollte, die
erwünschte und erhoffte Literatur anzustreben und zu ermöglichen. Seine Sache ist die Literatur der Gegenwart und der
Vergangenheit, auf keinen Fall die der Zukunft. Friedrich
Schlegel allerdings hat einiges vorausgesehen, er war ein pro-
phetischer Kritiker.
Er zweifelte nicht, welche Gattung einst im Vordergrund der
Literatur stehen werde: Was für die Griechen die Tragödie war
und für die Römer die Satire, das werde in der Zukunft der
Roman sein. Denn der Roman – das hat Schlegel erkannt und
postuliert – sei eine äußerst flexible Form, er könne Lyrisches,
Dramatisches und Essayistisches, ja schlechthin alles aufnehmen. Damit hängt auch die ungewöhnliche, die fortwährende
Beliebtheit des Romans zusammen – und zwar ebenso bei den
Lesern wie bei den Autoren.
Der Roman ist – das finden wir ebenfalls bei Schlegel – eine
autobiographische Form: Das Beste in den besten Romanen sei
nichts anderes »als ein mehr oder minder verhülltes Selbstbe-
kenntnis des Verfassers, der Ertrag seiner Erfahrung, die Quint-
essenz seiner Eigentümlichkeit«.[63] Weil die Selbstdarstellung in
ihm dominiere, habe der Roman – Schlegel wußte es schon –
eine gefährliche Konkurrenz, gegen die er sich werde behaupten

müssen: Dies seien die Reisebeschreibungen, die Briefsammlungen und die unverhüllten Autobiographien. Daran hat sich bis heute nicht viel geändert, nur spielen die Reisebeschreibungen – wohl des Fernsehens wegen – kaum noch eine Rolle.

Schlegel hat auch geahnt, daß der Roman von der Entwicklung der Psychologie profitieren und sogar die »langsamste und ausführlichste Zergliederung unnatürlicher Lüste« und »gräßlicher Marter« nicht scheuen werde.[64] Er hat vorausgesehen, daß der Roman ein Thema werde aufgreifen müssen, dem er sich, wenn auch eher vorsichtig, in seiner »Lucinde« zu nähern versucht hatte – der Sexualität. Mit großer Entschiedenheit schrieb er: »Jeder vollkommne Roman muß obscön sein; er muß auch das Absolute in der Wollust und Sinnlichkeit geben.«[65] Und enttäuscht bemerkte er: »Dem Ariosto ists nicht Ernst genug mit der Wollust; er erregt nie absoluten Kitzel.«[66] Doch welche Wege der neue Roman auch gehen sollte, Schlegel wußte, daß alle seine Errungenschaften belanglos werden, wenn die Sprache ihrer Aufgabe nicht gewachsen ist, wenn sie, wie er schrieb, affektiert wird: »Affektation entspringt nicht so wohl aus dem Bestreben, neu, als aus der Furcht, alt zu sein.«[67]

Aber welche Wahrheiten sollte die Literatur der Zukunft in den Mittelpunkt stellen, welche sollte sie verkünden? Der romantische Prophet machte sich keine Illusionen, und seinen Lesern schenkte er reinen Wein ein: Alle höchsten Wahrheiten jeder Art seien durchaus trivial, und ebendarum solle man sie immer neu und womöglich immer paradoxer ausdrücken – »damit es nicht vergessen wird, daß sie noch da sind und daß sie nie eigentlich ganz ausgesprochen werden können«.[68]

Im Frühjahr 1797 erhielt Novalis eine Rezension von Schlegel. Sie mißfiel ihm: Diese Rezension habe »den gewöhnlichen Fehler Deiner Schriften – sie reizt, ohne zu befriedigen – sie bricht da ab, wo wir nun grade aufs Beste gefaßt sind«.[69] Das trifft die Sache genau. Ja, Friedrich Schlegels Schriften brechen da ab, wo wir begierig sind, von ihm mehr zu erfahren. Und sie reizen, ohne zu befriedigen. Aber sie reizen immer noch. (1993)

Der tolerante Fanatiker

Dachte einer an Deutschland in der Nacht und wurde um den Schlaf gebracht – dann war es nicht Heinrich Heine, der dies gedichtet hat, sondern Ludwig Börne, sein Verbündeter und Antipode, sein heimlicher, sein feindlicher Bruder.

Für Heine war die Poesie doch wichtiger als alles andere. Für Börne war die Freiheit kostbarer als alle Kunst. Heine war ein Dichter, den die Fragen der Gesellschaft und der Politik schmerzten und irritierten. Börne war ein Politiker, den die Möglichkeiten des Worts, der Sprache erregten und faszinierten. Wohin der Jude Heine kam, da war der Geist der deutschen Literatur. Wohin der Jude Börne kam, da war der Traum von deutscher Demokratie. Und beide wirkten sie als Ruhestörer, als Provokateure.

Juda Löb Baruch, der sich Ludwig Börne nannte, war ein Patriot, aber ohne Vaterland, ein Volkstribun, freilich ohne Volk, ein Politiker, doch ohne Amt. So war er auch ein Schriftsteller ohne Werke. In der Ankündigung der vierzehnbändigen Ausgabe seiner gesammelten Schriften sagte er zu Recht, wenn auch nicht ganz ohne Koketterie: »Ich habe keine Werke geschrieben, ich habe nur meine Feder versucht, auf diesem, auf jenem Papier; jetzt sollen die Blätter gesammelt, aufeinander gelegt werden, und der Buchbinder soll sie zu Büchern machen – das ist alles.«[1]

In der Tat hat Börne weder Dramen noch Epen oder Romane, weder philosophische noch wissenschaftliche Werke verfaßt. Aber alle seine Arbeiten – Feuilletons und Betrachtungen, Essays und Kritiken, Satiren und Reportagen, Glossen und Aphorismen – erwiesen sich als Bestandteile eines einzi-

gen, eines erstaunlich einheitlichen Werks: Es sind Bruchstücke einer großen Rebellion.

Den deutschen Literaturhistorikern fiel und fällt es schwer, für
Börne einen Platz zu finden. Denn was er geschrieben hat, vereint,
was unvereinbar schien: Er war ein Feuilletonist und gleichwohl
ein Praeceptor Germaniae. Er war ein Prediger mit Witz, ein
Weltverbesserer mit Humor, ein Gerechtigkeitsapostel mit Ironie.
Er war ein toleranter Fanatiker. Wie vor ihm nur jener, den er mehr
geschätzt und bewundert hat als Goethe und Schiller, wie vor ihm
nur Lessing, war auch Börne Journalist und Prophet in einem.

Es gab ein Thema – berichtet Heine –, »das man nur zu
berühren brauchte, um die wildesten und schmerzlichsten
Gedanken, die in Börnes Seele lauerten, hervorzurufen: dieses
Thema war Deutschland und der politische Zustand des deutschen Volkes«[2]. Ja, er war verliebt in Deutschland und die
deutsche Kultur. Kaum ein deutscher Emigrant hat im Paris
jener dreißiger Jahre so gelitten wie Börne. »Das Exil«, sagte er,
»ist eine schreckliche Sache. Komme ich einst in den Himmel,
ich werde mich gewiß auch dort unglücklich fühlen, unter den
Engeln, die so schön singen ... sie sprechen ja kein
deutsch ...«[3] Und käme ein Gott zu ihm und spräche: »Ich
will dich in einen Franzosen umwandeln«, er, Börne, antwortete ihm: »Ich danke Herr Gott. Ich will ein Deutscher bleiben
mit allen seinen Mängeln und Auswüchsen.«[4]

Diese Liebe zu Deutschland hat Börne niemals gehindert,
den Deutschen die bittersten Wahrheiten zu sagen. Er schrieb:
»Die so stolzen, herrischen Deutschen ..., die auf die Juden
mit solcher Verachtung herabblicken, haben noch und wollen
kein Vaterland, haben noch und wollen keine Freiheit.«[5] Die
Türken, die Spanier und die Juden seien der Freiheit viel näher
als der Deutsche. Denn: »Sie sind Sklaven, sie werden einmal
ihre Ketten brechen, und dann sind sie frei. Der Deutsche aber
ist Bedienter, er könnte frei sein, aber er will es nicht ...«[6]
Börne zögerte nicht zu erklären, man müsse den Deutschen
Tag und Nacht zurufen: »Ihr taugt nichts als Nation.«[7]

Natürlich bekam er bald zu hören, womit er rechnen mußte: Man erinnerte in der Öffentlichkeit, daß Börne ein Jude sei. Er antwortete: »Ja, weil ich als Knecht geboren, darum liebe ich die Freiheit mehr als ihr. Ja, weil ich die Sklaverei gelernt, darum verstehe ich die Freiheit besser als ihr. Ja, weil ich in keinem Vaterland geboren, darum wünsche ich ein Vaterland heißer als ihr, und weil mein Geburtsort nicht größer war als die Judengasse und hinter dem verschlossenen Tore das Ausland für mich begann, genügt mir auch die Stadt nicht mehr zum Vaterlande, nicht mehr ein Landgebiet, nicht mehr eine Provinz; nur das ganze große Vaterland genügt mir, so weit seine Sprache reicht.«[8]

Im Grunde faszinierte Börne nur eine einzige Epoche: die Gegenwart. Und ein einziges Ziel schwebte ihm vor: die Freiheit. Sein Programm war so knapp wie einfach. In einem Brief des Achtzehnjährigen heißt es: »Unser Seyn ist das Produkt der gefesselten Freiheit.«[9] Die daraus gezogene Folgerung hat er 1823 in einem Artikel für ein Konversationslexikon formuliert: »Mit aller Theologen gütiger Erlaubnis, die Menschheit ist um der *Menschen* willen da. Den *Individualitäten* die möglichst größte Freiheit der Entwicklung zu verschaffen, ohne daß sie sich wechselseitig hindern – das ist die Bestimmung der bürgerlichen Gesellschaft.«[10]

Aber die Freiheit war für Börne nichts Positives, sondern nur »die Abwesenheit der Unfreiheit«[11]; die Freiheit war für ihn eigentlich keine Idee, »sondern nur die Möglichkeit, jede beliebige Idee zu fassen, zu verfolgen und festzuhalten«. Denn eine Idee – erklärte er – könne man »durch eine andere verdrängen, nur die Freiheit nicht«[12].

Bloß eine Möglichkeit sah er zur Verwirklichung der Postulate Kants und Lessings, nur einen Weg sah er zum Gelobten Land der Freiheit: Das Wundermittel war die öffentliche Meinung, von ihr erwartete er alles. Die Ankündigung der von ihm 1818 in Frankfurt gegründeten und redigierten Zeitschrift »Die Wage« schloß er mit den hochherzig-optimistischen Worten: »Was die öffentliche Meinung *ernst* fordert, versagt ihr keiner; was ihr abgeschlagen worden, das hatte sie nur mit Gleichgültigkeit verlangt.«[13]

Verwerflich schien ihm lediglich *eine* Meinung, jene nämlich, die keine andere neben sich duldet. In seiner »Wage« – versprach er – »soll jede Ansicht, auch wenn ihr der Herausgeber nicht gewogen ist, dennoch willige Aufnahme finden; ja, sie soll sehr willkommen sein, weil am Widerspruch die Wahrheit erstarkt«[14].

Seine Zeitgenossen erinnerte er an jene Mauern von Jericho, die von Trompetenklängen gestürzt wurden. Der Bibeldeuter Börne belehrte die deutschen Leser: »Unter *Trompete* verstand die Heilige Schrift die *Preßfreiheit*. Vor ihr werden auch die Mauern der Tyrannei einstürzen.«[15] So kämpfte Börne nicht gegen Dämonen, sondern gegen Despoten. Zu welchem Thema er sich auch äußerte, immer ging es ihm um konkrete erzieherische Wirkung. Einfluß wollte er ausüben. Ob er den Lesern gefiel oder nicht, das kümmerte ihn, zumal in seinen späteren Jahren, wenig. Nicht amüsieren wollte er, sondern heilen. In den berühmten »Briefen aus Paris« konstatierte er knapp: »Ich bin kein Zuckerbäcker, ich bin ein Apotheker.«[16] Und in seiner letzten Schrift »Menzel der Franzosenfresser« heißt es: »Ich wollte nie für einen Schreibkünstler gelten ... Gedanken, Worte sind meine Werkzeuge, die ich nur schätze, solange ich sie brauche, und wegwerfe, sobald sie gebraucht.«[17]

Was immer Börne schrieb, es war Zeitkritik im Kampf um die Demokratie. Das gilt auch, versteht sich, für seine Auseinandersetzung mit der Literatur, mit dem Theater. Das Niveau der damaligen deutschen Kritik entsetzte ihn: »In Deutschland schreibt jeder, der die Hand zu nichts anderem gebraucht, und wer nicht schreiben kann, rezensiert.«[18] Börne kritisierte und interpretierte die Literatur im Lichte aktueller gesellschaftlicher und politischer Erkenntnisse, er prüfte die Literatur auf ihre weltliche Nützlichkeit und ihre pädagogische Verwendbarkeit.

Zehn Jahre lang war er Theaterkritiker, zehn Jahre lang rezensierte er regelmäßig und geduldig Frankfurter Premieren. Offenbar war das Frankfurter Schauspielhaus schon damals schlecht. »An Gewichten fehlte es mir nicht, aber ich hatte nichts zu wiegen«[19], klagte der Redakteur der »Wage«. So war Börne, der Volkstribun ohne Volk, auch noch ein Theaterkritiker ohne Theater. Gleichwohl hatte er für die dramatische Kunst eine besondere Schwäche, deren triftige Gründe er nie verheimlichen wollte. 1818, als er seine Rezensententätigkeit begann, schrieb er: »Das stehende Schauspiel eines Orts ist selten besser, nie schlechter als die Zuhörer darin, und so wird es die höflichste Art, einer lieben Bürgerschaft überall zu sagen, was an ihr sei, daß man über ihre Bühne spreche.«[20] Elf Jahre später resümierte er: »Ich sah im Schauspiele das Spiegelbild des Lebens... Ich schlug den Sack und meinte den Esel.«[21]

Nicht daß die Deutschen kein Theater hatten, beunruhigte und betrübte Börne – denn man könnte »ein sehr edles, ein sehr glückliches Volk sein ohne gutes Schauspiel« –, sondern daß sie damals, wie er glaubte, keines haben konnten: »Dieser Schmerz gab meinen Beurteilungen eine Leidenschaftlichkeit, die man mir zum Vorwurf gemacht, weil man sie mißverstanden.«[22]

Die Leidenschaftlichkeit, zu der sich schon der siebzehnjährige Student in einem Brief an seine mütterliche Freundin Henriette Herz enthusiastisch bekannt hat[23], machte ihn zu einer so außergewöhnlichen Figur in der deutschen Literatur jener Epoche. Aus seiner Leidenschaftlichkeit, aus seinem Temperament ergab sich Börnes hartnäckige Vorliebe für unbedingt klare, unmißverständliche und nachdrückliche Formulierungen: die Deutlichkeit war seine Passion.

»Wozu uns ein solches Schauspiel von der flachsten Flachheit, von dem fadesten Geschmacke?«[24] – urteilte er über ein Stück von Iffland. »Ich gestehe es offen, daß dieses Werk mir in der innersten Seele zuwider ist.«[25] Es ging, immerhin, um E. T. A. Hoffmanns »Kater Murr«. Und in den »Briefen aus

Paris« schrieb Börne über den Zeitgenossen in Weimar: »Seit ich fühle, habe ich Goethe gehaßt, seit ich denke, weiß ich warum.«[26] Die Neigung zum vorsichtig umschreibenden Understatement kann man also Börne schwerlich vorwerfen. Er dachte nicht daran, die Bäume im Wald zu verstecken.

Die Leser haben Börnes Deutlichkeit geschätzt und seinen Mut, seine Unabhängigkeit bewundert. An Feinden freilich hat es ihm nicht gefehlt. Aber verächtlich ist der Kritiker, der keine Feinde hat. Wer sie fürchtet, der muß sich ein anderes Metier aussuchen. Doch scheinen auch Börnes Feinde geahnt zu haben, daß dieser Mann das Recht hatte, gegen Ende seines Lebens zu sagen: »Ich habe nie für meinen Ruhm, ich habe für meinen Glauben geschrieben.«[27] Und bisweilen sah sich Börne gezwungen, daran zu erinnern, »daß die Kritik zwar manchmal verwundet, aber noch nie einen totgeschlagen«.[28] In der Tat: Gern und oft beschuldigt man die Kritiker literarischer Morde. Doch sollte man sich hüten, für Mörder jene zu halten, zu deren Pflichten es gehört, Totenscheine auszustellen.

Die unmittelbare, die spontane und eben leidenschaftliche Reaktion auf künstlerische Phänomene war Börnes starke Seite. Aber zugleich war es auch seine Schwäche. Denn oft begnügte er sich mit der ersten, der nicht immer hinreichend kontrollierten Reaktion, bisweilen schoß er im polemischen Furor über das Ziel hinaus.

Ein philosophischer Kopf war Börne nicht. Das philosophische Denken und Wirken sei ihm, bemerkte er gelegentlich, vollkommen fremd.[29] So war ihm auch an einer Kunsttheorie nicht gelegen. Die wissenschaftliche Komponente, die der Literaturkritik nicht fehlen sollte, hat er häufig vernachlässigt, ein Gesetzgeber wollte er nie sein, wohl aber ein Richter, freilich ein Richter besonderer Art. Im Jahre 1877 schrieb Theodor Fontane: »Je länger man das kritische Metier betreibt, je mehr überzeugt man sich davon, daß es mit den Prinzipien und einem Paragraphen-Codex nicht geht. Man muß sich auf seine unmittelbare Empfindung verlassen können.«[30] Damit hatte Fontane nur wiederholt, was sich schon ein halbes Jahrhundert früher bei Börne findet:»Wie ein Geschworener urteilte ich nach Gefühl und Gewissen, um die Gesetze bekümmerte ich mich, ja ich kannte sie gar nicht ... Ich war ein *Naturkritiker* in dem Sinne, wie man einen Bauern ..., der Gedichte machte, einen *Naturdichter* genannt hatte.«[31]

Als passionierter »Naturkritiker« widersetzte sich Börne der »Spaltung zwischen Idee und Wirklichkeit«, jener fatalen Kluft, deren Existenz er schon 1808, in einer seiner frühesten Arbeiten, beklagt hat.[32] Seine Vorbilder suchte er in der Antike: »Bei den Alten war das Leben von der Wissenschaft nicht getrennt, sie dachten ihr Leben und lebten ihre Gedanken.«[33]

Wie alle guten Kritiker, von Lessing bis heute, wollte Börne zwischen der Dichtung und dem Publikum vermitteln. Als er 1821 eine neue Zeitschrift plante, schrieb er an den Verleger Cotta: »Der Zweck des Blattes müßte sein, die Literatur mit dem Leben, d. h. die Ideen mit der wirklichen Welt zu verbinden.«[34] Nötig sei es, an die Bücher früherer Autoren den Maßstab der neuen Zeit zu legen. Wie wäre jetzt, fragte Börne, Lessings Dramaturgie, wie Rousseaus »Neue Héloïse« zu beurteilen, wie der »Wilhelm Meister« und wie der »Titan«? »Man müßte diese Werke besprechen, als wären sie erst erschienen.«[35] Man sollte sich doch damit abfinden – fügte Börne hinzu –, daß das Urteil der neuen Instanz von dem der alten vielleicht abweichen werde.

Eine solche Kritik, die den Wert der Werke der vorangegangenen Epochen »in der Münze unserer Zeit berechnet«[36], wurde von Börne nicht nur postuliert, sondern auch auf exemplarische Weise realisiert. Er mißtraute der überlieferten Deutung gerade der Meisterwerke der Weltliteratur.

Hamlet, wies Börne nach, sei »gar nicht so edel und liebenswürdig, wie er seinem Mädchen erscheint«, und der König Claudius »lange nicht so nichtswürdig, wie ihn Hamlet lästert«[37]. Der König – das ist in Börnes Sicht ein Liebender, einer, der sich von seinen Gefühlen zur Königin leiten läßt; die

Liebe, nicht etwa Machtgier, treibe ihn zum Verbrechen. Den König interpretierte Börne als »Charakter ohne Geist« und Hamlet als »Geist ohne Charakter«[38].

Kann man dem Prinzen Hamlet den Charakter absprechen? Börnes Essay, der zu seinen kühnsten und originellsten gehört, ist nur aus der geschichtlichen und politischen Situation zu verstehen, in der er geschrieben wurde, und von der Schlußpointe her, auf die er konsequent zuläuft. Nichts wundere ihn mehr, sagt nämlich Börne im Fazit, als der Umstand, daß dieses Drama von einem Briten stamme, eigentlich hätte es, meint er, ein Deutscher verfassen müssen. Denn: »Ein Deutscher brauchte nur eine schöne, leserliche Hand dazu. Er schreibt sich ab, und Hamlet ist fertig.«[39]

Wäre also Hamlet das Bild des deutschen Intellektuellen? In der Tat ist der junge Dänenprinz ein Zögling und vielleicht auch, wie Börne behauptet, ein Opfer der deutschen Philosophie. Er hat ja in Wittenberg studiert. Und dort, auf der hohen Schule, habe man ihm offenbar nichts beigebracht, was für den Alltag nützlich wäre. Das einzige für das niedere Leben Brauchbare, das er aus Deutschland mitgebracht hat, sei seine Fechtkunst – und gerade die gereiche ihm zum Verderben.

Zwar werde die schwere deutsche Philosophie beim geistreichen Hamlet geschmeidig und graziös. Dies sei jedoch, meint Börne, noch schlimmer, denn sie »dringt in die feinsten Adern des Lebens und hemmt den Lauf des fröhlichen Blutes«[40]. Die Folgen seien verheerend: »Er kennt die Menschheit, die Menschen sind ihm fremd. Er ist zu sehr Philosoph, um zu lieben und zu hassen. ... Darum ist er ohne Teilnahme für seine Freunde und ohne Widerstand gegen seine Feinde.«[41] Hamlet sei ein redseliger und eitler, ein gänzlich unpraktischer und lebensuntüchtiger Mann geworden, ein »Feiertagsmensch«: »Das Leben ist ihm verhaßt, aber nicht wegen der Leiden, nein, wegen der Handlungen, die es auferlegt.«[42]

So gesehen, ist Hamlet ein Porträt nicht des deutschen Intellektuellen schlechthin, sondern jenes Typs, der, Börne

zufolge, die Verantwortung oder doch zumindest die Mitverantwortung für die gesellschaftlichen Zustände Ende der zwanziger Jahre des vorigen Jahrhunderts trägt. Hamlet, den das
abstrakte Denken unfähig macht zur Tat, dem der zum Wol-
kenhimmel aufsteigende Dunst der deutschen Philosophie die
deutsche Realität verstellt, wird zum Gegenbild von all dem,
was Börne in der gegebenen politischen Situation für wünschenswert und nötig hält.

Als 1818 in Frankfurt »Der Kaufmann von Venedig« aufgeführt wurde, deutete Börne auf ähnlich unvoreingenommene
und überraschende Weise den Sinn des Stückes. Er warnte das
Publikum, etwa zu meinen, »der große Dichter habe uns einen
kleinen Judenspiegel für einen Batzen ... zeigen wollen«[43].
Weder das Predigen noch das Lehren sei Shakespeares Sendung: »Wollte er aber ja einmal ein Schulmeister sein, so dachte
er im ›Kaufmann von Venedig‹ gewiß eher daran, den Christen
als den Juden eine Lehre zu geben.«[44] Mit wenigen Worten
machte Börne deutlich (und dies war damals neu), daß die
Figur des Wucherers Shylock widerspruchsvoll ist und sein
sollte: »Den Geldteufel in Shylock verabscheuen wir, den
geplagten Mann bedauern wir, aber den Rächer unmensch-
licher Verfolgung lieben und bewundern wir.«[45]

Im selben Jahr 1818 spielt man in Frankfurt Schillers »Don
Carlos«, allerdings in einer offenbar unter dem Einfluß der
Zensur stark bearbeiteten Fassung. Was Börne als »ein schönes
vergoldetes Lehrbuch über Seelenkunde und Staatskunst«[46]
bezeichnet, will er aktuell verstanden wissen: Es sei an der Zeit,
meint er, das Drama in seiner alten Form auf die Bühne zu
bringen, »damit, was man am Morgen *vor* den Geschäften des
Tages gedankenlos in der Zeitung liest: daß in Madrid die
Inquisition sich wieder ausbreite, wirksamer am Abend im
Schauspielhaus als Schreckbild in die Seele dränge und sie mit
Abscheu erfüllte«[47].

Ganz auf die Gegenwart wird auch Schillers »Wilhelm Tell«
bezogen. Da Erziehung für Börne nichts anderes ist als »Erzie-

hung zur Freiheit«, bietet ihm der »Wilhelm Tell« einen willkommenen Anlaß, den Zeitgenossen eine Lektion zu erteilen. Tell sei eine Figur, die mit dem Jahrhundert nichts zu tun habe, in dem das Stück spielt, wohl aber mit der Zeit, in der es entstanden ist. »Es tut mir leid um den guten Tell, aber er ist ein großer Philister«[48]; er habe mehr von einem deutschen Kleinbürger als von einem schweizerischen Landmann. Gewiß, Mut könne man ihm nicht absprechen, nur sei es jener Mut, den das Bewußtsein körperlicher Kraft gibt: Tell sei »mutig mit dem Arm und furchtsam mit der Zunge«[49]. Sein wichtigster Charakterzug sei die Untertänigkeit.

Auch den Apfelschuß lehnt Börne als eine moralisch verwerfliche Tat ab. Ein Vater könne alles wagen um das Leben seines Kindes, doch nicht dieses Leben selbst. Börne zögert nicht, das menschliche Recht des Individuums höher zu stellen als den nationalen oder gesellschaftlichen Anspruch. Er verblüfft seine Zeitgenossen mit der knappen Erklärung: »Tell hätte nicht schießen dürfen, und wäre darüber aus der ganzen schweizerischen Freiheit nichts geworden.«[50]

Aber am Ende sagt Börne überraschend, der »Wilhelm Tell« sei eben doch eines der besten deutschen Schauspiele: »Es ist mit Kunstwerken wie mit Menschen: sie können bei den größten Fehlern liebenswürdig sein«[51], und man könne es nicht recht erklären, warum es so sei. Seine Kapitulation vor dem, was er trotz aller scharfsinnig dargelegten Mängel des Dramas als liebenswürdig empfindet, macht den Kritiker Börne liebenswürdig.

Wo er sich mit neuer ausländischer Literatur befaßt, tut es Börne immer mit dem Blick auf die deutsche Literatur seiner Zeit. 1825 bespricht er die Romane eines noch kaum bekannten amerikanischen Schriftstellers: James Fenimore Cooper. Dem enthusiastischen Aufsatz ist allerdings nicht viel über Coopers Prosa zu entnehmen; im Grunde benutzt Börne die Gelegenheit, um sich über den deutschen Roman zu verbreiten und die Ursache seiner Schwäche zu bezeichnen: »Weil wir unseren

Lebenskreis nicht überschreiten, erfahren wir auch nicht, was sich innerhalb des Kreises begibt; denn man muß andere kennen lernen, sich selbst zu kennen.«[52] Wir haben »keine Volksgeselligkeit, keinen Markt des Lebens, keinen Herd des Vaterlandes, keinen Großhandel, keine Seefahrt, und wir haben – keine Freiheit zu sagen, was wir noch mehr nicht haben.« Woher also Romane? Börne antwortet mit einer bitteren, einer glanzvoll-prägnanten Formel: »Demut im Leben, Wehmut in Romanen.« Und: »Heimweh nach dem Himmel, weil fremd auf der Erde; Liebe zu Gott, aus Furcht vor Menschen.«[53]

Bisweilen wurde Börne vorgeworfen, er habe bedeutende zeitgenössische Schriftsteller verkannt. Das ist, alles in allem, eine Legende. Wenige Jahre nach Kleists Tod, als dieser noch kaum bekannt war, rühmte Börne das »Käthchen von Heilbronn« als einen »Edelstein, nicht unwert an der Krone des britischen Dichterkönigs zu glänzen«.[54]

Von den damals so modernen Schicksalstragödien wollte Börne – sehr zu Recht – nichts wissen und mußte also Grillparzers Erstling »Die Ahnfrau« ablehnen. Aber er war der erste, der das Talent des jungen Grillparzer erkannte und der nicht zögerte, den Anfänger einen »herrlichen und geistreichen Dichter«[55] zu nennen.

Gewiß, Börne hat den Zeitgenossen E. T. A. Hoffmann in zwei Kritiken aus dem Jahre 1820 falsch eingeordnet und gänzlich unterschätzt. Mit den romantischen und auch den surrealen Elementen in Hoffmanns Prosa konnte sich Börne nicht abfinden, sie waren ihm zuwider. Er hielt an seinem, in einem ganz anderen Zusammenhang formulierten Grundsatz fest: »Je unfreier ein Volk ist, je romantischer wird seine Poesie.«[56] Aber noch da, wo er irrte, war Börne den Kritikern seiner Epoche hoch überlegen. Denn die Eigenart der Epik Hoffmanns vermochte er virtuos zu charakterisieren. Er bescheinigte dem Autor des »Kater Murr« die Fähigkeit, »die Geisterwelt aufzuschließen, zu verraten das Leben der leblosen

Dinge, an den Tag zu bringen die verborgenen Fäden, womit der Mensch, und der glückliche, ahndungslos gegängelt wird . . .«[57]

An den »Serapionsbrüdern« beanstandete Börne »eine abwärts gekehrte Romantik«. Der Leser finde »an der Besonnenheit des Dichters keine Brustwehr, die ihn vor dem Herabstürzen sichert, wenn ihn beim Anblick der tollen Welt unter seinen Füßen der Schwindel überfällt«[58]. Was hier von Börne als Vorwurf gemeint war, empfinden wir heute eher als Vorzug der Prosa Hoffmanns. Indes: Hat Börne Hoffmann wirklich ganz verkannt? So spöttisch der berühmte Verriß der »Serapionsbrüder« auch beginnt, so endet er doch mit einem zwar vorsichtigen Satz, der jedoch den Kern der Sache trifft und vermuten läßt, daß Börne die Größe Hoffmanns zumindest geahnt hat. Das Buch sei eine »Epoche des Wahnsinns« und ein lobenswertes Unternehmen, »wenn es lobenswert ist, den menschlichen Geist, der nachtwandelnd an allen Gefahren unbeschädigt vorübergeht, aufzuwecken, um ihn vor dem Abgrunde zu warnen, der zu seinen Füßen droht«[59].

Von all seinen schreibenden Zeitgenossen hat er Jean Paul am tiefsten verehrt, am innigsten geliebt. Jean Paul – heißt es 1820 in einem Brief Börnes an Jeanette Wohl – »war mein Geheimer Rat, bei dem ich in jeder Not Verstand suchte und fand . . .«[60] In der Denkrede, die 1825 im Frankfurter Museum verlesen wurde, schrieb Börne: »Wir wollen trauern um ihn, den wir verloren, und um die andern, die ihn nicht verloren. Nicht allen hat er gelebt! . . . Er aber steht geduldig an der Pforte des zwanzigsten Jahrhunderts und wartet lächelnd, bis sein schleichend Volk ihm nachkomme.«[61] Jetzt, da das Werk Jean Pauls in allerlei Ausgaben verbreitet wird, da man in Deutschland fast von einer Jean-Paul-Renaissance sprechen kann, scheint Börnes Voraussage in Erfüllung gegangen.

Die Rede auf Jean Paul erreicht ihren Höhepunkt in den Worten: »Er sang nicht in den Palästen der Großen, er scherzte nicht mit seiner Leier an den Tischen der Reichen. Er war der Dichter der Niedergebornen, er war der Sänger der Armen . . .«[62] Doch damit war nicht nur Jean Paul gemeint, sondern auch einer, der sehr wohl in den Palästen der Großen sang, der mit seiner Leier gern an den Tischen der Reichen scherzte, der weder ein Dichter der Niedergeborenen noch ein Sänger der Armen war. Börnes Denkrede auf Jean Paul ist zugleich eine Rede gegen Goethe.

Der lebenslängliche Kampf Börnes gegen Goethe trägt bisweilen neurotische, wenn nicht hysterische Züge. So konsequent und radikal dieser Kampf auch war – in der Geschichte der Literatur ist er nichts Außergewöhnliches. Die verbissenen, haßerfüllten Konfrontationen wiederholen sich: Immer sind es Auseinandersetzungen von Zeitgenossen, die freilich verschiedenen Generationen angehören. Börne contra Goethe – das ist im Prinzip nichts anderes als, in unserem Jahrhundert, Brecht contra Thomas Mann. Börne nennt Goethe einen »zahmen, geduldigen, zahnlosen Genius«, einen Adler, »der sich unter der Dachtraufe eines Schneiders angenistet«[63], für ihn war er »der Dichter der Glücklichen«, der »Stabilitätsnarr«[64], der »Despotendiener«, ja »ein Krebsschaden am deutschen Körper«[65]. Schamlos habe Goethe »das Knechtische in der Natur des Menschen« verherrlicht: »Tyrannen hat schon mancher Dichter geschmeichelt, der Tyrannei noch keiner.«[66] In seinem Tagebuch von 1830 resümierte Börne seine Anklage in Tiraden von hohem Pathos, dessen Wirkung man sich noch heute nicht ganz entziehen kann: »Goethe hätte ein Herkules sein können, sein Vaterland von großem Unrate zu befreien; aber er holte sich bloß die goldenen Äpfel der Hesperiden, die er für sich behielt. Nie hat er ein armes Wörtchen für sein Volk gesprochen, er, der früher auf der Höhe seines Ruhms unantastbar, später im hohen Alter unverletzlich, hätte sagen dürfen, was kein anderer wagen durfte . . . Dir ward ein hoher Geist, hast du je die Niedrigkeit beschämt? Der Himmel gab dir eine Feuerzunge, hast du je das Recht verteidigt? Du hattest ein gutes Schwert, aber du warst nur immer dein eigner Wächter!«[67]

War Börne ganz im Unrecht? Mir will es scheinen, daß jedes seiner Worte gegen Goethe berechtigt und trotzdem ungerecht war. Denn er sah nur die eine Seite Goethes und ignorierte hartnäckig die andere. Aber Einseitigkeit und Ungerechtigkeit gehören nun einmal zum Handwerk des Pamphletisten. Ganz spät, als Goethe nicht mehr lebte und Börne schon schwer krank war, hat er in einem Gespräch dem Feind doch noch Gerechtigkeit widerfahren lassen. Er erkannte, daß Goethe »das größte künstlerische Genie und der größte Egoist seines Jahrhunderts war«. Und Börne fügte hinzu: »Ohne dieses zu sein, hätte er jenes wohl nicht sein können.«[68]

Die Attacken gegen Goethe haben es manchen Gegnern Börnes leichtgemacht, ihm vorzuwerfen, was man paradoxerweise gerade Kritikern oft und gern vorwirft: Er, Börne, habe nicht hinreichend Sinn für die formalen und sprachlichen, für die artistischen Valeurs im literarischen Werk gehabt. Aber dies ist ebenso unsinnig, wie es etwa die Behauptung wäre, Brecht sei nicht imstande gewesen, die Qualität der Prosa Thomas Manns zu begreifen. Allerdings hatte Börne selbst derartige billige Verunglimpfungen begünstigt. Schon am Anfang seiner Laufbahn schrieb er: »Schön ist nur das, was nützlich ist für alle.«[69] Die bewußt überspitzte Formel wurde in polemischer Absicht für bare Münze genommen. Am weitesten ging Heine, der Börne kurzerhand nachsagte: »Die künstlerische Form hielt er für Gemütlosigkeit.«[70] So kam er in den Ruf, ein Verfechter simpler Tendenzliteratur zu sein.

Es ist schon wahr: Für die Beurteilung von Kunstwerken suchte Börne Bezugspunkte oft außerhalb der Kunst. So gewiß er die Synthese aus moralischen, gesellschaftlichen und auch ästhetischen Postulaten anstrebte, so wurden diese von ihm bisweilen doch stiefmütterlich behandelt. Er reagierte damit auf die noch in den zwanziger Jahren des vorigen Jahrhunderts sowohl in der literarischen Praxis wie in der Theorie dominierenden und seiner Ansicht nach schädlichen Strömungen.

»Aber den Kunstkennern, den Kunstrichtern, diesen gott-
losen Chinesen«, wetterte er, »gilt nur die Form. Sie haben
Geister und Körper in Stände und Kasten gebracht, und der
Kasten gibt seinem Inhalte den Wert und bezeichnet ihn.«[71]
Dies, meinte er, hätten die Klassiker mitverschuldet: »Schiller
und Goethe sprechen so oft von dem *Wie* und *Warum,* daß sie
das *Was* darüber vergessen.«[72]

Und Börne scheute sich nicht, das französische Drama
seiner Zeit inhaltlicher Elemente wegen zu loben. Wenn es
weder ein Trauerspiel noch ein Lustspiel ist, so sei es doch
»wenigstens eine Zeitung von den Ereignissen des Tages, an
denen jeder teilnimmt«[73]. Wo aber dem deutschen Drama der
Kunstwert mangele, da mangele ihm alles.

Indes hat Börne sehr wohl gewußt, daß nicht nur der
Gedanke den Ausdruck schafft, sondern auch der Ausdruck
den Gedanken.[74] Unmißverständlich belehrte er seine Leser:
»An einem Kunstwerke ist die Form nicht von dem Wesen zu
trennen, und es kann die eine nicht ohne das andere verletzt
werden.« Im Widerspruch zu den über ihn noch heute im
Umlauf befindlichen Ansichten hat er die direkte Tendenzliteratur oft genug angezweifelt und abgelehnt: »Es ist nicht jedem
mit der Destillation der Gesinnung, mit Sentenzen – es ist uns
nicht immer mit Rosenöl gedient; wir wollen die Rosen selbst
haben, . . . wenn auch mit ihren Dornen.«[75] Und schließlich
gilt für seine Prosa, gilt für Börne, was er Jean Paul nachgerühmt hat – daß dieser es verstanden habe, »das Musenpferd
ohne den Steigbügel des Reims und ohne metrischen Zügel zu
lenken«[76].

Das Echo, das die Schriften Börnes hatten, war enorm. Er
war ohne Zweifel der berühmteste Journalist seiner Epoche;
und er wurde so heftig bekämpft wie nur noch ein Autor – wie
Heine. Aber zufrieden war Börne nicht. In einem Brief Kurt
Tucholskys findet sich die Bemerkung: »Das, worum mir
manchmal so bange ist, ist die Wirkung meiner Arbeit. Hat sie
eine? (Ich meine nicht den Erfolg; er läßt mich kalt.) Aber mir

erscheint es manchmal als so entsetzlich wirkungslos: da schreibt man und arbeitet man – und was ereignet sich nun realiter ...?«[77] Ähnlich klagte, hundert Jahre früher, Börne: »Ich möchte belehren und fürchte zu gefallen; ich möchte raten und fürchte zu belustigen; ich möchte einwirken auf meine guten Mitbürger und ihren Ernst ansprechen, und ich fürchte Lachen zu erregen.«[78]

Um zu nützen und zu wirken, um Einfluß auszuüben, hat sich Börne auch zu praktischen Fragen des literarischen Lebens geäußert. Viele seiner Vorschläge und Hinweise sind leider bis heute aktuell geblieben.

Er verlangte nicht nur, daß Theaterschulen gegründet und an allen Bühnen Dramaturgen beschäftigt werden – beides kannte man damals noch nicht –, er wünschte auch »freie Schaupielhäuser«, damit »das arme Volk seine geistige Freude habe«[79]. Mit anderen Worten: Er hielt jenen Nulltarif für erforderlich, der bis jetzt in der Bundesrepublik nicht realisiert wurde.

Er hat über die Literaturkritik und die literarische Diskussion in seiner Epoche geurteilt, als habe er schon die Zeitungen und Zeitschriften unserer Zeit gekannt: »Wenn auch das eine kritische Blatt tadelt, was das andere lobt«, bemerkte Börne 1820, »so treffen doch diese feindlichen Ansichten nie auf einem Schlachtfelde zusammen, sie umgehen sich, und kein Werk der Wissenschaft erfährt einen entscheidenden Sieg oder eine entscheidende Niederlage. Das Beste findet seinen Tadler, und das Schlechteste seinen Lobredner.«[80]

Nachdrücklich hat er sich über die beklagenswerte materielle Situation deutscher Schriftsteller geäußert: »In Deutschland erlaubt das Naturrecht der Selbstverteidigung, die Wahrheit zu verletzen. Ein armer Schriftsteller dort, der keine andere Freuden hat als häusliche, der oft jahrelang von einer Gans nichts als die Federn auf seinem Tische sieht und von einem Hasen nichts hat als das Herz, dem, wenn er nach vierzehn Wochen glaubt, sich endlich einen neuen Rock erschrieben zu haben,

die unbarmherzige Zensur einen ganzen Ärmel wegschneidet –
was will er machen, wenn eine hohe Polizei mit ihm zürnt und
ihm Amt und Brot raubt? Er muß lügen oder sterben; aber zur
Wahrheit kann man zurückkehren, zum Leben nicht.«[81] Bis
heute sind in diesem Lande die Bemühungen, den Schriftstellern ein Existenzminimum zu sichern, ergebnislos geblieben.

Zugleich meinte Börne: »Nicht die Zensur, die das Drucken
verbietet, die andere ist die verderblichste, die uns am Schreiben hindert; und das tut sie im ganzen Lande.«[82] Und wer
würde zu behaupten wagen, daß diese Warnung vor der Selbst-
zensur für uns, für die Verhältnisse in der Bundesrepublik,
nicht gilt?

Börne bedauerte, daß Heine an der Wahrheit nur das Schöne
liebe. Heine gab zu verstehen, daß Börne am Schönen nur die
Wahrheit schätzen wollte. Wo Börne l'art pour l'art witterte, da
witterte Heine die Revolution um der Revolution willen. Börne
glaubte, Heine suche Schutz in einem Elfenbeinturm. Heine
fürchtete, Börne stehe immer auf einer Barrikade. Wer hatte
recht? Sie waren, will es mir scheinen, nicht so weit voneinander entfernt – jener Elfenbeinturm Heinrich Heines und jene
Barrikade Ludwig Börnes.   (1976)

Der Artist als Kritiker

Als man 1956 in den beiden deutschen Staaten, dem Kalender gehorchend und vom schlechten Gewissen getrieben, den hundertsten Todestag Heinrich Heines feierte, da wollte Theodor W. Adorno von einer Festrede nichts wissen; er hielt bloß einen kurzen Rundfunkvortrag. Wer zum Gedächtnis dieses Dichters ernsthaft beitragen möchte, der müsse – meinte Adorno – von jener »Wunde Heine« sprechen, die immer noch und erst recht nach 1945 Schmerzen bereite. Gewiß, sie werde sich schon schließen, aber erst in einer Welt, in der keiner mehr ausgestoßen wäre, erst in einer Gesellschaft, welche die Versöhnung vollbringe.[1]

In den vergangenen Jahrzehnten sind wir einer solchen Welt, einer solchen Gesellschaft mit Sicherheit nicht nähergekommen: Selbst die Jüngsten unter uns machen sich, so scheint es, keine Illusionen mehr. Die Vokabel »Utopie«, die sich noch unlängst einer schon ärgerlichen Beliebtheit erfreute, hat ihre Modernität erstaunlich schnell eingebüßt. Doch die Zeit, behauptet ein altes Sprichwort, heilt alle Wunden. Also auch die Wunde Heine?

Ein deutscher Schriftsteller unserer Tage, Heiner Müller, sagte kürzlich in einer poetischen Rede: »Die Wunde Heine beginnt zu vernarben«, und fügte rasch hinzu: »schief«[2]. Ja, wenn diese Wunde tatsächlich vernarbt, dann eben nur schief. Anders kann und darf sie nicht vernarben – es sei denn, wir wären bereit, all das, was Heine zu seinen Lebzeiten und danach widerfahren ist, leichtsinnig zu vergessen. Freilich ist diese Gefahr nicht groß: Sein Werk läßt sich nicht vergessen, und es widersteht nach wie vor dem Verdrängungsprozeß.

Allein in dem sehr deutschen und immer aufs neue schwelen-
den Streit, was die Kunst eigentlich in der Politik und, umgekehrt, die Politik in der Kunst zu suchen habe, ist Heine – laut
Peter Rühmkorf – »ein bleibender Erhitzungsgegenstand«.³
Mit Büchner und Kafka gehört er zu den wenigen deutschen
Dichtern, die Denkmäler nicht brauchen und die auf Festreden
glücklicherweise nicht angewiesen sind.

Man hat ihn den »freiesten Deutschen nach Goethe«
genannt. Das ist ein schönes und höchst schmeichelhaftes
Wort, Heine selber hat es gelegentlich zitiert.⁴ Nur trifft es
leider nicht zu. Ein freier Mensch war dieser Jude aus Düsseldorf niemals – und er konnte es gar nicht sein. Denn er war ein
Ausgestoßener, und er ist, trotz seiner überwältigenden
Erfolge, ein Ausgestoßener geblieben. In dem 1980 erschienenen Katalog zu einer Heine-Ausstellung in seiner Geburtsstadt
werden wir informiert: »Heines Kindheit und Schulzeit in
Düsseldorf verliefen glücklich und unbeschwert.«⁵ Das glaube
ich nicht. Gab es denn in der ersten Hälfte des neunzehnten
Jahrhunderts auch nur einen einzigen Juden in Deutschland,
der, wie Heine, eine deutsche, eine christliche Schule besucht
hat und dessen Kindheit, dessen Jugend glücklich und unbeschwert verlaufen wäre?

Es stimmt, daß es gerade in Düsseldorf – übrigens vornehmlich dank der französischen Besatzung – liberal zuging und daß
das geistige Klima dort verhältnismäßig tolerant war. Aber
ebenso sicher ist es, daß der junge Heine von seinen Mitschülern
(und wahrscheinlich nicht nur von ihnen) drangsaliert wurde.
Wenn er in seinen Memoiren darauf nur beiläufig zu sprechen
kommt, so gewiß deshalb, weil er nicht viel Aufhebens von
Schikanen machen wollte, die sich harmlos ausnahmen im
Vergleich mit jenen, denen er später ausgesetzt war. Er muß
schon sehr bald in Düsseldorf und in Frankfurt Bitteres erfahren
und erlitten haben. Wie sonst sollte man es sich erklären, daß
sein Leben von Anfang an im Zeichen jener Angst stand, von der
er sich nie befreien konnte – der Angst vor dem Judenhaß.

In einem seiner frühesten erhaltenen Briefe schreibt der erst achtzehnjährige Heine von den Spannungen zwischen den Christen und den Juden im Hamburg: »Bey so bewandten Umständen« – heißt es weiter – »läßt sich leicht voraussehen, daß Christliche Liebe die Liebeslieder eines Juden nicht unge-hudelt lassen wird.«[6] Kaum zwei Jahre später veröffentlicht Heine, mittlerweile Student in Bonn, seine erste literarkritische Arbeit, einen kleinen Aufsatz über die Romantik. Das deutsche Wort feiert er hier als »unser heiligstes Gut«. Warum? Seine Begründung scheint mir keineswegs selbstverständlich. Denn es ist die Begründung eines Juden. Sie lautet: das deutsche Wort sei »ein Vaterland selbst demjenigen, dem Torheit und Arglist ein Vaterland verweigern«[7].

Da haben wir schon Heines ganze Misere. Er bildet sich nicht ein, man würde ihn als einen Deutschen mosaischen Glaubens anerkennen. Er weiß sehr wohl, daß man ihm ein Vaterland verweigert – und er protestiert nicht. Aber er kapitu-liert auch nicht. Nicht ein Deutscher will er sein, sondern weniger und mehr – nämlich ein deutscher Dichter. Ausgesto-ßen und zur Heimatlosigkeit verurteilt, will er sich um jeden Preis dort einen Platz sichern, wo er glaubt, eine Ersatzheimat, eine Art Vaterland gefunden zu haben: in der deutschen Sprache, in der deutschen Literatur. Mit diesem Ziel vor Augen debütiert er in den zwanziger Jahren des vorigen Jahrhunderts mit Versen und mit Prosa, die ihn beinahe über Nacht berühmt machen. Und hier, in dem dichterischen Kampf ums Dasein, sind die tiefsten Wurzeln seiner berüchtigten Aggressivität.

Es versteht sich, daß er die Spielregeln des literarischen Lebens kennt und auch mit bösen Kritiken rechnet. Er werde sie schon ertragen – schreibt er 1823 an Karl Immermann –, nur eines könne ihn aufs schmerzlichste verletzen: »Wenn man den Geist meiner Dichtung aus der Geschichte (Sie wissen, was dieses Wort bedeutet), aus der Geschichte des Verfassers erklä-ren will.«[8] So umständlich drückt sich Heine aus, wenn er sagen will, er fürchte, man werde seine deutschen Verse als

Produkte eines Juden interpretieren. Zwei Wochen später bittet er einen anderen Freund, ihn doch sogleich zu informieren, wenn ihn die Zeitungen angreifen sollten, »besonders in Hinsicht der Religion«.[9]

Schon damals, in den frühen zwanziger Jahren, spielt Heine mit dem Gedanken, Deutschland zu verlassen. Seine Briefe muten, sobald er auf Deutsches zu sprechen kommt, beinahe hysterisch an. Da zerrt einer an den Ketten, von denen er sich nie freimachen wird: »Alles was deutsch ist, ist mir zuwider ... Alles Deutsche wirkt auf mich wie ein Brechpulver. Die deutsche Sprache zerreißt meine Ohren. Die eignen Gedichte ekeln mich zuweilen an, wenn ich sehe, daß sie auf deutsch geschrieben sind.« Vor lauter Ekel setzt er diesen Brief in französischer Sprache fort – um natürlich doch zum Deutschen zurückzukehren: »O Christian, wüßtest Du, wie meine Seele nach Frieden lechzt, und wie sie doch täglich mehr und mehr zerrissen wird. Ich kann fast keine Nacht mehr schlafen.«[10]

Was meint er denn, wenn er vom Frieden redet, nach dem seine Seele lechze? Nichts anderes als den Frieden mit seiner deutschen Umwelt. Er hört nicht auf zu hoffen, man werde ihn schließlich aufnehmen und integrieren, denn: »Ich habe nicht die Kraft einen Bart zu tragen, und mir Judenmauschel nachrufen zu lassen ...«[11] In einem anderen Brief findet sich der Aufschrei: »Wär ich ein Deutscher – und ich bin kein Deutscher ...«[12] Er werde, klagt er, »auf vielfache Weise gereizt und gekränkt«, man lasse »die Wogen des Judenhasses« gegen ihn anbranden, ihre Wirkung spüre er von allen Seiten.[13]

So fühlt er sich umstellt und verfolgt – und dies um so mehr, je deutlicher er begreift, daß er sich vom Deutschen nie werde lösen können. Er, der noch unlängst geschrieben hatte, daß ihm alles Deutsche zuwider sei, erkennt nun, 1824, resigniert und stolz zugleich: »Ich weiß nur zu gut, daß mir das Deutsche das ist, was dem Fische das Wasser ist, daß ich aus diesem Lebenselement nicht heraus kann ... Ich liebe sogar im

Grunde das Deutsche mehr als alles auf der Welt, ich habe
meine Lust und Freude dran, und meine Brust ist ein Archiv
deutschen Gefühls . . .«[14] Von Martin Walser stammt die Formulierung, die den Sachverhalt haarscharf trifft: »Heine
brachte es in seinem Leben zu zwei Identitäten: zu der eines
deutschen Dichters und zu der eines Juden. Aber zwei Identitäten, das ist weniger als eine.«[15]

Vergessen wir es nicht: Er gehörte zur ersten dem Ghetto
entronnenen Generation. Deutsch war Heines Muttersprache.
Aber es war nicht die Sprache seiner Mutter; ihr Idiom war
jenes in hebräischen Lettern geschriebene Judendeutsch, das
sich in den Ghettos gebildet hatte und das dann, als sie
aufgelöst wurden, rasch abstarb. Diese erste Nach-Ghetto-
Generation mußte erfahren, daß die Emanzipationsdekrete,
die den Juden die bürgerliche Gleichberechtigung zusicherten,
nur Verwaltungsakte waren, deren Verwirklichung die Behör-
den ebenso ablehnten wie die christlichen Kirchen – von der
Bevölkerung ganz zu schweigen. Auch als es keine Ghettos
mehr gab, sollten also die Juden entweder Ghetto-Juden bleiben oder zum Christentum übertreten. Wer nicht diskriminiert
sein wollte oder gar an deutscher, an europäischer Kultur
teilzunehmen wünschte, hatte keine andere Möglichkeit, als
sich taufen zu lassen. Das gilt für Rahel Varnhagen, geborene
Levin, ebenso wie für Henriette Herz, für Abraham Mendelssohn, den Sohn von Moses Mendelssohn und den Vater von
Felix Mendelssohn-Bartholdy, ebenso wie für Ludwig Börne
und schließlich für Heinrich Heine.

Gerade Heine hat nie verheimlicht, daß es taktische, gesellschaftliche und berufliche Gründe waren, die ihn veranlaßten,
Mitglied der protestantischen Kirche zu werden. Die Taufe
geschah in aller Stille, in der Wohnung des Pfarrers – so
nachzulesen in dem Kirchenbuch der evangelischen Gemeinde
zu St. Martin in Heiligenstadt. Bei der Zeremonie war nur
noch eine einzige Person zugegen: der als Pate fungierende
Theologe. Offensichtlich sollte sich das Ganze möglichst

unauffällig und schnell abspielen. Wenige Monate später schrieb Heine in einem Brief: »Ich versichere dich, wenn die Gesetze das Stehlen silberner Löffel erlaubt hätten, so würde ich mich nicht getauft haben.«[16]

Der Taufzettel war, seiner berühmten Formulierung zufolge, nichts anderes als »das Entréebillett zur europäischen Kultur«[17] – also auch zur deutschen. Da allerdings erwies sich dieses Dokument als wenig nützlich. Heine mußte eine Enttäuschung nach der anderen erleben, denn: »Ich bin jetzt bey Christ und Jude verhaßt. Ich bereue sehr, daß ich mich getauft hab; ich seh noch gar nicht ein, daß es mir seitdem besser gegangen sey, im Gegentheil, ich habe seitdem nichts als Unglück.«[18] Alle seine Bemühungen um einen Posten bleiben vergeblich: Niemand will den in Göttingen promovierten Juristen beschäftigen. Etwa ein Jahr nach der Taufe drängt es Heine wieder einmal, »dem deutschen Vaterland Valet zu sagen«. Es treibt ihn von hinnen »die Qual persönlicher Verhältnisse (z. B. der nie abzuwaschende Jude)«[19]. Gleichwohl verläßt er Deutschland nicht – und das mag mit seinen außerordentlichen literarischen Erfolgen zu tun haben.

In rascher Folge erscheinen jetzt drei Bände: der erste und der zweite Teil der »Reisebilder« und das »Buch der Lieder«. Heine ist in aller Munde, er wird in ausführlichen Besprechungen gewürdigt und gelobt und freilich auch immer wieder angegriffen und geschmäht. Verwunderlich ist das nicht, Attakken gehören zum literarischen Leben, und je berühmter ein Autor, desto weniger wird er geschont. Überdies: Alles verzeihen die Schriftsteller ihren Kollegen, alles – nur nicht den Erfolg.

Aber es läßt sich nicht übersehen, was man Heine am häufigsten vorgeworfen, was man ihm offenbar am meisten verübelt hat: Es ist seine jüdische Herkunft. Als er vorübergehend Mitherausgeber der »Neuen allgemeinen politischen Annalen« war, konnte man in der katholischen Zeitschrift »Eos« – sie wurde in München publiziert – über Heine lesen:

»Während andere seiner Stammesgenossen ihre israelitische Abkunft sorgfältig zu verbergen suchen, gibt sich unser Herr Politiker ganz unverhohlen als Juden zu erkennen . . .«[20] Das scheint mir eine beispielhafte Äußerung. Ihr läßt sich nicht entnehmen, was der Autor, übrigens ein Kirchenhistoriker, denn eigentlich für wünschenswert hält: Sollten also die Juden ihre Herkunft verbergen, oder sollten sie sich zu ihr offen bekennen? Sicher ist: Was immer sie taten – sie wurden beschimpft.

Damit war für Heine ebenjene Situation entstanden, die er von Anfang an gefürchtet hatte: Man wollte den Juden, ob getauft oder nicht, als deutschen Dichter nicht gelten lassen. Das »Buch der Lieder« war ein Sieg sondergleichen, doch vielleicht nur ein Pyrrhussieg. Es war ein Triumph, doch auf gefährlich schwankendem Boden. Jedenfalls wuchsen zusammen mit der Zahl seiner Leser auch Heines Unsicherheit und Gereiztheit, genauer: seine Angst vor Deutschland und den Deutschen. In diesem Augenblick trifft ihn ein Schlag, mit dem er nicht gerechnet hat: Daß er in aller Öffentlichkeit als Jude verhöhnt wurde, daran hatte sich Heine mittlerweile wohl gewöhnt. Überraschen mußte ihn hingegen die Tücke des neuen Angriffs. Mehr noch: Diesmal versetzte ihm den Hieb nicht ein Kritiker, ein Journalist oder ein Professor, sondern ein Poet, also ein Rivale: August Graf von Platen-Hallermünde.

Die Heine-Platen-Kontroverse, eine der heftigsten Auseinandersetzungen in der Geschichte der deutschen Literatur, wurde schon oft interpretiert, meist eher zuungunsten Heines. Sie gilt sogar als ein besonders düsteres Kapitel seiner auch sonst von Flecken nicht freien Biographie. Die Fakten sind bekannt und vielfach belegt. Karl Immermann hatte eine Anzahl nicht gerade geistreicher Epigramme verfaßt, die er, großen Vorbildern folgend, Xenien nannte; er verspottete unter anderem »östliche Poeten«, solche nämlich, die orientalische lyrische Formen nachahmten. Natürlich meinte Immermann den Autor des »West-östlichen Divans«, aber auch Rückert und

Platen konnten es auf sich beziehen. In der Tat war Platen tief gekränkt und schlug zurück – mit einer dramatischen Satire, »Der romantische Oedipus«, in der er keineswegs nur Immermann angriff. Da war noch ein anderer im Spiel: Heine, der diese Epigramme veröffentlicht hatte, und zwar im zweiten Band seiner »Reisebilder«, als Anhang.

Platen kannte Heines Werke, wie er in seinen Briefen zugab, überhaupt nicht – und doch war dieser ein Dorn in seinem Auge. Wenn er ihn erwähnte, dann sprach er immer vom *Juden* Heine oder auch vom schamlosen Juden. Bezeichnenderweise war er, wie er seinem Freund, dem Grafen Fugger, mitteilte, durchaus bereit, Immermann die Xenien zu verzeihen – daß aber Heine sie aufgenommen habe, sei »nicht verzeihlich« und »eine echt jüdische Handlungsweise«. Schon vorher hatte Platen geschrieben, er, der Größere, sei imstande, Heine zu »zerquetschen«[21].

Es ging hier also nicht um die Xenien Immermanns, in denen übrigens der Name Platen kein einziges Mal genannt wurde, vielmehr dienten sie als Vorwand und Anlaß für eine literarische Offensive: Platen hatte es auf die Bloßstellung seines, wie er meinte, gefährlichsten Konkurrenten abgesehen. Dies aber war eben nicht Immermann, sondern Heine. Platen, kein anderer, hatte den berüchtigten Streit mutwillig und leichtfertig begonnen. Und er attackiert in seiner Satire und in seinen etwa gleichzeitig veröffentlichten Distichen immer wieder einen einzigen Umstand: Heines Judentum. Dies sind die Ausdrücke, mit denen er ihn bedenkt: »Samen Abrahams«, »Petrark des Laubhüttenfests«, »Synagogenstolz«, »hebräischer Witzling« und »des sterblichen Geschlechts Allerunverschämtester«. Auch ist davon die Rede, daß Heine »Knoblauchsgeruch« absondere, sogar die Beschneidung wird nicht ausgespart, wir hören von seinem »verstümmelten Teil«.[22]

Beabsichtigte Platen, Heine aus Deutschland zu vertreiben? Nein, es hätte ihm wahrscheinlich gereicht, ihn aus dem deutschen literarischen Leben zu verjagen. Wollte er also den

Dichterwald »judenfrei« haben? Ihn störte wohl weniger der Jude als vor allem der Jude, dessen Gedichte ein ungleich stärkeres Echo hatten als seine eigenen. Aber indem er das Judentum des seiner Ansicht nach zu Unrecht erfolgreicheren Rivalen brutal verhöhnte, glaubte er, das Publikum und die öffentliche Meinung auf seiner Seite zu haben. Diese Rechnung ging nur teilweise auf, manche zögerten nicht, ihm den Stil seiner Attacke zu verübeln. Platen verteidigte sich mit der so hochmütigen wie höhnischen Bemerkung, Heines Judentum sei für ihn »kein moralisches Gebrechen, aber ein komisches Ingrediens«[23]. Für Heine war das wahrlich nicht komisch. Hätte ihm Platen nur sein Deutschtum abgesprochen – es hätte ihn amüsiert. Indes fühlte er sich tödlich getroffen, weil hier seine gesamte Existenz als deutscher Dichter in Frage gestellt wurde. Ihm blieb gar nichts anderes übrig, als sich sofort zu wehren.

Man hat Heine immer wieder vorgeworfen, seine Polemik gegen Platen im dritten Teil der »Reisebilder« halte sich nicht an die Regeln des Anstands und der Fairneß. Daß er, ähnlich wie sein Gegenspieler, *ad personam* argumentierte, hat niemanden sonderlich verwundert. Daß er über den Poeten Platen herfiel, hätte man ihm gewiß verziehen. Daß er sich auch über den Adligen lustig machte, gefiel schon weniger, zumal ihm Heine überflüssigerweise auch die Armut ankreidete. Der Stein des Anstoßes war anderswo zu suchen: Heine hatte keine Bedenken, Platens Homosexualität dem Gelächter preiszugeben. Durfte er das? Platen hatte scharf geschossen, Heine ihm mit der gleichen Waffe geantwortet. Der sich als stinkender Jude beschimpft hörte, nannte den anderen einen warmen Bruder. Hatte Platen über Heines beschnittenen Penis gespottet, so erlaubte sich Heine Anspielungen auf Platens Analsphäre. Schöne Methoden? Nein, gewiß nicht. Doch darf man wohl in diesem Zusammenhang einen längst vergessenen Kritiker zitieren – Carl Herloßsohn, der 1830 in der Leipziger Zeitschrift »Der Komet« urteilte: »In der *Art*, wie Heine angegriffen wurde von Platen, lag auch schon die Art, wie er

sich verteidigen mußte.«[24] Diese Kontroverse war – Heine
sagte es in einem Brief – kein »scherzendes Turnier«, sondern
ein »Vernichtungskrieg«[25]. Der sich hier dem Anschein nach
nur gegen Platen verteidigte, verteidigte sich in Wirklichkeit
zugleich gegen alle, die ihn – und es waren Unzählige – direkt
oder indirekt als Juden bedrängt und begeifert hatten.

Aber inmitten der argen Invektiven gegen Platen gibt es in
dieser Polemik auch eine erstaunliche Passage: Sie läßt vermuten, daß Heine für seinen aristokratischen Todfeind mehr
Verständnis hatte, als er eingestehen wollte. Er versuchte, die
Künstlichkeit und die gleichsam marmorne Glätte der Poesie
Platens mit dessen Veranlagung zu erklären: »Der Mangel an
Naturlauten in den Gedichten des Grafen rührt vielleicht
daher, daß er in einer Zeit lebt, wo er seine wahren Gefühle
nicht nennen darf, wo dieselbe Sitte, die seiner Liebe immer
feindlich entgegensteht, ihm sogar verbietet, seine Klage darüber unverhüllt auszusprechen, wo er jede Empfindung ängstlich verkappen muß . . .«[26]

Es mag auch sein, daß Heine, besser als Platen, ahnte, was
sie, allen gegenseitigen Beschimpfungen zum Trotz, miteinander verband: Fürchtete der eine die Diskriminierung als Jude,
so der andere die gesellschaftliche Ächtung als Homosexueller.
Beide wollten sie glauben, bedeutende literarische Leistungen
würden genügen, um in den Augen der deutschen Öffentlichkeit jenen Makel zu tilgen, an dem sie fortwährend litten, also
den Makel der jüdischen Herkunft und den der homosexuellen
Veranlagung. Beide sahen sie sich gezwungen, Deutschland zu
verlassen. So sind denn auch ihre Gräber im Ausland: Heines
in Paris, Platens in Syrakus.

In einer Hinsicht freilich hat sich Heine in dieser unbarmherzigen Polemik geirrt. Ihr Refrain lautet nämlich: »Der Graf
Platen ist kein Dichter.«[27] Doch manches spricht dafür, daß er
Platen, dessen lyrische Qualität außer Frage steht und über
dessen Werk er gut informiert war, nicht verkannt hat, sondern
daß er ihn aus taktischen Gründen verkennen wollte. Denn

Heine war in Sachen Literatur ein unvergleichbarer Experte.
Unvergleichbar – das zielt auf beides ab: auf den Rang seiner
Literaturbetrachtung und auf ihre Eigenart.

Seine Kritik, liest man oft, sei aus politischer Sicht geschrieben und vom politischen Standpunkt bestimmt. Woher
stammt dieses Urteil, das nur ein Vorurteil ist? In einem Brief
Heines aus dem Jahre 1827 heißt es, in der Zeitschrift, die er in
München für Cotta herauszugeben plane, werde »Critik eng-
lischer und deutscher Literatur aus dem Standpunkt der Politik« im Vordergrund stehen.²⁸ Aus dieser Äußerung hat man
kurzerhand Heines literarkritisches Programm abgeleitet, ohne
indes berücksichtigen zu wollen, daß es sich um eine Zeitschrift handelte, deren Titel lautete: »Neue allgemeine *politische* Annalen«. In einer solchen Zeitschrift konnte Literatur
natürlich nur unter politischem Aspekt behandelt werden.

Er habe es, schreibt Heine in seinen »Geständnissen«, »auf
dieser schönen Erde zu nichts gebracht. Es ist nichts aus mir
geworden, nichts als ein Dichter«. Aber man sollte ihn nicht
der falschen Bescheidenheit verdächtigen, denn er fügt gleich
hinzu: »Man ist viel, wenn man ein Dichter ist, und gar wenn
man ein großer lyrischer Dichter ist in Deutschland, unter dem
Volke, das in zwei Dingen, in der Philosophie und im Liede,
alle andern Nationen überflügelt hat.«²⁹

So ist es: Heine war vor allem ein Dichter, und Kunst und
Poesie haben ihn – allen gegenteiligen Behauptungen zum Trotz
– mehr interessiert als Politik und Gesellschaft. Börne fragte ihn,
wohin er denn nach der Ankunft in Paris zuerst gegangen sei, und
nahm wohl an, er habe die Denkmäler der unfernen französischen Vergangenheit aufgesucht. Aber Heine mußte ihn enttäuschen. Denn sein erster Gang führte ihn in die *Bibliothèque royale*:
Er wollte die dort aufbewahrten Manuskripte der Manessischen
Liederhandschrift sehen. Die Verse des Walther von der Vogel-
weide waren ihm wichtiger als das Panthéon.

Gern beruft man sich auf Heines Charakteristik der Schriftsteller des Jungen Deutschland, die keinen Unterschied zwi-

schen Leben und Schreiben machen wollen und die nimmer-
mehr die Politik von der Wissenschaft und der Kunst trennen:
Sie seien »Gelehrte, Künstler und Apostel« in einem. So hieß es
ursprünglich, aber für die endgültige Fassung der »Romantischen Schule« korrigierte er die seither vielzitierte Formulierung: Die Vokabel »Gelehrte« wurde durch »Tribune« ersetzt
und das Wort »Künstler« jetzt an die Spitze gestellt.[30] Kein
Zweifel, er sah den Schriftsteller vor allem als Künstler, er
glaubte an das Artistische und maß der Inspiration die höchste
Bedeutung bei. Er war der letzte, Vernunft und Intelligenz zu
unterschätzen, nur schrieb ihnen Heine bei der Entstehung des
Kunstwerks eher eine kontrollierende Funktion zu. Sein Wahl-
spruch, mit dem er sich 1838 von manch einer seiner früheren
Äußerungen distanzierte, findet sich in einem Brief an Karl
Gutzkow: »Kunst ist der Zweck der Kunst, wie Liebe der Zweck
der Liebe, und gar das Leben selbst der Zweck des Lebens.«[31]

Die Geschichten der großen Männer seien, Heine zufolge,
immer Märtyrerlegenden gewesen. Doch wofür litten sie denn?
Für Deutschland, für Europa, für die Menschheit? Derartiges
wollte er uns niemals einreden, vielmehr erklärte er, daß sie
»für ihre eigene Größe« litten, für »die große Art ihres Seins«[32].
Auch der Dichter ist in seinen Augen ein Märtyrer und
überdies einer, der zwei Epochen repräsentiere – die eigene
und die künftige. In seiner Brust liege schon das Abbild der
Zukunft seines Volkes, und ein Kritiker, »der mit hinlänglich
scharfem Messer einen neuen Dichter sezierte, könnte, wie aus
den Eingeweiden eines Opfertiers, sehr leicht prophezeien, wie
sich Deutschland in der Zukunft gestalten« werde.[33]

Aber war Heine ein Kritiker? Er hat neben unerheblichen
und eher um des Geldes willen verfertigten Arbeiten wie
»Shakespeares Mädchen und Frauen« auch ein so hochbedeu-
tendes Buch wie »Die romantische Schule« geschrieben; viel
findet sich über Literatur in seinen Reisebildern und Erinnerungen, ebenso in den kleineren Aufsätzen, in seinen Briefen
und Korrespondentenberichten und nicht zuletzt in seiner

»Geschichte der Religion und Philosophie in Deutschland«.
Gleichwohl läßt sich die Frage, ob er denn auch ein Kritiker
war, nicht so leicht entscheiden.

Heine selber hat bei verschiedenen Gelegenheiten ohne
Reue verkündet: »Ich bin kein Gelehrter.«[34] Das stimmt. An
einer systematischen Darstellung der Literatur war ihm nie
gelegen, um die Analyse eines Kunstwerks hat er sich, wenn
man von zwei oder drei gründlichen, doch eher glanzlosen
Rezensionen absieht, niemals bemüht. Wer also glaubt, zur
Literaturkritik gehöre auch eine wissenschaftliche Komponente, wird bei Heine nicht auf seine Rechnung kommen.
Indes gibt es da noch einen anderen Umstand, der seine
Bedeutung als Literaturkritiker wenn auch nicht in Frage stellt,
so doch ein wenig beeinträchtigt. Kritiker, bemerkte Heine
nicht ohne Witz, seien wie Lakaien vor der Saaltüre bei einem
Hofball: zwar können sie unberechtigte Leute abweisen und
andere einlassen, aber sie selbst, die Türsteher, dürfen nicht
hinein.[35] Das klingt geringschätzig und mag nicht frei von
Schadenfreude sein. Dennoch trifft dieses Bonmot den Nagel
auf den Kopf.

In der Tat, wir Kritiker sind die Diener der Literatur, wir
sollen, wie jene Türsteher, für etwas Ordnung sorgen und vor
allem dafür, daß die Scharlatane und die Nichtskönner gleich
am Eingang abgewiesen werden, damit die guten Tänzer im
Saale immer Platz genug haben. Wir selber nehmen am Ball
nicht teil, es sei denn als Beobachter, irgendwo am Rande oder
eben in der Nähe der Tür. Und das ist gut so. Denn beides – das
Tanzen und die Überwachung des Eingangs – läßt sich schwer
miteinander vereinen: Wer auf dem Parkett brilliert, ist nicht
unbedingt ein zuverlässiger Türsteher. Mit anderen Worten:
Die Romanciers oder die Lyriker enttäuschen oft, wenn sie sich
als Kritiker betätigen – und beileibe nicht deshalb, weil es
ihnen an Fähigkeiten mangelte, über die die Profis der Kritik
verfügen, sondern weil sie, in ihren poetischen Konzeptionen
befangen, dem Kollegen, der einen anderen Weg sucht, nicht

immer gerecht werden können. Ihre Literaturbetrachtung
erweist sich bisweilen als die bewußte oder unbewußte, die
direkte oder indirekte Rechtfertigung der eigenen Produktion.
Auch Heines Kritik läßt sich von solchen Schwächen und
Makeln nicht freisprechen. Der hier als Türsteher und Platzan-
weiser seines Amtes waltet, ist der beste Tänzer weit und breit –
und so verweigert er manch einem, der ihm als Nachbar auf
dem Parkett unwillkommen wäre, den Zutritt, während er
andere bevorzugt behandelt. So bekämpft der Kritiker Heine
seine Feinde und fördert seine Verbündeten, so werden alte
Rechnungen beglichen und mit Lob und Tadel neue eröffnet.
Kurzum, ein authentischer Literaturkritiker war Heine
bestimmt nicht, obwohl er, wenn ihm nur daran gelegen wäre,
auch das noch mühelos geschafft hätte. Man kann sogar sagen,
daß er auf diesem Gebiet im gewissen Sinne ein Dilettant war,
nur eben ein genialer Dilettant. Was charakterisiert seine
Kritik, was unterscheidet sie von der all seiner Vorgänger?
    1835 schrieb er an Julius Campe, seine »Romantische Schule«
werde als »nützliches, lehrreiches und zugleich ergötzlich unter-
haltendes Buch länger leben als der Verfasser und der Verleger,
denen beiden ich doch für jeden Fall ein langes Leben wünsche«[36]. Damit ist schon gesagt, was in Heines Literaturbetrachtung zunächst einmal auffällt: Er will belehren, doch immer und
unbedingt auch unterhalten. Das hat mit den Adressaten dieser
Arbeiten zu tun. Im ersten Buch seiner »Geschichte der Religion
und Philosophie in Deutschland« vermutet Heine nicht ohne
Ironie, große deutsche Philosophen würden, sollten sie zufällig
einen Blick in sein Buch werfen, vornehm die Achseln zucken
über den dürftigen Zuschnitt alles dessen, was er hier vorbringe.
Aber »sie mögen gefälligst bedenken, daß das wenige, was ich
sage, ganz klar und deutlich ausgedrückt ist«, während die
Schriften dieser Philosophen zwar »unermeßbar gründlich« und
»stupend tiefsinnig«, doch ebenso unverständlich seien. »Was
helfen dem Volke« – fragt Heine – »die verschlossenen Kornkam-
mern, wozu es keinen Schlüssel hat?«[37]

Die Adressaten, die er zu erreichen wünscht, sind also nicht nur die Poeten und die Professoren, die Schriftsteller und die Studenten – er möchte, ähnlich wie der Lyriker Heine, vom großen und breiten Publikum, vom Volk, gelesen werden. Um der angestrebten Verständlichkeit willen verzichtet er auf das gelehrte Vokabular und schreibt ganz ohne Verstellung, also wie ihm der Schnabel gewachsen ist. Das war in seiner Zeit höchst riskant, denn – so spottete Goethe – »wenn man dem Menschen gleich und immer sagt, worauf es ankommt, so denkt er, es sei nichts dahinter«[38]. Auch heute sind Klarheit und Deutlichkeit für einen Kritiker riskant: Sie bringen ihm, wenn es gutgeht, viele Leser ein und zugleich nicht wenige Gegner, zumal unter seinen Kollegen.

Aber mit Klarheit und Deutlichkeit allein ist es natürlich noch nicht getan. Heine bemüht sich um einen möglichst leichten und pointierten Stil, er formuliert griffig und anschaulich, er bietet Bonmots und Anekdoten. Indem er das Publikum unterhält, zwingt er es, ihm zuzuhören: Dieser Connaisseur ist sich nicht zu schade, bisweilen seines Amtes auch als ein Conférencier zu walten. Er zieht zum Vergleich Motive aus der Mythologie heran, vornehmlich der antiken. Doch hütet sich Heine, gar zuviel an Kenntnissen vorauszusetzen. Um dieser Gefahr zu entgehen, entschließt er sich – und das war damals ein Novum – zu einer Rolle, die er virtuos spielt: Er behandelt die Literatur, wann immer es möglich ist, aus der Perspektive des Lesers. Und wie seine Sprache niemals wissenschaftlich anmutet, so läßt sie sich, obwohl seine literarkritischen Arbeiten für Zeitungen und Zeitschriften bestimmt waren, auch nicht als journalistisch bezeichnen. Vielmehr ist sie poetisch: Die wichtigsten Elemente dieser Arbeiten sind metaphorische Charakteristiken, kunstreiche Paraphrasen und phantasievolle Schilderungen dichterischer Werke und ihrer Autoren. Auch als Kritiker bleibt Heine ein Artist.

In einem kurz nach Goethes Tod geschriebenen Brief sagt er über seine »Romantische Schule«: »Fängt jetzt eine neue Litera-

tur an, so ist dies Büchlein auch zugleich ihr Programm . . .«[39]
Aber gerade als Programmschrift ist die »Romantische Schule«
längst verblaßt. Die Theorie war Heines Sache nicht. Das
Konkrete, nicht das Abstrakte hat ihn immer wieder fasziniert. Er
war überzeugt, daß gegen das Pfaffentum die Maler Italiens weit
wirksamer polemisiert hätten als die sächsischen Theologen.
»Das blühende Fleisch auf den Gemälden des Tizian« – das sei
bereits Protestantismus: »Die Lenden seiner Venus sind viel
gründlichere Thesen, als die welche der deutsche Mönch an die
Kirchentüre von Wittenberg angeklebt.«[40]

Wenn sich die »Romantische Schule« mitunter wie eine
herbe Kritik der deutschen romantischen Literatur liest, so hat
dies einen tieferen Grund. Was sich streng präsentiert, ist
insgeheim liebevoll, was bisweilen unbarmherzig scheint, ist
auch ein wenig sentimental. Denn in der Polemik gegen
manche Autoren verbirgt sich Heines Selbstkritik, die Auseinandersetzung also mit seinem Frühwerk. Als ein Franzose ihn
einen *romantique défroqué* nannte, einen entlaufenen Romantiker, da nahm er es zufrieden zur Kenntnis. Besser als manch
einer seiner Kritiker wußte er, daß die Romantik, die er oft
belächelt und attackiert hatte, die Heimat seiner Seele war:
»Nachdem ich« – verriet er in seinen späten »Geständnissen« –
»dem Sinne für romantische Poesie in Deutschland die tödlich-
sten Schläge beigebracht, beschlich mich selbst wieder eine
unendliche Sehnsucht nach der blauen Blume im Traumlande
der Romantik.«[41] Heine war ein Romantiker vom Geschlecht
der Aufklärer und vom Rang der Klassiker.

Die Literaturgeschichte verglich er mit einem Leichenschau-
haus, wo jeder *seine* Toten aufsucht, die nämlich, die er liebt
und mit denen er verwandt ist.[42] Tatsächlich beschäftigte er
sich am häufigsten mit Schriftstellern, denen er sich nahe
fühlte. Dabei wollte Heine von Objektivität nichts wissen, sie
sei im Grunde »eine trockene Lüge«, denn: »Es ist nicht
möglich, die Vergangenheit zu schildern, ohne ihr die Färbung
unserer eigenen Gefühle zu verleihen.«[43] Von jenen Dichtern

aber, die, von der Vergangenheit träumend, kein rechtes Verständnis für ihre eigene Epoche hatten, rückte er entschieden ab. So äußerte er sich über die Großen der Literaturgeschichte nie als Chronist oder Historiker, wohl aber als Kritiker.

Über Lessing schrieb er: »So stark er im Verneinen ist, so schwach ist er im Bejahen.«[44] Für Heine gilt das nicht: Er konnte scharf und witzig und auch vernichtend ablehnen, doch ihre sprachgewaltigen Höhepunkte erreicht seine Literaturbetrachtung immer dann, wenn er rühmt und bewundert. Dem hartnäckigen Vorurteil zum Trotz, das ihn vor allem als boshaften Spötter und kalten Zyniker sehen will, war er, wenn es um die Kunst ging, ein unverbesserlicher Enthusiast. So erklärte er den Franzosen die Schönheit des »Nibelungenlieds«: »Es ist eine Sprache von Stein und die Verse sind gleichsam gereimte Quadern. Hie und da, aus den Spalten, quellen rote Blumen hervor, wie Blutstropfen, oder zieht sich der lange Epheu herunter, wie grüne Tränen.«[45]

Seine »Romantische Schule« und auch seine »Geschichte der Religion und Philosophie in Deutschland« bestehen zu einem nicht geringen Teil aus Liebeserklärungen. Staunend und ehrfurchtsvoll verneigt er sich vor dem Riesen Martin Luther, er liebt Lessing, in dem er eine brüderliche Seele und zugleich ein Vorbild sieht. Denn Lessing und Heine, beide mußten sie, um sich entwickeln und um ihren Ort erkennen und fixieren zu können, stets gegen andere polemisieren. Und auch auf Heine selber lassen sich seine unvergeßlichen Worte beziehen: »Vor dem Lessingschen Schwerte zitterten alle. Kein Kopf war vor ihm sicher. Ja, manchen Schädel hat er sogar aus Übermut heruntergeschlagen, und dann war er dabei noch so boshaft, ihn vom Boden aufzuheben und dem Publikum zu zeigen, daß er inwendig hohl war.«[46]

Die Kunst der poetischen Charakteristik wußte Heine zu üben wie keiner vor ihm und wohl auch keiner nach ihm, so etwa, wenn er Novalis mit E. T. A. Hoffmann verglich: »Novalis sah überall nur Wunder und liebliche Wunder; er

belauschte das Gespräch der Pflanzen, er wußte das Geheimnis
jeder jungen Rose, er identifizierte sich endlich mit der ganzen
Natur... Hoffmann hingegen sah überall nur Gespenster,
... er war ein Zauberer, der die Menschen in Bestien verwan-
delte ..., seine Werke sind nichts anderes als ein entsetzlicher
Angstschrei in zwanzig Bänden.«[47]

Die Schwäche mancher Romantiker für die mittelalterlichen
Kulissen und Requisiten und den ganzen Plunder, der aus dem
Fundus eines Provinztheaters zu stammen schien, hat niemand
treffender entlarvt als Heine. Er selber war in seinen frühen
Jahren diesem billigen Zauber zuweilen erlegen, und so wußte
er, wovon er sprach, als er über Uhland schrieb, »daß das hohe
Ritterroß, mit seinen bunten Wappendecken und stolzen
Federbüschen, nie recht gepaßt habe zu seinem bürgerlichen
Reuter, der an den Füßen, statt Stiefeln mit goldenen Sporen,
nur Schuh mit seidenen Strümpfen, und auf dem Haupte, statt
eines Helms, nur einen Tübinger Doktorhut getragen hat.«[48]

Nie hat Heine den Publikumserfolg verachtet und nie ein
Wort gegen jene Dichter gesagt, die sich um ein möglichst
starkes Echo bemühten. Aber nichts lag ihm ferner, als den
Geschmack der Leser zu respektieren. Das Publikum erinnerte
ihn an einen hungrigen Beduinen in der Wüste, der glücklich
war, einen Sack mit Erbsen gefunden zu haben, und der ihn
hastig öffnete. Doch wurde er enttäuscht, denn er fand in
diesem Sack keine Erbsen, sondern leider nur Perlen.[49] Die
Arbeiten, in denen sich Heine mit den Erbsen befaßte, sind
heute nur noch literarhistorische Dokumente. Die Perlen sind
es, die ihn immer aufs neue inspirierten. Er unterschied
zwischen Kritikern für kleine und für große Schriftsteller:
Manche verfügten über eine Lupe, unter der zwar Platz für
interessante Flöhe sei, doch nicht für Walfische.[50] Heines Blick
war für die einen und für die anderen untrüglich, aber die
Bedeutung seiner Kritik wuchs mit dem Gewicht ihrer Gegenstände. So steht im Mittelpunkt seiner Literaturbetrachtung
kein anderer als Goethe.

Wie beinahe alle seine schreibenden Generationsgenossen war auch Heine mit dem alten Goethe recht unzufrieden. Er nannte ihn ein »Zeitablehnungsgenie«[51], er warf ihm »Indifferentismus« vor und die Vernachlässigung »höchster Menschheitsinteressen«. Seine Dichtungen, bedauerte er, würde keine Taten hervorbringen.[52] Anderen indes wollte er nicht erlauben, gegen Goethe Partei zu ergreifen: Er sprach dann von der »Verirrung jenes patriotischen Pöbels, der noch immer nicht aufhört, unseren großen Meister Goethe zu verlästern und zu schmähen«[53]. Schon der junge Heine entrüstete sich in einem Brief: »Wo denken Sie hin, lieber Varnhagen, Ich, Ich gegen Goethe schreiben! Wenn die Sterne am Himmel mir feindlich werden, darf ich sie deßhalb schon für bloße Irrlichter erklären?«[54]

Heine hat einmal Goethes Werk mit einem Wunderbaum verglichen: Die Altgläubigen – schreibt er – hätten in dem Stamme des großen Baumes eine Nische mit einem Heiligenbildchen vermißt und es störten sie die nackten Dryaden des Heidentums, die dort ihr Hexenwesen trieben. Die Bekenner des Liberalismus wiederum hätten sich geärgert, »daß man diesen Baum nicht zu einem Freiheitsbaum, und am allerwenigsten zu einer Barrikade benutzen konnte«. In der Tat, sagt Heine, er war zu hoch: »Man konnte nicht auf seinen Wipfel eine rote Mütze stecken und darunter die Carmagnole tanzen.« Das Publikum jedoch habe diesen Baum verehrt, »weil er so selbständig herrlich war, weil er so lieblich die ganze Welt mit seinem Wohlduft erfüllte, weil seine Zweige so prachtvoll in den Himmel ragten, so daß es aussah, als seien die Sterne nur die goldnen Früchte des großen Wunderbaums«[55]. Wer, frage ich, hat je schöner über deutsche Literatur geschrieben als Heinrich Heine?

Aber als er diesen Baum schilderte, in dem es keine Nische für Heiligenbildchen gibt und aus dem sich auch keine Barrikade zimmern läßt, der zu hoch ist, als daß man auf seinen Wipfel eine rote Mütze stecken könnte, und der so »selbstän-

dig herrlich« war und geblieben ist – meinte er da nur Goethe
oder vielleicht insgeheim auch ein wenig sich selber? Hätten
wir auch ihm, dem Ausgestoßenen, einen deutschen Wunderbaum zu verdanken, dessen Zweige prachtvoll in den Himmel
ragen?

Nein, wir sollten uns hüten, Heine mit Goethe oder mit
Schiller zu vergleichen. Und doch hat er sie in einer gewissen
Hinsicht weit übertroffen. Er hatte mehr Witz und mehr Esprit
als beide zusammen: Was immer er schrieb, Lyrik oder Prosa, er
hörte nie auf, die Welt skeptisch und ironisch zu betrachten. Er
war ein Aufklärer, Klassiker und Romantiker in einem und stets
auch, wie jener königliche Spaßmacher, dessen Schädel Hamlet betrachtet, »ein Bursch von unendlichem Humor, voll von
den herrlichsten Einfällen«.

Die Wunde Heine, sie vernarbt allmählich, doch auf höchst
sonderbare Weise, sie vernarbt schief und schön zugleich. Wer
weiß, ob man nicht auch vom Wunder Heine sprechen sollte.

(1986)

THEODOR FONTANE

Der Profi des kritischen Geschäfts

So erfreulich die seit den fünfziger Jahren in beiden Teilen
Deutschlands zu beobachtende Fontane-Renaissance auch ist,
so sicher scheint es mir, daß jetzt – wie fast immer bei
derartigen literarhistorischen Wiedergutmachungsaktionen –
das Pendel nach der anderen Seite ausschlägt: Der, den man
noch gestern verkannt oder bagatellisiert hat, wird heute allzu
leichtfertig verherrlicht und kanonisiert. Das gilt auch für den
Kritiker Fontane. Während man vor dem Zweiten Weltkrieg
seine Schriften über Literatur und Theater kaum beachtet oder
bestenfalls als gemütliche Plaudereien abgetan hat, ist man
heute schon drauf und dran, auch diesen seinen Arbeiten
nahezu monumentale Dimensionen zuzubilligen. Wer jedoch
den Kritiker Fontane in die Nähe Lessings oder der beiden
Schlegels drängen möchte, tut ihm abermals ein Unrecht an
und verfälscht die Proportionen.

Obwohl er ungleich mehr als ein amüsanter Causeur unterm
Strich war, hat er keinen einzigen Essay geschrieben, der es uns
erlauben würde, ihn zu den Genies der deutschen Kritik zu
zählen. Auch der immer wieder abgedruckte und gerühmte
Aufsatz über »Vor Sonnenaufgang« ist eher ein rührendes
Dokument – alter Herr grüßt emphatisch junge Generation –
als eine gewaltige geistige Leistung. Aber eben weil er nicht zu
jenen Riesen gehörte, die alle Grenzen sprengen, eben weil er
als Rezensent vor allem ein Praktiker war, kann er uns Heutigen
als Vorbild dienen – jedenfalls in viel höherem Maße als das
halbe Dutzend überragender Kritiker, die Deutschland in der
Epoche von Lessing bis Heine hatte. Allerdings ist es nur
Fontanes Theaterkritik, die als vorbildlich gelten kann.

Über zwanzig Jahre lang, von 1870 bis 1891, versah er geduldig und gewissenhaft seinen Parkettdienst. Während andere Rezensenten gern das Theater, seine Aufgaben und seine Möglichkeiten erörterten, schrieb der Kritiker Fontane über einzelne Stücke und Aufführungen, er hielt es für seine wichtigste Pflicht, zu berichten und zu werten. Er dachte nicht daran, sich die Rosinen auszusuchen: Nicht zu den Starkritikern gehörte er, die sich nur zu besonderen Ereignissen äußern. Er rezensierte alles, was der Spielplan bot: Klassisches und Modernes, Bedeutendes und Läppisches, Routinevorstellungen ebenso wie die damals ziemlich häufigen Gastspiele.

Thomas Mann meinte, Fontanes politische Psyche sei »in einem sublimen Sinn unzuverlässig« gewesen, man könne sie am ehesten mit dem Wort »verantwortungsvolle Ungebundenheit« charakterisieren.[1] Das trifft auf den Rezensenten Fontane ebenfalls zu: In der Tat war auf ihn in mancherlei Hinsicht kein Verlaß – glücklicherweise. Denn ganz verlassen kann man sich immer nur auf jene Kritiker, die auf eine Lehre oder eine Ästhetik schwören, die an Kant oder Hegel, an Marx oder Freud glauben, die von der Unfehlbarkeit des Formalismus oder des Strukturalismus überzeugt sind.

Freilich ist es stets einfacher und meist auch sicherer, einer Kritik Thesen zugrunde zu legen, die man für unanfechtbar hält oder zumindest ausgibt. Fontane jedoch schrieb: »Personen, denen irgend etwas absolut feststeht, sind keine Genossen für mich; nichts steht fest, auch nicht einmal in Moral- und Gesinnungsfragen ...«[2] Und den alten Stechlin ließ er sagen: »Unanfechtbare Wahrheiten gibt es überhaupt nicht, und wenn es welche gibt, so sind sie langweilig.«[3] Keine Theorien und keine Grundsätze schränkten die »verantwortungsvolle Ungebundenheit« seiner Kritik ein. Nicht ohne Stolz bekannte er in einer Rezension: »Es ist allerpersönlichst unsere Schwäche, aber auch unsere Stärke, uns um Doktrinen nicht allzuviel zu sorgen ...«[4] In einem Brief an seine Frau sprach er verächtlich von »Verschraubtheiten und Eigensinnigkeiten und Leblosigkeiten, die sich Recht oder Prinzip oder Consequenz nennen«, und lobte sich »die heitre Freiheit, die heute dies tut, und morgen das, bloß immer das Richtige«[5].

Ganz simpel gefragt: Wie kann der Kritiker »das Richtige« erkennen? Wenn es ihm an Mut nicht fehlt, wenn er etwas taugt und den billigen Vorwurf des Hochmuts oder des Größenwahns nicht fürchtet, dann antwortet er, zumal in unserer Zeit: Die Maßstäbe, die Kategorien und die Kriterien – das bin ich. Auf jeden Fall sind jene, die sich zu diesem Bekenntnis aufschwingen, ungleich ehrlicher als die Kollegen, die sich auf ein Gesetzbuch berufen, das nicht existiert und nicht existieren kann. Fontane sagt das, indem er kurzerhand erklärt, »daß es mit den Prinzipien und einem Paragraphen-Codex nicht geht. Man muß sich auf seine unmittelbare Empfindung verlassen können«[6]. Sobald er ein Urteil ausgesprochen habe – gibt er zu –, fange er an, an dessen Richtigkeit zu zweifeln.[7] Wo es aber um die Grundsätze seiner Rezensententätigkeit geht, kennt er keine Zweifel: »Jedes Stück, das etwas Berechtigtes oder auch nur Zulässiges will, und mich durch seine Situationen und Charaktere von Anfang bis zu Ende zu fesseln weiß, ist in meinen Augen ein gutes Stück.«[8] Wichtiger als das ästhetische Gesetz sei jenes in seiner Brust. Also nur die »unmittelbare Empfindung« und keine ästhetischen Regeln oder Vorschriften? Bedeutet dies nicht, der Willkür Tür und Tor öffnen? Das andere, immer wieder in Fontanes Briefen und Rezensionen auftauchende Schlüsselwort lautet: der gesunde Menschenverstand.

So hartnäckig in Deutschland die Vorliebe für das Irrationale, das Dunkle und Geheimnisvolle – eine Vorliebe übrigens, von der nicht nur Celans Verse und Eichs Prosastücke profitieren, sondern auch Becketts Dramen und sogar Kafkas Parabeln –, so unverwüstlich ist seit den Tagen der Romantik die mehr oder weniger leise, doch stets unverkennbare Verachtung dessen, was man mit überlegenem Lächeln den »gesunden Menschenverstand« nennt. Fontane war da anderer Ansicht: Für ihn ergab sich Kritik immer aus »unmittelbarer Empfindung« plus »gesunder Menschenverstand«. Die von Thomas Mann bewunderte »verantwortungsvolle Ungebundenheit« – das war erst die Summe von Intuition und Vernunft.

Natürlich besteht zwischen der Art der Fontaneschen Kritik und der von ihr angestrebten Funktion eine wechselseitige Beziehung. Daß die Betrachtung der Literatur niemals die Gegenwart, die Goethesche »Forderung des Tages« aus dem Auge verlieren dürfe und stets auf diese Gegenwart bezogen werden sollte – das war für ihn, der nicht das Temperament eines Wissenschaftlers, sondern eines Literaten und Journalisten hatte, selbstverständlich. Nie vergaß er, für wen seine Kritiken bestimmt waren: Für die Leser arbeitete Fontane und nicht für die Kollegen, das Publikum wollte er überzeugen und nicht die Zunft. Das aber ist hierzulande immer etwas riskant: Die Schriftsteller, deren Leistungen ihm mißfallen haben, und jene Kollegen, deren Bemühungen weniger beachtet werden, verzeihen einem solchen Kritiker zwar seine Schwächen und sogar seine Qualitäten, doch nicht seinen Einfluß.

Es ist sehr bezeichnend für die Misere unseres literarischen Lebens, daß man mit der Popularität eines Kritikers oft und gern die Minderwertigkeit oder zumindest die Fragwürdigkeit seiner Arbeiten beweisen möchte. Der Vorwurf lautet dann: Er wird viel gelesen, weil er nur artikuliert, was das Publikum ohnehin denkt, und weil er sich überdies so ausdrückt, daß ihn – und das ist offenbar eine Erzsünde – jedermann gleich versteht. Fontane reagierte auf derartiges souverän und humorvoll, fast ohne Gereiztheit. Ob jene, über die er schrieb, aus seinen Rezensionen auch Nutzen zogen, und was seine Kollegen von ihm dachten, war ihm durchaus nicht gleichgültig; aber nicht darauf kam es ihm an.

Vom Adressaten seiner Kritik zeugt ihre Sprache. Slang, Jargon und Dialekt, Sprichwörter, scherzhafte Vergleiche und volkstümliche Redensarten sollten ihm ähnlich wie Witze und Anekdoten und übrigens auch Kalauer dazu verhelfen, jenes

nächste Ziel zu erreichen, an dem Fontane so gelegen war –
doch wenigstens verstanden zu werden. Eben deshalb drückte
er sich ganz ohne Umschweife und ohne Rücksichtnahme aus,
ebendeshalb riskierte er unentwegt möglichst eindeutige,
scharfe und überscharfe Urteile. »Wenn man für Lob und Tadel
immer nur Mitteltöne hat« – schrieb er 1888 –, »immer sich
ängstlich maßvoller Worte befleißigt und eine Sprache spricht,
die kein anderes Gesetz kennt als das eine, nicht anzustoßen
und sich in herkömmlichen Wendungen weiter zu bewegen, so
kommt – wie dies tatsächlich in vielen unserer Blätter der Fall
ist – ein Schablonen-Urteil heraus . . .«[9]

Von der beliebten und freilich für viele Rezensenten auch
sehr bequemen Ansicht, unmittelbare Wertungen seien ein
wenig unvornehm, hielt ein so nüchterner Praktiker wie Fontane natürlich nichts. Daß Direkturteile, vor allem negative,
dem Kritiker stets den Vorwurf einbringen, er verteile wie ein
Schullehrer Zensuren, kümmerte ihn überhaupt nicht. Er
meinte vielmehr: »Schlecht ist schlecht und es muß gesagt
werden. Hinterher können dann andere mit den Erklärungen
und Milderungen kommen.«[10]

So genierte sich Fontane nicht, über ein Stück zu schreiben,
es sei »ein Kuddelmuddel, ja in seinem letzten Akt ein vollstän-
diges Gequatsche«, und überdies sei es »langweilig bis zum
Extrem, eine wahre Geduldsprobe«.[11] So hatte Fontane keine
Skrupel, 1870 ein historisches Drama des damals hochangese-
henen Karl Gutzkow als »ein unerquickliches Machwerk von
Grund aus« zu bezeichnen und hinzuzufügen: »Wenn wir von
dem 1. Akt absehen, . . . so ist im übrigen eigentlich keine
Szene vorhanden, die uns nicht verstimmt, verärgert, verdrossen oder geradezu entrüstet hätte.«[12] Ein erfolgreiches Trauer-
spiel von Brachvogel charakterisierte er als einen »Kolossal-
Unsinn«: »Was ich bei diesem Stück leide, spottet jeder
Beschreibung.«[13]

Nach dem Sieg von 1871, zur Zeit der wachsenden vaterlän-
dischen Euphorie, war Fontane für die nationale Phraseologie

weniger denn je zu haben. Als man wieder einmal ein geschichtliches Trauerspiel mit billiger nationaler Tendenz aufführte, warnte er nachdrücklich: Man »möge sich bescheiden und das Lied von dem deutschen Treumut und der welschen Tücke auf sich beruhen lassen. Wir *haben* nun Elsaß und Lothringen, und können ohne sonderliche Einbuße *eines* dafür aufgeben: unsere alte Weltstellung als Generalpächter der Sittlichkeit«.[14]

Mißbilligung und Zweifel konnte Fontane überzeugender begründen als Lob und Zustimmung. Aber das gilt – und es ist nicht überflüssig, daran zu erinnern – für alle Kritiker, es liegt in der Natur der Sache: Das Schlechte, das Mißratene an einem Kunstwerk läßt sich in der Regel genau bestimmen, dem Guten oder gar Vollendeten hingegen können wir nie ganz gerecht werden. Und auch dies hatte Fontane mit anderen Vertretern seines Metiers, sogar den größten, gemein, daß sich sein Witz und sein Humor, sein Scharfsinn und seine Intelligenz am häufigsten am Schwachen und Mißlungenen entzündeten – etwa wenn er, um sich mit diesem einen Beispiel zu begnügen, Wildenbruchs dramatisches Talent als »eine dreimal überheizte Lokomotive« verspottete, »die, bremserlos, über ein Geleise mit falscher Weichenstellung hinjagt«[15].

Doch war Fontane zu sehr ein erfahrener Profi des kritischen Geschäfts – von seinem Verantwortungsgefühl ganz zu schweigen –, um sich zu weltfremden Urteilen hinreißen zu lassen. Das übrigens unterscheidet die Situation des Theaterrezensenten von der des Buchkritikers: Während dieser darauf bedacht sein muß, daß er nicht den Blick für das Reale und das Mögliche, für das Praktische, einbüßt, wird jener von einer solchen Gefahr schon deshalb in weit geringerem Maße bedroht, weil er bei jeder Premiere Zeuge der Konfrontation von Werk und Publikum ist.

Wie nahezu alle Kritiker reizte es auch Fontane, in seine Rezensionen allgemeinere Gedanken über die Kunst und das Leben, über die Welt und die Menschen einzuflechten. Aber

gerade hier erwies er sich – so lässig sein Stil auch anmuten mag
– als ein außerordentlich disziplinierter Schreiber: Er hütete
sich, das literarische Werk oder die Inszenierung nur als
Ausgangspunkt oder Vorwand für eigene schriftstellerische
Darbietungen zu benutzen. Dem Gegenstand, über den er
schrieb, galt seine ganze Aufmerksamkeit.

Allerdings war seine oft gerühmte Unbefangenheit nicht gar
so makellos, wie man dies gern behauptet. Gewiß, er hat sich
Vorurteilen widersetzt, er hat Konventionen bekämpft. Und
was Brecht die »Einschüchterung durch die Klassizität« nannte,
wird ihm niemand vorwerfen können. Im Gegenteil: Fontanes
Verhältnis zu den Klassikern wurde weitgehend von seiner
entschiedenen Absage an jene Traditionsgläubigkeit bestimmt,
in der er – wie es in seiner »Räuber«-Rezension von 1878 heißt
– lediglich »schnöde Kritiklosigkeit« sah und nichts anderes als
»Nachplapperei, Feigheit und Ungerechtigkeit«[16]. In einem
Brief findet sich sogar die Bemerkung: »Das Überlieferte ist
vollkommen schal und abgestanden; wer mir sagt ›ich war
gestern in ‚Iphigenie‘, welch Hochgenuß‹, der lügt oder ist ein
Schaf oder Nachplapprer.«[17]

Als in den Gründerjahren Goethe und Schiller zu Helden
der Nationalgeschichte umstilisiert und der Kritik mehr oder
weniger entzogen wurden, äußerte sich Fontane zumindest
über einige ihrer Werke sarkastisch und abfällig. Diese forschen
und betont burschikosen, oft witzigen und nie unintelligenten
Bemerkungen lesen sich gut und amüsant, überdies sind
Zusammenhang und Hintergrund vollkommen plausibel.
Dennoch scheinen es mir bedenkliche Rezensionen. Denn nur
selten war Fontane bereit, auf die teils verspotteten, teils doch
noch bewunderten Dramen näher einzugehen. Vielen Behauptungen fehlen die Begründungen, oft finden sich nur Aperçus
und Impressionen.

Hierauf ließe sich erwidern, er habe bei den Lesern der
»Vossischen Zeitung« die Kenntnis des klassischen Repertoires
voraussetzen können und mußte gerade in solchen Fällen in

erster Linie über die Leistungen der Schauspieler schreiben, zumal viele dieser Rezensionen lediglich durch Gastspiele prominenter Akteure veranlaßt wurden. Andererseits sind seine Besprechungen neuer Stücke, auch unerheblicher, in der Regel sorgfältiger. Und es handelte es sich bei alldem um seinen Brotberuf. Gewiß, gewiß. Aber das ändert nichts an der Tatsache, daß sich unter Fontanes Kritiken nicht wenige finden, die sich bei näherer Betrachtung eben doch als unverbindliche Plaudereien erweisen. Man macht es sich allzu bequem, wenn man, Karl Kraus folgend, für den in der zweiten Hälfte des vergangenen Jahrhunderts modernen und recht zwielichtigen deutschen Feuilletonstil immer wieder Heine die Verantwortung zuschiebt. Der Journalist Fontane, der so groß war, daß man ihn nicht unter Denkmalschutz zu stellen braucht, hatte daran einen keineswegs kleinen Anteil – was freilich wiederum eine Behauptung ist, die noch belegt werden müßte.

Aufschlußreich ist sein Verhältnis zu Gottfried Keller, dem – so Fontane im Jahre 1883 – »all seiner Gaben, all seines Humors und Künstlertums unerachtet, eines fehlt: Stil«. Er sah in ihm einen vornehmlich epigonalen Schriftsteller: »Alles, was er bringt, war nach Form und Inhalt schon vorher da.«[18] Hingegen schrieb Fontane fast gleichzeitig, daß er Paul Heyse »für das größte, noch mehr für das reichste Talent halte, das wir zur Zeit in Deutschland besitzen«[19]. Verräterisch ist der (teilweise glänzende) Verriß der »Ahnen« Gustav Freytags: Den Ausgangspunkt bildet hier eine Fontanesche Definition des Romans, die sich als eine Definition lediglich des Fontaneschen Romans erweist. So ist es meistens, wenn Fontane über Epik urteilt: Er zögert nicht, die aus seinem eigenen Werk bezogenen Kriterien zur allgemeingültigen Norm zu erheben. Mit anderen Worten: Der Romancier kommt hier dem Rezensenten ins Gehege, der – bewußt oder unbewußt – den eigenen epischen Bemühungen Schützenhilfe leistet.

Wo aber Fontane aufhört, ein derartiger (man verzeihe den Ausdruck) Sonntagsjäger der Kritik zu sein, wo er sich unzweifelhaft als Profi dieses Geschäfts betätigt – also auf dem Gebiet des Dramas –, da ist seine Objektivität erstaunlich und sein Urteil ungleich treffender: Weder täuscht ihn das Epigonale, noch kann ihm das Neue entgehen. Die Rezensionen der Wildenbruch-Dramen zeigen dies ebenso wie – andererseits – die vielzitierten Kritiken über Ibsen und den jungen Hauptmann.

Und anders als die (nicht zahlreichen) Buchbesprechungen beweisen die Theaterrezensionen, zumal die über zeitgenössische Stücke, wie deutlich Fontane erkannt hatte, daß der öffentlich prüfende Kritiker sich jedesmal selber einer öffentlichen Prüfung aussetzt. Sein Parkettplatz sei nicht etwa »ein kurulischer Stuhl« gewesen, sondern eher ein »Armesünderbänkchen«, denn ein Theaterkritiker sei – heißt es in seinen Erinnerungen – öfter ein Angeklagter als ein Richter.[20]

Er hat »das Mißliche aller Kritikerei«[21] sehr wohl gefühlt und nie verheimlicht, welche Zweifel und Bedenken ihn beunruhigten und wieviel Qual und Unsicherheit zu seinem laufenden Arbeitsprozeß gehörten. Aber im Unterschied zu jenen Kritikern, die den Leser gern über ihre Hemmungen und Skrupel und über die vielfachen Schwingungen ihrer Seele informieren, hielt es Fontane für angebracht, seine Unsicherheit zunächst einmal mit sich selber abzumachen und dem Publikum, wann immer nur möglich, vor allem die Resultate zu unterbreiten.

Wie vor ihm Börne und Heine und nach ihm Kerr und Polgar, Musil und Benjamin war auch er sich dessen bewußt, daß Kritik ohne Reduktion unmöglich ist, daß jener also, der kritisieren will, vereinfachen muß. Was dies in der Regel für den Kritiker – heute wie vor hundert Jahren – nach sich zieht, konnte Fontane oft genug erfahren: Auch ihm wurde natürlich von den Kollegen und von denen, die mit seiner Beurteilung unzufrieden waren, vorgeworfen, er sei apodiktisch und ein *terrible simplificateur.*

Aber gerade darin – in der apodiktisch anmutenden Klarheit und in der Kunst der kritischen Vereinfachung – bestand, zu

einem Teil wenigstens, seine Bedeutung, seine Meisterschaft.
Er selber hatte das erkannt. 1891, kurz nachdem er seine
Tätigkeit als ständiger Theaterrezensent der »Vossischen Zei-
tung« aufgegeben hatte, schrieb er an seine Tochter Mete:
   »Ich habe mich nie für einen großen Kritiker gehalten,
. . . aber doch muß ich, für natürliche Menschen, mit meinen
Schreibereien ein wahres Labsal gewesen sein, weil doch jeder
die Antwort auf die Frage ›weiß oder schwarz‹, ›Gold oder
Blech‹ daraus ersehen konnte; ich hatte eine klare, bestimmte
Meinung und sprach sie muthig aus. *Diesen* Muth habe ich
wenigstens immer gehabt.«[22]   (1971)

Der kämpfende Ästhet

Wurde je ein deutscher Kritiker so gehaßt wie Alfred Kerr? Sicher ist: Keinen hat man so heftig angegriffen, keinen so leidenschaftlich geschmäht. Noch Jahrzehnte nach seinem Tod – er starb 1948 während eines Aufenthalts in Hamburg – bezeichnete ihn Rolf Hochhuth als den »meistkorrumpierten Theater-Parasiten, der je in Deutschland, um ein *mot* anzubringen, Existenzen auslöschte«, und erklärte mit unverkennbar vor Zorn bebender Stimme, Kerr habe »sechzig Jahre lang an lebenden Theaterautoren schmarotzt und an toten«.[1]

Damit freilich folgte Hochhuth einer mittlerweile alten Tradition: Wer immer gegen Kerr schrieb, glaubte ohne Superlative nicht auskommen zu können. Man nannte ihn den schädlichsten und gefährlichsten, den boshaftesten und eitelsten aller Kritiker. Aber auch seine Anhänger ließen sich nicht lumpen: Ihnen galt er als der originellste und sprachmächtigste, der witzigste und geistreichste Theaterrezensent der Epoche. Nur in einer Hinsicht war man sich einig: Ob es die einen mißbilligten oder die anderen befürworteten – alle wußten, daß es noch nie in Deutschland einen Kritiker von vergleichbarem Einfluß gegeben hatte.

Er wurde 1867 in Breslau geboren, er stammte aus einer gebildeten und assimilierten jüdischen Familie. Doch anders als manch einer seiner schreibenden Zeitgenossen, anders als etwa Karl Kraus, Döblin oder Tucholsky (die übrigens alle viel jünger waren) dachte er nicht daran, zum Christentum überzutreten. Im Gegenteil: Obwohl ihm jüdische Traditionen offenbar nur wenig oder nichts bedeuteten, beteuerte Kerr nicht ohne Trotz, daß er »die Herkunft von diesem Fabelvolk immer als etwas Beglückendes gefühlt« habe.[2]

Er gehörte nicht zu jenen Germanisten der wilhelminischen Epoche (er hatte in Berlin über Brentano promoviert), die Kritiker oder Redakteure wurden, ja, werden mußten, weil ihnen, den Juden, der Zugang zur Universitäts-Karriere versperrt blieb – zumindest solange sie sich nicht taufen ließen. Denn es war Kerrs Talent, das ihn hinderte, sich ernsthaft für die akademische Laufbahn zu interessieren. Und sein Temperament trieb ihn dorthin, wo er die besten Chancen sah, sofort und unmittelbar zu wirken – zur Zeitung.

Schon die Artikel, die er als Student publiziert hatte, begeisterten die Leser; nur wenig später, noch vor der Jahrhundertwende, war er eine zentrale Figur des geistigen Lebens. Seinen spektakulären Aufstieg haben, wie stets in solchen Fällen, die Zeitumstände begünstigt. Das Drama, dessen Krise man lange genug beklagt hatte, schien plötzlich wiedererwacht. Neue Autoren meldeten sich zu Wort: Ibsen, Strindberg und Björnson, Tschechow, Gorki und Bernard Shaw, Schnitzler, Hofmannsthal und Wedekind und, allen voran, jener, den viele für den legitimen Erben der deutschen Klassiker hielten – Gerhart Hauptmann. Dort, wo sich diese Einflüsse kreuzten und gegenseitig befruchteten, in der Stadt, die im Begriff war, zum Zentrum der europäischen Kultur zu werden, in Berlin also, gab es auch schon ein Theater, das den modernen Stücken gerecht werden wollte und das von ihnen die entscheidenden Impulse bezog: Otto Brahm stand an seiner Spitze und sehr bald dessen bedeutendster Schüler, Max Reinhardt.

Die Blüte des Dramas und des Theaters veränderte auch das Publikum. Immer mehr Menschen drängten in die Zuschauerräume – und immer größer wurden ihre Ansprüche. Dies war die Stunde der Kritik. Denn ähnlich wie die Autoren und Regisseure, die vom Überkommenen nichts mehr wissen wollten, dringend das öffentliche Echo brauchten, war auch das Publikum, das sich fortwährend mit einer neuen und ungewohnten Kunst konfrontiert sah, gerade jetzt des Kommentars und der Belehrung, also der Kritik bedürftig.

In dieser Situation kam Alfred Kerr wie gerufen. An seinen Rezensionen fiel zunächst auf, was in ihnen fehlte – es waren weder Berichte eines Journalisten noch Interpretationen eines Philologen. Nicht, daß es ihm Schwierigkeiten bereitet hätte, solche Arbeiten zu liefern. In seinen Büchern finden sich viele Beschreibungen von bewundernswerter Genauigkeit und hoher Anschaulichkeit. Und als er 1894 (er war noch ein Anfänger) im Berliner »Magazin für Literatur« das Werk des damals erfolgreichen Dramatikers und Novellisten Ernst von Wildenbruch analysierte, da konnte sich ein aufmerksamer älterer Leser vor lauter Enthusiasmus kaum fassen: Sofort teilte er dem Herausgeber der Zeitschrift mit, er halte das, was der Dr. Alfred Kerr, den er persönlich nicht kenne, da publiziert habe, für »das weitaus Beste, was über Wildenbruch je gesagt worden ist«[3]. Dabei hatte sich der Briefschreiber häufig selber zu diesem Thema geäußert. Es war Theodor Fontane.

Daß Kerr ein Meister der Drameninterpretation war, dem kaum einer seiner Zeitgenossen das Wasser reichen konnte, bewies er auch in späteren Jahren, wann immer er hierzu Lust hatte – vor allem in seinen Arbeiten über Ibsen und Hauptmann und über einen damals so populären Autor wie Sudermann. Doch war es nicht seine Sache, wissenschaftliche Gutachten zu liefern. Etwas anderes strebte er an, und er verwirklichte es auf eine in Deutschland bis dahin unbekannte Weise: Kerr machte aus der Theaterkritik ein zusätzliches Spektakel, ein geistiges Schauspiel. Dies aber konnte ihm nur gelingen, weil er, der sich vom Komödiantischen betören und hinreißen ließ, selber ein komödiantisches Temperament hatte.

Seine Rezensionen waren aufsehenerregende Darbietungen eines Virtuosen, eines jauchzend in seine Kunst verliebten Artisten. Es waren effektvolle Selbstpräsentationen. Wer will, mag Kerr vorwerfen, was ihm tatsächlich unzählige Male vorgeworfen wurde, zumal von jenen, die sich von ihm schlecht behandelt fühlten: haarsträubende Egozentrik, schamlose Eitelkeit und wollüstigen Selbstgenuß. Das alles trifft zu, aber es hängt untrennbar mit seiner Leistung zusammen. Denn die Egozentrik war die Voraussetzung seiner kritischen Tätigkeit und darüber hinaus seiner ganzen schriftstellerischen Existenz, die Eitelkeit der Motor seines Schreibens, der Selbstgenuß sein Stilprinzip.

Mit welchen Themen er sich auch befaßte, im Mittelpunkt stand immer er selber. Denn er betrachtete sich als Versuchsperson, über deren Reaktionen auf künstlerische Phänomene (oder auf Städte, Landschaften, Sehenswürdigkeiten) er sein Publikum zu informieren hatte. Um es überspitzt auszudrücken: Nicht über einen Theaterabend schrieb Kerr, sondern über sein persönliches, durch diesen Theaterabend hervorgerufenes Erlebnis. Auf den subjektiven Charakter seiner Kritik machte er die Leser nachdrücklich aufmerksam, oft schon im ersten Satz einer Rezension: »Immer wieder horchen; immer wieder feststellen, welche Gefühle hat man?«[4] 1903 begann er seinen Aufsatz über einen (längst vergessenen) französischen Autor: »Ich werde nur Eindrücke prüfen, Eindrücke feststellen, und daraus vielleicht das Bild eines Dichters erscheinen lassen.«[5]

Nichts lag ihm ferner, als in diesen »Quittungen für Erlebtes«[6] – so nannte er seine unterschiedlichsten Artikel – Stücke und Aufführungen zu referieren. Schilderungen hat Kerr verpönt, Ausführlichkeit war ihm verhaßt: »Aus einem Gedanken macht der Stückmacher ein Stück. Der Schriftsteller einen Aufsatz. Ich einen Satz.«[7] Er war ein unruhiger und ungeduldiger Schreiber, der vom Beschaulichen nichts wissen wollte, vielmehr meist dem spontanen Antrieb folgte. Die Frage, was eines Schriftstellers Arbeit sei, beantwortete er: »Aufgezeichnete Stichworte; Muskelstraffung...«[8] Auf die Konzentration kam es ihm an, die Auslese hielt er für seine Aufgabe, Reduktion hieß sein Ziel. »Zusammendrängung« und »Zusammenballung« lauteten die Zauberworte, auf die er sich immer wieder berief: »Lieber Extrakt sein als Limonade; lieber mit Blitzlicht arbeiten als mit angereihten Petroleumfunzeln« – erklärte er 1904.[9]

Das berühmte Wort Liebermanns: »Zeichnen heißt Weglassen«, das Kerr gern zitierte, gilt für alle Kritiker, jeder hat nur einen begrenzten Raum zur Verfügung, jeder, der sein Handwerk versteht, schreibt im Bewußtsein des Satzes von Robert Musil: »Was man sagt, stimmt nie, das Phänomen ist immer vielseitiger als die Kritik.«[10] Die Kunst des Weglassens übte Kerr noch ungleich konsequenter als seine Vorgänger, Zeitgenossen und Nachfolger: Ob er sich über ein Stück äußerte oder über dessen Aufführung – er beschränkte sich rigoros auf jene wenigen Punkte und Aspekte, die ihm wesentlich schienen, und er sparte alle übrigen rücksichtslos aus.

Was Kerr auf der Bühne gesehen hatte, deutete er bloß mit lapidaren Verweisen und kessen Abbreviaturen an. Dem Aphoristischen galt seine Liebe, das Bruchstückhafte war sein Element: Nur Lichter wollte er setzen, nur Einzelzüge hervorheben. Sein Ehrgeiz war es, »ein Dasein im Blitze zucken zu lassen«[11]. Als pointillistisch bezeichnete man (nicht zu Unrecht) seine Methode, als impressionistisch seinen Stil – was ihn ärgerte, weil er darin den Tadel der Oberflächlichkeit witterte.

Wichtiger als der Gedankengang war ihm dessen Resultat: Von der knappen Darstellung ging er rasch zur Verlautbarung über. Häufig räumte er der Wertung mehr Platz ein als der Begründung. Statt berichtender Sätze bot er beschwörende Formeln und realisierte so, was einst Novalis gefordert hatte: »Formeln für Kunstindividuen finden, durch die sie im eigentlichsten Sinn verstanden werden, macht das Geschäft des artistischen Kritikers aus . . .«[12] Kerr konnte mit seinen schnoddrig-poetischen Verweisen ebenso Befunde und Urteile ausdrücken wie hymnische Bekenntnisse und grausame Entlarvungen: Seine überaus suggestiven Formeln ließen die Eigenart eines Dramas, das Klima einer Inszenierung oder den Umriß einer Rolle sofort spürbar und sichtbar werden.

1899 charakterisierte er den jungen Hofmannsthal: »Ich seh ihn, wie er auf die Welt kam: sein erster Schrei war stilisiert,

seine erste Tat eine Arabeske. ... Ob er Tragik ohne was
Geschnitztes in der Nähe geben kann?«[13] Zu Reinhardts »Hamlet«-Aufführung von 1909 bemerkte er: »Das Prometheische
wird geschmackvoll.«[14] In den Stücken Shaws müsse man,
meinte er 1913, zwischen »Gerüst und Behang« unterscheiden:
»Das Gerüst für die Katz', – der Behang ist für uns Menschen.«[15] 1929 zu Musils »Schwärmern«: »Allzu straff gespannt,
zerspringt der Bogen. Hier der Zuschauer.«[16]

In der Nachfolge Fontanes hat Kerr jegliche Steifheit und
Trockenheit aus der Kritik verbannt und die akademische
Würde obendrein. Er verachtete die wohltönend-geschmeidige
Phrase, er bevorzugte kurze, meist abgehackte Hauptsätze,
deren sprunghafter und hämmernder Rhythmus seiner Prosa
eine ungewöhnliche Dynamik und Intensität verlieh. 1920
verglich er die beiden Fassungen der »Salome«, das Drama mit
der Oper: »Der Wortpoet ist hier ein Zusammendränger – der
Tonpoet ein Ausmaler. Wilde gibt Knappes, Dumpfes; Strauß
schwirrend großen Reichtum an hundertfältigen Klängen ...
Also: Wilde enthüllt, Strauß umhüllt. Wilde spart; Strauß
spendet.«[17] Über Büchners »Woyzeck« schrieb er 1921: »Woyzeck ist der Mensch, auf dem alle rumtrampeln. Somit ein
Behandelter – nicht ein Handelnder. Somit ein Kreisel – nicht
eine Peitsche ... Somit ein Opfer – nicht ein Täter. Somit ein
Dramenheld?« Die Antwort blieb Kerr nicht schuldig: »Er ist
sehr tauglich hierzu. Denn Dramengestalt wird sozusagen die
Mitwelt – nicht Woyzeck. Täter wird sozusagen die machtvolle
Selbstsucht – nicht die machtlose Beute. Kernpunkt wird
sozusagen die quälende Menschheit – nicht ihr gequälter
Mensch.«[18]

Ähnlich wie vor ihm Fontane und fast gleichzeitig der
jüngere Tucholsky profitierte auch Kerr ausgiebig vom Slang
und von der Umgangssprache: Immer wieder griff er auf die
Dialekte zurück, auf das Schlesische und das Plattdeutsche,
gelegentlich auf das Wienerische und am häufigsten auf das
Berlinerische, in dessen Vokabular und Tonfall er geradezu

verliebt war. Allerdings hatte Kerr auch eine fatale Schwäche
für Neologismen, die ihm in der Regel mißlangen. In seiner
kritischen Prosa gibt es Vokabeln wie »Abwärtser« und »Auf-
wärtser«, wie »verlyrischen«, »verplatten« und »verbrettern«.
Statt »Regisseur« schrieb er »Einüber«, »Spielhüter«, »Mimen-
treiber«, »Probenschulze« oder »Bühnenlenker«. Wortspielen
und Kalauern war er wehrlos ausgeliefert. Da sei ein Drama
»Hamletteratur«, da habe ein anderes einen Stich ins »Marlitte-
rarische«. Er hat sich nicht geniert, vom »Blödipus« zu sprechen, vom »Zuckzuckmayer« und vom »Theorizinusöl«. Aber
wenn er Brechts kümmerlichem und nicht eben selbständigem
Stück »Happy end« das Motto zudachte »Happy entlehnt«[19],
kapitulierten sogar die Gegner Kerrs.

Viele seiner stilistischen Unarten sind ebenso unerträglich
wie manche seiner exaltierten Aufschreie. Aber er hat die
Sprache der Kritik bereichert und gesteigert: Ihre Melodie ist
unverwechselbar. Er war ein bunter, ein fast exotischer Vogel –
nämlich ein Manierist und ein Volksautor, beides zugleich und
in einem. Ihm gelang es, zu finden und über Jahrzehnte hinweg
zu verteidigen, was, zumal in seiner Zunft, Seltenheitswert hat
– die vollkommene und scheinbar mühelose Einheit von
Gefühl und Klang, von Geist und Rhythmus. Er hatte schon
recht, wenn er in seinem »Lebenslauf« von 1927 stolz erklärte:
»Ich glaube, daß die Sprache meine Sendung hienieden
war . . .«[20]

So konnte er erreichen, daß die Zahl der Bewunderer seiner
Kritiken erheblich größer war als die Zahl der Theaterenthusia-
sten: Kerrs Besprechungen der Berliner Premieren las man in
ganz Deutschland und auch jenseits der Reichsgrenzen. Freilich kann man nicht ausschließen, daß billige Witze und
mitunter auch Geschmacklosigkeiten zu seinem Publikumserfolg noch mehr beitrugen als die starken Seiten seines Talents.
Jedenfalls wurde er von allen verstanden. Und in den wilhelminischen Jahren empfand man seinen Telegramm-Stil als zeit-
gemäß, als hochmodern. Wenn er 1913 eine Rezension des

»Bürger Schippel« von Sternheim mit den Worten begann: »Die Bühnendichter kommen hinterdrein. Auch sie wählen den Stil der – Abkürzung, den meine Kritik zuvor der Zeit gegeben hat«[21] – so mutet das übertrieben an und anmaßend. Aber ist es ganz abwegig? Heute läßt sich nicht mehr bestreiten, daß Kerr zumindest manche Elemente der expressionistischen Prosa ebenso wie des Berichtsstils der »Neuen Sachlichkeit« schon kurz nach der Jahrhundertwende vorweggenommen hat.

Auch das Lebensgefühl, das aus diesen Kritiken spricht, kam dem Zeitgeist entgegen: Denn er predigte unermüdlich »die Seligkeit des Daseins«[22], er war selbstverständlich ein unverbesserlicher Optimist. Warum selbstverständlich? Weil der Optimismus die Arbeitshypothese des Kritikers ist. Kerr glaubte an den Fortschritt und an die Erziehbarkeit seiner Leser, also auch der Dichter und der Intendanten, der Schauspieler und der Regisseure, ja sogar seiner Kollegen, der Rezensenten. Mehr noch: Er glaubte an die Erlösung des Menschen wenn nicht durch das Theater, so zumindest durch die Theaterkritik.

Diese Daseinsbejahung, mehr oder weniger rauschhaft und auf jeden Fall sehr charakteristisch für die Gründerzeit, ist noch in seinen bittersten Verrissen spürbar. »Die Welt im Drama« suchte er – so der Titel der 1917 erschienenen Ausgabe seiner gesammelten Kritiken. Er war überzeugt, daß das Seelische, das Menschliche, das auf der Bühne zum Vorschein kommt, erst durch diese Kritiken deutlich werde, daß sie, mehr noch als die Stücke, mit denen sie sich befaßten, eine Summe, einen Extrakt der Welt boten.

Wenn er Schauspielerinnen besprach oder, richtiger gesagt, besang – die Sorma, die Lehmann oder die Höflich, die Bergner oder die Dorsch –, brach sein Daseinsjubel hemmungslos durch. Nicht nur hier, aber gerade hier zeigte es sich: Von allen deutschen Theaterkritikern ist Kerr der sinnlichste. Seine Rezensionen sind frei vom Geruch der Kulissenwelt. Sie strotzen vom Aroma des Lebens. Es war seine Stärke, daß er in

Begeisterung geraten und diese auch auf seine Leser übertragen konnte: Sie wirkte gleichsam ansteckend.

Doch nicht weniger stürmisch war seine Abweisung, seine Empörung. Nicht von Neigung oder Abneigung wollte er sich leiten lassen, vielmehr verlangte er die »Kritik des Hasses und der Liebe«, seine Werkzeuge sollten die Schleuder und die Harfe sein.[23] Autoritätsgläubig war Kerr nie – und auch dies kam ihm in einer Zeit zugute, in der sich die traditionellen Wertvorstellungen als brüchig erwiesen und immer häufiger in Frage gestellt wurden, auch dies trug zu seinem Erfolg bei.

Die säkulare Heiligsprechung der Klassiker und die Kanonisierung ihrer Werke (beides erfolgte im Kaiserreich nicht selten) hielt er für so verabscheuungswürdig wie lächerlich. Es bereitete ihm ein Vergnügen, die überkommenen Urteile zu überprüfen und, wenn nötig, als dümmlich zu entlarven. Denn Kerr wußte: »Kritik ist Widerstand. Kritik ist: Zurechtrenken. Neben allem Sonstigen.«[24] Nichts war ihm heilig, nicht einmal Shakespeare. »König Lear« sei, erklärte er 1908, »auf der Bühne heut fast unerträglich, mit den Kinderplumpheiten, den dicken Häufungen, die es neben der Größe zeigt.«[25]

Seine Kritiken sind nicht etwa Monologe, sondern eher Ansprachen an das Volk der Leser oder Teile fiktiver Dialoge. Kerr verstand sich als Gegenspieler sowohl der Bühnenkünstler als auch, vor allem, der Dramatiker, der lebenden und der toten. An sie wandte er sich direkt und ohne Skrupel. 1908 schrieb er: »Schiller, – meine Schätzung Ihres Lebenswerks ist viel kleiner als meine Liebe zu Ihnen . . . Ich weiß, was Ihnen fehlt: aber ich lasse nichts auf Sie kommen . . .« Doch mit dem »Fiesco« war Kerr gar nicht einverstanden: »Hier geht es aber wirklich nicht. So kindlich die Charakteristik; alle so ganz undifferenziert . . . Schiller, es geht nicht.«[26] Auch die Regisseure hatten bei Kerr nichts zu lachen. 1907 meinte er zu einer Inszenierung der »Hedda Gabler«: »Ich kann von solchen Schmierendarstellungen nicht ernst reden.« Und: »Hier wagt eine stümprige Regie, für zwanzig Mark in völliger Impotenz

einen Dichter zu verhunzen, ein Werk zu schlachten ...«[27]
Der Regisseur hieß Max Reinhardt.

Wie Kerr nie bereit war, Autoritäten anzuerkennen, was ihn
natürlich nicht hinderte, für sich selber Autorität in Anspruch
zu nehmen und darauf herrisch zu bestehen, so hat er sich
auch stets vor Prinzipien und Paragraphen gehütet. Er lehnte
alle Dogmen und Doktrinen ab: »Nur Stumpfhirne« – verkündete er – »sehen Alleinmöglichkeiten.«[28] Den Ideologien mißtraute er ein für allemal, Systeme hielt er für »Schwindelbau-
ten«. Eher glaubte er (so 1897) an »die Bewegung einer Frau«
als an eine »Frauenbewegung«.[29] Programme, Tendenzen und
Richtungen waren ihm gleichgültig. Er nahm weder den
Impressionismus noch die Neuromantik oder den Symbo-
lismus ernst, weder den Expressionismus noch den Dadaismus
oder die Neue Sachlichkeit, ja nicht einmal den Naturalismus,
der seinen Geschmack in hohem Maße geprägt hat. Nie war er
Anhänger eines literarischen Programms. Ihn interessierten
immer nur die Individuen, die diese Richtungen, Tendenzen
oder Programme repräsentierten, und deren einzelne Werke.

Grau also war für ihn alle Theorie. Gleichwohl hat er sich
eine Art Theorie der Kritik geleistet, wenn auch eine höchst
wunderliche. Kerrs zentrale These lautet: »Der wahre Kritiker
bleibt ein Dichter: ein Gestalter.« Ferner: »Der Dichter ist ein
Konstruktor. Der Kritiker ist ein Konstruktor von Konstrukto-
ren.« Auf die Frage »Warum treibt man das Verfassen von
Rezensionen?« antwortet Kerr ungeniert: »Nicht um des Publikums willen noch um des Rezensierten willen.« Warum also?
»Um des Rezensenten willen.« Die Kritik werde »um so größer
sein, je mehr sie Kunst ist«[30]. So 1904.

1917 hat Kerr seine Forderungen noch einmal zusammenge-
faßt, hier und da, falls dies überhaupt möglich war, noch weiter
gehend. Kritik sei »in dieser Welt das Oberste: wenn sie auch
Kunst ist«. Dichtung zerfalle von nun an in Epik, Lyrik,
Dramatik und Kritik. Aber nicht ein Gesetzgeber habe der
Kritiker zu sein, sondern ein »Gesetzfinder«. Er soll zeigen,

»wie ein verfehltes Stück besser zu machen war, mit Einzelheiten im Technischen«. Er habe »aus der Art des Mistes auch die
Möglichkeit der Blumen zu fühlen, die auf ihm wachsen
könnten, deren Wurzeln schon in ihm sind«[31]. Der Gegenstand, sogar der wertvollste, sei für den Kritiker immer nur
Anlaß »zum Entfalten der eignen Predigt; der eignen Kunst«[32].
Bei einer anderen Gelegenheit fragte Kerr: »Wie sollen Künstler
uns achten, wenn wir nicht gar bessere Künstler sind?«[33]

Lessings These, der Rezensent brauche nicht besser machen
zu können, was er tadelt, wird also kurzerhand außer Kraft
gesetzt. Anderswo ist Kerrs geistige Heimat zu finden: bei den
jungen Genies der deutschen Romantik, bei den Mitarbeitern
des »Athenäum«. Er knüpfte bei Friedrich Schlegel an, der
meinte, Poesie könne nur durch Poesie kritisiert werden, bei
Novalis, der glaubte, zur Kritik gehöre die Fähigkeit, das zu
kritisierende Produkt selbst hervorzubringen. Doch hielt er es
nie für nötig, sich auf seine Vorbilder zu berufen, übrigens
auch nicht auf Oscar Wilde, der schon 1890 ähnliche Gedanken über die Kritik als Kunst geäußert hatte.

Die Anregung zu seinen prinzipiellen Anschauungen in
Sachen Kritik, zu diesem kühnen und radikalen Programm,
verdanke er, behauptete Kerr, der Lektüre lediglich seiner
eigenen Rezensionen. Somit sollen seine Thesen lediglich
untermauern und rechtfertigen, was er schon seit Jahren praktiziert hatte: Kerrs Theorie der Kritik ist nur die Theorie der
Kerrschen Kritik. Aber er war ein viel zu temperamentvoller, zu
impulsiver Schreiber, um an seinen Ansichten konsequent
festhalten zu können: So ästhetisierend sein ständiger Ruf nach
dem poetischen Rezensenten auch anmutet, so blieb er doch
ein engagierter Kritiker – lange bevor man den Begriff »engagierte Literatur« kannte. 1906 schrieb er zu Gorkis »Feinden«:
»Es ist kein gutes Stück: ich will es nicht wissen. Ein Künstler
bin ich bis in die Fingerspitzen: aber ich huste auf die guten
Stücke.«[34] Erschüttert schlug er vor, diesmal mit der Prüfung
des »Kunstwerts« zwanzig Jahre zu warten.

1917 gibt er zu, das Kunstwerk sei für ihn »fast immer ein Vorwand für den Kampf um eine kühne vernünftigere Menschenordnung«[35]. Nach dem Ersten Weltkrieg will er von dem Postulat, die Kunst dürfe keine Tendenz haben, erst recht nichts hören, dazu sei die Menschheit nicht reif: »Zwölf Millionen Leichname, sinnlos zerfetzt, beweisen es.« Aber er warnt: Es bleibe gefährlich, »eine gute Sache zu fördern durch schlechte Stücke«[36]. 1930 protestiert er vehement gegen die »klobige Schnelldramatik« und die »szenische Zweckschlamperei«[37]. Er will nicht Stücke mit guter Tendenz, sondern gute Tendenzstücke. Als Vorbilder empfiehlt er Hauptmanns »Weber« und Schnitzlers »Professor Bernhardi«.[38] Und Brecht? Man sagt – das ist längst ein Klischee der Literaturgeschichte –, Kerr habe Brecht verkannt. Doch so einfach liegen die Dinge nicht.

Da er eindeutige Urteile nie fürchtete und mit (oft extremen) Wertungen eher zu schnell als zu langsam zur Stelle war, lassen sich in den Hunderten und Tausenden seiner Kritiken auch Irrtümer und offenkundige Fehleinschätzungen finden. Indes ist ihre Zahl, aus heutiger Sicht, überraschend gering. Kerr hatte ein makelloses Gespür für Bühnentalente: Es gibt kaum einen bedeutenden Schauspieler seiner Epoche, dessen Begabung er nicht sofort (fast immer beim ersten Auftritt in Berlin) erkannt und gefeiert hätte. Ähnliches gilt für Regisseure, auch wenn ihn seine Animosität gegen Reinhardt, dem er unter anderem die Kommerzialisierung der Berliner Theater verübelte, bisweilen zu ungerechten Rezensionen verleitet haben mag.

Seine literarischen Wertungen haben sich ebenfalls als dauerhaft erwiesen. Gewiß, was er 1913 über Thomas Mann schrieb (»ein feines, etwas dünnes Seelchen, dessen Wurzel ihre stille Wohnung im Sitzfleisch hat«[39]), ist töricht. Keiner jedoch hat die Dramatiker seiner Epoche – von Ibsen und Shaw, von Hauptmann und Wedekind bis zu Marieluise Fleißer und Ödön von Horváth – treffender charakterisiert und emphatischer gerühmt als er.

Auch das Talent Brechts hat er gespürt, freilich widerwillig. Es ist ja kein Zufall, daß er sich von ihm immer wieder provozieren ließ; daß er auf alle seine Stücke einging, auf manche mehr als einmal. Und Kerr wehrte sich nicht etwa gegen das Gesellschaftliche oder das Politische bei Brecht, sondern gegen das Schicke, gegen das Billige und Modische. Er fürchtete, ein Windhund und Plagiator wolle ihn übers Ohr hauen. So hat er Brechts Möglichkeiten gänzlich unterschätzt und sein Format nicht geahnt. Aber hatte Kerr unrecht, als er das Stück »Im Dickicht der Städte« ablehnte, »Mann ist Mann« für »infantil« hielt und »Die Mutter« für »flach; leer; arm«?[40] Irrte er, als er 1929 schrieb: »Die Dreigroschenoper war ein Reiz. Nicht ein Programm«[41]? Es scheint, daß sich in der Beurteilung seiner langjährigen Kontroverse mit Herbert Ihering, dem Fürsprecher des jungen Brecht, die Gewichte allmählich verlagern – nämlich zugunsten von Kerr.

Wie auch immer: Der Streit um ihn ist inzwischen begraben, seine einst aufregenden Fehden (mit Karl Kraus etwa oder mit Maximilian Harden) sind längst vergessen. Doch das Verhältnis zu Kerr kann auch heute, wie eh und je, nur ambivalent sein. Nicht ohne Grund war er des Jahrhunderts wohl mächtigster, jedenfalls originellster Kritiker. Vieles von dem, was er hinterlassen hat, ist immer noch lebendig und frisch. Und trotz seiner vielen Unarten und Schwächen vermochte er zum Ansehen seiner Zunft entscheidend beizutragen. Mehr noch: Er hat den Kritiker zur beinahe mythischen Figur des geistigen Lebens gemacht.

Aber er ging einen gefährlichen Weg, einen Irrweg. In Friedrich Schlegels Fragmenten findet sich der bemerkenswerte Ausspruch: »Goethe ist zu sehr Dichter, um Kunstkenner zu sein.«[42] So ließe sich auch von Kerr sagen: Er war zu sehr Artist, um ein Kritiker im traditionellen Sinne sein zu können. Daher sein waghalsiger Versuch, die Kritik zur gleichberechtigten poetischen Gattung zu erheben. Doch ist es sehr bezeichnend, daß er, wann immer er dies forderte, stets nur auf ein einziges Beispiel verwies – auf sich selber. Tatsächlich hat er keine Schüler gehabt und keine Nachfolger. Und wir haben keinen Anlaß, dies zu bedauern. Denn wie man die Kritik auch auffassen mag, als unzweifelhaft darf man voraussetzen, daß es ihre dringlichste, ihre vornehmste Aufgabe ist, der Literatur zu dienen – oder dem Theater, der Musik, der Kunst. Ebendiese dienende Funktion hat Alfred Kerr ein Leben lang leidenschaftlich negiert. Er hat nie gezögert, die Kritik seinem persönlichen schriftstellerischen Ehrgeiz unterzuordnen. Hat er sie also mißbraucht? Der harte Vorwurf läßt sich nicht von der Hand weisen. Wenn er zutrifft, dann war es der glanzvollste Mißbrauch in der Geschichte der deutschen Kritik.   (1983)

Der träumende Praktiker

Gerhart Hauptmann sah in ihm »das Gewissen der deutschen Literatur«. Verehrungsvoll und beinahe ekstatisch schilderte ihn Jakob Wassermann im »Fall Maurizius«. Oskar Loerke bezeichnete ihn als »einen großen Dichter und herrlichen Menschen« und huldigte ihm wiederholt in Vers und Prosa. Alfred Kerr, dem sein Einfluß und sein Ruhm nicht ganz geheuer sein konnten, nannte ihn spöttisch zwar, doch nicht ohne Respekt den »lector Germaniae«[1]. Wilhelm Lehmann bekannte knapp: »Er war die Hefe meines Daseins geworden.«

Wer heute die schmeichelhaften und oft überschwenglichen Beschreibungen und Erinnerungen liest, kann sich allerdings kaum des Eindrucks erwehren, daß Moritz Heimanns Porträt von den Zeitgenossen wenn nicht bewußt idealisiert, so jedenfalls sehr deutlich stilisiert wurde. Meistens habe man über ihn – so stellte Julius Bab schon 1922 bedauernd fest – »gesprochen und geschrieben im Ton des begeisterten Freundes, der einen Menschen preist und seinen Beruf, sein Werk, seine Leistung nur so nebenher erwähnt«. Dies sei auf »die schwer abzuschätzende, unmittelbare Wirkung« zurückzuführen, die er »durch die Intensität seines persönlichen Wesens geübt« habe.[2] Indes ist auch Babs um objektive Darstellung bemühte Arbeit über Heimann vorwiegend apologetisch und streckenweise hymnisch geraten. Fast will es scheinen, als sei es damals unmöglich gewesen, der Gestalt dieses Schriftstellers anders beizukommen.

Ein außergewöhnlicher Mann war er bestimmt. Mehr als zwei Jahrzehnte stand er im Mittelpunkt des literarischen Lebens; dennoch war er ein stiller und wohl auch ein etwas weltfremder Mensch. Er brauchte das Gespräch und den

Meinungsaustausch, er sehnte sich nach Gesellschaft, als einen »wunderbar mündlichen Mann«[3] schildert ihn Lehmann; und doch muß er zurückhaltend und sogar scheu gewesen sein. Am besten fühlte er sich nicht etwa in der Großstadt, sondern auf dem Dorf und inmitten von Bauern. Zunächst und vor allem war er ein Praktiker; gleichwohl erwies er sich oft als ein Träumer. Er hatte außerordentlichen Einfluß, er übte tatsächlich Macht aus; aber er war zu gescheit, um nicht zu wissen, daß er zu den gescheiterten Poeten gehörte, wobei gerade dieses Scheitern seine eigentlichen Leistungen ermöglicht hat. Und schließlich: er war Kritiker und wurde dennoch geliebt. Er war Jude, und doch schien er mit sich und seiner Welt in Frieden zu leben.

So widerspruchsvoll Heimanns Porträt, so einfach und übersichtlich ist seine Biographie. Er wurde 1868 in einem winzigen Ort im brandenburgischen Kreis Niederbarnim geboren. Seine Eltern waren arme, traditionsbewußte und gläubige Juden. Er studierte in Berlin Philosophie und Literatur, begann 1895, nachdem er schon vorher in verschiedenen Blättern Rezensionen veröffentlicht hatte, für die »Neue Rundschau« zu schreiben und wurde 1896 Lektor des S. Fischer Verlags. Bald machte ihn Samuel Fischer zu seinem ersten Berater. In diesem Haus blieb Heimann fast bis zu seinem Tod tätig; er starb 1925 in Berlin.

Mit der Literatur verbanden ihn nicht nur Neigung und Talent, der offenbar leidenschaftlich ausgeübte Lektorenberuf und die langjährige Freundschaft mit vielen Schriftstellern: Heimann war mit der deutschen Literatur jener Zeit wortwörtlich verwandt und verschwägert. Seine Frau nämlich, Gertrud Marschalk – die übrigens, um ihn heiraten zu können, erst eine Ehe mit dem Maler Walter Leistikow lösen mußte –, hatte zwei Schwestern, von denen die eine mit Gerhart Hauptmann und die andere mit Emil Strauß verheiratet war.

Oft und nachdrücklich wurde der Verlagslektor Heimann gerühmt – vor allem natürlich von jenen Autoren, die er entdeckt und gefördert hat. Gleichwohl fällt es schwer, sich von seinen tatsächlichen Leistungen in dieser Eigenschaft ein genaueres Bild zu machen. Aber das ist im Grunde immer so: die Lektoren wirken hinter den Kulissen des literarischen Lebens, sie sind Mentoren und Korrepetitoren, zu deren Pflichten auch die Diskretion gehört; sie müssen gelegentlich ihren Autoren als Beichtväter dienen und haben das Beichtgeheimnis zu wahren. Auf die Anerkennung der Öffentlichkeit können sie schon deshalb kaum Anspruch erheben, weil diese über ihren Anteil an den publizierten Büchern in der Regel überhaupt nicht informiert sein sollte. Ein wenig ähnelt die Funktion der Lektoren derjenigen der Souffleure, insofern zumindest, als sich die einen wie die anderen bemühen müssen, daß niemand merkt, was sie zum Endergebnis beigetragen haben. Für diesen wenig dankbaren Beruf scheint Heimann der ideale Mann gewesen zu sein: nicht nur sensibel und scharfsinnig, sondern auch bescheiden und geduldig und überdies ein geborener Pädagoge. Daß ihm die Zusammenarbeit mit Schriftstellern allerlei Enttäuschungen nicht ersparen konnte, versteht sich von selbst. In seinen Aphorismen findet sich der Satz: »Es gehört oft mehr moralische und in manchen Fällen sogar mehr intellektuelle Kraft dazu, einen guten Rat anzunehmen, als ihn zu geben.«[4]

Zugleich schrieb Heimann Erzählungen und Novellen, die meist in seiner märkischen Heimat spielen, sowie Tragödien und Komödien, in denen er mit Vorliebe preußische und biblische Stoffe behandelte. Doch blieb seine Prosa ohne Echo, und seinen Dramen erging es, auch wenn sie gelegentlich in der Provinz aufgeführt wurden, nicht besser. Alle diese Dichtungen waren, kurz gesagt, totgeborene Kinder. So ist Heimanns Nachruhm paradox. Den Lektoren flicht weder die Mitwelt noch die Nachwelt Kränze. Jene seiner Werke wiederum, die den großen Fragen der Menschheit, die den Problemen, die man gern zeitlos nennt, gelten, sind längst vergessen. Aber seine aus aktuellen Anlässen entstandenen Feuilletons,

Porträts und Buchbesprechungen, diese zeitgebundenen und nur für den Tag geschriebenen Arbeiten haben die Jahrzehnte überdauert. Heimann hat sich immer nach der Poesie gesehnt. Den Dichter spürt und erkennt man jedoch stärker als in seinen poetischen Schöpfungen in jenen kleinen Aufsätzen, die er der Literatur gewidmet und meist in der »Neuen Rundschau«, bisweilen im »Berliner Tageblatt« oder in der »Vossischen Zeitung« veröffentlicht hat.

Albert Soergel unterscheidet »Kritiker der logischen Beweisführung« und »Kritiker der Stimmungskunst« und meint, Heimann sei »ein Vermittler zwischen beiden Arten der Kritik«[5]. Mit anderen Worten: Soergel wußte nicht recht, wie er ihn einordnen sollte. In der Tat fiel Heimann aus dem Rahmen, und dies aus verschiedenen Gründen. Deutschen Literaturkritikern kann man in der Regel ihre Herkunft von der Universität, meist von der Germanistik, oder von der Presse deutlich anmerken – und die besten waren beides zugleich und auf einmal: Wissenschaftler und Journalisten. Für Heimann gilt das nicht.

Er war ein hochgebildeter Mann mit gründlichen Kenntnissen, die sich übrigens keineswegs auf die Literatur beschränkten, sondern auch Musik und bildende Künste, Philosophie, Mythologie und Zeitgeschichte umfaßten; er zeigte jedoch keinerlei tiefere Neigungen zur wissenschaftlichen Arbeit. Nicht zufällig verließ er die Universität schon als Zweiundzwanzigjähriger und ohne promoviert zu haben. Andererseits wäre es falsch, ihn als Journalisten bezeichnen zu wollen. Gewiß, er schrieb für Zeitungen und Zeitschriften – und offenbar nicht ungern –, doch das typische Temperament des Journalisten spürt man im Grunde nur in seinen frühen Arbeiten; und von der professionellen Haltung des Kritikers, der sich regelmäßig über Bücher, Premieren oder Konzerte zu äußern hat – einer Haltung, die für Börne ebenso charakteristisch ist wie für Fontane, für Kerr ebenso wie für Polgar –, kann bei Heimann überhaupt nicht die Rede sein.

Auch sein Verhältnis zum Judentum entzieht sich den üblichen Kategorien. Für den Zionismus hatte er schon früh große Sympathien, aber er betonte immer wieder und unmißverständlich den Abstand, der ihn von dieser Bewegung trennte. Er war natürlich vollkommen assimiliert, ohne indes mit jenen, die von den Juden abschätzig »Assimilanten« genannt wurden, etwas gemein zu haben. Niemals hatte er versucht, sein Judentum zu bagatellisieren oder gar zu ignorieren. Heimanns ganze Persönlichkeit sei gefärbt gewesen – so Jakob Wassermann 1931 – »durch märkische Landschaft, norddeutsche Tradition, preußische Form (in einem alten Sinn von Zucht und Haltung)«. Aber gleich fügt Wassermann hinzu: »Seine Stellung zum Judentum war ohne militante Regung, ohne Wehleidigkeit, ohne aufgetragenen Stolz, ohne Ressentiment, ohne Debattiersucht, überhaupt fast ohne Betonung.«[6]

Sowenig dieser auf dem Lande aufgewachsene märkische Jude den Klischeevorstellungen vom jüdischen Intellektuellen entsprach, sosehr war er selber immer wieder bemüht, sich solchen Vorstellungen und auch anderen über die Juden im Umlauf befindlichen Vorurteilen zu widersetzen. In einer Rezension der von Martin Buber 1906 herausgegebenen »Geschichten des Rabbi Nachman« meinte Heimann, es sei höchste Zeit, »über Juden und jüdisches Wesen anders als aus Gründen und zum Zweck des Kampfes zu sprechen«. Denn: »Der Trieb zum Angriff machte blind, der Trieb zur Abwehr desgleichen.«[7] Über die Legenden der 1913 erschienenen Sammlung »Der Born Judas« sagte er: »Eines jedenfalls sollten sie für Freund und Feind ins klare bringen: nämlich, wie das Jüdische eigentlich aussieht, und daß es nichts mit dem über einer kernleeren Zelle aufgebauten, spitzigen, überbeweglichen, durch falsche Normen der Anpassung schnellwüchsig gemachten Wesen zu tun hat, das heute von Freund und Feind, oft genug von den Juden selbst, für das Jüdische gehalten wird.«[8]

Ähnlich wie der ältere Max Liebermann und der jüngere Arnold Zweig war auch Heimann ein sehr preußischer Jude, ein sehr jüdischer Preuße. Er selber bekannte bei verschiedenen Gelegenheiten, daß er sich in gleichem Maße für einen Deutschen wie für einen Juden halte; diesen Dualismus, in dem er weder etwas Ungewöhnliches noch gar einen Widerspruch sah, erläuterte er in dem 1917 geschriebenen Artikel »Zionismus und Politik« mit einem schönen Vergleich: »Es ist nichts Unnatürliches darin, seine Bahn mit zwei Mittelpunkten zu laufen; einige Kometen tun es und die Planeten alle. Unvereinbar Scheinendes zu vereinen, darin besteht im Grunde das ganze geistige Geschäft; sind doch selbst das private, individuelle Leben und das der Gemeinschaft, auch der nationalen und auch sogar der religiösen, Gegensätze.«[9]

Dem Umstand, daß er Deutscher und Preuße und zugleich Jude war, verdankte Heimann viel; und die Wurzeln seiner Literaturkritik sind wahrscheinlich ebenso hier wie da zu suchen. Riskant freilich wäre es, eine derartige allgemeine Behauptung präzisieren zu wollen – und dies schon deshalb, weil »das Jüdische« letztlich ein vager Begriff ist und sich aus verständlichen Gründen noch schwerer definieren läßt als »das Deutsche« oder »das Preußische«. Gerade Heimann warnte vor voreiligen Schlüssen und erinnerte an den Lichtenbergschen Neunmalklugen: »Wenn man weiß, daß einer blind ist, glaubt man, man sieht es ihm von hinten an.« Und: »Wenn man von sonstwo wüßte, daß Hebbel ein Jude sei, so würde man in seiner Form nichts als Bestätigung dafür lesen . . .«[10]

Dennoch kann man wohl sagen, daß sich in Heimanns kritischen Schriften einerseits die Strenge, die Nüchternheit und die sachlich-kühle Haltung der Preußen erkennen läßt und andererseits das Luzide, die skeptische Leidenschaftlichkeit und das emotionale Engagement der Juden. Die Verbindung dieser Eigenschaften und ein Moralismus und Gerechtigkeitssinn, die man vielleicht für die Preußen und zugleich für die Juden in Anspruch nehmen darf, sind es, die Heimanns Verhältnis zur Literatur determiniert und seine Kritik (nicht etwa seine Dramen und Erzählungen) ebenso vor Weltfremd-

heit und Abstraktion bewahrt haben wie vor missionarischer
Unduldsamkeit. Was immer Heimann zu erreichen versuchte,
wie skurril, wenn nicht gar abwegig uns manche seiner Urteile
aus der Distanz von fünfzig oder siebzig Jahren erscheinen
mögen – er hatte stets einen klaren Blick für das Reale und das
Realisierbare, er hatte einen sicheren Instinkt für das Praktische, er war und blieb bis ans Ende ein Mann des literarischen
Lebens.

Dies zeigte sich deutlich in seinen Gedanken über die Kritik.
Da er sie als Kritisierter und als Kritisierender kannte und
natürlich auch aus der Perspektive des Verlagslektors, machte er
sich über ihre Eigenart und Rolle, ihre Situation und Funktion
im literarischen Alltag keine Illusionen. Was er, der Praktiker,
hierüber zu sagen hatte, vermag heute, so will mir scheinen,
weit eher zu überzeugen als vergleichbare Äußerungen anderer
Kritiker aus der Wilhelminischen Epoche. Heimanns Ausfüh-
rungen über die Kritik sind vor allem in drei Arbeiten zu
finden: in einem frühen Aufsatz von 1897 (»Kritik und Kritiker«), in einem gegen Ende des Ersten Weltkriegs geschriebenen Essay »Über Kritik« und in seiner 1918 erschienenen
Rezension der »Gesammelten Schriften« Alfred Kerrs.

Schon 1897 bedauert Heimann, daß sich in Deutschland die
kritische Tätigkeit im allgemeinen im Nebenamt befinde,
wobei noch zu beachten sei, »daß das Hauptamt oft genug
unbesetzt ist«. Er unterscheidet »die berufsmäßigen Berufsver-
fehler«, die ihre Laufbahn bei der Presse mit Notizen über
Theater und Literatur beginnen – dies seien »traurige, aber
nicht ernste Erscheinungen« –, und jene, die eine gewisse
Autorität ihrer gesamten, über ihre Arbeit als Kritiker weit
hinausgehenden Wirksamkeit verdanken. Innerhalb dieser
zweiten Gruppe handle es sich um drei verschiedene Typen:
um Gelehrte, die »die Vergangenheit der Literatur erforscht
und in ihr eine Gesetzmäßigkeit erkannt haben, deren Erfüllung sie von der Gegenwart verlangen«; ferner um Publizisten,
die »Literatur und Kunst als einen Teil des öffentlichen Lebens

der Zeit erachten, von welchem öffentlichen Leben sie ihre eigene Meinung haben und an das sie ihre eigenen Forderungen stellen«, und schließlich um solche Autoren, die, »freiwillig oder aus unerwiderter Liebe, von der Produktion herkommen und ihre Erfahrungen von der Art, wie geschautes Leben sich ästhetisch umsetzt, nutzbar zu machen versucht sind«.

Was die Vertreter dieser drei Typen – übrigens habe man es immer, wie Heimann einräumt, mit »Mischtypen« zu tun – sagen, »kann von außerordentlichem Werte sein, Leben wekken und Leben wirken«. Doch sei bei ihnen »die schlichte und unbedingte Sachlichkeit getrübt«, ihr Urteil habe nicht »die unbedingte, aus der Sache notwendige Zuverlässigkeit«; ihnen allen – den über Literatur schreibenden Gelehrten, den Publizisten und den mehr oder weniger freiwillig von der Dichtung zur Kritik übergesattelten Autoren – fehle, worauf es letztlich ankäme: die »ursprüngliche, spezifisch-kritische Begabung«. Er findet sie damals, im Jahre 1897, nur bei einem einzigen seiner Zeitgenossen – bei dem jungen Alfred Kerr: »Er hat das schärfste Gehör für die Regungen der Gegenwart, ohne sich von ihnen betäuben zu lassen; und er ordnet die Gegenwart nicht in die Vergangenheit ein, sondern in die Zukunft.«[11]

Erst rund zwanzig Jahre nach diesem Aufsatz formuliert Heimann seine fundamentalen Anschauungen über die Kritik als literarische Gattung. Die Frage, ob Kritik Kunst sei oder Wissenschaft, lehnt er als müßig ab: »Sie ist weder das eine noch das andere, obgleich sie zu Eigenschaften von beiden verpflichtet ist; sie ist ein Ding für sich, aus eigenem Quell mit eigner Macht.« Sie sei »nicht bloß Begleiterin und Ordnerin, sie nimmt ihren eigenen Flug, sie folgt ihrer besonderen Genialität ... Wenn wir der Kritik nicht eine volle Souveränität zugeständen, so würde ein Mensch, der es wagte, Giotto *und* Rembrandt, Bach *und* Beethoven, Goethe *und* Kleist urteilend zu erfühlen, uns als ein Ausbund von Größenwahn lächerlich oder verächtlich sein. Wiederum wenn ein Kritiker darangeht, selbst Kunst zu machen, so hilft ihm die Kritik nur

insofern, als sie dem Schaffensprozeß überhaupt sich mittätig
beimischt; die souveräne Kritik läßt ihn sogleich im Stich, und
er dichtet, malt und musiziert gerade so gut oder so schlecht,
wie er kann und wie er muß – nicht wie er will. Indem die Kritik
als geistige Gesamterscheinung von eigenen Gnaden ist, und
nicht etwa weil sie diesem und jenem einzelnen hilft, ist sie
schöpferisch.«[12]

Freilich könne die Kritik eine »geistige Gesamterscheinung
von eigenen Gnaden« nur dann sein, wenn sie der Gefahr
entgeht, das Kunstwerk ersetzen zu wollen. Diese Gefahr sei
am größten – meint Heimann –, wo Kritik mit Theorie
verwechselt werde. Was er hierzu sagt, trifft, glaube ich, den
Kern der Frage und scheint mir keineswegs überholt: »Kritik ist
nicht Theorie. Die Theorie gerät fast immer in die Versuchung,
den Thron zu usurpieren, der einzig der lebenden Kunst selbst
gebührt, und einmal droben, wird sie vor Eifer aschgrau. Es
gehört zum Takt des Kritikers, daß er von der Theorie nicht
eingefangen wird, sondern nur Magddienste von ihr annimmt.
Er versteht es, wenn er die gläserne Kugel aus der Hand fallen
läßt, sie wieder aufzufangen, bevor sie den Boden berührt; der
Theoretiker, hochmütig und ungeschickt, ließe sie zerschel-
len ... Daß er immer praktisch bleibt, das ist's, was den
Kritiker vor dem Selbstbetrug der Theorie bewahrt. Das Praktische ist für ihn das, was für den Künstler die Realität ist; es ist
als methodisches Rückgrat noch in der ausgelassensten Laune
zu erkennen, und es zwingt ihn immer wieder aus seiner
Freiheit zurück.«[13]

Wie wenig sich übrigens Heimanns Position im Laufe der
Jahre verändert hatte, geht schon daraus hervor, daß er als
exemplarischen Kritiker wiederum jenen rühmt, auf den er
schon 1897 begeistert hingewiesen hatte – den inzwischen
prominenten und höchst umstrittenen Alfred Kerr. Heimanns
Rezension seiner »Gesammelten Schriften« ist aus verschiedenen Gründen bemerkenswert. Zunächst einmal: Kerr hatte sich
mehrfach über Heimann maliziös geäußert; einer dieser Seiten-

hiebe wird übrigens in der Rezension beiläufig zitiert und kurz beantwortet. Aber eben weil er zu den persönlich Attackierten gehört, bemüht sich Heimann offensichtlich um eine besonders faire und verständnisvolle Beurteilung Kerrs.

Wichtig scheint mir Heimanns Aufsatz ferner – vom Persönlichen ganz abgesehen – als Beispiel der souveränen Stellungnahme eines Kritikers zur Arbeit eines Kollegen, dessen Anschauungen und Postulate von den seinigen weit abweichen und dessen Leistungen er dennoch voll anerkennt. Das Glaubensbekenntnis des Kritikers Kerr, das er schon 1904 formuliert hatte, gipfelt in den Thesen: »Wert hat, wie ich glaube, nur Kritik, die in sich ein Kunstwerk gibt . . . Die Kritik, die als eine Dichtungsart anzusehen ist . . . Sie wird um so größer sein, je mehr sie Kunst ist.«[14] – Heimann geht auf Kerrs theoretische Voraussetzungen und programmatische Äußerungen überhaupt nicht ein, vielmehr erledigt er sie mit einer knappen Bemerkung: er halte Kerr für einen Künstler, aber nicht etwa deshalb, »weil Kritiken Kunstwerke wären, denn das können sie nur in dem uneigentlichen, weiten und verschwimmenden Sinne sein, wie auch Reden und Briefe es können«[15]. Exemplarisch sei für ihn Kerrs Arbeit als eine Kritik, die immer einen praktischen Anlaß und einen praktischen Zweck habe und deren Mittel – von der Sprache über den Aufbau bis zur Interpunktion – sich aus dieser Praxis ergeben.

Schließlich ist dieser Essay bedeutsam, weil Heimann einige Besonderheiten Kerrs aufweist – seitdem wurde Treffenderes über ihn nicht geschrieben – und zugleich auf einige Vorwürfe reagiert, die man gegen Kerr erhoben hat, die aber keinem einzigen in seiner Zeit erfolgreichen Kritiker erspart geblieben sind. Es geht um die Eitelkeit, die Anmaßung und die Subjektivität. Heimann sieht vor allem Kerrs objektive Leistung, die in höchstem Grade subjektiv zu sein scheine, »weil seine Methode bis zur Anmaßung frei und eigenwüchsig ist. Er macht nicht nur seine Statue, sondern hat sich auch die Hämmer, Bohrer und Feilen dazu gemacht.«[16]

Seine Ansichten über die Kritik vermochte jedoch Heimann in seiner eigenen literarkritischen Praxis nur bedingt und nur in beschränktem Maße zu verwirklichen. Einer der Gründe hierfür mag darin zu sehen sein, daß seine Klage, in Deutschland befinde sich die kritische Tätigkeit meist im Nebenamt, auf ihn selber ebenfalls zutraf. Seine Arbeit als Verlagslektor und seine poetischen Versuche standen eindeutig im Vordergrund, für die Kritik blieb offenbar nicht allzuviel Zeit übrig: der Umfang seines in einem Zeitraum von immerhin fast dreißig Jahren entstandenen kritischen Werks ist nicht sehr groß, wobei man noch zu bedenken hat, daß dazu nicht wenige rasch geschriebene Besprechungen gehören, die von Heimann in die Ausgabe seiner »Prosaischen Schriften in drei Bänden« nicht aufgenommen wurden.

»Der Kritiker entscheidet am liebsten und natürlichsten« – heißt es bei Heimann – »von Fall zu Fall, doch diese Entscheidungen sind nicht das Letzte und Tiefste, nicht das Eigentliche seiner Wirkung.«[17] Heimann selber urteilte gleichfalls am liebsten und am natürlichsten – wie vor ihm etwa Fontane – eben von Fall zu Fall, er blieb stets dicht am unmittelbaren Thema und widersetzte sich der allen Kritikern bekannten Verlockung, in die Auseinandersetzung mit dem konkreten Gegenstand allgemeine Überlegungen einfließen zu lassen. Er wußte wohl, daß es in einer Kritik zuweilen gerade auf diese Überlegungen ankommen kann, nur schien es ihm unrichtig, den Blick vom Gegenstand der Betrachtung abzuwenden und den direkten Zusammenhang zwischen ihm und der Reflexion des Kritikers zu lockern. Deshalb schrieb Heimann so gut wie nie über die Literatur schlechthin, sondern immer über einzelne Bücher oder Schriftsteller.

Dennoch war Heimann, wie gesagt, kein professioneller, kein typischer Kritiker. Es ist vor allem der Schriftsteller, der Essayist, der aus seinen Studien und Rezensionen spricht. Nicht daß er die Kritik mißbraucht hätte, um seine eigenen poetischen Bestrebungen auf mehr oder weniger indirekte

Weise zu unterstützen. Nur sind seine Kritiken entweder Plädoyers und Bekenntnisse eines enthusiastischen Literaturliebhabers, dessen Urteile heute oft antiquiert anmuten mögen, oder distanzierte und gelassene Darlegungen, die sich eher durch Feinfühligkeit, Ruhe und Besonnenheit auszeichnen als durch Temperament und Entschiedenheit. Was für nahezu alle bedeutenden deutschen Kritiker charakteristisch ist, scheint bei Heimann ganz und gar zu fehlen – nämlich die Lust an der Polemik. Polemisch hat Heimann im Grunde nur in seiner frühen Periode geschrieben, also vornehmlich zwischen 1895 und 1900. Als Maximilian Harden 1896 seine Arbeiten über Literatur und Theater gesammelt herausgab und sich in manchen abfällig über moderne deutsche Autoren verbreitete, ja sogar die Kühnheit hatte, Gerhart Hauptmanns Bedeutung anzuzweifeln, da hielt es Heimann für nötig, mit ihm streng ins Gericht zu gehen. »Maximilian Harden ist ein Schriftsteller, der über das Niveau derer ragt, die sonst noch in Berlin öffentliche Meinung machen. Er hat eine exponierte und seltene Stellung und ist ein Organisator und Redakteur von ungewöhnlicher Kraft und Geschicklichkeit.« So harmlos und scheinbar freundlich setzt Heimann an: er schmückt das Opfer, das er zu schlachten gedenkt.

Nicht Hardens Buch ist das Ziel des virtuosen, wenn auch nicht immer gerechten Pamphlets, sondern der ganze Mann: »Hardens Stil ist leicht erkennbar, nie zu verwechseln und ganz persönlich; aber er ist nicht gut; er gleicht der Gräfin Imperiali in Schillers ›Fiesko‹: eine Schönheit, verdorben durch Bizarrerie . . . Laut gelesen, bringt fast jeder seiner Sätze eine Falle und macht den Atem konfus . . . Sie keuchen wie ein Mensch, der sein Keuchen verbergen will.« Selbst vor persönlichen Attacken schreckt der junge Heimann nicht zurück: »Dieser ganz und gar unproduktive Mensch hat es verstanden, sich zu drapieren. Er gilt etwas. Noch schwören auf ihn Provinzler. Und nur seine Geltung, wahrlich nicht sein Wert reizen zu einer Prüfung. Mitten in dieser Prüfung wird man inne, wie

leeres Stroh man drischt . . . Er lügt vielleicht nicht, aber er ist
selber eine Lüge.«[18]

Von der polemischen Schule Börnes und Heines, deren
Vorbild im Pamphlet gegen Harden unverkennbar ist, wandte
sich Heimann später entschieden ab. Die Ablehnung des
Schlechten in der Literatur wurde von ihm zunächst für
dringend erforderlich gehalten und wohl auch überschätzt:
Was die wichtigsten Kritiker seiner Zeit (Paul Schlenther, die
Brüder Hart, Fritz Mauthner) auszeichne – schrieb er 1897 –,
»das ist die große, je nach Temperament sachliche, höhnische,
verachtende oder blaguierende Entschiedenheit, mit der sie das
völlig nichtige Unkraut bekämpfen«. Damals ging er sogar so
weit, kurzerhand zu erklären, die Bekämpfung jenes völlig
nichtigen Unkrauts sei vielleicht »das einzige, was von der
Tageskritik zu verlangen ist, ja das einzige, was sie, in der
Flüchtigkeit ihrer Erscheinung, leisten kann«[19].

Zehn Jahre später wollte Heimann von diesem extremen
Standpunkt nichts mehr wissen. Als Leitsatz seiner kritischen
Schriften erwies sich bald eine in seiner 1907 geschriebenen
Rezension über »Carlyles Goetheporträt« enthaltene und übrigens gegen Nietzsche gerichtete Bemerkung: »Mißtrauen zu
erwecken ist ein erfolgreiches und eben darum vielleicht ein
tückisches und unerlaubtes Mittel des Kritikers.«[20] Waren es
etwa die Erfahrungen des Verlagslektors Heimann, die ihn zu
dieser verwunderlichen Überzeugung gelangen ließen? Jedenfalls konnte es einem so guten Kenner der Materie nicht
entgangen sein, daß er sich mit einem derartigen Kredo von der
Praxis nahezu aller großen deutschen Literaturkritiker scharf
distanziert hatte.

Woran dem Kritiker Heimann vor allem gelegen war, läßt
sich schon jenem frühen Pamphlet gegen Harden entnehmen.
Es käme doch darauf an – heißt es dort –, »in dem Leser die
furchtbaren Schauer zu erwecken vor dem Mysterium des
Genies, vor der Tragik des ernstgenommenen Einzellebens, vor
der Beispiellosigkeit und Originalität des Kampfes der Pro-

bleme im Individuum«[21]. Auch hierbei handelt es sich keineswegs nur um eine gelegentliche Äußerung. Von diesem schon um die Jahrhundertwende und erst recht in der Weimarer Republik als anachronistisch empfundenen Geniekult hat sich Heimann niemals abgewandt. Bis ans Ende seines Lebens wollte er die ideale Vorstellung vom Dichter ins zwanzigste Jahrhundert hinüberretten. Eine seiner letzten Kritiken – über ein 1922 erschienenes und längst vergessenes Reisebuch von Arthur Holitscher – endet mit den Worten: »Er ist ein Dichter, ihm widersprechen, bedeutet nicht, ihn widerlegen.« In derselben Kritik findet sich auch ein einigermaßen absonderlicher Ausspruch, der wahrscheinlich als Anspielung auf Walther Rathenau zu verstehen ist: »Was man auch ist, und wenn man Minister ist, man ist es immer um einige Grade besser, wenn man ein Dichter obendrein ist.«[22]

Ein weiterer Hinweis auf das Ziel der kritischen Arbeit Heimanns ist in seiner Besprechung einer 1911 veröffentlichten Ausgabe der Werke Johann Peter Hebels enthalten. Heimann meint hier, Hebel gehöre »zu den Erscheinungen, die die Deutschen sich durch eine Art Wohlwollen vom Leibe halten. Der gute Hebel! Der Papa Haydn! Der alte Thomaskantor Bach!« Er bedauert, daß in der Literaturgeschichte für Hebel kein Platz sei. Auch Goethes berühmte Rezension der alemannischen Gedichte habe dazu beigetragen, »Hebel als etwas Abseitiges, als einen Spielfall betrachten zu lassen. Denn so ernst, hingebungsvoll und durchdringend diese Rezension auch ist, so geht sie doch aus der Tonart von 1805, mit großer Gelassenheit, mit guten Ratschlägen und in der sauberen, sondernden sachlichen Manier, die sich jeder überredenden Zutat enthält. Wie die Menschen nun einmal sind, ist nicht viel Aussicht, daß Goethes Rezension sie zu Hebel bekehre«[23].

Heimann genügt es also nicht, daß der Kritiker »ernst, hingebungsvoll und durchdringend« schreibt, vielmehr sei es seine Aufgabe, den Leser tatsächlich zu überreden und womöglich zu bekehren. Kein Zweifel, Heimann war immer wieder

bemüht, diesem Postulat nachzukommen. Und das mußte
seiner ganzen Kritik einen unverkennbar pädagogischen
Akzent geben, wobei allerdings hinzuzufügen wäre, daß Kritiker stets, ob sie es tarnen oder nicht, didaktische Absichten
verfolgen. Mehr noch: Bisweilen fällt bei Heimann ein Zug fast
schon ins Agitatorische und Missionarische auf, ohne daß dies
deshalb seine Kritik – eben weil er ein Praktiker des literarischen Lebens war – zugrunde richtete. Er wollte erziehen, aber
er war kein engstirniger Schulmeister. Er wollte bekehren, aber
ein Eiferer war er nie.

Im Unterschied jedoch zu seinen großen Vorgängern von
Lessing bis Fontane hat Heimann der kritischen Auseinandersetzung mit den Schriftstellern der unmittelbaren Gegenwart nicht
allzuviel Energie gewidmet. Jedenfalls gehörten seine Arbeiten
zur modernen deutschen Literatur keineswegs zu seinen besten,
und das nicht obwohl, sondern weil er Lektor war. Wer ihn unter
den damaligen Schriftstellern zu interessieren vermochte, wen
immer er fördern wollte, konnte er zu S. Fischer holen. Und wer
hätte schon – zumal zwischen 1900 und dem Ersten Weltkrieg –
die Einladung des angesehensten deutschen Verlages ausgeschla-
gen? Die Folge war, daß Heimann sich als Kritiker meist über
Autoren äußerte, die er selber beraten und verlegt hatte.
Überdies publizierte er seine Aufsätze in der Regel in der
hauseigenen Zeitschrift »Neue Rundschau«.

Natürlich mußte die nicht unbedingt glückliche Verknüp-
fung der beiden verschiedenen Funktionen die kritische Betäti-
gung Heimanns stark hemmen. Denn nichts ist begreiflicher
als der Umstand, daß er es vermeiden wollte, über die von ihm
betreuten Autoren in der Öffentlichkeit Ungünstiges zu sagen.
Er, der als Lektor fast dreißig Jahre gewohnt und gezwungen
war, nahezu täglich eindeutige Urteile über Wert und Unwert
literarischer Texte zu fällen, ließ daher in den Arbeiten zur
neueren deutschen Literatur häufiger den für seine Schützlinge
werbenden Interpreten zu Worte kommen als den wertenden
Kritiker.

Von heute her gesehen, sind diese vorwiegend apologetischen Artikel, die sich weder von Pathos noch von Sentimentalität freisprechen lassen, kaum mehr als rührende und gelegentlich auch etwas naive Zeugnisse der Freundschaft, der Bewunderung und der Verehrung. So scheint Heimann Gerhart Hauptmann zu sehr geliebt, wenn nicht vergöttert zu haben, um ihn und sein Werk überhaupt beurteilen zu können. Nachdem viele Zeitgenossen die, gelinde ausgedrückt, Fragwürdigkeit von »Hanneles Himmelfahrt« längst erkannt hatten und niemand mehr – man schrieb mittlerweile das Jahr 1918 – dieses Drama diskutieren wollte, verkündete Heimann knapp und klar und nicht ohne Trotz: »›Hannele‹ ist wie ein Stück Natur, dem Tadel entzogen, wie dem Lob.«[24]

Schwer erträglich und nicht weniger charakteristisch ist eine noch später entstandene Porträtstudie. Anfang der zwanziger Jahre, in einer Zeit also, in der sich ein großer Teil der jungen Generation von Hauptmann eher gleichgültig als protestierend abwandte, versuchte Heimann, ihn als »Prototypus, Archetypus des Menschen« zu rühmen: »Er blieb uns – der Mensch. Nicht jedem der dahinwirbelnden Geschlechter ist eine solche Erfüllung beschieden ... Von dem stillen und tiefen Glänzen seines Gesichts ging auf die Leute, die ihn kennenlernten, etwas aus, was sie ahnungsvoll ergriff. Ich weiß von einer alten Frau, die sich der Tränen nicht erwehren konnte, als sie ihn zum erstenmal gesehen hatte. So zeichnet das Schicksal seine Lieblinge aus.«[25] Und so präsentiert sich, könnte man hinzufügen, der unverfälschte und offenbar unverwüstliche deutsche Lesebuchstil.

Es stellt sich heraus, daß Heimann in der Epoche, in der Thomas Mann (übrigens auch ein S.-Fischer-Autor) und Franz Kafka schrieben, keine Bedenken hatte zu behaupten: »Wer jedoch unter den Heutigen die beste deutsche Prosa schreibe, darnach dürfen wir getrost fragen; es ist Strauß.«[26] Also im Jahre 1916. Aber noch fünf Jahre später wiederholt Heimann allen Ernstes die Ansicht, Emil Strauß sei der größte lebende

deutsche Prosaist. Auch den von ihm entdeckten Hermann
Stehr hat Heimann in hymnischem Tonfall geradezu mytholo-
gisiert. Daß Heimann sich in den Aufsätzen zur zeitgenössischen deutschen Literatur – eben weil sie sich meist aus seiner
Tätigkeit als Lektor ergaben – mit Schriftstellern befaßte, die er
seit vielen Jahren persönlich kannte, trug zum Kolorit und zur
Unmittelbarkeit mancher Arbeiten bei. Aber bisweilen drängt
sich die Frage auf, was ihn denn mehr beeindruckt haben
mag – die Persönlichkeit beispielsweise seiner Schwäger Gerhart Hauptmann und Emil Strauß oder deren Bücher. Überdies sollten die apologetischen Aufsätze Heimanns auch eine
taktische Funktion im literarischen Leben erfüllen. So ist es
immer schon gewesen: indem der Kritiker bestimmte zeitgenössische Autoren oder Richtungen lobt, polemisiert er gleichzeitig (ob er es will oder nicht) gegen andere Autoren oder
Richtungen, meist gegen solche, die seiner Ansicht nach von
der Kritik oder vom Publikum überschätzt werden. Ebendeshalb sind Kritiken – auch jene auf höchster Ebene – immer
nur aus den Zeitverhältnissen zu verstehen.

Heimanns Geschmack war von der Literatur des neunzehnten Jahrhunderts geprägt. Seine liebevollen Plädoyers gerade
für jene Schriftsteller, die er in der Zeit des Ersten Weltkriegs
und in den folgenden Jahren für die bedeutendsten hielt,
zeigen deutlich, wie wenig er gewillt oder imstande war, von
den einmal anerkannten Kriterien abzugehen. Ob er über
Liliencron schrieb oder über inzwischen vergessene Figuren
der Literaturgeschichte wie Emil Gött und Eduard Stucken, ob
er Emil Strauß oder Hermann Stehr feierte, ob er um Verständnis für Oskar Loerke oder Wilhelm Lehmann warb –
immer galt Heimanns Liebe wenn nicht betont konservativen,
so jedenfalls sehr formbewußten, der Tradition verbundenen
und künstlerische Experimente eher ablehnenden Schriftstellern. Für die Expressionisten hingegen – und in dieser Hinsicht
wußte er sich mit Samuel Fischer einig – hatte er keinen Sinn,
ihr plötzlicher Ruhm schien ihm so ungerecht wie unheimlich.

Im Kampf gegen die jungen rebellischen Autoren, die er meist
nur mit ironischen Floskeln bedachte und die er nicht einmal
namentlich erwähnen wollte, spielte er jene aus, die der Tradition treu blieben und an die er glaubte: es ist nicht immer
einfach, sie wiederzuerkennen, weil Heimann tat, wozu Kritiker in solchen Situationen oft neigen – er übertrieb im Lob und
stilisierte seine Schützlinge zu Idealfiguren.

Wo ihn jedoch von den Gegenständen, über die er schrieb,
eine gewisse Distanz trennte, wo er nicht als Lektor engagiert
war und auch nicht unter dem unmittelbaren Eindruck der
Persönlichkeit eines Autors stand, da erst konnte sich der
Kritiker Heimann entfalten. Natürlich läßt er sich weder auf
eine Theorie reduzieren noch auf ein Programm festlegen;
abwegig wäre es, aus seinen Arbeiten ein ästhetisches System
ableiten zu wollen. Aber in einer Anzahl von Essays – vornehmlich über deutsche, russische und skandinavische Literatur des neunzehnten Jahrhunderts – war es ihm gelungen, den
jeweils entscheidenden Aspekt genau zu treffen und den Kern
und das Wesen konkreter künstlerischer Phänomene sofort
erkennbar zu machen. Hier verband er analytischen Scharfblick mit einer Formulierfähigkeit, der man das Fehlen jener
»überredenden Zutat«, die er in Goethes Hebel-Rezension
vermißte, am wenigsten vorwerfen kann. Doch hat er offenbar
niemals Zeit oder die Geduld gehabt, die nötig gewesen wären,
um sich mit einem Thema eingehender zu beschäftigen. Sein
gründlichster kritischer Essay, eine Analyse des Tolstoj-Romans
»Auferstehung«, die übrigens auch kaum mehr als zwanzig
Buchseiten umfaßt, stammt aus dem Jahre 1900, also aus seiner
frühen Periode.

Seinen späteren Aufsätzen, die besten nicht ausgeschlossen,
haftet oft etwas Fragmentarisches und auch etwas Rasches an:
meist zog er es vor, das, worauf es ihm ankam, mit wenigen
Strichen zu skizzieren und sich auf Andeutungen zu beschränken. Er liebte Bonmots und Aphorismen, überspitzte Formulierungen und effektvolle Abbreviaturen. Gern operierte er mit

pointierten Vergleichen, die nicht auf Analogien und Parallelen hinzielten, sondern auf Unterschiede und Gegensätze: sie sollten die Individualität bestimmter Schriftsteller so deutlich wie nur möglich werden lassen, wobei Heimann keine Bedenken hatte, sich zuweilen auch riskanter, vereinfachender und vergröbernder Mittel zu bedienen. Bei Tolstoj – schrieb er 1905 – sei »alles sicher, auf einem schwankenden Grunde; bei Dostojewskij alles schwankend, auf einem sicheren Grunde ... Der Mensch bei Tolstoj ist ein Inhalt, der Mensch bei Dostojewskij ein Gefäß«[27]. Ibsen sei »von dem Adelsgeschlecht der *know-nothings,* der Nichtswisser, der Männer mit den Fragen im Herzen und ohne Antwort auf den Lippen«, Strindberg hingegen habe »die Fragen auf den Lippen und die Antworten dazu, bald eine sozialistische, bald eine aristokratische, bald eine christologische«[28]. In einem Essay aus dem Jahre 1914 heißt es: »Wenn man von Nietzsche behaupten darf, daß noch auf dem Grunde seiner weisesten Aussprüche ein Gran von Absurdität liegt, so gilt für Goethe, daß auch seine absurdesten Worte ein Gran objektiver Weisheit enthalten.«[28]
Für Heimann gilt, was natürlich auch auf viele andere Kritiker zutrifft: er wertet, indem er charakterisiert. Und obwohl seine prägnante Untersuchung einer »Moralisch-dramaturgischen Frage« im »Prinzen von Homburg« das Musterbeispiel einer scharfsinnigen Interpretation ist – Lehmann glaubte in diesem Zusammenhang von »genialer Einsicht« sprechen zu können –, erreicht doch Heimanns Kritik ihre Höhepunkte nicht in analytischen, sondern in beschreibenden und charakterisierenden Partien. In ihnen vor allem zeigt sich, was zunächst erstaunen muß: so konservativ Heimann die moderne Literatur betrachtete, so modern sah er jene der Vergangenheit. In einer 1905 verfaßten Studie über Dostojewskijs »Idiot« stellte er fest: »Hier wird nicht nur Hektisches erzählt, sondern hier wird auch hektisch erzählt ... Zuweilen war es mir, als schriebe der Dichter sich in seinen vorher kaum disponierten Stoff hinein, gejagt von einer Lust am Grauen,

und auf der Flucht vor dem Grauen.«[29] Damit hatte Heimann
den Nerv nicht nur der Epik Dostojewskijs getroffen, sondern
eines großen Teils der modernen Literatur schlechthin.

Der Literaturkritik jener Jahre weit voraus, entdeckt Heimann (in einem Essay von 1911) als das entscheidende Element
der epischen Kunst Tolstojs sein elementares Mißtrauen gegen
die Natur – und nicht etwa seine Anschauungen: »Bei Tolstoj
ist ein Grundmißtrauen gegen alles, was man sehen kann, das
ihn lehrt, zu sehen; ein Grundmißtrauen gegen die Natur, das
ihn lehrt, die Natur zu ertappen. Da er sicher ist, in keiner
Erscheinung das zu finden, was man üblicherweise in ihr
erwartet, so findet er in der Tat immer etwas Überraschendes
und Neues an ihr, er findet immer etwas dahinter.« Aus diesem
generellen Mißtrauen gegen die Natur resultiert auch – führt
Heimann aus – Tolstojs Verhältnis zum Menschen: »Du bist
nicht das, was du scheinst: mit diesem Verdacht – du bist etwas
anderes, als du glaubst: mit dieser Gewißheit tritt er an jede
Erscheinung und bemächtigt sich ihrer.«[30]

Gerade in den Essays über Tolstoj fällt die Modernität der
Sicht Heimanns auf, und dies zum Teil wohl deshalb, weil ihn die
Polemik für oder gegen Tolstojs Gedanken und Argumente
überhaupt nicht interessiert. Was ihn hingegen fasziniert, ist die
von ihm wiederholt (und virtuos) beschriebene »eigentümliche
Tolstojsche Sinnlichkeit, die kaum jemals in seinem Leben ohne
Qual war und die schließlich nichts als eine Qual wurde«. So geht
er auf die Sexualität seiner Frauengestalten ein (»Sie sind nackt
in ihren Kleidern vom Haar bis zu den Füßen«) und weist
überzeugend nach, daß Tolstojs Verhältnis zu ihrem Sexualleben
unorthodox und – seinen Thesen zum Trotz – sehr liberal war.
Denn: »Er kennt die Naturgewalt. Er weiß auch, daß die Ehe sie
nicht zähmt. . . . Tolstoj weiß, daß jede asketische Lehre zur
Lächerlichkeit wird ohne geschlechtliche Enthaltsamkeit; aber
diese wagte er nicht zu fordern, sondern nur zu preisen.«[31]

Derselbe Heimann, dem es offenbar ganz unmöglich war,
über Hauptmann sachlich zu schreiben, sah sehr genau sowohl

die Bedeutung als auch die Schwäche Ibsens. Während viele Kritiker die Frage nach dem Überdruß, den seine Dramen verhältnismäßig rasch hervorgerufen haben, in der Regel mit dem Hinweis auf die von ihm behandelten Konflikte und Motive zu beantworten suchten, führte Heimann die Abkehr von Ibsen auf seine dramaturgische Technik zurück, »diese berühmte und allen, die sie berufsmäßig zu analysieren hatten, höchst befriedigend zugängliche Technik. Es haftet ihr etwas Mechanistisches an . . . Sie hat etwas Offizielles, sie betont die einzelnen Funktionen allzu deutlich. So wie es Rätsel gibt, die durch ihre Auflösung ein für allemal erledigt sind, und andere, die gerade von ihrer Auflösung immer neu und geistreich leben, so ist Ibsens Technik, einmal erkannt, für immer allzu leicht durchschaut, und die Motive werden, zumal wo sie sich symbolisch verdichten, aufdringlich.«[32]

Freilich bleiben auch die wichtigsten und besten Arbeiten Heimanns den Lesern einiges schuldig. Immer wieder entsteht der Eindruck, daß er über seine Gegenstände – ob es sich nun um Dostojewskij, Tolstoj oder Ibsen, um Kleist, Büchner oder Grabbe handelt – ungleich mehr zu sagen hat, als sich seinen Aufsätzen entnehmen läßt: zentrale Einfälle tauchen meist nur in Aperçus auf und werden nicht mehr aufgenommen, für manch eine kühne und originelle These fehlt auch der Schimmer einer Begründung. So zitiert Heimann einen Ausspruch der Marion (aus »Dantons Tod«) und bemerkt: » – auf einer Druckseite die ganze Lulu.« Aber mehr ist darüber nicht zu erfahren, mit keinem Wort geht er auf die Verwandtschaft der Frauenfiguren bei Büchner und Wedekind ein.

Der Essay über Büchner stammt aus dem Jahre 1910, aus einer Zeit also, da es noch dringend erforderlich war, für ihn eine Lanze zu brechen: »Daß dieser Dichter so wenig bekannt ist, gehört zu den Unbegreiflichkeiten, ach nein: zu den Begreiflichkeiten im deutschen Geistesleben.« Sein Werk verrate gleicherweise »den Blick eines Naturforschers« wie »den sympathetischen Nerv des Dichters«, er vereinige einen außergewöhnlichen »Sachsinn« mit der »Hochspannung seiner Natur«, er habe »den Ton, der sich gleicherweise mit einer ökonomischen Beweisführung und mit der Bibel verträgt«. Heimann erkennt, daß es vor allem Büchners Verhältnis zu seinen Gestalten ist, das ihn von seinen Vorgängern im deutschen Drama unterscheide: die Dantons, Demoulins, Robespierres habe »nicht nur ein Dichter in seinem schönen Wahnsinn gesichtet und geschrieben, sondern ein Mann hat sie ins Auge gefaßt, bereit und fähig, sich mit ihnen einzulassen«. Auch auf das Besondere der Beziehungen der Büchnerschen Figuren zueinander vermochte Heimann schon 1910 zu verweisen: »Sieht man genau zu, so sind ihre interhumanen Beziehungen, Wunsch und Not des Wirkens von Mensch zu Mensch, sehr schwach. Sie sprechen aneinander vorbei. Es herrscht keine Feindschaft zwischen ihnen, sondern Fremdheit.«[33]

Mit dem Büchner-Essay appellierte Heimann an die Öffentlichkeit, sein enthusiastisches Plädoyer ist bewußt einseitig und dennoch so gerecht wie treffend. Einen anderen Ton schlug Heimann in seinem Grabbe-Porträt an: hier warb er um Verständnis für einen Schriftsteller, den er bemitleidete, ohne ihn etwa herablassend zu behandeln, und der ihn allen Bedenken zum Trotz faszinierte, den er jedoch keineswegs überschätzte. Heimann geht dabei von einer knappen Charakteristik des Grabbeschen Stils aus: »Schlägt man welches immer von seinen Werken auf, so ist der erste Eindruck, daß man als Unwillkommener an einer fremden Tür stehe. Die Rede geht mürrisch und sieht nicht in die Augen. Leser, du überflüssigstes aller Möbel, so knurrt sie uns von der Seite an: ich langweile mich nicht, daß ich dich einladen, und bin keine Hure, daß ich dich verführen müßte; dich will ich nicht einmal bezwingen, scher dich und laß mich allein! Aber ehe man noch das Buch hat zuklappen können, hat ein Satz, ein Vers, ein Wort uns gehindert, es zu tun.«

Aber Heimann weiß, worauf diese Wortgebärde, die »nicht bloß übertreibend, sondern renommistisch« ist, hindeutet, was

sich hinter der Attitüde des Dichters verbirgt, der »herumber-
serkernd aus Verlegenheit« an einen erinnere, »dem ein Spritzer
auf das Tafeltuch passiert und der die ganze Flasche Wein
darüberschüttet«: Grabbe kenne die Ohnmacht der »übermenschlichen Redensarten« und müsse »die Wollust dieser
Ohnmacht« genießen, »weil er eine Angst vor dem hat, was
nachher kommen will: vor der einfachen Wahrheit, die er ahnt,
und für die noch nicht die Zeit ist. Solange die Wahrheit uns
kompliziert scheint, ist es nicht schwer, sich mit ihr abzugeben.
Aber wenn man zu ahnen beginnt, daß sie einfach ist, wird ihre
Forderung so streng, daß jede Art von Selbstbetäubung willkommen ist, ihr auszuweichen«[34].

Einfache und strenge Wahrheiten, die er ahnt und spürt, die er
immer nur andeutet und nie auszusprechen wagt, bilden auch
das Fundament der Kritik Moritz Heimanns. Er kannte die
Grenzen seines Metiers und die Gefahren, von denen es stets
bedroht wird. So rühmte er Carlyles »achtungswertes Bemühen,
sich die Dinge lieber gegenwärtig und lebendig zu erhalten, als
sie durch die Reduktion auf einen Gedanken aus dem Wege zu
räumen«. Denn: »Die Gedanken des Weisen begleiten die Dinge,
die des Kritikers sind in der ständigen Versuchung, sie zu
ersetzen, sie abzusetzen.«[35] Nichts lag Heimann ferner, als die
Dinge aus dem Wege zu räumen oder gar zu ersetzen: er wollte sie
vor allem begleiten. Und doch meinte er – wie es in dem bereits
zitierten fundamentalen Essay ausdrücklich heißt –, die Kritik
dürfe »nicht bloß Begleiterin und Ordnerin« sein, vielmehr
müsse sie »ihren eigenen Flug« nehmen und »ihrer besonderen
Genialität« folgen.[36] So augenscheinlich dieser Gegensatz, so
notwendig ist er auch: weder macht die erste Ansicht die zweite
fragwürdig, noch kann die zweite die erste annullieren. Was sich
hier als Widerspruch darbietet, verweist in Wirklichkeit auf
nichts anderes als auf die beiden Pole, zwischen denen der
Kritiker Moritz Heimann seinen Weg gesucht hat.   (1971)

Der leise Meister

I.

Er wird oft zusammen mit einigen Schriftstellern genannt, die wie er ihre große Zeit im ersten Drittel unseres Jahrhunderts hatten, die gleich ihm vor allem für Zeitungen und Zeitschriften schrieben und Meister der deutschen Sprache waren und die ebenfalls im »Dritten Reich« geschmäht und bekämpft wurden: Man sieht Alfred Polgar gern in der unmittelbaren Nachbarschaft von Kurt Tucholsky, Karl Kraus und Alfred Kerr. Das ist schon gerechtfertigt; und auf jeden Fall haben wir es mit einer erlesenen Gesellschaft zu tun. Nur machen derartige Parallelen neben vielen Ähnlichkeiten und Gemeinsamkeiten zugleich die Unterschiede deutlich: So gewiß die Nähe, so aufschlußreich andererseits der Abstand. Dabei geht es nicht um das Format, sondern um die Mentalität, nicht um die Breite des Talents, sondern um seine Eigenart.

Indes erweist es sich als schwierig, Polgars Kunst zu charakterisieren. Sie hat bestimmt nicht weniger deutliche Konturen als jene seiner gestern wie heute berühmten und wohl immer noch berühmteren Kollegen. Aber die Reize und Vorzüge seiner Prosa sind in der Regel so unauffällig und still, daß sie sich kaum darstellen lassen und häufig der Analyse spotten: Im Grunde müßte man wie Polgar schreiben können, um zu zeigen, wie er schreiben konnte.

Tucholsky, Kraus und Kerr waren hochdramatische Figuren des literarischen Lebens und der Zeitgeschichte. In Polgars Porträt wird man Dramatisches vergebens suchen. Sie standen jeweils im Mittelpunkt, er hatte seinen Platz am Rande. Sie gehörten zu den Streitern und Kämpfern und – früher oder später – zu den Scheiternden. Polgars Element hingegen war die Beobachtung, das Kontemplative. Bei Tucholsky, Kraus und Kerr fallen zunächst das außerordentliche literarische Temperament und die polemische Leidenschaft auf, bei ihm eher die Zurückhaltung und die künstlerische Ausgeglichenheit. Und so begreiflich deren innere Unrast, so bemerkenswert seine Gelassenheit. Ihre Intensität und Aggressivität sollten brüskieren und mußten verletzen. Er jedoch verließ sich auf die Kraft, die von der Sanftmut und der Herzlichkeit ausgehen kann.

Tucholsky, Kraus und Kerr waren bei allen individuellen und erheblichen Unterschieden militante Schriftsteller, radikal und extrem. Polgar mißtraute jeglichem Radikalismus, und fast immer war ihm das Extreme zumindest verdächtig. Sie fungierten als Ankläger, Verteidiger und Richter. Auch er hat nicht selten angeklagt, verteidigt und Urteile gefällt; doch hielt er es für seine wichtigste Aufgabe, Zeuge zu sein. Tucholsky und Kraus, auch Kerr wollten die Welt verändern. Polgar wollte sie nur beschreiben.

Sein Werk ist umfangreich und einheitlich zugleich. Denn abgesehen von kabarettistischen Texten, die er zusammen mit Egon Friedell verfaßte, abgesehen von gelegentlichen novellistischen Versuchen, die meist aus der Zeit vor 1914 stammen und nachher von ihm selber verworfen wurden, und von späteren Auftragsarbeiten (meist Übersetzungen und Film-Drehbüchern), schrieb er lediglich kurze Prosastücke, für die er nur in Ausnahmefällen mehr als vier oder fünf Druckseiten benötigte. Sofern die Gegenstände dieser Prosastücke Theateraufführungen sind, mag man von »Kritiken« oder »Rezensionen« sprechen; alle übrigen kann man als »Feuilletons« oder »Skizzen« bezeichnen oder auch als »Betrachtungen«, bisweilen als »Geschichten«. Daraus ergibt sich eine Zweiteilung der Schriften Polgars, die ebenso übersichtlich wie irreführend ist. Vielleicht ist dies sogar einer der Gründe für die Anziehungskraft und den Reiz seines Werks: daß es sich einer solchen Zweiteilung hartnäckig widersetzt.

Die ganze Welt gleicht einer Bühne, und die Bühne ist die ganze Welt. So ungefähr heißt es bei Shakespeare. Aus dieser alten Einsicht wußte Polgar die natürlichsten Konsequenzen zu ziehen: Im Drama suchte er das Leben, und im Leben fand er das Dramatische. Über die Figuren im Rampenlicht berichtete er oft wie über reale Menschen – und über die Menschen, die er auf der Straße sah, wie über Geschöpfe großer Dichter. Er erzählte vom Theater, und er rezensierte den Alltag. Die Szene wurde ihm zum Tribunal und das Tribunal zur Szene. Der Kritiker war ein poetischer Feuilletonist, und der poetische Feuilletonist hörte nicht auf, ein Kritiker zu sein.

Worüber er sich auch äußerte – er war eher ein Mann der besonnenen Reflexion als der lautstarken Entrüstung. Gewiß, auch er sah sich immer wieder genötigt, zu protestieren. Aber noch häufiger wunderte er sich. Genauer: Er protestierte, indem er sich wunderte. »Von dem, was Aug’ und Ohr und unmittelbarstes Empfinden ihm zutragen, erzählt er wie einer, der aus dem Staunen über die Seltsamkeit auch des Gleichgültigsten, über das Merkwürdige des kaum Bemerkenswerten nicht herauskommt. Das Weinen ist ihm nahe und das Lachen ob des Wunderlichen der alltäglichen Gestalten und Geschehnisse.«[1] Polgar schrieb dies 1937 über Robert Walser und charakterisierte damit insgeheim auch sich selber. Den Mittelpunkt seines Wappens bildet ein großes Fragezeichen. Mit ebenso stiller Leidenschaft wie unstillbarer Neugier musterte er seine Umwelt. Was immer der unmittelbare Gegenstand seiner Darstellung auch sein mochte, im Grunde faszinierte ihn nur eine einzige Epoche: die Gegenwart. Und worüber er auch schrieb, eigentlich interessierte ihn nur ein einziges Thema: die leidende Kreatur, ihre Lächerlichkeit und ihr Elend.

Walter Benjamin meinte 1928, der Ursprung von Polgars Kunst liege in seiner Gerechtigkeit.[2] Das ist gewiß richtig, und doch darf man fragen, ob der Poet Polgar mit einem solchen Diktum nicht ein wenig überfordert werde. Kein Zweifel, ein

170   *Alfred Polgar*

ausgeprägtes Gerechtigkeitsgefühl gehörte zu den hervorste-
chendsten Eigenschaften dieses Schriftstellers, der freilich nie
ein Gerechtigkeitsfanatiker war, ein Kämpfer oder ein Eiferer.
Er selber schrieb:»Meine Arbeit . . . ist der natürliche Ausdruck
meines Vergnügens am Geschenk des Daseins sowie meiner
gelegentlichen Zweifel am Wert dieses Geschenks. Sie ist meine
Reflexbewegung gegen das Bedrängende, Lächerliche, unent-
wirrbar Dunkle innerer und äußerer Welt.«³

So verdanken diese Feuilletons ihre Entstehung weniger dem
Bedürfnis Polgars, zur Gerechtigkeit beizutragen, als vor allem
einem viel schlichteren: jenem, die Welt zu betrachten und
sichtbar zu machen. Nicht zufällig wählte er für seine Bücher
gern Titel, die unmißverständlich, wenn auch ein wenig kokett
andeuten sollten, daß es nur ein Zeuge und Beobachter ist, der
sich hier an das Publikum wendet:»An den Rand geschrieben«,
»Bei dieser Gelegenheit«, »Im Vorübergehen«, »Orchester von
oben« oder »Ich bin Zeuge«.

Skepsis ist das Grundelement seiner Schriften. Immer wieder
spüren wir in ihnen eine schon seit Raimund für so viele
österreichische Schriftsteller typische Mischung aus Bitterkeit
und freundlicher Daseinsbejahung, aus Schwermut und charmanter Liebenswürdigkeit. Im Komischen sah er zugleich das
Tragische, im Tragischen entdeckte Polgar stets das Komische.
»Alle Heiterkeit der Welt« – schrieb er – »rührt her von ihrer
Traurigkeit.« Daher war in seinem Spott immer auch Mitleid,
aber in seinem Mitleid war niemals Sentimentalität. Dies ist
um so bewundernswerter, als er etwas wehmütige oder doch
von der Wehmut bedrohte Motive häufig behandelte.

»Die kleinen Leute« betitelte er eines seiner Feuilletons, ein
anderes »Denkmal des unbekannten Menschen«. Hunderte
von Prosastücken Polgars könnten diese Titel tragen. Oft hat er
sie gerühmt und besungen: die Putzfrauen und Gepäckträger,
Kellner und Dienstmädchen, Liftboys und Hotelportiers,
Schneider und Friseure, die Bescheidenen, die Unansehnli-
chen und die Benachteiligten: »Ohne sie stürzte die Welt in

Nacht und Kälte. Ich will lieber die Büste meines Briefträgers auf den Schreibtisch stellen als die des großen Napoleon.«[4]

Nüchterne und alltägliche Situationen und Vorgänge – eine Grenzkontrolle, der Abschied auf dem Bahnsteig, eine schlaflose Nacht im Schlafwagen – vergegenwärtigt Polgar mit solcher Exaktheit und Eindringlichkeit, daß er geradezu eine Art Komplizenschaft der Leser erwirkt: Sie fühlen sich ertappt und durchschaut, weil sie ausgedrückt und bestätigt finden, was sie oft gespürt haben, ohne daß es ihnen bewußt geworden wäre. »Wir empfangen ihn« – schrieb Arnold Zweig – »als Klassiker des kleinen Lebens.«[5]

Dem literarischen Porträt und der psychologischen Miniatur, dem alten Genrebild und der feuilletonistischen Skizze konnte Polgar auch deshalb zu neuem Glanz verhelfen, weil er – und das muß einmal deutlich gesagt werden – ein kluger Mann war. Was bedeutet das? Er hat es selber erklärt: »Klug heißt: aufgetan der Welt, daß sie von allen Seiten herein kann. Der Kluge hat Witterung für Fernes, Verstecktes, Blick für nicht offenkundige Zusammenhänge, Tastgefühl, das die Einzelfäden auch im dichten Gewebe spürt und unterscheidet.«[6]

Skepsis und Klugheit haben ihn vor Enttäuschungen mancher seiner Generationsgenossen bewahrt. Er bekannte freimütig: »Ich glaube an das Gute im Menschen, rate aber, sich auf das Schlechte in ihm zu verlassen.«[7] Anders als Tucholsky, der darunter litt, daß seine Arbeiten zwar erfolgreich waren, doch wirkungslos blieben, bildete sich Polgar niemals ein, es werde ihm gelingen, Einfluß auf die Leser auszuüben oder sie gar zu erziehen. Sein Werk ist vom Bewußtsein der großen Vergeblichkeit gezeichnet. Was er 1927 im Vorwort zu seinem Buch »Ich bin Zeuge« feststellte, war ernst gemeint: »Mir ward eine Vision von der rührenden Gloriole der Lächerlichkeit, die über Dingen und Menschen, also auch überm eigenen Haupte schwebt. Nie verläßt sie mich.«[8]

So hat uns Polgar zu bieten, was in unserer Literatur Seltenheitswert besitzt: geistreiche Idyllen und scharfsinnige Stim-

mungsbilder, weise Glossen und subtile Generalattacken, zarte
Satiren und behutsame Pamphlete. Die Behutsamkeit sei für
ihn – meinte sein (erheblich jüngerer) Kollege Joseph Roth –
»geradezu ein literarisches Mittel« und »eines seiner schriftstellerischen Elemente«.[9]

Das Grelle war ihm zuwider, publizistisches Trommeln verpönte er ebenso wie den rauschhaften und verzückten Ton
mancher Dichter und auch Journalisten seiner Epoche. Denn
er wußte genau, was sich meist dahinter verbarg: »Ekstase ist
ein gutes Mittel, die Gespenster der Urteils-Unsicherheit zu
verscheuchen. (Im Dunkeln redet man lauter, um sich Mut zu
machen.)«[10] Er hingegen war ein leiser Schreiber. Wie Hans
Karl Bühl, Hofmannsthals schwieriger Graf, das simple Faktum, daß man etwas ausspricht, schon für indezent hielt, so
meinte Polgar, es sei taktlos und aufdringlich, ein Wort oder
eine Wendung besonders zu unterstreichen. Die treffendsten
Pointen und Nuancen und die stärksten Effekte offerierte er
mit vollendeter Beiläufigkeit. Er war ein Virtuose des auf-
schreckenden Pianissimo, ein Dichter des verhaltenen Schreis,
ein Meister des Understatements, das alarmiert.

Das hatte freilich zur Folge, daß er bisweilen unterschätzt
oder mißverstanden wurde. Schon Anfang der zwanziger Jahre
warnte Franz Kafka davor, Polgars Prosa »als eine Art unver-
bindlicher gesellschaftlicher Unterhaltung« hinzunehmen,
denn: »Unter dem Glacéhandschuh der Form verbirgt sich ein
fester, unerschrockener Wille als Inhalt.«[11] Und etwa gleichzeitig äußerte sich Franz Blei in seinem »Großen Bestiarium der
Literatur« über die »das Polgar« genannte »feine, stille, silber-
graue Maus«: »Die große Menge hält das Polgar für harmlos,
doch hat unsere Untersuchung ergeben, daß jenes zarte Mehl
aus den von unserm Tiere angenagten Fundamenten Ekrasit,
wenn auch in sehr fein verteiltem Zustande, enthält.« Das
»Polgar Viennensis« baue »aparte Gedankennester, die man
wegen ihrer seltsamen Zusammensetzung aus Fragilität und
Dauer Filigranitkunstwerke nennt«[12].

Friedells Sprache sei – meinte Polgar –»von lateinischer Prägnanz, luft- und lichtdurchlässig, biegsam, ungemein bildkräftig . . .«[13]. Das trifft auch auf seinen eigenen Stil zu: Er ist weltenweit von dem (überaus originellen) Manierismus und der (oft unerträglichen) Manieriertheit Alfred Kerrs entfernt, von dessen artistischer Bravour und verwegener Sprachakrobatik, hat aber manche Berührungspunkte mit der Ausdrucksweise von Kraus und, vor allem, von Tucholsky. Wie dieser bemühte sich auch Polgar oft und mit Erfolg, seine Diktion der gesprochenen Sprache (doch nicht etwa dem Slang) nachzubilden.

Er dachte nicht daran, dem Leser zu schmeicheln, aber er hielt es für seine Pflicht, ihm menschenfreundlich entgegenzukommen: Polgar war zu höflich, um sich undeutlich oder unklar zu äußern. Und immer bemühte er sich um spielerische Leichtigkeit oder, richtiger gesagt, um den Anschein einer solchen Leichtigkeit. Während andere Feuilletonisten ihre Ansichten auf der Suche nach knappen Formeln nicht nur überspitzten, sondern zugleich vergröberten, brachte er es fertig, zusammen mit der Überspitzung auch noch die Verfeinerung zu erreichen.

Aber es mag sein, daß er die Kunst, genau das auszudrücken, was er sagen wollte, so vollkommen beherrschte, weil er nie etwas schreiben wollte, was er nicht schreiben konnte. Das hochherzige Goethe-Wort »Den lieb ich, der Unmögliches begehrt« gilt für Polgar nicht: Dieser Schriftsteller begehrte stets, was immer man darüber denken mag, nur das für ihn Mögliche.

Niemals hat Polgar ein ideologisches Programm unterstützt, nie hat er sich einer politischen Partei auch nur genähert. Die verzweifelten Hoffnungen und die ehrenwerten Illusionen Tucholskys waren ihm fremd, seine Krisen und Fehlschläge blieben ihm erspart. Mit dem schonungslosen Kampf, der pädagogischen Passion und der prophetischen Attitüde von Karl Kraus und mit dessen Streben nach dem Absoluten hatte

Polgar nichts gemein. Sein Glaubensbekenntnis, das er bei
verschiedenen Gelegenheiten wiederholte, lautete: »Was ist
Erkenntnis? Doch zumeist nur der Trugschluß, dem man's
nicht anmerkt. Wahrheit? Der Irrtum, auf den noch keiner
gekommen ist. Und welcher Beweis gilt? Jener, der schlauer
geführt wird als sein Gegenbeweis.«[14]

Indes war sein zeitkritisches Engagement unverkennbar und
auch konsequent; und es ging oft in die gleiche Richtung wie
dasjenige von Kraus und Tucholsky: gegen den Krieg und den
Militarismus, die Justiz und den Untertanengeist, gegen jegliche Heuchelei und Ungerechtigkeit und, versteht sich, gegen
den Nationalsozialismus. Doch was Polgar 1926 im Vorwort
zum ersten Band seiner gesammelten Theaterkritiken schrieb –
»Ich bin durchaus nicht Kenner der Bühne, sondern ihr
gegenüber chronischer Laie«[15] –, darf wohl auch auf seine
politischen und gesellschaftskritischen Arbeiten bezogen werden: Hier mag er ebenfalls ein »chronischer Laie« gewesen sein.

Wenn Berthold Viertel 1925 Polgar, den er bewunderte,
gleichwohl vorwarf, ihm fehle »die richtige Idee und
Absicht«[16] (ähnliches bekam Polgar von radikalen linken Auto-
ren nicht selten zu hören), wenn man in der DDR (im
Nachwort zu einem dort 1975 erschienenen Auswahlband)
Polgars »Relativismus« beanstandete und ihn als »Ausdruck des
Lavierens« wertete und der Unfähigkeit, »das Wechselspiel von
Recht und Unrecht . . . in der bürgerlichen Gesellschaft bis in
letzte Ursachen hin aufzudecken«[17] – so wurde damit auf jenen
Umstand hingedeutet, der dazu beigetragen hat, daß viele
Feuilletons und Glossen Polgars ihre Epoche überdauert
haben.

Eben weil Polgar von Ideologien und Programmen, von
Dogmen und Doktrinen nichts wissen wollte, weil er unbeirrt
der Vernunft vertraute und sich von dem (in deutschen Ländern meist wenig geschätzten) gesunden Menschenverstand
leiten ließ, hat er häufiger als die meisten seiner damals
bekannten und einflußreichen Kollegen ins Schwarze getrof-

fen. Eben weil er auch in Sachen Politik ein »chronischer Laie« war, konnte er, einer Formulierung von Benjamin zufolge, »zum Wortführer aller Streitkräfte der passiven Resistenz« avancieren, zum »Obersten der Saboteure«[18].

Auf die Eigenart der zeitkritischen Glossen und Betrachtungen Polgars hatten die Verhältnisse in Österreich während des Ersten Weltkriegs einen deutlich erkennbaren Einfluß ausgeübt. Das soll heißen: Um die Zensur, die allerdings durch die Beschränktheit der Zensoren gemildert war, zu passieren, mußten sich seine Artikel – wie er 1919 berichtete – »einer sozusagen maskierten Tonart befleißigen ...« Anders als »fast bis zur Lautlosigkeit gedämpft« habe sich »die Empörung gegen den blutigen Kretinismus« nicht vernehmbar machen können.[19]

Damit mag auch das Thema nahezu aller pazifistischer Arbeiten Polgars aus jenen Jahren zusammenhängen. Denn sie malen – wie er selber schrieb – »das kleine Elend des Kriegs, gewissermaßen nur Spreu und Abfall seines Entsetzens, nicht dieses, das gewaltige und dämonische selbst ... Aber das Dämonische und das Gewaltige verführen; und auch der Schrecken, ins Großartige gesteigert, hat seine Anziehungskraft.«[20]

, So sind Polgars Helden die Erniedrigten und die Beleidigten, die Opfer der Geschichte. »Der Mensch« – heißt es in der Glosse »Die Uniform« – »ist eine Fortsetzung der Uniform nach innen.«[21] In der Skizze »Bahnhof« lesen wir: »Die Lokomotive pustet, als wollte sie das Himmelslicht ausblasen. Hochofenglut zittert in der schwärzlichen Luft. Ich denke daran, daß diese schmale Tür, durch die ›Militärpersonen‹ auf den Bahnsteig gelangen, seit vier Jahren ein Ofenloch ist, in das immer wieder, immer wieder Lebendes als Heizmaterial hineingeschaufelt wird: das Feuer zu nähren, an dem der Friede kocht und nicht gar werden will. Kranke und Krüppel ordnen sich zum Marsch ins Spital. Das ist die Schlacke, hinausgekehrt aus dem Ofen, damit sie frischem Heizstoff nicht die Luft verlege.«[22]

Als der Krieg zu Ende war, rief Polgar seinen gequälten
Landsleuten zu: »Es geht uns gut«, denn: »Du hast vielleicht
nicht mal eine Stube, aber besser keine Stube, als ein Käfig . . .
Er ist arm heute, der Mensch. Aber vier Jahre, die Jahrhunderte
dauerten, war er ein Vieh, der Mensch!«[23] Als der habsburgi-
sche Doppeladler von den Hausfassaden und Firmenschildern
entfernt wurde, meinte Polgar: »Heute gilt: gar kein Vogel in
der Hand ist noch immer besser als ein Doppeladler auf dem
Dach.«[24] In einem Feuilleton über »Plakate« schrieb er: »Die
Republik hat die Straße zur vertikal ausgespannten Zeitung
gewandelt. Wer täglich etwa die Herrengasse liest, bekommt
kalte Füße, ist aber auf dem laufenden.«[25] In einer Glosse über
den Arc de Triomphe fragte er, ob die Inschrift »Mort pour la
patrie« nicht richtiger heißen sollte »Mort par la patrie«.[26]

Die geschichtlichen Ereignisse haben Polgar gezwungen, fast
sein ganzes Leben lang dem Thema Krieg und Frieden treu zu
bleiben: Er kommentierte allerlei (meist scheinbar geringfü-
gige) Vorfälle aus dem italienisch-abessinischen Krieg und dem
spanischen Bürgerkrieg ebenso wie aus dem Zweiten Weltkrieg.
Diese Arbeiten und auch jene, in denen er (oft mit Hilfe
anekdotischer Elemente) im »Spreu und Abfall seines Entsetzens« das Wesen des totalitären Staates veranschaulichte,
haben in der Regel nichts von ihrer Aktualität eingebüßt.

Unvergeßlich Polgars Protest gegen alle, die die Menschen
aufrufen, sich für eine Idee oder für eine spätere Generation zu
opfern: »Noch nie hat ein Märtyrer-Werber die Kandidaten
aufgefordert, bildlich zu sterben, um faktisch zu leben. Stets
nur umgekehrt. Die Spesen sind in barem Blut zu erlegen, die
Verzinsung erfolgt in Phrasenvaluta mit Luftdeckung. Das
Kreuz ist immer Wahrheit, die Auferstehung immer Legende.
Die Marter immer real, die Seligkeit immer metaphorisch.«[27]

Das Unrecht, das dem kleinen Mann geschieht, ist auch das
Leitmotiv der über die Jahrzehnte verstreuten justizkritischen
Glossen Polgars. Die Porträts der Richter und Staatsanwälte
sind nicht weniger scharf und deutlich als jene der hochmüti-

gen Generale oder der herzlosen Militärärzte. Im Mittelpunkt jedoch steht meist der Angeklagte, dem, ob er schuldig ist oder nicht, Polgar sein Mitleid nie verweigern kann.

Ob er sich mit dem Theater oder mit der Justiz befaßte, ob er den Krieg kommentierte oder den totalitären Staat – er ließ die Welt auf sich wirken, er setzte sich ihr aus. Mit anderen Worten: Dieser Schriftsteller agierte nicht, er reagierte. Immer schrieb er – und auch das ist erwähnenswert – für das Publikum und nicht für die Zunft, für die Leser, niemals für die Kollegen. Die indes bewunderten und beneideten ihn – und gaben es öffentlich zu, so Tucholsky im Jahre 1929: »Schneider Polgar, wir arbeiten in derselben Innung – ich habe es nicht leicht, Ihnen eine Liebeserklärung zu machen. Nicht nur, weil Sie mir überlegen sind – wackeln Sie nicht mit der Schere – Sie sind es . . .«[28]

Was wir Polgar zu verdanken haben, ist Weisheit ohne Gewichtigkeit, Charme ohne Koketterie, Esprit ohne Eitelkeit, Ironie ohne Hohn, Witz ohne Schnoddrigkeit, Liebe ohne Sentimentalität. Er sah sich gezwungen, ein Moralist zu sein; aber er hütete sich, den Finger zu heben. Er war ein Grandseigneur der deutschen Prosa – immer gelassen, bisweilen lässig, nie nachlässig. Er war ein Kritiker – und dennoch ein Gentleman. Seine Bagatellen haben Format, seine Miniaturen haben Größe; doch dieser Größe fehlt nie die Anmut. In seinem Werk, das sich so unauffällig darbietet, finden Intellekt und Takt, Gewissen und Geschmack zu einer makellosen Einheit. Ruhig und gedämpft ist das Licht, das von der Prosa Alfred Polgars ausgeht: Es erhellt, ohne je zu blenden. (1982)

II.

Polgar, meint 1926 Robert Musil, lasse »die Dinge laufen, wie sie behaupten, es zu können; er sieht ihnen bloß zu und beschreibt sie«[29]. Das gilt auch und vor allem für seine Theaterkritik.

Aber kann man ein Kunstwerk beschreiben? Nein, antwortet Polgar, und es sei auch noch keinem gelungen, denn: »Im

Nicht-mit-Sinnen-Wahrnehmbaren, in dem, was sich nicht
wägen, messen, spiegeln, isolieren läßt, liegt sein Entschei-
dendes. Dort, wo Wirkung ist ohne erkennbare Ursache.«[30]
Damit wäre schon angedeutet, worin Polgar seine vornehmste
Aufgabe sah: Ein Leben lang versuchte er, literarischen Kunstwerken und theatralischen Kunstleistungen, auch und gerade
wenn sie sich der Beschreibung entziehen, eben doch mit den
Mitteln der Sprache beizukommen. Er wurde nicht müde,
nach den heimlichen, den kaum oder überhaupt nicht erkennbaren Ursachen der künstlerischen Wirkungen zu forschen:
Ihn reizte es immer wieder, das Undefinierbare zu definieren
und das Unwägbare zu wiegen.

Tatsächlich vermochte er seinen Lesern mit einer von kei-
nem deutschen Kritiker unseres Jahrhunderts übertroffenen
Anschaulichkeit das Charakteristische, das Einzigartige eines
Bühnenstücks, einer Inszenierung, einer schauspielerischen
Persönlichkeit und Darbietung zu vergegenwärtigen. Hierzu
benötigte er weder viele noch außergewöhnliche Vokabeln:
Meist genügten ihm klare und einfache Sätze sowie die Wörter
und Wendungen der Alltagssprache.

Stets bemühte er sich um eine ebenso knappe wie natürliche,
ebenso genaue wie melodische Diktion. Doch wie schön sie
auch klingt, selbstgefällig oder prunkvoll mutet sie niemals an.
Im Gegenteil: Er liebte eine scheinbar anspruchslose Ausdrucksweise, er war ein leiser Meister der Kritik, ein Virtuose
des diskreten und unauffälligen Stils. Was er meinte, sagte er
unmißverständlich, er verpönte es, sich hinter dehnbaren oder
undeutlichen Formulierungen zu verbergen. Der Holzhammer
und der Nürnberger Trichter gehörten freilich nicht zu Polgars
Werkzeugen: Noch die strengsten seiner Urteile kamen auf
Zehenspitzen, auf leisen Sohlen.

In seiner Rezension einer »Faust II«-Inszenierung heißt es:
»Der Dichter wird unbarmherzig beim Wort genommen.«[31]
Von Polgar ließe sich sagen: Er nahm die Sprache beim Bild
und das Bild beim Wort. So schrieb er über den Dialog in

einem Drama von Franz Werfel: »An solchen sehr getragenen, wie von Klassikern abgelegten Wendungen ist das Werk nicht arm.«[32] Brechts Baal sei »ein Kerl, der über seine eigenen Ufer getreten ist«. Bernard Shaw habe in »Caesar und Cleopatra« das Heldentum nicht verkleinert, sondern vermenschlicht: »Er pustet einen Heiligenschein aus; aber nun leuchtet der Kopf, den er gedeckt hat, um so schöner, kraft seiner eigenen, innersten Helle.«[33] Und: »In Sternheims Sprache geht es zu wie auf dem Exerzierplatz. Scharfe Kommandi. Mitteilungen in knappster Fassung. Entgegennahme ebenso... Strammes Deutsch, für Ernstfall sichtlich bereit.«[34]

Mit einer einzigen Formulierung konnte Polgar auf die entscheidende Schwäche, auf das fragwürdige Zentrum eines Bühnenwerks verweisen. In Hauptmanns »Michael Kramer« – meinte er – »werden Ur-Fragen gestellt und sehr feierlich nicht beantwortet«[35]. Über die Titelfigur in Brechts »Mutter« lesen wir: »... dieser Entwicklungsprozeß, den der Dichter ihr macht...«[36] Sudermanns »mehraktige Stücke« verglich er 1905 mit mehrstöckigen Zinshäusern, die dem Geist des besser situierten Publikums Wohnstätten »mit Tränenspülung«[37] bieten, und »Cristinas Heimreise« von Hofmannsthal mit einer Wiese, »die, wenn auch erfüllt von kleinem Leben und vieler Geschäftigkeit, doch zum Schlummer einlädt«[38].

Nach der Uraufführung der Tragikomödie »Das weite Land« (1911) bemerkte er mit sanfter Ironie: »Ohne ein paar Tropfen Verwesungsparfüm im Taschentuch geht die Schnitzler-Muse niemals in Gesellschaft.«[39] Und im Nachruf auf Schnitzler zog er das Fazit: »Den Boden seines Werks decken welke Blätter vom Baum der Erkenntnis. Er verwertet ihr Rascheln musikalisch.«[40] Worum geht es in Shaws »Pygmalion«? Polgars Rezension beginnt mit dem Satz: »Komödie von dem Mann, der aus einem Mädchen eine Dame macht, aber dabei das Weib übersieht.«[41]

Für die alte Erfahrung, daß auch anerkannte Autoren oft, kaum daß sie gestorben sind, in Vergessenheit geraten, fand er den denkbar sparsamsten Ausdruck: »Die Toten sterben rasch.«[42] Die Kamera, mit der Jürgen Fehling, der Regisseur, die Welt aufnimmt, habe »eine besonders zwielichtstarke Linse«[43]. Das Burgtheater nannte Polgar (es war 1918) eine »Schatzkammer ohne Schätze«, eine »edle Truhe, die einmal Kostbarkeiten barg«: Leidenschaftliche Wiener »wachen sorgenvoll, daß aus der leeren Truhe nichts wegkomme«[44]. Mit einem Paradoxon charakterisierte er Elisabeth Bergner: Man könne sich verlieben »in ihre Gebrechlichkeit, die ihre Stärke ist«[45].

Im Unterschied zu Kerr wollte Polgar von Literatur- und Theaterpolitik nichts wissen. Niemals war er daran interessiert, Direktoren zu stürzen oder zu unterstützen, Schauspieler zu fördern oder gar zu erziehen: Ein Taktiker war er nicht, den Rezensenten, die taktisch vorgingen, mißtraute er allemal. Der tiefverwurzelte Argwohn, den er gegen Ideologien und Programme hegte, bildete von Anfang an das Fundament seines literarischen Werks – und hat natürlich auch seine Kritik geprägt. Um die Schulen und Richtungen, Tendenzen und Strömungen kümmerte er sich wenig, die Theorien waren ihm offenbar gleichgültig, wenn nicht suspekt.

Er zog es vor, sich stets aufs neue über Konkretes zu äußern, seine Sache war es, Stücke zu referieren, über Inszenierungen zu berichten, Schauspieler zu porträtieren und Regisseure zu charakterisieren. Er blieb ganz dicht am unmittelbaren Gegenstand seiner Betrachtung – und wußte dennoch stets die Distanz zu wahren. Aus seinen Referaten und Berichten, Porträts und Charakteristiken ging wie von selbst hervor, was man von ihm erwartete: Deutung, Analyse und Wertung.

Allerdings hielt es Polgar für angebracht, die Leser seiner gesammelten Kritiken zu warnen. Wer glaube, aus ihnen »Aufschlußreiches über die dramatische Kunst« erfahren und sein »Wissen um Geschichte und Entwicklung des Theaters« vermehren zu können, der werde enttäuscht sein. Er habe nie den Ehrgeiz gehabt, hinter den Zauber der Bühne zu kommen, vielmehr wollte er immer nur diesem Zauber »ein empfängliches Objekt« sein: »So geben die hier zum Buch vereinigten Besprechungen« – schrieb er 1926 – »weit weniger über das Besprochene Aufschluß als über den Besprecher.« Und: »Es ist kein System in diesen Kritiken.«[46]

Das stimmt und stimmt nicht, ist teils aufrichtig, teils kokett und verbindet Treffendes mit Falschem. Mit Sicherheit läßt sich in Polgars Kritiken ein System nicht aufdecken, auch für ihn gilt Fontanes Wort, »daß es mit den Prinzipien und einem Paragraphen-Codex nicht geht« und daß man sich »auf seine unmittelbare Empfindung verlassen« müsse.[47] Nichts anderes meinte Polgar, wenn er sich als ein für die Wirkungen des Theaters »empfängliches Objekt« bezeichnete.

Es trifft auch zu, daß er mit seinen Kritiken niemals wissenschaftliche Absichten verfolgte. Zustimmend zitierte er Egon Friedell, dem zufolge nur der Dilettant eine wirklich menschliche Beziehung zu seinen Gegenständen habe: »Der Fachmann weiß zu viele Einzelheiten, um die Dinge noch einfach genug sehen zu können, und gerade damit fehlt ihm die erste Bedingung fruchtbaren Denkens.«[48]

Dies ändert nichts an der Tatsache, daß Polgar über ein enormes und vielseitiges Wissen verfügte. Unvorstellbar jedoch, er hätte je mit seiner Gelehrsamkeit geprotzt – vielmehr war ihm daran gelegen, sie, soweit nur möglich, zu verbergen, ja sogar den Lesern einzureden, seine Bildung erinnere an den Emmentaler Käse, »indem sie gleich diesem größtenteils aus Lücken besteht«[49].

Auch essayistische Ambitionen waren ihm eher fremd. Er schrieb in der Regel kurze Rezensionen, deren Themen von den Spielplänen der Wiener oder der Berliner Theater abhingen und die dem Bereich der Feuilletonistik zuzurechnen sind. Nur haben wir es mit Feuilletons zu tun, die von den Schwächen oder Untugenden dieses Genres frei sind. Polgars Aufsätze sind weder redselig noch vordergründig und nähern sich niemals unverbindlichen Causerien. Zu ihren wichtigsten Kennzeichen gehören der in der Kritik nicht häufige Hang zum Epigrammatischen und die Lust am Aphoristischen – und in solchen Äußerungen erreichen sie ihre Höhepunkte.

Freilich wurde hier alles mit leichter Hand geformt und serviert: Er gab sich viel Mühe, die Mühe, die ihm seine Arbeit bereitete, zu verheimlichen. Dies hatte wiederum zur Folge, daß oberflächliche Beobachter bisweilen glaubten, der Kritiker Polgar sei zwar mit Esprit, Humor und Anmut reichlich gesegnet, doch fehle ihm die Tiefe, wenn nicht gar der gehörige Ernst. Er fand sich damit ab: Lieber wollte er als ein charmanter Plauderer und geistreicher Conférencier gelten denn als ein gewichtiger Praeceptor. Und wer gar meint, man könne seinen Rezensionen mehr über ihren Autor als über ihre Gegenstände entnehmen, der ist ihm auf den Leim gegangen. In Wirklichkeit bieten sie außerordentlich viel über das Drama in der ersten Hälfte unseres Jahrhunderts und auch in der fernen Vergangenheit – ihr hoher Wert sowohl für die Theaterwissenschaft als auch für die Literaturgeschichte ist unzweifelhaft. Wie alle guten Kritiker schrieb Polgar stets für seine Zeitgenossen und machte sich keine Gedanken, ob die Nachgeborenen seine Arbeiten lesen und was sie von ihnen denken werden. Gerade deshalb sind seine Kritiken auch nach sechzig und mehr Jahren nicht verblaßt: Schon damals wußte man, daß er auf die neuesten dramatischen Werke überaus feinfühlig und scharfsinnig reagierte, doch erst heute können wir ganz ermessen, wie treffend er diese Stücke beurteilte, wie exakt er sie durchschaute.

Hofmannsthals »Elektra« sei – schrieb er 1909 – »Sophokles mit Koloratur. Drama in einem Akt, in einem Atem. Welches Portamento . . .« Gleichwohl ließ sich Polgar nicht beirren: »Die Verschmelzung von Sophokleischem Marmor mit Hofmannsthalschem Gips scheint täuschend geglückt.«[50] Als 1922 Hofmannsthals »Salzburger Großes Welttheater« uraufgeführt wurde, zeigte sich Polgar enttäuscht: »All dies besteht nur vor einer völlig unkritischen, auf selige Infantilität eingestellten Hörerschaft. Wenn also Hofmannsthal auch nichts von Calderón entlehnte – eines entlehnte er von ihm: das Publikum, das heißt: eine supponierte Gemeinde von Gläubigen, deren Geistigkeit auf dem gleichen Punkt steht, wo sie um 1650 stand . . .«[51]

Die »Dreigroschenoper« sei »sehr nett«, und wo das Spiel »Musik wird, Gesang und Reim – von Bert Brecht, der so entschiedenes Talent zum Genie hat –, noch viel mehr als nett«. Aber das Stück löst bei Polgar doch ein gewisses Unbehagen aus: »Rauhes Wort und krudeler Witz rücken das Spiel aus dem Sentimentalen . . . wohin? In eine Sentimentalität zweiten Grades, um eine Schraubenwindung höher als die gemeine.«[52] Wenig später, 1929, macht Polgar schon mit den ersten Zeilen seiner Rezension die Atmosphäre des Dramas einer Unbekannten bewußt: »Pioniere in Ingolstadt bauen, unter Kommando von Marieluise Fleißer, eine Brücke zwischen Scherz, Satire und tieferer Bedeutung. Pioniere haben nach Dienstmädchen, Dienstmädchen nach Pionieren Bedürfnis; und geben ihm freimütigen Ausdruck. Doch in Pionier- wie besonders in Dienstmädchenkreisen ist die Jugend langsam fertig mit dem Wort, und wes' das Herz voll ist, das tropft nur schwer von der Lippe.«[53]

Das linke Agitationstheater betrachtete Polgar aufmerksam und freundlich, ohne es jedoch ganz ernst nehmen zu können: »Tendenz erhält der Zuschauer als Fertigware. Es wird ihm zum Vorgang auch der Reim geliefert, den er sich auf ihn zu machen hat.« Dies betrifft ein längst vergessenes Stück von Friedrich Wolf, das Erwin Piscator 1931 aufführte. Ein wenig resigniert klingt Polgars milder Spott: »Zuschauer, die der gleichen Meinung sind wie das zu deren Propagierung gespielte Stück, werden für diese Meinung gewonnen und zu dem politischen Glauben, den sie in das Theater mitbrachten, bekehrt.«[54] Über ein offenbar sehr schwaches sowjetisches Kabarett, das 1927 in Berlin gastierte, bemerkte Polgar kühl: »Tanz, Musik, Spiel dieser schlichten Kabarettiers haben kein Eigenlicht; sie beziehen alles Licht vom Sowjetstern.« Ist dieses Ensemble trotzdem oder eben deshalb erfolgreich? Polgars Befund lautet: »Furchtbar groß ist hier die Angst, im Strom der Zeit sich als Nichtschwimmer zu blamieren.«[55]

Nur in Ausnahmefällen ging er auf programmatische Äußerungen von Dramatikern ein, dann freilich traf er ins Schwarze – so hat er 1932 jenen Widerspruch aufgezeigt, den manche Brecht-Anhänger noch Jahrzehnte später nicht sehen wollten: »Brechts Theorie verwirft das Theater, das sich an das Gefühl im Zuschauer wendet, aber er verschmäht nicht die Hilfe der Musik, die gar nichts anderes tut, gar nichts anderes tun kann, als Gefühl wecken. Was hat ihr obstinates Trommeln, ihr Drohen, Klagen, Aufpulvern und Verheißen mit der Ratio zu tun, auf die allein es dem epischen Theater, theoriegemäß, ankommt? Es vermittelt dem Zuschauer Kenntnis und Erkenntnis auf kaltem Wege, nicht ohne ihm durch Klavier, Trompete, Posaune und Schlagwerk einzuheizen.«[56]

Als gegen Ende der Weimarer Republik die Diskussion über die Zeitstücke und das Zeittheater immer stärker die Gemüter erregte, erkannte Polgar haarscharf das fundamentale Mißverständnis, das hervorgerufen sei dadurch, »daß die einen unter Theater mehr ein Kunstphänomen verstehen, die anderen mehr einen Apparat, dazu tauglich – Kunst hin, Kunst her – etliche hundert Menschen auf einmal unter moralisch-geistigen Druck zu setzen«[57].

Mit ähnlicher Unbefangenheit und Entschiedenheit schrieb er über die Meisterwerke der Vergangenheit: Wie Fontane, wie Kerr und Siegfried Jacobsohn hatte auch er keine Hemmungen, von den ehrwürdigen Dramen der Weltliteratur den Staub wegzublasen und zu zeigen, was dann zum Vorschein kam. Über die »Antigone« des Sophokles: »Ungetrübt durch den Jahrtausend-Nebel wirkt die Majestät der geistigen Landschaft. Aber das Tragische des Geschehens werden wir nicht erjagen, weil wir's nicht mehr fühlen.«[58]

Für ein unkritisches oder gar devotes Verhältnis zu den Klassikern hatte er nicht das geringste Verständnis. Als man 1918 in

Wien ein Trauerspiel von Grillparzer inszenierte, stellte Polgar
fest:»Die Zensur steht gesenkten Bleistifts vor dem Werk, und die
Kritik hütet sich, an ihm herumzunörgeln, um nicht in den
Verdacht der Bilderstürmerei oder zumindest pietätloser Monu-
mentbefleckung zu kommen.«[59] Molières »Geizigen« verurteilte
er 1917 mit einem kühnen Paradoxon:»Tot, im Buchsarg, ist die
Dichtung unsterblich; zum Leben erweckt, stäubt der Moder von
ihr. Einfacher gesprochen: ein Zehntel des Werks ist noch
amüsant, neun Zehntel durchaus langweilig . . .«[60]

Unvoreingenommen und aufgeschlossen für alles Neue
blieb der Kritiker Polgar bis zum Ende. Der bald Achtzigjährige
verwies 1953 auf einen damals kaum wahrgenommenen
Schriftsteller, auf das Buch »Aus dem Leben eines Fauns« von
Arno Schmidt. Er hielt ihn – trotz des »großen Durcheinan-
ders«, das eine Folge der zahllosen Gedankensprünge sei und in
dem der Leser sich weniger wohl fühle als der Autor – für den
interessantesten unter den neuen deutschen Prosaisten. Doch
zugleich sah er sofort, was diesen Erzähler am stärksten
bedrohte:»Arno Schmidt, glaube ich, könnte ein bedeutendes
Buch gelingen, wenn er es einmal nicht darauf anlegte, ein
tolles zu schreiben.«[61]

In Polgars allerletzter Kritik, die er wenige Stunden vor
seinem Tod abgeschlossen und abgeschickt hat – sie betrifft
drei Shakespeare-Vorstellungen in der Bundesrepublik – sprüht
und funkelt seine schriftstellerische Kunst noch einmal so hell
und klar, daß man nicht übertreibt, wenn man behauptet, sie
habe niemals nachgelassen.

Seine Rezensionen seien geschrieben – bemerkte er 1917 –,
»als ob wir mitsammen gar keine andern Sorgen hätten«[62]. Bei
anderer Gelegenheit bekannte Polgar:»Wie er so lässig dasitzt,
liebe Schauspieler, der Kritiker im Parkett, kreist sein Denken
nicht um euer Pensum, sondern um das seine, er schwitzt
schon unter der Aufgabe, die ihr ihm stellt, er überlegt sie mit
allem Unbehagen des Schülers, den die Sorge plagt, ob er
bestehen werde . . .«[63]   (1986)

Der Epiker als Kritiker

Tolstoj hielt von Shakespeare nichts. Er sei überhaupt kein Künstler gewesen, seine Dramen genügten allesamt den Anforderungen der Kunst nicht, »und dabei sind ihre Tendenzen von niedrigster, unsittlichster Art«. Sein Werk sei »das trivialste und verachtenswerteste, das es gibt«.[1] Dieses Urteil ist beides zugleich – absurd und in hohem Maße symptomatisch. Hat Tolstoj Shakespeare verkannt, obwohl oder weil auch er selber ein Genie war? Wir wissen es längst: Genies haben es schwer, die Leistungen anderer Genies anzuerkennen. Das trifft nicht auf alle zu, doch mit Sicherheit auf viele. In Goethes Aufsätzen und Erinnerungen, Briefen und Gesprächen findet sich – auf Tausenden von Seiten – nur auffallend wenig über Lessing: einige eher dürftige und meist herablassende Äußerungen. Kleists Größe hat er ebensowenig erkannt wie Schiller jene Hölderlins.

Das scharfsinnige Diktum Friedrich Schlegels, Goethe sei zu sehr Dichter, um Kunstkenner zu sein[2] – für welches Genie gilt es nicht? Tolstoj habe, so Thomas Mann, über Dostojewskij nur Dummheiten gesagt: »Von Dostojewskij hat Tolstoj natürlich nichts verstanden.«[3] Man beachte hier die Vokabel »natürlich«. So ließe sich auch sagen: Thomas Mann hat von Brecht natürlich nichts verstanden und Brecht natürlich noch viel weniger von Thomas Mann. »Künstler sind Säulenheilige; jeder lebt in seiner ›Menschenleere‹ wie die Einsiedler in den ›Vertauschten Köpfen‹; im Grunde will keiner vom anderen wissen, und jeder fühlt: ›Lebt man denn, wenn andere leben?‹« – heißt es in einem Brief Thomas Manns aus dem Jahre 1950.[4]

Er war es auch, der Tolstojs verblendeten Haß auf Shakespeare schlüssig erklärt hat. Dieser bedeute »das Wegstreben von Natur, Naivität, moralischer Indifferenz zum Geist im moralisch-kritischen Sinn des Wortes, zur sittlichen Wertung und bessernden Lehre«. In Shakespeare habe Tolstoj sich selbst gehaßt, »seine eigene vitale Bärenkraft, die ursprünglich ebenfalls naturhaft und künstlerisch-amoralisch war«[5]. Tolstojs Angriff auf Shakespeare ziele somit auf nichts anderes als auf seine eigene, wenn auch inzwischen überwundene Vergangenheit. Sollte etwa Literaturkritik aus der Feder eines Genies insgeheim immer Selbstauseinandersetzung sein? Und hätten wir damit den Schlüssel zum literarkritischen Œuvre auch Thomas Manns?

Er hat dieses Gewerbe sein ganzes Leben hindurch ausgeübt. Es versteht sich, daß es Arbeiten sehr unterschiedlicher Art sind: Rezensionen und Feuilletons, Reden und Essays, Gratulationsartikel und Nachrufe, Einleitungen und Vorlesungen, Selbstkommentare und Antworten auf Umfragen; hinzu kommen noch Hunderte, ja Tausende von Briefen. Oft haben wir es mit baren Pflichtleistungen zu tun, mit flüchtigen Gelegenheitsarbeiten und rasch verfaßten Glossen, die meist die Gegenwartsliteratur betreffen. Früher oder später hat sich Thomas Mann über jeden bekannten Schriftsteller seiner Epoche geäußert, doch, von Gerhart Hauptmann abgesehen, über keinen ausführlicher. Rilke, Hofmannsthal, George, Wedekind, Sternheim, Schnitzler, Döblin, Hesse – sie alle haben ihn nicht sonderlich interessiert, von Brecht ganz zu schweigen. Über Kafka schrieb er erst viele Jahre nach dessen Tod, 1941, als er gebeten wurde, die amerikanische Ausgabe des Romans »Das Schloß« mit einem Vorwort zu versehen.

Es sei nicht der Panegyrikus, es sei die Kritik, »und zwar die böse und selbst gehässige Kritik, ja geradezu das Pamphlet, vorausgesetzt, daß es geistreich und Produkt der Leidenschaft ist – worin passioniertes Interesse sein Genüge findet . . .« – erklärt Thomas Mann in den »Betrachtungen eines Unpolitischen«. Im selben Buch lesen wir: »Warum nicht sagen, daß ich gern bewundere, mich gern verliere, daß ich mich im Grunde langweile, wenn es nichts zu lieben, zu erobern und zu durchdringen gibt? Dann fühle ich mich alt, während der Zustand der Begeisterung für irgendein Geschaffenes mich lehrt, daß ich es noch nicht bin . . .«[6]

Aber gerade davon spürt man in den meisten seiner Äußerungen über Zeitgenossen wenig oder nichts – sie zeugen weder vom »passionierten Interesse« noch vom »Zustand der Begeisterung«, sie sind weder gehässig noch leidenschaftlich, vielmehr in der Regel kühl und freundlich und nicht selten belanglos. Häufig gelingen ihm glänzende Formulierungen, allerdings kann man sich des Verdachts nicht erwehren, der Schreiber kenne das, was er begutachtet, nur obenhin. Direktere und zuweilen auch härtere Urteile finden sich noch am ehesten in den Berichten, die Thomas Mann von 1922 bis 1925 der amerikanischen Zeitschrift »Dial« geliefert hat. Hier wird ebenfalls viel gelobt, doch zwischendurch gibt es Sätze über die gerühmten Bücher, die das soeben gespendete Lob unvermittelt annullieren.

An baren Gefälligkeitsrezensionen ist kein Mangel. Was Thomas Mann von der Epik seines Bruders Heinrich hielt, wissen wir aus Briefen, in denen er, sobald von dessen Werken die Rede war, auf Worte wie »Ekel« oder »Haß« nicht verzichten wollte. Gleichwohl hat er 1925 Heinrich Manns mißratenen Roman »Der Kopf« mit Komplimenten überhäuft – ohne freilich irgend etwas über das Buch zu sagen, weshalb es zumindest nicht unwahrscheinlich ist, daß er es kaum kannte. Auch später waren derartige Buchbesprechungen an der Tagesordnung. Als 1936 – um sich auf dieses Beispiel zu beschränken – von dem Exilgefährten Leonhard Frank der hoffnungslos verfehlte und auch noch äußerst süßliche Roman »Traumgefährten« veröffentlicht wurde, hatte Thomas Mann keine Bedenken, dieses zweifelhafte Produkt ausgiebig zu preisen.

Gern und ungeniert kommt er, über Zeitgenossen schreibend, auf seine eigene Person und seine eigenen Werke zu sprechen. So weist er in dem Aufsatz über Kafkas »Schloß«

darauf hin, daß dieser seinen »Tonio Kröger« gelesen und
geschätzt habe. Und im Nachruf auf Bernard Shaw kann man
lesen: »Ich habe ihn nie besucht, und zwar aus Humanität.
Denn ich war und bin überzeugt, daß er nie eine Zeile von mir
gelesen hatte, was ihn ebenfalls in Verlegenheit hätte bringen
können.«[7]

Tief ergriffen und erschüttert zeigt sich Thomas Mann in
einer 1952 gehaltenen Rede auf Gerhart Hauptmann. Doch was
ihn ergriffen hat, ist nicht etwa ein Werk Hauptmanns, sondern
ein eigenes, der »Zauberberg«. Während er diese Hauptmann-
Rede vorbereitete, habe er die drei Peeperkorn-Kapitel nach-
gelesen: »Und ich gestehe Ihnen: ich war ergriffen von der
überwirklichen Getroffenheit dieser Porträt-Phantasie.« Mehr
noch: Er meint tatsächlich, daß die Figur Peeperkorns der
Nachwelt von der Persönlichkeit Hauptmanns, »von seines
Wesens weher Festlichkeit«, mehr überliefern werde als noch so
viele kritische Monographien. In einem Geburtstagsglück-
wunsch behauptet er gar, die Persönlichkeit Hauptmanns über-
rage dessen literarische Triumphe: Die Nachgeborenen werde
sein Menschenbild mehr erschüttern als seine Werke.[8] Wir
wissen inzwischen, daß Thomas Mann sich geirrt hat: Für die
junge Generation von heute bedeutet Hauptmanns Persönlichkeit wenig oder nichts, aber die »Ratten« und einige andere
seiner Stücke haben überlebt.

Warum sind diese Studien so enttäuschend? Wohl nur
deshalb, weil ihm das Werk Hauptmanns, für den er nicht wenig
Sympathie hatte, letztlich fremd blieb – wie auch das Hofmannsthals, den er beinahe verehrte, oder das Hesses, mit dem er
jahrzehntelang befreundet war. Seine Versuche, sich mit Hauptmann auf irgendeine Weise zu identifizieren, ergaben nichts:
von welcher Seite aus er sich dessen Welt zu nähern bemühte,
eine Selbstauseinandersetzung war nicht möglich.

So verbreitete sich Thomas Mann zwar immer wieder über
die Literatur seiner Epoche, hatte indes weder die Lust noch
das Bedürfnis, sich mit ihr näher zu befassen und sich für die

Bücher von Zeitgenossen zu engagieren oder gegen sie zu polemisieren. Er äußerte sich mehr oder weniger originell über Gegenstände, die ihn im Grunde wenig angingen: Kein einziger dieser Autoren konnte ihn aus der Reserve locken – und schon das beweist, daß er, der Verfasser von Hunderten von Rezensionen und Gelegenheitsarbeiten, doch nicht das Temperament eines Kritikers hatte. Nein, Literaturkritiker war Thomas Mann – wie auch Goethe – ganz bestimmt nicht. Aber er war einer der größten literarkritischen Essayisten, die je in deutscher Sprache geschrieben haben.

Von seinen Rezensionen und den anderen kleineren Arbeiten über Bücher und Schriftsteller unterscheiden sich seine großen Essays über Literatur sowohl durch ihre Schreibweise als auch durch ein Thema, das, mehr oder weniger getarnt, deren Achse bildet. In einem seiner Hauptmann-Aufsätze findet sich die bescheiden anmutende Bemerkung: »Zum Schluß dann, was hilft uns die Analyse, erzählen wir Freunde uns Anekdoten. Auch hier will ich's tun, ich fahre am besten dabei.«⁹ In diesem beiläufigen Hinweis verbirgt sich beinahe ein Programm: Denn in der Tat ist die Anekdote, wenn nicht das Epische schlechthin, ein wesentliches Element der literarkritischen Essayistik Thomas Manns.

Es geht hier keineswegs, wie man vermuten könnte, bloß um Ornamente und Arabesken. Vielmehr erweist sich dieser Essayist, sobald er von der Literatur spricht, als ein Erzähler. Wenn er das Leben eines Dichters oder ein Drama oder einen Roman referiert, erreicht er beides auf einmal: eine kaum zu übertreffende Anschaulichkeit der Darstellung und das in dieser Darstellung bereits enthaltene Werturteil. Den Nietzsche-Titel paraphrasierend, sagt Thomas Mann: »In Lessing hatte Deutschland etwas erlebt wie die Geburt der Poesie aus dem Geiste der Kritik.« Für ihn selber gilt: Die Geburt der Kritik aus dem Geiste der Epik. Überspitzt ausgedrückt: Während seine Romane große essayistische Partien bieten, sind seine Essays über Literatur in Wahrheit Geschichten.

Um sich aber als erzählender Kritiker entfalten zu können, benötigt Thomas Mann – nichts simpler als diese Einsicht – möglichst viel Platz. Den jedoch kann er schwerlich in einer Buchbesprechung oder in einem Glückwunsch von drei oder vier Seiten finden, dazu braucht er zehn oder zwanzig, besser dreißig Seiten. Es zeigt sich, daß die Quantität hier nahezu automatisch zur Qualität wird. Das andere Charakteristikum der literarkritischen Essays ist, wie gesagt, ihr zentrales Thema. Es sei doch interessant, meint Schiller zu Goethes Äußerungen über Literatur, wie dieser »alles in seine eigene Art und Manier kleidet und überraschend zurückgibt, was er las«[10]. Das trifft erst recht auf Thomas Mann zu – und diese »eigene Art und Manier« hat mit der Intention seiner Essays zu tun.

»Wozu, woher überhaupt Schriftstellertum« – heißt es in den »Betrachtungen eines Unpolitischen« –, »wenn es nicht geistig-sittliche Bemühung ist um ein problematisches Ich?«[11] Mit dieser Formulierung läßt sich seine ganze literarkritische Essayistik definieren; und das problematische Individuum, das in ihrem Mittelpunkt steht, ist kein anderer als er selbst. Er weiß es, und er scheut sich nicht, es gelegentlich klar auszusprechen. So schreibt er 1917 in einem Brief: »Wir finden in Büchern immer nur uns selbst. Komisch, daß dann allemal die Freude groß ist und wir den Autor für ein Genie erklären.«[12] Was Heinrich Mann seines Bruders »wütende Leidenschaft für das eigene Ich« genannt hat, das eben ist es, was die Lektüre der Essays von Thomas Mann überaus reizvoll macht und was manchen dieser Arbeiten eine dramatische, wenn nicht gar tragische Dimension gibt.

Als ihr Motto könnten die berühmten Worte des Marquis Posa dienen: »Sagen Sie/Ihm, daß er für die Träume seiner Jugend/Soll Achtung tragen, wenn er Mann sein wird.« Denn die Essays beschäftigen sich mit Künstlern, denen Thomas Mann die Träume seiner Jugend verdankt. Ob Goethe, Schiller oder Kleist, Platen oder Chamisso, Storm oder Fontane, ob Richard Wagner oder Leo Tolstoj – es sind immer Jugenderlebnisse, die Thomas Mann nach Jahrzehnten rekapituliert und besingt, revidiert und ergänzt. Es sind die Träume seiner Jugend, an die er sich mit Respekt und Wehmut erinnert und denen er auf rührende Weise die Treue hält.

Besonders deutlich wird dies in seinem Verhältnis zu Schiller. »Wer bin ich« – fragt Thomas Mann gegen Ende seines Lebens –, »daß ich das Wort führen soll zu seinem Preis, vor meinen Augen die Gebirge kundiger Würdigungen, welche in anderthalb Jahrhunderten die gelehrte Forschung aufgetürmt hat?« Und er antwortet: Es berechtige ihn höchstens »die Erfahrungsverwandtschaft, die Brüderlichkeit, die zur Zutraulichkeit keck machende Familiarität, die ungeachtet jedes Rang-, Zeit- und Wesensunterschieds waltet zwischen allem hervorbringenden Künstlertum«.[13] Der Nachsatz, der eine Gemeinsamkeit der produktiven Künstler beschwört, überzeugt allerdings nicht: Es zeigt sich ja, daß Thomas Mann die »Erfahrungsverwandtschaft« und »Brüderlichkeit« immer nur bei den Dichtern seiner Jugend findet und empfindet, bei ihnen aber in so hohem Maße, daß es bisweilen schwer ist zu entscheiden, auf wessen Kosten der Identifikationsprozeß erfolgt. »Noch der letzte seiner Gattung« – schreibt er – könne bei Schiller »die eigene Not, das eigene Glück mit bescheidenem Stolze« wiedererkennen.

Zweimal hat sich Thomas Mann in Friedrich Schiller wiedererkannt – 1905 in der Novelle »Schwere Stunde« und genau ein halbes Jahrhundert später in der Fortsetzung dieser Novelle, betitelt »Versuch über Schiller«. Die beiden Arbeiten – hier eine Erzählung mit essayistischen Akzenten, da ein Essay mit erzählerischen Passagen – werden von Bewunderung getragen und von Liebe zu Schiller. Aber diese Liebe ist in der Novelle des jungen Thomas Mann bedächtig, nachdenklich, es ist die Liebe eines reifen, abwägenden Enthusiasten. Im »Versuch« des Achtzigjährigen scheint es die Liebe eines jugendlich-stürmischen Bewunderers, der sich seiner Zuneigung und Hingabe nicht schämt.

Er zitiert aus dem »Don Carlos« und fragt: »Was gibt es
Schöneres, Edleres, Herzbewegenderes?« Er verteidigt liebevoll
sogar »Die Glocke«, er bittet um Verständnis für Schillers »Lust
am höheren Indianerspiel, am Abenteuerlichen und psycholo-
gisch Sensationellen«. Er rühmt Schillers Generosität, die dem
Effekt seine Unschuld zurückzugeben weiß, und bekennt sich
ohne Reue zu dessen »edler Naivität«. Er interpretiert auf seine
Weise den »Wallenstein«, die »Jungfrau«, den »Tell«, er erkennt
in dem Autor des »Verbrechers aus verlorener Ehre« einen
Vorläufer Kleists. Es ist über Schiller schon viel Kluges gesagt
worden. Doch niemand in diesem Jahrhundert hat hochherzi-
ger und schöner über ihn geschrieben als der alte Thomas
Mann.

Ähnlich zeugen seine Arbeiten über Goethe – und wieder
muß man Essayistisches und Episches zusammen sehen, also
die Reden und Aufsätze zusammen mit »Lotte in Weimar« –
von einem unermüdlichen Prozeß der Annäherung. Als man
Thomas Mann 1930 anbot, ein Buch über Goethe zu verfassen,
konnte er sich nicht recht entscheiden und bat Ernst Bertram
um Rat. Er schrieb ihm: »Ich werde nicht neu, ich werde
höchstens persönlich sein können und nur dadurch so neu, wie
man es immerhin verlangen kann.« Und: »Der Bildungsvoraus-
setzungen für ein solches Werk ermangelnd, wird mir nichts
übrig bleiben, als aus Erfahrung zu reden, – über Goethe aus
Erfahrung: eine mythische Identifikations-Hochstapelei.«[14]

Zwei Jahre später charakterisiert er sein Verhältnis zu Goethe
in einem Brief an Käte Hamburger.[15] Jetzt spricht er, da er sich
an eine Germanistin wendet, die über sein Werk arbeitet, eine
ganz andere Sprache, hier ist schon die Rede vom »Verwandtschaftsgefühl« und vom »Bewußtsein ähnlicher Prägung«, ja
sogar von einer »gewissen mythischen Nachfolge und Spuren-
gängerei«. Er zitiert Stifter: »Ich bin kein Goethe, aber einer
von seiner Familie.« Aus der Erfahrung, der einzigen Voraussetzung, über die er verfüge, ist also ein »Verwandtschaftsgefühl«
geworden und aus der »mythischen Identifikations-Hochstape-

lei« gleich eine »gewisse mythische Nachfolge«. Der Brief an
den Freund scheint aufrichtig, jener an die Germanistin eher
diplomatisch. Was Stifter für sich in Anspruch nahm, läßt sich
auf Thomas Mann schwerlich übertragen: Er war nicht von
Goethes Familie. Aber indem er seine Erfahrungen in Goethes
Person und Werk projizierte, zeichnete er ein Bild, das vermuten ließ, eigentlich gehöre Goethe zur Familie Mann. Die
Selbstauseinandersetzung hat indes den Wert dieser Arbeiten
nicht beeinträchtigt, sie vielmehr lebendiger und leidenschaftlicher gemacht.

Oft hat man Thomas Manns Annäherung an Goethe verspottet und ihn des Hochmuts, der Anmaßung und der Über-
heblichkeit beschuldigt. Doch sind es wohl subalterne Vorstellungen, denen derartige Vorwürfe entstammen. Nicht mit
Größenwahn hat sein langjähriger Kampf um Goethe zu tun,
sondern eher mit dem Bewußtsein der eigenen Möglichkeiten
und Grenzen, vielleicht mit Schwäche und Unsicherheit,
jedenfalls aber mit Thomas Manns Bedürfnis nach Anlehnung,
mit seiner Sehnsucht nach einem Vorbild, nach einer Identifi-
kationsfigur. Wie er Goethe für ein »Genie des Bewunderns«
hielt und die Bewunderung für »eine Hauptstütze seines
Schöpfertums«, so schrieb er über sich selber im Jahre 1950:
»Ich war immer ein Bewunderer, ich erachte die Gabe der
Bewunderung für die allernötigste, um selbst etwas zu werden,
und wüßte nicht, wo ich wäre, ohne sie.«[16]

Damit mag es auch zusammenhängen, daß Thomas Mann
bei verschiedenen Gelegenheiten einigermaßen überraschend
die Identität von Kritik und Lyrik fordert, so 1909: »Wir sehen,
alltäglich, den Kritiker in seinen niedrigsten Typen, als Schulmeister, als Nörgler, als Parodisten, als wachsamen, maulschar-
fen und im Grunde feindseligen Kunstaufseher. Aber der
Kritiker hoher Art ist Lyriker und Bekenner.«[17] So protestiert
Thomas Mann gegen die damals mehr oder weniger übliche
Buchbesprechung und verteidigt zugleich seine Konzeption
des literarkritischen Essays. Wieder einmal holt er sich die

Rechtfertigung von Goethe, er zitiert »Dichtung und Wahrheit«: Die Kritiker lebten »in dem Wahn, man werde, indem
man etwas leistet, ihr Schuldner, und bleibe jederzeit noch weit
zurück hinter dem, was sie eigentlich wollten und wünschten,
ob sie gleich kurz vorher, ehe sie unsere Arbeit gesehn, noch
gar keinen Begriff hatten, daß so etwas vorhanden oder nur
möglich sein könnte«[18].

Es fällt schwer, diese Äußerung Goethes ohne Widerspruch
hinzunehmen. Darf denn der Kritiker über das Neue, das
Überraschende, das Ungeahnte nicht urteilen? Soll er nur dann
urteilen, wenn er in dem Werk findet, was er schon vorher
kannte? Thomas Mann zeigt sich jedoch entzückt: »Nie sind
erheiterndere und zutreffendere (Worte) gefunden worden für
das Verhältnis eines Künstlers, der sich der Neuheit und
Ursprünglichkeit seiner Hervorbringung bewußt ist, zur nach-
hinkenden Kritik.«[19] Nachhinkende Kritik? Ein sonderbarer
Vorwurf. So war es immer, so muß es sein: Erst kommt die
Poesie, dann die Theorie, erst die Literatur, dann die Kritik.
Der Poetik des Aristoteles waren die Tragödien des Aischylos,
des Sophokles und des Euripides vorangegangen. An dieser
Reihenfolge hat sich bis heute nichts geändert. Was will also
Thomas Mann? Er möchte, muß man befürchten, sein Werk
vor einer rational analysierenden, wertenden und fordernden
Kritik schützen und, mit Goethes Hilfe, für den bekenntnishaf-
ten literarkritischen Essay plädieren – jenen, der zwar seine
Gegenstände zu untersuchen vorgibt, doch vor allem das
eigene Rezeptionserlebnis, womöglich ein Jugenderlebnis, artikuliert.

Zu den zentralen Jugenderlebnissen Thomas Manns gehört,
wie jedermann weiß, Richard Wagner, die Heimat seiner Seele:
»Auf jeden Fall bleibt Wagner der Künstler, auf den ich mich
am besten verstehe und in dessen Schatten ich lebe« – lesen wir
in einem Brief aus dem Jahre 1920.[20] Tatsächlich fallen in
seinen Arbeiten über Wagner Formulierungen auf, die zugleich
seine eigene Epik charakterisieren. Wenn Thomas Mann (um

sich auf dieses Beispiel zu beschränken) vom Zug und Willen »zum großen Format, zum Standardwerk, zum Monumentalen« spricht und feststellt, daß diese Bestrebungen merkwürdigerweise verbunden seien »mit einer Verliebtheit in das ganz Kleine und Minuziöse, das seelische Detail«, wenn er mit der Formel »Psychologie und Mythus« operiert[21] – so bezieht sich das alles auf das Wagnersche Musikdrama und charakterisiert gleichzeitig die »Joseph«-Tetralogie.

Überdies entdeckt Thomas Mann auch bei Wagner gewisse ihm nicht fremde Eigenschaften, genauer: Schwächen und Neigungen, die er zwar kritisch, doch sehr verständnisvoll beschreibt. So verweist er wiederholt auf Wagners sowohl psychisch als auch körperlich bedenkliche Konstitution, auf sein außerordentliches Bedürfnis nach Eleganz und Luxus. Nun genügt es, Thomas Manns verhältnismäßig bescheidenes Haus in Kilchberg am Zürcher See mit Richard Wagners venezianischem Palazzo zu vergleichen, um die Kluft zwischen den beiden anzudeuten. Dennoch zeigen diese Arbeiten, wieviel sie miteinander gemein haben – nicht zuletzt die Freude am Komödiantischen und an der Selbstinszenierung.

Auch der Storm-Essay von 1930 dient der Selbstauseinandersetzung, auch hier ist Thomas Mann auf der Suche nach Motiven, die an seine Existenz erinnern oder diese gar rechtfertigen. Die Themen seiner größeren literarkritischen Arbeiten waren übrigens nur teilweise von Aufträgen abhängig. Es ist natürlich kein Zufall, daß er über Fontane geschrieben hat und nicht über Stifter, über Storm und nicht über Mörike. Mit großer Konsequenz greift er ein Leben lang auf jene Literatur zurück, die ihn einst geprägt hat. Im Mittelpunkt der Arbeit über Storm steht überraschenderweise nicht dessen Novellistik, sondern die Lyrik. Thomas Mann zitiert reichlich, knüpft an beinahe jedes Zitat eine schwärmerische Bemerkung. Man spürt sofort: Hier werden Erinnerungen an weit zurückliegende literarische Erlebnisse aufgefrischt. Aber die wehmütigen Reminiszenzen hindern ihn nicht, bei Storm auch das »lar-

moyant Eigensinnige« zu sehen, das allzu Gemüthafte und das
Sentimentale.

Indes interessieren Thomas Mann diesmal vor allem heikle
biographische und persönliche Umstände. Er, dessen Sohn
Klaus in hohem Grade drogenabhängig war, schreibt über den
Kummer, den der Dichter Storm mit seinem Sohn Hans hatte:
»Das Poetenkind wird ein Säufer. Der Fall ist hoffnungslos,
lebensunmöglich; ›blutvergiftendes Entsetzen‹ erfaßt den
Vater . . .« Bei dem scheinbar soliden Juristen aus Husum und
Hademarschen faszinieren Thomas Mann die Elemente des
Abenteuerlichen und des Exzentrischen, des Unregelmäßigen
und des Normwidrigen, das, er betont es, von der künstleri-
schen Konstitution nicht zu trennen sei.

Als Student verliebte sich Storm in ein zehnjähriges Mädchen, das nicht viel von ihm wissen wollte und zehn Jahre
später seine ernste, »todesbange« Werbung kurzerhand abwies.
Und er war schon verlobt, als er sich in eine dreizehnjährige
Blondine verliebte, die er später, als seine erste Frau gestorben
war, geheiratet hat. Thomas Manns Kommentar ist knapp und
trocken: »Diese Kinderliebe erscheint jedenfalls nicht ganz
korrekt. Junge Leute pflegen sich eher in reife Frauen als in
Zehnjährige zu verlieben. Aber wir haben es mit einem Dichter
zu tun . . .« Immer wieder wendet er seine Aufmerksamkeit
Gefühlen und Vorgängen zu, die »das Gepräge des Sündhaften,
des Verfemten« tragen: Er möchte Dichtertum als »die *lebens-
mögliche* Form der Inkorrektheit«[22] verstanden wissen. Es
bedarf keiner Begründung, daß dies mit seinen eigenen Leiden
und seinen erotischen Komplexen zu tun hat, mit jenen seiner
Neigungen also, die er als sündhaft und verfemt oder zumindest als inkorrekt empfindet.

Erst seit wir Thomas Manns Tagebücher kennen, sind wir
über seine sexuelle Konstitution genauer informiert: Die
homophile Veranlagung machte ihm nicht nur in der Jugend
zu schaffen und war durchaus nicht nur Pubertätserotik; sie
beeinflußte, vielleicht noch intensiver, auch seine reifen und

späten Jahre. Seit wir dies wissen, liest sich sein Werk anders –
und dies gilt nicht nur für seine Romane und Erzählungen,
sondern auch für die literaturkritischen Essays.

Im Sommer 1927 lernte Thomas Mann während eines
Urlaubs in Kampen auf Sylt den damals siebzehnjährigen
Klaus Heuser kennen, an dem er sofort, um es vorsichtig
auszudrücken, in hohem Maße interessiert war. Im offensicht-
lichen und nachweisbaren Zusammenhang mit dieser Beziehung sind zwei Aufsätze entstanden. Schon kurz nach dem
Aufenthalt auf Sylt schrieb Thomas Mann eine gründliche,
viele Details erörternde Interpretation des Kleistschen
»Amphitryon«. Der einleitende Abschnitt, auf seine Weise
einer der Höhepunkte seiner Essayistik, bestimmt die Begriffe
Liebe, Treue, Trennungsschmerz und Vergessenheit. Daß hier
die Gefühle zu Klaus Heuser artikuliert wurden, hat Thomas
Mann viele Jahre später in seinem Tagebuch notiert. Aber es ist
nicht ausgeschlossen – jetzt freilich geraten wir auf den Boden
der Mutmaßungen –, daß dieses erotische Abenteuer noch eine
weitere Widerspiegelung im »Amphitryon«-Essay gefunden
hat: Die geistreiche Darstellung und Kommentierung der
Gefühle Jupiters zur jungen Alkmene scheinen jenen des
weltberühmten Schriftstellers zu dem siebzehnjährigen Jüngling zumindest nicht unähnlich.

Gleichzeitig äußert sich Thomas Mann über die Homosexualität in einer anderen literarkritischen Studie: in der Rede über
Platen. Vorsichtig nähert er sich seinem Thema: »Es ist ein Glück,
daß entscheidende Fortschritte, die das Wissen vom Menschen in
den letzten Jahrzehnten gemacht hat, uns erlauben, von vielem
mit schon selbstverständlichem Freimut zu reden, wovor eine
ältere Ehrfurcht die Augen verschließen zu sollen glaubte.« Man
habe versucht, um die Grundtatsache von Platens Existenz
herumzureden, nämlich »um die lebensentscheidende Tatsache
seiner exklusiv homoerotischen Anlage«.

Die poetische Mystifizierung der Homoerotik (als »heilige
Unterjochung durch das Schöne, als Dichterreinheit, Dichter-

weihe zum Höheren auch in der Liebe«) lehnt Thomas Mann allerdings ab und meint, gewiß auch in eigener Sache redend, daß Platens Liebe »durchaus keine höhere, sondern eine Liebe war wie jede andere...«[23] Andererseits erklärt er 1934 im Tagebuch, seine Neigung wolle, »obgleich erotisch, von irgendwelchen Realisierungen weder mit der Vernunft noch auch nur mit den Sinnen etwas wissen«. Aber kann die gleichgeschlechtliche Liebe ohne Realisierungen eine Liebe wie jede andere sein? An diesem Widerspruch hat Thomas Mann ein Leben lang gelitten. Er nannte Platen einen Don Quijote der Liebe. Er selber war es ebenfalls und vielleicht auf noch schmerzhaftere Weise.

Auch den ganz alten Thomas Mann überkam und beglückte die Liebe. Und auch sein letztes erotisches Erlebnis fand ein unmittelbares Echo in einem literarkritischen Essay. Im Juli 1950 – Thomas Mann ist jetzt 75 Jahre alt – fällt ihm in einem Zürcher Hotel ein aus Bayern kommender Kellner namens Franz auf: »Welche hübschen Augen und Zähne! Welche charmierende Stimme« – heißt es im Tagebuch.[24] Wenige Tage später: »Das Gefühl für den Jungen geht recht tief. Denke beständig an ihn und versuche, Begegnungen herbeizuführen...« Vor Glück und Unglück stammelnd konstatiert Thomas Mann die große Liebe: »Seit 25 Jahren war es nicht da und sollte mir noch einmal geschehen.« Und: »Sah sein Gesicht, das es mir angetan, einmal flüchtig bei der Herabkunft im Lift. Er wollte nichts von mir wissen... Weltruhm ist mir wichtig genug, aber wie gar kein Gewicht hat er gegen ein Lächeln von ihm, den Blick seiner Augen...« Er werde diesen Jungen bald nicht mehr sehen und auch sein Gesicht vergessen, »aber nicht das Abenteuer meines Herzens«.

Franz sei als fünfter in die Galerie gekommen, von der – hier irrte Thomas Mann – keine Literaturgeschichte melden werde. Jeder dieser vier Vorgänger lebe in seinem Werk: der erste im »Tonio Kröger«, der zweite im »Zauberberg«, der dritte im »Doktor Faustus«, der vierte im »Amphitryon«-Essay. Und Franz? Diese späte Liebe inspiriert Thomas Mann zu dem noch im Jahre 1950 veröffentlichten Aufsatz über »Die Erotik Michelangelos«. Den äußeren Anlaß zu dieser Arbeit bietet eine zweisprachige Edition ausgewählter Gedichte Michelangelos in neuer Übersetzung. Von dessen Lyrik bezieht er – so im Tagebuch – »die ›Ermächtigung‹ des Alters zur Liebe«, die er mit Goethe, mit Tolstoj und eben mit Michelangelo teile. Er interpretiert sie als Zeichen »einer ungeheuren und gequälten Vitalität«. Tief rührend sei »diese rettungslose Verfallenheit des Gewaltigen, weit über die schickliche Altersgrenze hinaus, an das bezaubernde Menschenantlitz«.

Michelangelo habe nie – und das ist gewiß eine Selbstcharakterisierung – »um der Erwiderung willen geliebt, noch an sie glauben wollen und können«. Denn dieser große Liebende liebte »die Liebe mehr als alles Geliebte«. Und nicht ohne Zufriedenheit bemerkt Thomas Mann, daß noch der zweiundsiebzigjährige Michelangelo an neue Liebe dachte, nach ihr verlangte: Die Liebe sei »der Untergrund seines Schöpfertums, sein inspirierender Genius, der Motor, die glühende Triebkraft seines übermännlichen, fast auch übermenschlichen Werkes« gewesen.[25] Gilt das für den Autor der Michelangelo-Studie ebenfalls, war die Liebe der Untergrund auch seines Schöpfertums? Oder sollten es eher die Eigenliebe gewesen sein, die Egozentrik und die Ichbezogenheit? Wer Auskunft sucht über ihn, über seine geheimen Gedanken und seine verborgenen Regungen, wird von den großen Essays niemals im Stich gelassen. Und es versteht sich, daß die hier herangezogenen Arbeiten bloß als Beispiele dienen sollen und daß man sich ebenso auf andere berufen könnte, auf jene über Tolstoj und Tschechow, über Chamisso und Fontane, über Schopenhauer und Nietzsche. Allerdings wirft dieses literarkritische Œuvre eine Frage auf, die zwar nichts mit seiner Qualität zu tun hat, wohl aber mit seiner Funktion.

Als man 1905 von Thomas Mann wissen wollte, wie er zur Kritik stehe, antwortete er mit einem geradezu enthusiastischen Bekenntnis: »Ich gehöre ja wohl gewissermaßen zu den

›Schaffenden‹; aber ich hege eine Schwäche für alles, was Kritik heißt, – und diese Liebe möcht' ich nie besiegen.« Die Kritik sei »das steigernde, befeuernde, emportreibende Prinzip, das Prinzip der Ungenügsamkeit«. Und: »Es gibt keinen wahren Künstler – heute gewiß nicht! –, der nicht zuletzt auch ein Kritiker wäre, und kein wahrhaft kritisches Talent ist denkbar ohne die Feinheiten und Kräfte der Seele, welche den Künstler machen.«[26] Dem braucht man nichts hinzuzufügen – es sei denn den Hinweis, daß Thomas Mann auch in späteren Jahren ähnliche Gedanken über die Kritik geäußert hat: Einzelne Rezensenten haben ihn häufig enttäuscht und erzürnt, doch hat er nie die Kritik als Institution in Frage gestellt. Es kann auch kein Zweifel sein, was er für ihre wichtigste Aufgabe hielt: Wer sie als »Prinzip der Ungenügsamkeit« begreift, der erwartet von ihr, daß sie zur Literatur beitrage. Genauer: Die Kritik soll das Ihrige tun, um Literatur zu ermöglichen.

Wir haben nicht das Recht, Thomas Mann vorzuwerfen, daß er diese Aufgabe der Kritik anerkannt und gefordert, aber nie auf sich genommen hat. Wie dieser geniale Schriftsteller, anders als Kafka und Rilke, Benn und Brecht, keine Nachfolger hatte, so übte er auch keinen Einfluß auf das literarische Leben seiner Epoche aus – woran ihm freilich nie gelegen war. Seine kritische Tätigkeit blieb, sofern sie die zeitgenössische Literatur betraf, ohne Konsequenzen: Nie hat er einem Schriftsteller oder einer Strömung zum Erfolg verholfen. Er geizte in seinen Artikeln nicht mit Lob und ließ es Würdigen und Unwürdigen so verschwenderisch zugute kommen, daß es zunächst viel Verwirrung stiftete und schon bald wirkungslos war. Seine preisenden Worte seien höchstens, hieß es, Todesküsse.

Man könnte sagen: Er bekannte sich zur Kritik, er liebte sie, aber leider nahm er sie nicht immer ernst genug. Auch seine Essays vertieften zwar auf unvergleichliche Weise das Verständnis für die Meister der Vergangenheit, doch zeitigten sie in der Literatur unseres Jahrhunderts keine erkennbaren Folgen. Indes dürfen wir auf Thomas Mann beziehen, was er 1940 über Richard Wagner schrieb. Einige Einwände gegen diese »Mischung aus Dichter- und Musikertum« seien, gab er zu, schon berechtigt, aber »es gibt Fälle, bei denen man alles Mögliche zugeben mag, und es bleibt immer etwas Überwältigendes zurück.«[27]   (1986)

SIEGFRIED JACOBSOHN

Der solide Schwärmer

Jacobsohn war ein guter Deutscher und ein kluger Jude, ein fleißiger Preuße und ein schlichter Märker. Und er war vor allem ein Berliner, witzig und wendig, frech und fröhlich und ein bißchen sentimental. Geboren wurde er 1881 in der Werderstraße, also ziemlich genau zwischen dem Spreeufer, der Lindenoper und dem Königlichen Schauspielhaus am Gendarmenmarkt. Sein Vater, ein eher mittelmäßiger, doch nicht armer Kaufmann, war mit jener Liebe geschlagen, an der viele deutsche Juden schon damals lustvoll gelitten haben: Der Wagner hat's ihm angetan, der »Ring« hat ihn betört. Deshalb habe er, heißt es, seinen Sohn »Siegfried« genannt. Aber ein Recke wurde der nicht. In einem Brief läßt er uns wissen: »Ich bin 1,57 lang oder kurz.«[1]

Beinahe alles, was in Jacobsohns Leben von Bedeutung war, hat sich in Berlin abgespielt. Als er neun Jahre alt wurde, durfte er im Haus am Gendarmenmarkt eine »Tell«-Aufführung sehen. Da war's um ihn geschehn. Eine Sucht ergriff ihn, von der er sich nie ganz befreien konnte: das Theater. Als Fünfzehnjähriger kannte er bereits das Ziel, dem er dann sogleich seine ganze Existenz unterordnete: Er wollte Theaterkritiker werden. Kaum in die Unterprima gekommen, verläßt er das Friedrich-Werdersche Gymnasium und geht an die Berliner Universität (wo man auch ohne Abitur acht Semester studieren durfte), kaum zwanzig Jahre alt, veröffentlicht er seine erste Theaterkritik. 1904 verfaßt er als »freiwillige Dissertation«, als »Gesellenstück«, eine Schrift über das »Theater der Reichshauptstadt« von 1870 bis 1900, wenig später, 1905, gründet er, natürlich in Berlin, die Zeitschrift »Die Schaubühne«, aus der

1918 »Die Weltbühne« hervorgeht. Er leitet sie bis zu seinem Tod im Dezember 1926.

Seinem ersten Arbeitgeber, dem Feuilletonredakteur der »Welt am Montag«, der Jacobsohns in der Tat unorthodoxen Stil beanstandet – zu inhaltsreich sei er und gar zu konzentriert –, antwortet der Anfänger, er werde sich bemühen, »in einem Satz noch viel mehr Inhalt zusammenzudrängen«, er stamme nämlich »zum Glück« aus Berlin, und er wolle in seinen Kritiken »den Nerv dieser Stadt, ihr Tempo und ihren Rhythmus« wiedergeben.[2] Das ist ihm denn auch mit der Zeit gelungen.

Seine Prosa ist scharf und durchsichtig, mitunter etwas burschikos und immer sachlich. Er plauderte nicht, er plädierte. Selbst da, wo er allzu ausführlich wurde – und da er sein eigener Redakteur war und keiner Kontrolle unterlag, konnte ihm das gelegentlich unterlaufen –, hat sein Stil das vorwärtsdrängende Großstadt-Tempo: Man merkt Jacobsohns Aufsätzen an, daß er unter den Theaterkritikern seiner Zeit (Alfred Kerr, Alfred Polgar, Herbert Ihering) der einzige Berliner war. Diese Stadt hat seine Sprache und seine Mentalität geprägt, seinen Humor und sein Temperament. Sie war ungleich mehr als der Hintergrund seiner Existenz, sie war sein Element, sein Lebenselixier.

Und wie es sich für einen Berliner schickte, dachte er nicht daran, sich um das Theater in der Provinz zu kümmern. Er schrieb – die Bayreuther Festspiele ausgenommen – nur über Inszenierungen, die man an Ort und Stelle sehen konnte: Was nicht nach Berlin kam, meinte er, war nicht der Rede wert. Allerdings klagte er gern über seine unausstehliche Geburtsstadt – und auch das gehört zum Bild des Berliners. Er habe, so Jacobsohn, sehr wohl eine Heimat, doch sei das weder Charlottenburg noch Wilmersdorf, wohl aber Kampen. Dort, auf Sylt, verbrachte er alljährlich mindestens drei Monate, was nicht unbedingt ein Zuckerlecken war: Nur in *einem* Zimmer hatte er einen Ofen, und die Beleuchtung war eher kümmerlich. Erst kurz vor seinem Tod jubelte er in einem Brief an Tucholsky: »Kampen kricht diesen Sommer Elektrizität.«[3] Schon vorher hatte er beteuert: »Ich gäb was drum, wenn ich nie wieder nach Berlin zurückbrauchte.«[4] Doch im September, wenn die Theater-Spielzeit begann, war er zu Hause und rührte sich nicht mehr vom Fleck – bis zum nächsten Aufenthalt in Kampen.

Man sollte aber nicht meinen, Jacobsohn sei dort einsam gewesen. Er soupiert mit Albert Bassermann, er berichtet, daß Max Reinhardt ihn, seinen treuesten Herold und Bewunderer, in Kampen nicht gegrüßt habe: »Denn er ist der Meinung, daß ich auch seine schlechten Leistungen gut finden müßte.«[5] Und: »Heute nachmittag widerfährt meinem niedern Strohdach die Ehre, daß Thomas Mann unter ihm weilt. Der alte Waterkantler hatte die Insel nicht gekannt und ist so erschlagen, daß er sofort entweder ein Friesenhaus oder Terrain kaufen will.«[6] Wenn er es eilig hat, schreibt er nur »Anwesend:« und zählt dann Namen auf: Otto Klemperer, Ludwig Meidner, Felix Hollaender, Valeska Gert, Herbert Ihering und viele andere. Man begreift schon, warum er sich am Busen der Sylter Natur so wohl gefühlt hat.

Jacobsohn ohne Berlin kann man sich nicht vorstellen. Und läßt sich das Berlin der zwanziger Jahre ohne Jacobsohn vorstellen? Ja, gewiß – aber nicht ohne sein Hauptwerk, dem er sein Ansehen, wenn nicht seinen Ruhm verdankte und das zum Besten gehört, was uns die Weimarer Republik hinterlassen hat: »Die Weltbühne«. Die außerordentliche Qualität dieses Wochenblattes wurde schon oft gerühmt. Weniger einig ist man sich bei der Beurteilung ihrer Rolle in der damaligen Zeit. Doch fällt auf, daß die Kulturkritiker, gelegentlich auch die Historiker offensichtlich keine Mühe haben, in der »Weltbühne« immer gerade das zu finden, was sie als Beleg für ihre Beweisführung brauchen. Das hängt mit der Liberalität dieses Blattes zusammen, mit dem breiten Spektrum seiner Mitarbeiter: Sie waren repräsentativ für jene linken Intellektuellen, die sich keinem Parteiprogramm unterwerfen wollten.

Der Mann, der die »Weltbühne« geschaffen und geformt hat, Jacobsohn also, verabscheute alles Dogmatische, Engstirnige und Fanatische, er praktizierte Toleranz, er demonstrierte Unabhängigkeit und Souveränität. Er tat es täglich und ohne ein Wort darüber zu verlieren. Bisweilen indes hat man den Eindruck, daß es ihm vor allem auf die Genauigkeit und die Eindringlichkeit des Ausdrucks ankam, auf die Eleganz der Darlegung, auf die Grazie der Gedankenführung. Nicht die Ideen faszinierten ihn, sondern der Stil, nicht die Politik, sondern das Theater und die Sprache.

War Jacobsohn ein unpolitischer Mensch? Nein, das nicht. Aber daß diese Frage sich überhaupt stellt, verweist auf jenen Umstand, der die Eigenart und Originalität der »Weltbühne« ermöglicht hat und damit ihren (freilich nicht übermäßigen) Erfolg: Sie war eine hochintellektuelle Zeitschrift über Politik und Kultur, doch konnte sie auch von Lesern goutiert werden, die sich nicht unbedingt als »intellektuell« charakterisieren lassen und deren Interesse an Politik oder Kultur sich in Grenzen hielt. Mit anderen Worten: Jacobsohn hörte nie auf, sich um die Lesbarkeit seines Produkts zu bemühen, ja um dessen Unterhaltsamkeit. Deshalb druckte er keinen Autor so oft und gern wie den amüsantesten Schriftsteller der Weimarer Republik: Kurt Tucholsky.

Erst jetzt, da Jacobsohns Briefe an Tucholsky veröffentlicht wurden – leider fehlen die Gegenbriefe, die wohl nur zum Teil erhalten sind –, können wir ermessen, wie er als Herausgeber und Redakteur gearbeitet und was er geleistet hat; und warum Tucholsky ihn als den »idealsten deutschen Redakteur« bezeichnete, »den unsre Generation gesehen hat«.[7] Der kleine Jacobsohn – so nannte man ihn – war ein Mann mit einer großen Passion, ein Besessener. Das Obsessive und die Lust an der Bewunderung und an der Verehrung – das sind die Faktoren, die sein Persönlichkeitsbild geprägt haben. Nichts konnte seine Selbstsicherheit gefährden, indes war er keinesfalls größenwahnsinnig. Nur vertraute er seinem Geschmack, er verließ sich auf seine Intuition.

Alfred Polgar glaubte, Zweifel an der Sache, der Jacobsohn sich nun einmal ergeben hatte, seien ihm fremd gewesen: »Niemals erschien ihm das Zeichen, unter dem er kämpfte, als Fragezeichen...«[8] Mir will es eher scheinen, daß er den Zweifel an der Sache wohl kannte, ihn aber in der Regel, bevor er zu schreiben anfing, mit sich selber ausmachte. So konnte es zu dem Mißverständnis kommen, er sei ein apodiktischer Kritiker. Daß das Zeichen, unter dem er kämpfte, nicht selten doch zum Fragezeichen wurde, beweist Jacobsohns Verhältnis zum Theater. In den zwanziger Jahren ließ die große Liebe seines Lebens etwas nach – und nicht zufällig. 1920 meinte er: »Vielleicht hat meine Empfänglichkeit für die Bühnenwelt sich in demselben Grade verringert, wie mein Interesse für die Weltbühne sich verstärkt hat.«[9] In seinem Todesjahr 1926 schrieb er an Tucholsky: »Du kannst ruhig immerzu sagen, daß ich ein Theaterkritiker ›war‹.«[10]

Sein Gespür für den Rhythmus und die Melodie der Sprache, für ihre Nuancen und Valeurs verband sich mit Jacobsohns untrüglichem Sinn für Klarheit und Logik und zugleich auch mit seinem (man kann sagen: einzigartigen) pädagogischen Eros. Er konnte als Lehrmeister möglicherweise deshalb so viel erreichen, weil er wie kaum ein anderer Verständnis hatte für die Egozentrik, die Selbstsucht der Schreibenden. Er wußte es: »Die wirklich große, alles sehende Liebe hat man ausschließlich für seinen eignen Kram.«[11] Er selber war nicht anders, nur empfand er als eignen Kram nicht bloß seine Artikel, vielmehr alles in dem von ihm redigierten »Blättchen«, jede Kleinigkeit.

Eine der vielen Tugenden Jacobsohns war seine erstaunliche Begeisterungsfähigkeit – und zwar in des Wortes doppelter Bedeutung. Bis zum Ende blieb er ein jugendlicher, ein unermüdlicher, ein bisweilen sogar etwas pubertär anmutender Enthusiast. Nur war er ein zuverlässiger Enthusiast, ein solider Schwärmer. »Als Kritiker freut mich das Leben nur, wenn ich loben kann« – bekannte er 1918.[12] Für den Redakteur gilt das in

gleichem, wenn nicht in noch höherem Maße. Er ließ sich
hinreißen, er sparte nie mit Lob und Anerkennung, ja, man hat
den Eindruck, daß er unentwegt auf Beiträge wartete, bei denen
er aus dem Häuschen geraten konnte. So vermochte er seine
Mitarbeiter immer aufs neue zu begeistern. Sie wußten sehr
wohl, daß sie ihn mit einem gelungenen Beitrag beglückten.
Sie schrieben, zumindest die besten, die treuesten unter ihnen,
weder für die »Schaubühne« noch für die »Weltbühne«, sie
schrieben für ihn persönlich, für Siegfried Jacobsohn.

Er behandelte seine Autoren gut, sehr gut, und jene, an
denen ihm besonders gelegen war, nachgerade zärtlich. Aber er
entlohnte sie schlecht. Denn im Laufe der zwanziger Jahre
wuchs das Ansehen der »Weltbühne« schnell, doch ihre Auflage langsam. Im August 1922 konnte Jacobsohn mit einer
Triumphmeldung aufwarten: Innerhalb von einigen Tagen
waren 193 Abonnenten hinzugekommen. Im Sommer 1924
freilich mußte der Abonnementpreis erhöht werden: Die Auflage sank von 5850 auf 5500 Exemplare.[13] Daher waren nicht
nur die Honorare der Mitarbeiter karg, sondern auch Jacobsohns eigene Einnahmen. Als sich Tucholsky 1922 über seine
materielle Situation beklagte, äußerte sich sein »Brotherr« über
die seinige ausführlicher als sonst: »Sie haben einen Haufen
Anzüge und Mäntel: ich habe einen Sommer- und einen
Winteranzug und keinen Wintermantel, dafür aber auch kein
Geld, mir einen zu kaufen.« Und: ».. . der ich keinerlei Passio-
nen, nicht einmal kostenlose, habe, nicht rauche, nicht trinke,
nicht hure, nicht tanze, nicht spiele, nicht Bücher kaufe, auf
Reichs- und Stadtbahn nur Dritter Klasse fahre, auf der Durch-
reise durch Hamburg bei Freunden umsonst wohne und esse
und weiter nichts als einen Schreibtisch brauche.«[14] Das alles
war schon richtig. Nur: Es lag Jacobsohn fern, sich darüber zu
beklagen. Anders als Tucholsky war er auf den Luxus nicht
angewiesen, ja, er war an ihm überhaupt nicht interessiert. Er
lebte beinahe asketisch. Einzig und allein seine Arbeit bereitete
ihm Spaß – diese aber einen unbändigen.

Kennengelernt haben sie sich Anfang 1913, als Tucholsky es wagte, der »Schaubühne« ein Manuskript anzubieten, und sofort aufgefordert wurde, sich in der Redaktion vorzustellen. Er war noch keine 23 Jahre alt. Daraus ergab sich zunächst eine Interessengemeinschaft, später ein Bündnis und schließlich eine Freundschaft. Gewiß, Tucholsky hätte auch ohne Jacobsohn und ohne die »Weltbühne« seinen Weg gemacht. Doch wäre er sehr wahrscheinlich ein anderer Schriftsteller geworden. Und umgekehrt: Ohne Tucholsky wäre die »Weltbühne« eine andere Zeitschrift gewesen, mit Sicherheit eine weniger lebendige und weniger attraktive. Denn für Tucholsky konnte es keinen Ersatz geben, er war, ähnlich wie Karl Kraus oder Alfred Kerr, unvergleichlich.

Daß er als Anfänger in Jacobsohn, der übrigens nur neun Jahre älter war, eine Art Vaterfigur sah und ihn sofort als Mentor akzeptierte, ist nicht verwunderlich. Aber diese Beziehung hat sich im Laufe der Zeit – und sie arbeiteten immerhin vierzehn Jahre zusammen – kaum geändert: Jacobsohn war und blieb der Dirigent, Tucholsky wurde (ziemlich rasch) sein erster Solist, und zwar einer, der die Kompetenz und höhere Sachkenntnis des anderen nie ernsthaft beanstandete – zumal in stilistischer Hinsicht. Der Herausgeber der »Weltbühne« hielt es noch in seinem Todesjahr 1926 für notwendig, seinen Starautor zu belehren: »Vollkommen ist die Venus von Milo; vollkommen war Girardi; vollkommen ist zwei- bis dreimal im Jahr die ›Weltbühne‹. Aber zu sagen: Es ist mir vollkommen gleichgültig – das ist für mein Ohr einfach grauenhaft.«[15] Jacobsohn hat sich auch nie gescheut, Tucholsky Anstandsunterricht zu erteilen, so 1925: »Wenn Du etwa sagen willst, daß Frau Stresemann mit Herrn Stein was hat – das liest man heraus –, so streiche diese Zeile. Das geht bei uns nicht. Wir sind nicht die Große Glocke.«[16]

Fand Jacobsohn einen Beitrag Tucholskys ungenügend, dann brauchte er sich nicht in umständliche Formulierungen zu flüchten. Die Bescheide klangen dann wie Kommandos, etwa: »Arbeiten Sie um oder schicken Sie ein neues Gedicht.«[17] Von ähnlicher Deutlichkeit sind auch die (sehr häufigen) Mahnungen: »Ihre Sündhaftigkeit und Faulheit ist freilich gigantisch.«[18] An Wendungen, deren Herzlichkeit nur noch von ihrer Direktheit übertroffen wird, mangelt es nicht: »Du bist ein Vollidiot« oder »Du bist und bleibst ein selten dämlicher Hund«.[19] 1925 und 1926 fallen knappe kritische Äußerungen Jacobsohns über die jetzt allmählich erkennbare politische Wandlung Tucholskys auf: »Du bist ein politisches Rindvieh erster Ordnung . . .« und: »Jeder Deiner Sätze ist angesichts der Weltlage von einer Naivität, die auch durch Deinen Aufenthalt jenseits der deutschen Grenzen nicht erklärt ist.«[20] Leider wissen wir nicht, auf welche Äußerungen Tucholskys sich Jacobsohn bezog. Aber ich habe den dunklen Verdacht, daß er nicht ganz im Unrecht war.

Übrigens hatte es Tucholsky noch Mitte der zwanziger Jahre nicht so leicht, für seine Produkte Abnehmer zu finden. Bei den Ullstein-Blättern »Dame« und »Uhu« stand er unter einem (sehr bescheidenen) Vertrag, aber: »Sie haben mir ungefähr dreiviertel meiner Arbeiten nicht gedruckt, und sie haben nicht kritisiert, sondern gemeckert.«[21] Auch für die erste Buchausgabe einer Auswahl seiner Feuilletons konnte Tucholsky keinen Verleger finden. Das Manuskript wanderte von Haus zu Haus und landete bei S. Fischer, wo man die Entscheidung mehrfach hinauszögerte. Hierzu Jacobsohn im April 1926: »Ich will nächstens mal zu S. Fischer gehen und mit ihm über Dich sprechen. Denn diese Herumschickerei des Manuskripts ist ja wirklich unter Deiner und meiner Wüde, sprich: Würde.«[22] Aber es wurde nichts daraus. Tucholsky dachte jetzt an Rowohlt, Jacobsohn warnte nachdrücklich. Ernst Rowohlt war ein liebenswerter Mensch, hatte aber einen schlechten Ruf: Er zahlte ungern und spät, wenn überhaupt. Schließlich erschien der Band doch bei Rowohlt (1928 unter dem Titel »Mit 5 PS«), auch Tucholskys nächste Bücher kamen dort heraus und brachten nicht wenig Geld – dem Verleger, versteht sich, doch seinem Autor ebenfalls.

Wenn es in den Beziehungen zwischen Tucholsky und Jacobsohn Schwierigkeiten gab, dann nur aus einem Grund: Geld. Als Tucholsky ihm 1922 mitteilte, er müsse sich nun nach anderen Verdienstmöglichkeiten umsehen und somit die regelmäßige Zusammenarbeit mit der »Weltbühne« aufgeben, nahm Jacobsohn die Kündigung nicht ernst: »Voriges Jahr hatten Sie diese obligate Depression am Anfang des Sommers, dieses Jahr haben Sie sie am Ende. Und wie Sie sie damals überwunden haben, werden Sie sie jetzt überwinden ... Und dann wirst Du dich immer mal wieder an meinem persönlichen Busen ausweinen und mit mir im Theater gehen und Dir von mir nach Noten anschnauzen lassen, und dann wird sich alles, alles finden, Du Dämelack.«[23] Genauso war es auch.

Neben Tucholsky gab es nur einen einzigen Autor, den Jacobsohn auf ganz andere Weise zwar, doch mit ähnlicher Intensität liebte: Alfred Polgar. Sobald er diesen Namen erwähnte, kam er ins Schwärmen. 1923: »Über Polgar sind die höchsten Worte noch immer keine Übertreibung.« 1925: »Ja, Polgar – wenn ich den nicht hätte ...« Und: »Umsonst ist mir ja nicht der weitaus liebste Mitarbeiter Polgar, dem ich in zwanzig Jahren keinen Buchstaben habe anzutasten brauchen.«[24] Als dieser Lieblingskritiker Anfang 1925 in eine Krise geraten war, schrieb Jacobsohn an Tucholsky: »Mein Polgar hat entdeckt, daß es mit ihm zu Ende sei, und daß er das Metier eigentlich aufgeben sollte. Schreib ihm doch gelegentlich bei glaubhaftem Anlaß – etwa nach einer Kritik über Franzosen – eine Huldigungskarte aus Dir heraus.«[25]

Vielleicht verdanken diese Briefe ihren größten Reiz einer Eigenschaft Jacobsohns, die eine Tugend sein mag, aber sich gelegentlich auch einer Untugend nähern kann: Ich meine seinen nie nachlassenden Mitteilungsdrang. Er war der Neuigkeiten bedürftig, wollte sie aber, überzeugt, die anderen seien es ebenfalls, keineswegs nur für sich behalten. Wenn ihm eine bemerkenswerte Nachricht zu Ohren gekommen war oder eine hübsche Klatschgeschichte, wenn er etwas gelesen hatte, was er für besonders gut oder für besonders schlecht hielt – er mußte alles schleunigst weitergeben. Und damit ist zugleich die Art seiner Kritik charakterisiert.

Jacobsohn wollte das, was er im Theater gesehen und gehört hatte, möglichst genau dem Publikum übermitteln, er wollte es teilhaben lassen an seinen Freuden und Enttäuschungen, an seinem Genuß und seinem Leiden. Denn auch für die Leser, daran hatte er lange Jahre geglaubt, war das Theater die allerwichtigste Sache auf Erden – oder sollte es unbedingt werden. So wurde der Theaternarr Jacobsohn zum unbeirrbaren Anhänger der Kritik – nicht etwa umgekehrt: Kerr brauchte das Theater für seine Kritik, Jacobsohn wollte die Kritik um der Qualität des Theaters willen. Er hatte ja die »Schaubühne« als Forum vor allem für Theaterkritik gegründet. Buchbesprechungen verfaßte er so gut wie nie. Auch hat er, anders als viele seiner Kollegen, keine Gedichte, keine Reportagen oder Erzählungen geschrieben, er wollte Kritiker sein, nichts als Kritiker – aber als solcher strebte er Einfluß an, ja Macht. In der Tat galt er als einer der beiden mächtigsten Kritiker seiner Zeit – der andere war natürlich Kerr.

Er schrieb nicht so originell und effektvoll wie Kerr, nicht so charmant und anmutig wie Polgar, nicht so zielstrebig und konsequent wie Ihering. Jacobsohns Kritiken waren nicht Sprachkunstwerke (wie die Kerrs), nicht poetische Stimmungsbilder (wie die Polgars) und nicht programmatische Kampfschriften (wie die Iherings). Es waren vielmehr temperamentvolle Schilderungen und leidenschaftliche Plädoyers. Aber sein Scharfblick und seine Sorgfalt wurden nie durch sein Engagement, seine Parteinahme beeinträchtigt. Unter den Theaterkritikern unseres Jahrhunderts war er wohl – in dieser Hinsicht mit Fontane vergleichbar, von dem er viel gelernt hat – der anschaulichste, der beste Berichterstatter.

Allerdings hatte Jacobsohn für jede Rezension mehr Zeit als seine Kollegen, weil er nicht für eine Tageszeitung arbeitete, sondern für ein Wochenblatt. So konnte er sich auch den

Luxus leisten, die Premieren zu ignorieren – der gesellschaftliche Rummel ging ihm auf die Nerven – und erst eine spätere Vorstellung zu besuchen. Wiederholt hat er darauf hingewiesen, daß Kritiken »der bewegten Stunde entspringen, daß sie auf frisch empfangene Eindrücke die spontane Antwort geben«. Niemals dachte er daran, »untrügliche Gerechtigkeit« für sich in Anspruch zu nehmen, diese sei – hier folgte er Lessing – »eine Sache Gottes, nicht seiner irrenden Kinder«[26].

Daher sind Jacobsohns Kritiken, wie lange er an ihnen auch gefeilt haben mag, tatsächlich spontan. Leisetreterei mochte er nicht, er hatte keine Angst vor Superlativen: Gleich und ohne Umschweife sprach er von der Sache, um die es ging. So begann er 1912 die Rezension einer Inszenierung der »Schauspielerin« von Heinrich Mann: »Das ist ein schlechtes, zum größten Teil ungekonntes Stück.«[27] Daß der Autor des »Untertan« bloß aus Gesinnungsgründen von so dubiosen wie bornierten Rezensenten nach einem ermäßigten Tarif beurteilt wurde (schon damals!), mußte einen Kritiker wie Jacobsohn verärgern. 1925 belehrte er Tucholsky, er glaube nicht, »daß wir uns geändert haben«, hingegen habe sich Heinrich Mann überlebt, er sei so »fertig« wie etwa Maximilian Harden und »andre Leute der vorigen und vorvorigen Generation«[28].

Da Jacobsohn vor allem daran gelegen war, begriffen zu werden, bemühte er sich um möglichst unmißverständliche Formulierungen, was zur Folge hatte, daß man seine stilistische Leistung, ähnlich wie die des Theaterkritikers Fontane, unterschätzte. Wie treffend schrieb er 1912 über Strindbergs »Totentanz«: »Es ist nicht seine Absicht – es ist die Gnade seiner Künstlerschaft, daß sich ihm das Abbild zum Sinnbild weitet.«[29] Oder: »Georg Kaiser ist aus der Wolke, die ihn bisher umnebelte, mit beiden Füßen auf die Erde gestiegen.«[30]

Die zeitgenössischen deutschen Dramatiker hatten in Jacobsohn einen zuverlässigen und militanten Fürsprecher. Was er für Wedekind und Sternheim getan hat, weiß man wohl, vergessen ist hingegen seine Rolle in der Rezeption des jungen

Brecht. 1922 rühmte er »Trommeln in der Nacht« als »ein naturalistisches Stück, das sich unmerklich höher und höher über den Erdboden hebt«. Allerdings sei der Autor der Aufführung »zuerst ein Naturalist und zuletzt ein Expressionist und grade niemals beides ineinander«[31]. Als 1924 »Im Dickicht der Städte« gespielt wurde, sprach er vom »Zauberkünstler Brecht«. Jacobsohns Kritik von Brechts »Leben Eduards des Zweiten von England« (Inszenierung: Jürgen Fehling) schloß mit den Worten: »Vor diesem Reichtum an Phantasie verharrt man geblendet und hingerissen; und ist um Elf tief bekümmert, daß es schon aus ist.«[32]

Man hat Jacobsohn vorgeworfen, ihm fehle der Sinn für das Irrationale, Polgar bemerkte mit sanfter Ironie, er gehöre zu den Glücklichen, »die Boden finden im Bodenlosen«[33]. Ob Polgar die Rezension kannte, die Jacobsohn 1923 über Barlachs »Armen Vetter« schrieb? Da heißt es: »Er geht nicht logisch vor, baut nicht architektonisch auf, sondert nicht wachen Sinnes aus, was etwa aufhält, und verteilt nicht bewußt Akzente. Er schleudert seine Gesichte aus sich heraus, schwelgt in ihnen, kümmert sich nicht um ihren Zusammenhang untereinander, beläßt sie in ihrer so wunderlichen wie wunderbaren mystischen Sphäre . . . Man versteht mit dem Kopf nicht jede Absicht. Aber ist der Kopf vor der Kunst nicht immer unzulänglich? Und das ist mehr. Das ist Alles.«[34]

Jacobsohns »Angst vor den Cerberussen der Pietät«[35] hindert ihn nicht, die Klassiker zu lieben und bei jeder sich bietenden Gelegenheit eine Lanze für sie zu brechen. Wann immer Schiller aufgeführt wird (und man spielte ihn damals ungleich häufiger als heute), kann er es nicht unterlassen, ihn zu dekuvrieren – um schließlich doch vor ihm auf die Knie zu fallen.

Eine persönliche Erinnerung: Als Vierzehn- oder Fünfzehnjähriger habe ich in einem Berliner Antiquariat inmitten vieler verbotener Bücher – man schrieb das Jahr 1935 – Jacobsohns Band »Max Reinhardt« gefunden und darin seine »Wallenstein«-Kritik von 1914. Mir fiel eine Passage von etwa einer Buchseite auf. Sie beginnt mit den Worten: »Schillers Rhetorik ist Pelzwerk, nicht Haut. Es ist nicht einmal allzu kostbares Pelzwerk; und es ist so bequem zugeschnitten, daß es jedem Wuchse paßt.« Das hatte mich schon verblüfft, aber etwas weiter las ich es noch deutlicher: »Was Schillers Personen reden, hängt leider durchaus nicht immer von ihrem Alter, von ihrem Stand, von ihrem Geschlecht, von ihrem Partner, von ihrer Situation, sondern allzu oft davon ab, wohin den Dichter im Augenblick sein Gegenstand oder vielmehr grade nicht sein Gegenstand, sondern sein allgemeiner *furor poeticus* reißt.«[36] Ich kaufte das Buch, begriff (gewiß zum ersten Mal) die Schwäche des Dramatikers und Balladenautors Schiller – und hörte nicht auf, ihn zu lieben. Und ich fing an, Siegfried Jacobsohn zu bewundern.

Überzeugt von der segensreichen Wirkung seines Metiers behauptete Jacobsohn, eine gute (also intelligente und treffend formulierte) Kritik mit einem falschen Resultat sei allemal besser als eine schlechte (also weniger scharfsinnige und nachlässig geschriebene) mit einem richtigen Ergebnis.[37] Kann man dem zustimmen? Ich habe da meine Zweifel, zumal wenn ich – um nur dieses Beispiel anzuführen – seine interessante, doch vernichtende Rezension des »Schwierigen« von Hofmannsthal lese, den übrigens damals, 1921, alle Berliner Kritiker verrissen haben.

Keine Scheu hatte Jacobsohn, seine Urteile, wenn sie ihm aus der Distanz mehrerer Jahre verfehlt schienen, zu revidieren. Rechthaberisch war er nie. Shakespeares »Wintermärchen« schien ihm 1906 »zu drei Vierteln tot«. 1915 findet er das Stück »zu drei Vierteln lebendig«. Und: »Damals war ich taub für Leontes' Leiden: heute bin ich hellhörig für die Schmerzenslaute eines Neurasthenikers, den es wahrhaftig nichts angeht, daß uns seine Eifersucht unzureichend begründet vorkommt.«[38] Jacobsohns gründlichster Widerruf betrifft die »Ratten«. 1911 lauten die ersten Zeilen seiner Kritik: »Haupt-

216 *Siegfried Jacobsohn*

manns Berliner Tragikomödie – wo man sie anfaßt, morsch in allen Gliedern!« Und 1916: »Kritik ist Selbstkritik. Weswegen bin ich 1911 vor diesen ›Ratten‹ durchgefallen?« Ihn habe Hauptmanns Berliner Dialekt abgestoßen, weil er allzu schlesisch sei und daher nicht stimme.[39]

Natürlich kann man Jacobsohn verübeln, daß er übertrieben, überzeichnet, überspitzt habe. Aber welchem Kritiker von einiger Bedeutung ist dieser Vorwurf erspart geblieben? Der Kritiker darf, ja, er muß zu weit gehen, um zu verdeutlichen, wie weit der Schriftsteller oder der Regisseur gegangen ist. Daß sich Jacobsohn mit seinen entschiedenen, bisweilen extremen Kritiken nicht nur Freunde gemacht hat, versteht sich von selbst. Er sei, schrieb er 1913, schon »nach kürzester Zeit über die Maßen verhaßt« gewesen.[40] Und 1915 in einem Brief an Tucholsky: »Wissen Sie einen, der noch mehr Feinde hat als ich?«[41]

Sonderbare Menschen sind doch diese Kritiker: Sie wollen der Literatur dienen oder dem Theater, die Wahrheit wollen sie sagen (genauer: was sie für die Wahrheit halten), sie loben und tadeln, sie tun Gutes und richten auch Unheil an – und bei allem möchten sie nicht nur anerkannt sein, nein, sie möchten auch noch geliebt werden, und womöglich von denen, über die sie sich (bisweilen schonungslos) geäußert haben. Der kleine Jacobsohn, der, anders als sein Nachfolger auf dem Stuhl des Herausgebers der »Weltbühne«, anders als Carl von Ossietzky, weder ein Held noch ein Märtyrer war, gehört zu jenen seltenen Repräsentanten unserer Zunft, die tatsächlich auch geliebt wurden – und die dies verdient haben.   (1991)

Der nervöse Genießer

Kurt Tucholsky war einer der großen Literaturkritiker der Weimarer Republik. Aber war er überhaupt ein Literaturkritiker? Gewiß, er hat Hunderte von Buchbesprechungen verfaßt, und von ihren Objekten hat er bestimmt mehr verstanden als die meisten seiner schreibenden Zeitgenossen. Müßig scheint mir diese Frage dennoch nicht, ja, sie deutet gerade auf jenen Faktor hin, der auch seine originellsten Rezensionen etwas fragwürdig und auch seine fragwürdigsten immer noch lesbar macht.

Tucholskys Beziehung zu literarischen Gegenständen war von Anfang an subjektiv und impulsiv, eher temperamentvoll, sprunghaft und sogar hektisch als kühl, bedächtig oder abgeklärt; sie blieb auch in späteren Jahren eher passioniert als distanziert. Meist sind seine Kritiken extrem persönliche Reaktionen auf Gelesenes: Bekenntnisse und Geständnisse eines Betroffenen, Erklärungen eines Verliebten, Haßausbrüche eines Verletzten.

»Entweder du liest eine Frau, oder du umarmst ein Buch ...«[1] – dieses glanzvolle Bonmot Tucholskys charakterisiert die Eigenart seiner Literaturbetrachtung. Sie stammt von einem, der Bücher herrisch an sich zieht oder entrüstet von sich stößt: In der Regel hat der Prozeß seiner Auseinandersetzung mit den Gegenständen, über die er sich äußert, den deutlichen Beigeschmack einer erotischen Inbesitznahme oder einer (wiederum nicht unerotischen) Desillusionierung und Zurückweisung. Bisweilen war es ein kesser und zärtlicher Flirt mit der Literatur, häufiger noch ein intensives Liebesverhältnis – also etwas außerhalb der Legalität und vielleicht ebendeshalb besonders dauerhaft. Er war ein nervöser Genießer, er behandelte Bücher wie Frauen, und er wechselte die Frauen wie die Bücher. Und hier wie da spielte die bare Neugier eine große Rolle.

So ähneln die Kritiken Tucholskys, obwohl er doch ein exquisiter Literaturkenner war, niemals den Gutachten eines Sachverständigen. Wir haben es vielmehr mit den ungezwungenen Berichten eines Lesers zu tun, der sich beklagt oder begeistert, mit den feuilletonistischen Plädoyers eines Liebhabers, der sich beschenkt oder betrogen fühlt und der jedermann von seinem Glück oder von seiner Enttäuschung erzählen will. Eines Liebhabers? Also etwa eines Amateurs? Gar eines Dilettanten? Ja, es ist Dilettantismus, wenn auch natürlich besonderer Art, was in Tucholskys Schriften immer wieder auffällt. Er selber hat das gespürt und nicht verheimlicht.

1929 – er war damals fast vierzig Jahre alt – dachte er einen Augenblick lang an ein erneutes Studium, an die ernste und gründliche Beschäftigung mit einer Wissenschaft: »Niemand von uns scheint Zeit zu haben, und doch sollte man sie sich nehmen.« Daraus ist, versteht sich, nichts geworden. Warum? »Wir laufen nur so schnell, weil sie uns stoßen, und manche auch, weil sie Angst haben, still zu stehen, aus Furcht, sie könnten in der Rast zusammenklappen –« Der zentrale Satz dieses Feuilletons lautet: Sie »bleiben ewig draußen, die Zaungäste«[2]. Tucholsky wußte es also genau: Mit seiner Mentalität, mit seiner außergewöhnlichen psychischen Labilität, mit jener Unruhe und Unrast, die er, dieser Gehetzte und Gejagte, nie zu überwinden imstande war, hing auch sein Dilettantismus zusammen: Er hat vieles in seiner Prosa (die Verse sind allesamt unerheblich) verschuldet, zumal das Rasche und Flüchtige, das Kurzatmige und Oberflächliche und gelegentlich das schlechterdings Unseriöse.

Aber zugleich war es diese eigenartige Mischung aus nervöser Ungeduld und phänomenaler Reizbarkeit, aus provozierendem Dilettantismus und höchstem Talent, die sehr viel zur

Popularität seiner Feuilletons und Miniaturen beigetragen hat: Aus dem sensiblen Zaungast wurde der geniale Conférencier der Epoche – vorausgesetzt freilich, daß ein Conférencier genial sein kann. Von diesem Geist und Temperament zeugen und profitieren auch Tucholskys Rezensionen und kritische Glossen. Unter ihnen finden sich die wohl anmutigsten und anregendsten Plaudereien, die in unserem Jahrhundert über Bücher geschrieben wurden; nur sind es meist kaum mehr als eben anmutige und anregende, gewandte und gescheite Plaudereien.

Denn er, der mit der Literatur so gern anbändelte und flirtete, hatte wenig Lust, sich mit ihr auf ein längeres und tieferes Gespräch einzulassen. Ich fürchte fast, daß er sie nur bedingt ernst nahm. Gewiß, sie interessierte und irritierte ihn schon sehr, sie faszinierte ihn oft. Doch war ihm die Literaturwissenschaft vollkommen gleichgültig; um die Literaturgeschichte kümmerte er sich kaum; mit der Theorie wollte er sich überhaupt nicht beschäftigen. Er reagierte auf die Literatur zwar unentwegt, aber dennoch bloß sporadisch: Der Kritiker Tucholsky setzte immer neu an. Damit hängt es auch zusammen, daß er in der Regel – von der es nur ganz wenige Ausnahmen gibt – nicht Schriftsteller porträtierte, sondern stets einzelne Bücher besprach. Falsch indes wäre die Vermutung, er habe sie als isolierte Phänomene betrachtet. Nein, er begriff und wertete sie sehr wohl als Symptome, doch vornehmlich gesellschaftlicher, politischer, zeitgeschichtlicher Zustände und nicht etwa literarischer, künstlerischer Strömungen und Entwicklungen.

Dies aber muß, zumindest auf den ersten Blick, geradezu widersinnig scheinen. Denn schließlich war Tucholsky ein überaus musischer Mensch, bestimmt ein Artist, fast ein Poet. Natürlich ist das in seiner Kritik unverkennbar. Sie geht indes von einer anderen Voraussetzung aus, in ihr dominiert ein ganz anderer Aspekt: Dem professionellen Literaten macht es Spaß, als Versuchsperson zu fungieren, der raffinierte Branchenexperte gefällt sich in der Rolle eines naiven Zaungasts, der freilich nicht verheimlichen will, daß er eben doch ein Kenner der Materie ist. So befragt der Fachmann leutselig den Amateur, und der Amateur kontrolliert augenzwinkernd den Fachmann. Diese Doppelperspektive ist, meine ich, das entscheidende Kennzeichen der Kritik Kurt Tucholskys.

Als Versuchsperson läßt er Literatur auf sich wirken und beobachtet die Art und die Ausmaße dieser Wirkung. Seine Aufsätze beschreiben und resümieren die Ergebnisse: Es sind, zunächst einmal, nicht mehr und nicht weniger als Protokolle der Selbstbeobachtung. Dies erklärt auch, daß Tucholsky (wie Fritz J. Raddatz treffend bemerkt) »sich in keinerlei Diskussionszusammenhang« sah und offenbar – zumindest in sehr vielen Fällen – nicht wußte und nicht wissen wollte, was seine Kollegen von den Büchern hielten, über die er sich äußerte: »Namen wie Lukács, Benjamin, Bloch tauchen bei ihm schlechterdings nicht auf.«[3] Daß Tucholsky die Literaturkritik seiner Zeit ignorierte und warum er sie auch ohne weiteres ignorieren konnte, wird verständlich, wenn man bedenkt, was er in den von ihm rezensierten belletristischen Büchern (von seinen Besprechungen politischer, wissenschaftlicher und ähnlicher Publikationen sehe ich hier ab) vor allem wahrnahm, worauf er als Versuchsperson in erster Linie reagierte.

Falladas »Bauern, Bonzen und Bomben« nennt Tucholsky »ein politisches Lehrbuch der Fauna Germanica, wie man es sich nicht besser wünschen kann«, er empfiehlt diesen Roman »jedem, der über Deutschland Bescheid wissen will«.[4] Heinrich Manns »Untertan« rühmt er als »das Herbarium des deutschen Mannes«[5]. In Arnold Zweigs »Streit um den Sergeanten Grischa« erkennt er »ein gut Stück Kriegswahrheit«, das Buch sei »ein Meilenstein auf dem Weg zum Frieden«[6]. Daß Ende der zwanziger Jahre viele amerikanische Romane ins Deutsche übersetzt werden, hält Tucholsky für erfreulich, denn: »Man soll fremde Länder kennen lernen – man soll sie nicht sofort segnen und nicht gleich verfluchen.«[7] Hans Grimms »Volk ohne Raum« lehnt er scharf ab (übrigens mit dem Kalauer

»Grimms Märchen«), weil das Buch die Verhältnisse in den ehemaligen deutschen Kolonien falsch darstelle.[8]

Nicht nur die Reportagen Egon Erwin Kischs, die Aufsätze Otto Flakes oder die Erinnerungen Ernst Tollers befragt er nach ihrem direkten Informationswert, nicht nur sie behandelt er wie politische Lehrbücher: Auch von Romanen erwartet Tucholsky, daß sie ihn über bestimmte Lebensbereiche genau und zuverlässig unterrichten. Er will Bescheid wissen über die Ausbeutung in Mexiko oder über den Alltag eines amerikanischen Spießers, über die Denkweise deutscher Offiziere oder über das Leben französischer Soldaten im Krieg.

Mit diesem generellen Anspruch Tucholskys hat es wohl zu tun, daß seine Rezensionen – und zwar besonders die lobenden – größtenteils aus Inhaltsangaben mit vielen Zitaten bestehen. Daran knüpft er in der Regel einige knappe Bemerkungen über die weltliche Nützlichkeit oder Schädlichkeit des jeweiligen Buches, also meist bloß über seine politischen oder gesellschaftskritischen Valeurs. Was als Analyse gelten könnte, wird man hier vergeblich suchen. Auch sind die meisten Besprechungen ziemlich kurz – und die längeren sind weder gründlicher noch ausführlicher, nur enthalten sie zusätzlich Reflexionen Tucholskys über allgemeine Fragen und seine mit dem Thema zusammenhängenden persönlichen Erinnerungen. Doch über die Ausdrucksmittel und die Schreibweise eines Autors will er kaum etwas sagen. Kann er es nicht? Er kann es schon vorzüglich, aber es macht ihm offenbar zuviel Mühe.

Charakteristisch in dieser Hinsicht ist das Resümee seines immerhin einige Seiten umfassenden Artikels über den »Untertan«: Er sei sich dessen bewußt, »daß diese wenigen Zeilen« weder Heinrich Manns »künstlerische Größe« noch »die Kraft seiner Darstellung« ausgeschöpft hätten.[9] Richtiger: Tucholsky ist auf diese Aspekte überhaupt nicht eingegangen. Später verzichtete er auf solche absichernden Floskeln. In seiner »Prozeß«-Kritik von 1926 heißt es über Kafka: »Man braucht niemand zu ihm zu überreden; er zwingt.«[10] Ja, aber warum, weshalb, womit, auf welche Weise? Hierüber fast nichts. In der enthusiastischen Rezension der »Hauspostille« findet sich über das Handwerk des Lyrikers Brecht kaum ein Wort: Es genügt Tucholsky, einige Gedichte, die ihm besonders gefallen haben, auf seine Art zu referieren und zu zitieren.[11]

Er bespricht mehrere Bücher von Kisch, ohne sich um seine (doch keineswegs unoriginellen) literarischen Mittel zu kümmern, ja, er bringt es fertig, über den Autor des Bandes »Der rasende Reporter« zu schreiben: »Er hat Talent, was gleichgültig ist, und er hat Witterung, Energie, Menschenkenntnis und Findigkeit, die unerläßlich sind.«[12] Traven feiert er als »episches Talent größten Ausmaßes« und erklärt: »Traven ist das, was Edschmid gern sein möchte: er ist ein Mann«[13] – womit er zwar Edschmid beiläufig einen Fußtritt versetzt, aber über den Romancier Traven buchstäblich nichts gesagt hat.

An ziemlich läppischen Witzeleien fehlt es in Tucholskys kritischen Schriften nicht: Besser als »das neue Buch ›Schwester Maria und frühes Leid‹ von Gebr. Mann« (er meint Heinrich Manns Roman »Mutter Marie« und Thomas Manns Erzählung »Unordnung und frühes Leid«) sei Isaak Babels Buch »Budjonnys Reiterarmee«: »Ich und mein Kater ›Parteivorstand‹ (verschnitten, weiß es aber nicht): wir haben es schon dreimal gelesen und nicht schlecht dabei geschnurrt.«[14] Häufig behilft sich Tucholsky mit solchen Vokabeln wie »wunderbar« oder »Meisterleistung« oder gar »sauber«: Hesse hat sich im Krieg »sehr sauber benommen«, Hans Grimm ist »ein sauberer, aufrechter Mann«, Toller wird »saubere Sachlichkeit« und Arnold Zweig »sauberste Arbeit« bescheinigt. Und so weiter. Aber gerade das – saubere Arbeit also – läßt sich dem Kritiker Tucholsky beim besten Willen nicht nachrühmen.

Die weitaus meisten seiner über 500 Rezensionen sind eben nicht »gearbeitet«. Immer wieder kann man ihnen anmerken, wie rasch er sie schrieb und wie selten er sich bemühte, tiefer in die Materie einzudringen, wie oft er sich mit undifferenzierten

Pauschalurteilen, mit gewöhnlichen Klischees und mit simplen Vergröberungen begnügte, von billigen Scherzen und gelegentlichen Kalauern ganz zu schweigen. Kurz und gut: ein schludriger, ein fataler Rezensent.

Trotz allem war er doch ein großer, richtiger gesagt: ein unvergleichbarer, also ein in seiner Art ganz und gar einmaliger Literaturkritiker. Warum? Weil Kurt Tucholsky zwar immer nur den ersten Eindruck, den ein Buch bei ihm hinterlassen hatte, festhielt und mitteilte, dies aber virtuos tat. Weil er, der Unruhige und Ungeduldige, literarische Gegenstände zwar kaum analysieren wollte, sie jedoch um so suggestiver präsentieren konnte.

In einem leichten, lebendigen und bis heute nicht im geringsten angestaubten Deutsch, in bisweilen kokett-ungezwungener und betont flotter, ja, schnoddriger Diktion, die ständig und ausgiebig von der Umgangssprache profitierte, vermochte er einen Roman oder einen Geschichtenband so anschaulich und zwingend nachzuerzählen und dabei so geschickt Zitate zu verwenden, daß der Leser sich nicht nur von den Motiven und den Figuren ein Bild machen, sondern überdies das Ambiente, die Stimmung, das Klima tatsächlich spüren und begreifen konnte. Und so unzulänglich und vordergründig viele Rezensionen Tucholskys auch blieben, langweilig war keine einzige. Wenn es einen Kritiker gab, dem er bewußt und unbewußt nacheiferte, dann war es nur einer: Fontane, dessen »Causerien über Theater« er liebte und bewunderte.

Zudem hatte Tucholsky, der auf die Literatur eher allergisch als analytisch reagierte, ein außergewöhnlich sicheres Gespür für die Qualität eines künstlerischen Textes. So bedauerlich es ist, daß er uns meist die Begründung vorenthält, so ist doch schon sein Votum höchst bemerkenswert. Er nannte Kafkas »Strafkolonie« 1920 »eine Meisterleistung« und rückte die Erzählung in die Nähe des »Michael Kohlhaas«.[15] Er bezeichnete 1926 den »Prozeß« als »das unheimlichste und stärkste

Buch der letzten Jahre«[16]. Er schrieb 1928 über Brecht: »Dieser
Mann ist auf dem Theater ein sehr beachtliches Talent, und in
der Lyrik mehr als das.« Und: »Er und Gottfried Benn scheinen
mir die größten lyrischen Begabungen zu sein, die heute in
Deutschland leben.« Aber zugleich durchschaute Tucholsky
die Kraftmeierei des jungen Brecht, seinen angelsächsisch-
modischen Bluff: »Was das Land ›Mahagonny‹ angeht, so ist es
ein gut bürgerliches Land, es blüht daselbst der Nußbaum und
die gute Eiche, aus der man die Bücherregale macht.« Er lobte
einige Gedichte Brechts, weil sie bewirken, »was die Maha-
gonny-Männer mit viel Geschrei und deutschem Whisky niemals erreichen«[17].

Vom Erfolg ließ sich Tucholsky nicht beirren. Auch er
besang den »Braven Soldaten Schwejk«, doch wußte er, daß
Hašek kein »tschechischer Cervantes« war: »Die Gefühle
Schwejks sind universal komisch – ihre Ausdrucksform kaum.
Und erklären kann man da nichts. Er ist um den entscheiden-
den Hauch zu provinziell.«[18] Ein scharfsinniger Befund, den
Tucholsky sehr wohl hätte erklären können.

Im Unterschied zu den früheren Rezensionen, deren simple
Einseitigkeit oft verwundert, werden die späteren der Viel-
schichtigkeit eines literarischen Werks in weit höherem Maße
gerecht. Ein Glanzbeispiel: die »Ulysses«-Kritik von 1927.
Tucholsky ging hier bis zum Äußersten: »Wahrscheinlich ist
das mehr als Literatur – auf alle Fälle ist es die allerbeste ...
Was gemacht werden konnte, hat Joyce gemacht. Denn so sieht
es in einem menschlichen Gehirn aus.« Indes sei »irgend etwas
Künstliches an der Sache, etwas Konstruiertes«. Mehr noch:
Tucholsky war mutig genug, zu sagen, der König sei nackt,
nämlich: »Ganze Partien des ›Ulysses‹ sind schlicht langweilig.«
Das Fazit der Kritik ist schlechterdings unübertrefflich:
»Liebigs Fleischextrakt. Man kann es nicht essen. Aber es
werden noch viele Suppen damit zubereitet werden.«[19]

Für gute Gesinnung gibt es in Tucholskys Kritik keinen
Sonderrabatt. Gerade wenn er über Autoren urteilt, die ihm in

politischer Hinsicht nahestehen (Erich Kästner etwa), zeigt sich seine Unbestechlichkeit. Er jubelt über Falladas »Bauern, Bonzen und Bomben«, ohne den entscheidenden Grund zu verheimlichen: »Dieses Werk hier habe ich in zwei Nächten gefressen, weil es uns politisch angeht, nur deswegen. Beinah nur deswegen.«[20] Upton Sinclairs Gesinnung hält er (1931) für »untadlig«, die Tendenz seiner Romane befürwortet er voll und ganz, indes: »Er hat oft recht, aber ich schlafe dabei ein.«[21]

In den letzten Jahren der Weimarer Republik führte Tucholsky (gerade in den Buchbesprechungen) einen Kampf, der uns heute sehr bekannt vorkommt: gegen die pseudomarxistischen Ordnungshüter, gegen die linkssektiererische Gesinnungspolizei, gegen jene, die den Marxismus »wie eine Käseglocke über die Welt stülpen« wollen. 1930 entsetzte ihn »die fanatische Wut, womit jede Andeutung abgelehnt wird, daß es vielleicht auch noch außerhalb der marxistischen Gedankengänge etwas gebe, was für die Menschen von Wichtigkeit ist«[22]. Er hielt die Versuche, »aus dem Klassenkampf eine neue Ästhetik zu kochen, für gründlich verfehlt. So wird das nie etwas. Immer wird in großen Kunstwerken jenes unbekannte X zittern, das sich in kein Schema bringen läßt«.[23] Er mißbilligte 1931 »eine undämonische, eine Limonaden-Kunst. Und es gibt wahrlich, ich sage euch, es gibt auch rote Limonaden«.[24] Er beantragte ein Gesetz, »das bis auf weiteres den Gebrauch des so schön vielseitigen Wortes ›dialektisch‹ verbietet«[25]. Wie man sieht, sind manche unserer Sorgen nicht ganz neu.

In unseren Tagen wird von den Literaturkritikern anderes erwartet und verlangt als in den zwanziger Jahren: Wer heute Tucholskys forschen und kessen Flirt mit der Literatur nachahmen wollte, würde unweigerlich scheitern. Aber wir können viel von ihm lernen. Denn was er sich auch zuschulden kommen ließ, eines vergaß er nie: daß Kritik sich vor allem an jene richtet, für die auch die Literatur bestimmt ist – an die Leser also. Und daß es daher eine ihrer wichtigsten Aufgaben ist, den Markt zu beobachten und zu prüfen, zu kontrollieren und womöglich zu korrigieren. So trieb Kurt Tucholsky eine, wie manche neuerdings naserümpfend zu sagen pflegen, »marktzugewandte« Literaturbetrachtung. In dieser Hinsicht freilich blieb er, mochte er auch nicht mehr und nicht weniger als ein genialer Conférencier sein, doch jener Tradition der deutschen Kritik treu, die einst Lessing begründet hat. (1973)

Der poetische Denker

Die Überprüfung der Ansichten und Urteile, die über den *Literaturkritiker* Walter Benjamin im Umlauf sind, ist längst fällig.[1] Es zeigt sich, daß manche auf recht schwachen Füßen stehen, wenn sie nicht gar Legendencharakter haben.

Seine Tätigkeit als Berufskritiker setzte verhältnismäßig spät ein: 1926. Bis zu diesem Zeitpunkt hatte er nur wenig publiziert; darunter freilich den von Hofmannsthal in den »Neuen Deutschen Beiträgen« gedruckten Essay über die »Wahlverwandtschaften«, ein Meisterwerk, dem er einen gewissen Ruhm unter Eingeweihten verdankte. So konnte Benjamin seine Laufbahn als Rezensent unter günstigen Vorzeichen beginnen, nämlich gleich in zentralen Blättern – in der »Literarischen Welt« und in der »Frankfurter Zeitung«. Von der Möglichkeit, seine Arbeiten hier wie dort zu veröffentlichen, machte er bis zum Frühjahr 1933 oft und ausgiebig Gebrauch. Es fragt sich nur, worüber er eigentlich schrieb.

Ein großer Teil seiner Artikel galt Fachbüchern. Daß sich Benjamin über germanistische und literarhistorische, philosophische und kulturgeschichtliche Werke äußerte, kann niemanden wundern. Doch befaßte er sich auch mit Büchern über Psychiatrie und Psychologie, Pädagogik und Theologie, Okkultismus und Graphologie, Kunstwissenschaft und Architektur, den Zirkus und das Marionettentheater. Er besprach vergessene Kinderbücher und moderne Fibeln, alte Zeitdokumente und neue Reiseführer, einen Band photographischer Pflanzenbilder, eine Geschichte des Spielzeugs und das Heilkräuterbuch eines schweizerischen Pfarrers.

Kann man die außergewöhnliche Mischung mit der Vielseitigkeit der Interessen Benjamins erklären? Jedenfalls wird das

Unbehagen, das diese Buchbesprechungen auslösen, durch die
Lektüre jener, in denen er sich mit rein literarischen Neuerscheinungen beschäftigte, keineswegs ausgeräumt. Er schrieb
oft über französische, englische und sowjetische Bücher, doch
ihre Auswahl läßt – von einigen Ausnahmen abgesehen –
überhaupt keine kritische Konzeption erkennen. Meist scheint
er rezensiert zu haben, was ihm gerade ins Haus geschickt
wurde. Damit mag es zusammenhängen, daß ihm die interessantesten und wichtigsten sowjetischen Autoren jener Jahre
(Babel, Ehrenburg, Majakowski, Pilnjak) offenbar entgangen
sind; auch in seinen Briefen erwähnte er sie mit keinem Wort.
Ähnliches gilt – nur in noch höherem Maße – für Benjamins
Kritiken der deutschen Literatur. Welche Bücher sind für die
Zeit von 1926 bis 1933 repräsentativ oder charakteristisch?
Wenn wir das Drama, das fast immer zur Kompetenz der
Theaterrezensenten gehörte, weglassen, dann könnte man sich
vielleicht auf folgende Liste einigen: Döblins »Alexander-
platz«, Musils »Mann ohne Eigenschaften« (I. Band), Hesses
»Steppenwolf« und »Narziß und Goldmund«, Roths »Hiob«
und »Radetzkymarsch«, Arnold Zweigs »Grischa«, Brochs
»Schlafwandler«, Feuchtwangers »Erfolg« und Werfels »Abitu-
rententag«, der »Aufstand der Fischer« von Anna Seghers,
Kästners »Fabian« und Falladas »Kleiner Mann«, die Kriegsbü-
cher von Glaeser, Plivier, Remarque und Renn, die Feuilletons
von Tucholsky und die Reportagen von Kisch und natürlich
die Lyrik von Brecht und Benn und die Essays von Thomas
und Heinrich Mann.

Ausgenommen »Berlin Alexanderplatz«, ist diese Liste dama-
liger Neuerscheinungen zugleich eine Aufstellung der Bücher,
die Benjamin zwischen 1926 und 1933 *nicht* besprochen hat.
Mehr noch: die Namen der meisten der hier angeführten
Autoren kommen in seinen Rezensionen – und übrigens auch
in seinen Briefen – überhaupt nicht vor. Er, dem es weder an
Zeit noch an Geduld fehlte, um sich immer wieder mit
abseitigen und oft vollkommen belanglosen Novitäten zu

befassen, war an der deutschen Literatur der unmittelbaren Gegenwart nicht sonderlich interessiert; meist hat er sie igno-riert.

Benjamins gern zitierte These »Der Kritiker ist Stratege im Literaturkampf«[2] wird in der Regel – fast automatisch – auf ihn selber bezogen. Zu Unrecht. Denn einer, der Zentrales und Charakteristisches aussparte oder bagatellisierte und sich mit Vorliebe Peripherem zuwandte, konnte schwerlich als »Stratege im Literaturkampf« wirken. So sehr Benjamin eine derartige Funktion des Kritikers für erforderlich hielt, so wenig war er bereit, sie auf sich zu nehmen. Der dritte Band seiner «Gesam-melten Schriften«, der alle seine Arbeiten über Neuerscheinun-gen »ohne Rücksicht auf formale und thematische Kriterien«[3] vereint, läßt erkennen, daß der Grundzug der literarkritischen Praxis Benjamins ein auffallend starker Eskapismus war.

Seine Position in der geistigen Welt der Weimarer Republik ist in diesem Zusammenhang zu sehen. Das soll heißen: Wenn Benjamin in jenen Jahren nur einen sehr geringen Einfluß ausüben konnte, wenn er kaum mehr als eine originelle Rand-figur des literarischen Lebens war und stets bloß ein Geheimtip unter Kennern blieb, so hat das nicht etwa mit politischen oder ideologischen Umständen zu tun, sondern eher mit seiner Skurrilität, mit seiner Weltfremdheit, mit seinem aristokra-tisch-hochmütigen Verhältnis zu einem großen Teil der zeitge-nössischen Literatur. Wo aber Benjamin versuchte, sich an dem, was er »Literaturkampf« nannte, direkt zu beteiligen, waren es in der Regel sehr unglückliche Ingerenzen. Ich denke vor allem an einige Rezensionen über junge deutsche Autoren, die als links galten und damals besonders erfolgreich waren.

Bezeichnend ist ein (aus dem Jahre 1929 stammender) Verriß der Gedichte und Chansons von Walter Mehring. Benjamin mißtraute dem plebejischen Klima dieser Verse, argumentierte jedoch nicht sachlich, sondern ad personam: »Mehring mag allerlei Qualitäten haben«, aber »er hat nie an ungehobelten Tischen gesessen«.[4] Was soll diese Anspielung auf die bürgerliche Herkunft, die sie alle vereinte: Benjamin und Mehring und den hier als Vorbild genannten Brecht, der ja ebenfalls »nie an ungehobelten Tischen gesessen« hat? Was sie soll, zeigt das Fazit der Rezension: »Diese Sachen (also Mehrings Gedichte) haben keine verändernde Kraft; sie werden keine Umgruppierung verschulden. Denn sie sind nicht von der Niedertracht, sondern vom Masochismus eines bürgerlichen Publikums inspiriert.«[5] Natürlich wußte keiner besser als Benjamin, daß gerade der Masochismus sich oft als eine in literarischer Hinsicht äußerst ergiebige Kategorie erwiesen hat. Und wollte er wirklich nur jene Literatur dulden, die unmittelbar zur »Umgruppierung« der Gesellschaft beiträgt?

Von einem sektiererischen Literaturverständnis zeugt auch Benjamins vehemente Ablehnung (im Jahre 1931) der Gedichte Erich Kästners. Die Attacke geht in ähnliche Richtung wie die Kritik der Verse Mehrings. Benjamin wirft Kästner »einen kleinbürgerlichen, allzu intimen Einschlag« vor und spricht von seinem »Nihilismus«; die »linksradikale Intelligenz«, die Kästner zusammen mit Mehring und Tucholsky repräsentiere, sei eine »bürgerliche Zersetzungserscheinung«, und meint, daß sie »revolutionäre Reflexe« für Gegenstände der Zerstreuung und des Konsums verwende[6], was übrigens in gewissen Grenzen stimmen mochte, aber auf den (auch in dieser Rezension gefeierten) Brecht damals ebenso zutraf. Geradezu grotesk ist Benjamins Ansicht, Kästners Gedichte seien »Sachen für Großverdiener«; bedenkt man ihren Erfolg, dann müßte es zur Zeit der Wirtschaftskrise in Deutschland sehr viele Großverdiener gegeben haben. Abgeschlossen wird das Pamphlet mit einem Vergleich von kaum zu überbietender Geschmacklosigkeit: »Sicher hat das Kollern in diesen Versen mehr von Blähungen als vom Umsturz. Von jeher gingen Hartleibigkeit und Schwermut zusammen ... Kästners Gedichte machen die Luft nicht besser.«[7]

Die zentrale These der Kästner-Kritik lautet jedoch: »Dieser linke Radikalismus ist genau diejenige Haltung, der überhaupt

keine politische Aktion entspricht.«[8] Mag sein, nur daß ein
gewaltiger Teil der Weltliteratur sich mit keiner politischen
Aktion direkt identifizieren läßt. Und daß es nicht der
schlechteste Teil ist, wußte wiederum keiner besser als der
Proust-Verehrer und Kafka-Bewunderer Benjamin. In seinem
(übrigens fulminanten) Pamphlet gegen einen von Jünger
herausgegebenen Band mit Aufsätzen mehrerer rechter Autoren heißt es: »Ihr Horizont ist flammend, aber sehr eng.«[9]
Genau das gilt für Benjamins Attacken gegen Kästner, Mehring
und andere Repräsentanten des »linken Radikalismus«.

Gab es denn in jenen Jahren keine deutsche Literatur, die auf
eine konkrete politische Aktion und auf die »Umgruppierung«
der Gesellschaft abzielte? Ansätze immerhin waren vorhanden:
Becher und Anna Seghers, Bredel, Weinert, Marchwitza und
andere Mitglieder des »Bundes proletarisch-revolutionärer
Schriftsteller« bemühten sich mit unterschiedlichem Erfolg um
eine solche Literatur. In der »Linkskurve« wurden ihre Versuche, mochten sie auch oft unbeholfen sein, ernsthaft diskutiert. Für Benjamin freilich existierten sie überhaupt nicht, an
den Diskussionen war er nicht interessiert. Er zog es vor,
Kästner und Mehring zu verteufeln, als Becher oder Bredel
auch nur zu lesen. Nicht der Cheftheoretiker des »Bundes«,
schließlich kein Geringerer als Georg Lukács, faszinierte ihn –
er widmete ihm lediglich eine Neunzeilen-Notiz –, wohl aber
der aus dem George-Kreis hervorgegangene Max Kommerell.

Zugleich muß es auffallen, daß sich Benjamin in der Weimarer Republik – nicht nur in der Auseinandersetzung mit der
»linksradikalen Intelligenz« – eines Vokabulars bediente, das
ihn in eine heikle Nachbarschaft geraten ließ. »Nihilismus«
und »Zersetzung« warf man Tucholsky, Kästner und Mehring
auch von einer ganz anderen Seite vor. Und bei der Mißbilligung der Ironie in einem Roman Hermann Kestens – in ihr sei
»ein Einschlag von Verantwortungslosigkeit«[10] – ist mir ebenfalls nicht ganz wohl, zumal sich Benjamin wenige Wochen
vorher (man schrieb das Jahr 1929) folgenden Absatz geleistet

hatte: »Gerade für das lyrische Gedicht wie für sonst nichts im Schrifttum gilt: nur wo es einem ganz zu Fleisch und Blut geworden ist, beginnt es sein Werk. Der Schauplatz aber alles Förderlichen, Nahrhaften, Nutzbaren, das der Lyrik einwohnt, heißt Gedächtnis und ist in diesem Buch nirgends betreten. ›Werde auswendig‹, das ist das Geheiß, mit dem jede lyrische Dichtung ins Leben tritt. Schauplatz seiner Erfüllung ist das Gedächtnis.«[11]

So sind in den Rezensionen Benjamins zwei sehr verschiedene Sprachwelten feststellbar. Da ist vom »Proletariat« und vom »Zeitalter des Hochkapitalismus« die Rede, von »Klassenfronten« und »Klassenkriegen«. Andererseits hören wir von »schicksalhaften Momenten«, vom »Werdenszwiespalt«, vom »Insichgekehrten« und von der »Menschwerdung des zeit- und raumentbundenen Genius«. Daß der leicht Einflüssen erliegende Benjamin für das Vokabular sowohl marxistischer als auch konservativer Provenienz sehr empfänglich war und daß er, wenn es darauf ankam, diese Sprachwelten säuberlich zu trennen wußte, zeigte sich in den Jahren des Exils.

Er hatte Deutschland Mitte März 1933 verlassen, doch nicht etwa – so zu lesen im Brief an Gershom Scholem vom 20. März 1933 – der politischen Verhältnisse und des Terrors der Nazis wegen (er meinte, »äußerste politische Zurückhaltung«, die er »seit jeher und mit gutem Grunde geübt hatte«, werde ihn »vor planmäßiger Verfolgung« schützen), sondern lediglich deshalb, weil man ihn nicht mehr drucken wollte.[12] Gleichwohl hatte Benjamin weder Hemmungen noch Bedenken, die »Frankfurter Zeitung« vom Ausland aus mit Manuskripten zu beliefern, die unter Pseudonymen gedruckt wurden. Daß man in Kreisen der antifaschistischen Emigration ein derartiges Vorgehen nicht gerade gutgeheißen und bisweilen sogar als charakterlos empfunden hat, kann man sich denken. Wichtiger ist, was denn eigentlich in diesen Rezensionen zu lesen war. Um es kurz zu machen: Ihr Inhalt und Sprachgestus waren nicht danach angetan, der Redaktion der »Frankfurter Zeitung« bei den neuen Machthabern auch nur die geringsten Unannehmlichkeiten zu bereiten.

So lesen wir in Benjamins »Rückblick auf Stefan George«: »Das Geschlecht, welchem die reinsten und vollkommensten Gedichte von George ein Asyl gegeben haben, war zum Tode vorbestimmt. Jene Verfinsterung, die mit dem Krieg nur über seinem Haupte zusammenzog, was lange schon in seinem Herzen braute, schien ihm so wie dem Dichter, dessen Verse es erfüllten, als Inbegriff aller Naturgewalt.« Der Aufsatz, der mit den Worten anhebt: »Stefan George schweigt seit Jahren. Indessen haben wir ein neues Ohr für seine Stimme gewonnen«, schließt mit der Behauptung, George stünde am Ende einer mit Baudelaire beginnenden geistigen Bewegung: »Mag sein, daß diese Feststellung einmal nur eine literarhistorische gewesen ist. Inzwischen ist sie eine geschichtliche geworden und will ihr Recht.«[13] Derartiges, im Juli 1933 in Deutschland gedruckt, mußte von vielen Lesern als Verbeugung vor dem »Dritten Reich« mißverstanden werden. Es ist gut möglich, daß sich der Emigrant Benjamin dessen nicht bewußt war.[14]

Bis 1935 schrieb er für die »Frankfurter Zeitung«. Als er 1936 der in Moskau erscheinenden Zeitschrift »Das Wort« ein längeres Manuskript schickte – hier hören wir natürlich eine ganz andere Sprache, jetzt ist von der »herrschenden Klasse« und von der »kapitalistischen Zivilisation« die Rede –, meinte er in einem Brief an Brecht, es stünden in diesem Aufsatz »einige interessante Sachen, und sie kollidieren nirgends mit derzeitigen Parolen«.[15] Wie man sieht, war Benjamin in der Kunst geübt, Artikel zu schreiben, die »nirgends mit derzeitigen Parolen« kollidierten.

Aber ob es sich um Rezensionen aus der Weimarer Republik oder aus der Zeit des Exils handelt – die meisten beweisen, daß Benjamin bestimmt nicht zu den Kritikern aus Passion, sondern eher zu jenen wider Willen gehört. Er hatte sich 1926, also im Alter von immerhin schon vierunddreißig Jahren, zu dem Beruf des freien Schriftstellers (und somit auch und vor allem des Rezensenten) doch nur deshalb entschlossen, weil er, nachdem seine Bemühungen um die Habilitation an der Frankfurter Universität gescheitert waren, keinen anderen Ausweg sah. Zwar teilte er im Januar 1930 Scholem mit, sein Ziel sei es, »d'être considéré comme le premier critique de la littérature allemande«, indes geht aus einem nur wenige Tage später verfaßten Brief (ebenfalls an Scholem) hervor, wie er sich seinen Alltag als freier Schriftsteller einzurichten gedachte: Er hoffe, »in absehbarer Zeit die Brotarbeit, wenigstens journalistische, so sehr wie nur möglich einzuschränken«, und er sei nicht unzufrieden, daß er »fast nichts mehr von dem, was ich als Brotarbeit, sei es in Zeitschriften, sei es im Rundfunk, ansehen muß, niederschreibe, sondern derartige Dinge einfach diktiere«.[16]

Daß Benjamin das Rezensieren in der Regel für eine journalistische Brotarbeit hielt und »derartige Dinge« eben nur diktierte, merkt man ihnen deutlich, allzu deutlich an: Die Oberflächlichkeit vieler seiner Buchbesprechungen, die falschen Zitate und die stilistischen Nachlässigkeiten finden hier ihre Erklärung ebenso wie das ziemlich chaotische, jedenfalls vollkommen disparate Bild, das sich aus der Liste der von Benjamin behandelten Gegenstände ergibt. Das alles hat mit Benjamins Mentalität, mit der Eigenart seines Talents zu tun. »Daß die Kritik, um etwas zu leisten, sich selber unbedingt bejahen muß«, hat Benjamin sehr wohl gewußt.[17] Um aber aus dieser Einsicht die praktischen Folgen zu ziehen, hätte er über seinen Schatten springen müssen.

Hannah Arendt schrieb: »Was an Benjamin so schwer zu verstehen war, ist, daß er, ohne ein Dichter zu sein, *dichterisch dachte* ...«[18] Das eben ermöglichte ihm, einige Essays zu schreiben, die zu den schönsten in der ersten Hälfte unseres Jahrhunderts gehören. Doch zugleich mußte diese Gabe einen großen Teil seiner literarkritischen Arbeit fragwürdig machen. Vereinfachend gesagt: In der Kritik kommt es nicht darauf an, selber dichterich zu denken, sondern das Dichten und Denken

anderer zu erkennen und zu überprüfen, zu zeigen und ein-
zuordnen. Kritik setzt immer die Fähigkeit und die Bereitschaft
des Kritikers voraus, sich dem Gegenstand, um den es jeweils
geht, ganz und gar zu stellen. »Liebe zur Sache hält sich an die
radikale Einzigkeit des Kunstwerks« – schrieb Benjamin.[19] Nur
daß er sich – zumindest in sehr vielen Fällen – weigerte, die
radikale Einzigkeit eines Kunstwerks aufzuspüren und zu
beschreiben.

Paul Léautaud habe – heißt es in einer Rezension Benjamins
– »oft in einem seitenlangen Referat dem fraglichen Theaterabend nur drei Zeilen« gewidmet, um Raum »für alles zu
gewinnen, das dem Verfasser gerade in den Sinn kommt«.[20] Für
diesen französischen Kollegen hat Benjamin viel Verständnis
und Sympathie. Auch er möchte am liebsten – und er folgt
damit einer wenig erfreulichen Tradition der deutschen Literaturkritik – das behandelte Objekt lediglich als Anlaß für seine
Überlegungen verwenden, auch für ihn ist das Rezensieren
eine Ersatzbetätigung und ein Ausweichfeld.

So ist denn die Überspitzung zulässig und notwendig:
Benjamin war zu sehr poetischer Denker, um Literaturkritiker
zu sein. Dies kam gerade in seinen Buchbesprechungen zum
Vorschein. Während er es sich in seinen größeren essayistischen Arbeiten ebenso wie in seinen Aphorismen leisten
konnte, über Poesie zu reflektieren und seine Reflexion zu
poetisieren, während also dort die Grenze zwischen der Literatur, die ihn interessierte, und der Philosophie, wie er sie
auffaßte, oft kaum wahrzunehmen war, mußte er in den
Rezensionen diese Grenze respektieren und den konkreten
Gegenständen mehr Aufmerksamkeit widmen. Und sofort
zeigte es sich, wie wenig ihm diese Gegenstände bedeuteten
und wie wenig er bereit war, auf sie einzugehen.

Denn Benjamins Verhältnis zur Literatur stand im Zeichen
seiner extremen Ichbezogenheit. Das Publikum taucht in seinem Blickfeld so gut wie nie auf. Vielmehr dominiert in dieser
Kritik, zumal da, wo sie bedeutend ist, das Monologische. Hier

spricht ein Einsamer auf der Suche nach dem verlorenen Echo. Wo er es hörte (oder zu hören glaubte), wo er die Widerspiegelung seiner eigenen Situation – also seiner Krise – wiederfand (oder wiederzufinden glaubte), da erst konnte sich seine Literaturbetrachtung entfalten, da konnte sie triumphieren. Ich meine die Essays über die »Wahlverwandtschaften«, über Proust und Kafka, über Brecht und Karl Kraus. Nicht kritische Distanz heißt dann die Devise, sondern bewußte und wohl auch unbewußte Identifikation.

Wie unterschiedlich die Einflüsse waren, denen Benjamin unterlag – von revolutionären bis zu erzkonservativen, vom Marxismus bis zur Mystik, vom historischen Materialismus bis zur jüdischen Theologie –, läßt die Zusammenstellung seiner Kritiken und Rezensionen mit oft schmerzhafter Deutlichkeit erkennen. Der Band liefert Argumente gegen alle, die Benjamins Bild stilisieren möchten und auf ihn im Namen dieser oder jener Richtung einen Alleinanspruch anmelden. Man sollte sich hüten, jene Entscheidungen postum für ihn nachzuholen, denen sich Walter Benjamin selber mit gutem Grund entzogen hat. (1972)

Der Feuilletonist als Kritiker

Ein Literaturkritiker, der etwas taugt, ist immer eine umstrittene Figur. Solange er wirkt und Einfluß ausübt, fällt es allen schwer, ihm gerecht zu werden. Die sich über ihn öffentlich äußern, sind nur in Ausnahmefällen unbefangen. Denn meist handelt es sich ja um jene, die er beurteilt oder ignoriert hat, und um die Kollegen von der Kritikerzunft, also um seine tatsächlichen oder potentiellen Konkurrenten.

Indes ist dagegen nichts einzuwenden. Wer anklagt und verteidigt, ohne über einen Kodex zu verfügen, wer sich müht, Gerechtigkeit zu üben, und hierbei letztlich nur auf seine subjektiven Vorstellungen von der Literatur angewiesen ist, der muß sich damit abfinden, daß ihm selber keine Gerechtigkeit zuteil werden kann. Das mag schmerzhaft sein, doch gehört es zu unserem Metier. Und später? Dieselbe literarische Öffentlichkeit, die häufig die Macht des Lebenden überschätzt, vergißt schnell den Toten: Dem Kritiker flicht die Nachwelt keine Kränze. Aber dies scheint ebenfalls in Ordnung zu sein. Die Gegenwart fasziniert den Kritiker, nur in ihrem Namen spricht er, nur ihr Echo ist für ihn wichtig. Er hat keinen Anspruch auf das Andenken der Nachgeborenen zu erheben.

Auch das Bild des Kritikers Friedrich Sieburg schwankte im literarischen Leben der Bundesrepublik, verwirrt und verzerrt von Freund und Feind. Wenn deutsche Schriftsteller zusammensaßen und von der Langeweile bedroht wurden, genügte es, seinen Namen zu nennen, um sogar die Schläfrigsten auf den Plan zu rufen. Heute läßt sich mit dem Namen des mächtigen Mannes von gestern nicht einmal ein Hund hinterm Ofen vorlocken. Weil Sieburg 1964 gestorben ist? Ja, natürlich, aber nicht nur deshalb. Daß sich sein Ruhm fast plötzlich verflüchtigen konnte, hat auch mit der Eigenart seiner Kritik zu tun.

Zwei postum edierte Bücher bieten die Gelegenheit, noch einmal – aus zeitlicher Distanz und womöglich *sine ira et studio* – die Frage nach diesem auf jeden Fall außergewöhnlichen Literaturkritiker zu stellen. Der Band »Verloren ist kein Wort«[1] enthält neben einigen zeitkritischen Betrachtungen hauptsächlich Buchbesprechungen, die Sieburg zwischen 1955 und 1964 für die »Frankfurter Allgemeine« geschrieben hat. Das Buch »Nicht ohne Liebe«[2] vereint gleichfalls aus der F. A. Z. und zum Teil aus verschiedenen Sammelbänden stammende Essays und Skizzen, die einzelne Schriftsteller betreffen, meist Deutsche und Franzosen: Kleist, Heine und Mörike, Rilke, Kraus und George, Rousseau und Madame de Staël, Victor Hugo und Guy de Maupassant. Beide Bücher sind lesenswert und in hohem Maße aufschlußreich, zumal man ihnen weit mehr entnehmen kann, als der Autor sagen wollte: Sie lassen mit einer kaum angestrebten Deutlichkeit vor allem die Umrisse seiner eigenen Persönlichkeit erkennen.

1961 erklärte Sieburg: »Man spürt aus jedem Wort, das ich schreibe, daß ich wirklich Literatur als Lebensgefühl in mir habe.«[3] Ein dringendes Bedürfnis, sich über dieses Lebensgefühl öffentlich zu verbreiten, hat er jedoch, allem Anschein nach, nicht gekannt. Obwohl er seit 1920 Bücher publizierte und ständig für die Presse arbeitete, spielte unter den vielen Themen, mit denen er sich befaßte, gerade die Literatur eine verschwindend geringe Rolle. Dies änderte sich erst einige Jahre nach dem Zweiten Weltkrieg, als Sieburg nach einer nicht eben freiwilligen Unterbrechung seiner literarischen Laufbahn wieder zu schreiben anfing. Jetzt verfaßte er regelmäßig Rezensionen.

Der Grund liegt auf der Hand: Der Mann, der Jahrzehnte hindurch ein vornehmlich politischer und kulturpolitischer Schriftsteller und Journalist gewesen war, hielt es nach dem

Zusammenbruch des »Dritten Reiches« für angebracht oder opportun, sich einem neuen und weniger politischen Arbeitsbereich zuzuwenden. Er suchte also bei der Literaturkritik Zuflucht. Sie wurde für ihn zu einer Art Ersatzbetätigung, für die er freilich die allerbesten Voraussetzungen mitbrachte: eine umfassende Bildung, Scharfsinn und Geschmack, Fleiß und Geduld und eine höchst beachtliche Artikulationsfähigkeit.

Sein Stil ist melodisch und exakt zugleich. Er riskierte es, sich bisweilen sogar dem Saloppen zu nähern, vermochte jedoch die Natürlichkeit der Schreibweise mit einer gewissen Förmlichkeit zu verbinden, ohne daß die angestrebte und betonte Würde des Ausdrucks die kaum zu übertreffende Geschmeidigkeit beeinträchtigt hätte. Die leicht antiquierte Note, deren sich Sieburg bestimmt bewußt war und auf die er nicht verzichten wollte, mag für viele Leser die einschmeichelnde Wirkung seiner Diktion eher gesteigert haben.

Auch fehlte ihm nicht die Liebe zur Literatur, jene Leidenschaft, die dem Kritiker sein Amt erträglich und anderen, zumindest in Ausnahmefällen, seine Person fast sympathisch machen kann. Aber wie Sieburgs kritische Arbeit ihren Ursprung eben nicht dieser Passion verdankte, sondern eher der Situation, in der er sich als Schreibender nach 1945 befand, so war er auch mitnichten bereit, als Kritiker der Literatur zu dienen.

Für die Kritik, meinte Sieburg in seinem Band »Nur für Leser« (1955), sei die Dichtung oft »nur ein Vorwand, um die Gesellschaft zu studieren und zu beurteilen«[4]. In der Tat war für ihn das besprochene Buch vor allem Ausgangspunkt für zeitkritische Aperçus, allgemeine Reflexionen und feuilletonistische Exkurse, deren bisweilen bestechender Glanz den eigentlichen Anlaß und Gegenstand der Betrachtung eher vergessen als hervortreten ließ.

Doch hatten sich nicht nur Form und Vorwand seiner Äußerungen über verschiedene Erscheinungen der Epoche verändert, sondern es kam auch ein neues Thema hinzu, das sich mit der Zeit zu einem teils verheimlichten, teils offen zur Schau gestellten Leitmotiv gerade seiner kritischen Bemühungen entwickelt hat. Die im letzten Jahrzehnt seines Lebens geschriebenen Rezensionen lassen erkennen, daß sein jedenfalls seit 1945 empfindlich gereiztes Selbstgefühl immer aufs neue verletzt wurde: Mitunter entsteht der Eindruck, im Grunde beschäftige er sich vor allem mit seinen eigenen Wunden, die er der Öffentlichkeit nicht ohne Pathos und nicht ohne Selbstmitleid vorweist. Fast unmerklich geht die Charakteristik mancher Bücher in Selbstverteidigung über und gelegentlich in eine nur angedeutete, doch von Larmoyanz nicht freie Klage über das Unrecht, das ihm angeblich im Nachkriegsdeutschland widerfahren sei. So ist es zwar bedauerlich, aber nicht verwunderlich, daß die Gegner dieses Kritikers seine Leistung fast nie von seiner Person zu trennen vermochten. Sie haben ihn oft bekämpft und schließlich nur noch ignoriert. So mächtig er zu sein schien, so eindeutig war er am Ende seines Lebens isoliert.

Man könnte einwenden, daß kein Kritiker, der sich mit der Literatur der Gegenwart befaßt und seinen Beruf ernst nimmt, letztlich einer gewissen Isolation entgehen kann. Sie ist ebenso eine unmittelbare Folge seiner Tätigkeit, wie sie andererseits, da er sich im Mittelpunkt des literarischen Lebens befindet, zu ihr im Widerspruch steht oder zu stehen scheint. Zu Sieburgs Isolation führten indes besondere Gründe, dieselben übrigens, die auch das Vertrauen zu seinen Urteilen immer wieder erschüttern mußten. Diesem talentvollen Schriftsteller hat am meisten gefehlt, was der Kritiker am wenigsten entbehren kann: Unabhängigkeit.

In einer seiner Skizzen läßt Sieburg eine Figur sagen, es sei ein sehr gewagtes Unternehmen, frei zu werden: »Auch die Sklaverei hat ihre bequemen Seiten . . .«[5] Tatsächlich war es ihm gelungen, der nationalsozialistischen Sklaverei für sich selber ungewöhnlich bequeme Seiten abzugewinnen, ohne daß er dem Regime sonderliche Zugeständnisse gemacht hätte: Da seine Gegner stets nur einen Pariser Vortrag von 1941 zitierten – ein nicht angenehmes Dokument, das jedoch, verglichen mit Verlautbarungen anderer deutscher Journalisten seiner Generation, eher mild anmutet –, hat er damals offenbar nichts Belastendes geschrieben.

Natürlich war Sieburg gezwungen, sich der Sklavensprache zu bedienen, die er sicherlich meisterhaft beherrschte. Als es längst möglich war, Klartexte zu schreiben, wollte er auf die Vorteile dieser Sprache nicht ganz verzichten. Als ihn niemand mehr hinderte, alles offen zu sagen, zog er es vor, vieles auf elegante Weise zu verschlüsseln. Er sparte weder Kunst noch Mühe, wenn es darum ging, in seinen Besprechungen spöttische Seitenhiebe raffiniert unterzubringen: Hundert Kollegen sollten ihre Schadenfreude haben und hunderttausend Leser nichts merken. Wenn er attackierte, hielt er es meist für richtig, den Namen des Angegriffenen nicht zu verraten und die polemischen Hiebe und Seitenhiebe so zu formulieren, daß wenigstens etwas Ungewißheit hinsichtlich ihres Gegenstandes oder ihrer Adresse blieb.

Seine Literaturkritik ließ sowohl handfeste als auch subtile Querverbindungen erkennen und strotzte von Vorurteilen, persönlichen Rücksichten und mehr oder weniger getarnten Gefälligkeiten und Racheakten aller Art. Alte Kameradschaften bewährten sich, neue Freundschaften wurden gesucht. Sogar die schwächsten Bücher von Autoren, die er – mit Recht oder zu Unrecht – für einflußreich hielt, pflegte er zu loben, wobei er sich gelegentlich mit ironischen Nebensätzen absicherte.

Von seinen eigenen Methoden schloß Sieburg – vielleicht unbewußt – auf die Praktiken der neuen Generation. Wenn er mißmutig sagte, daß wir »im Zeitalter der Beziehungen und Zugehörigkeiten« leben, daß »die leise Intrige die blutige Polemik verdrängt« habe und daß die jüngeren Schriftsteller sich »auf Selbsthilfe und die Erringung von Positionen« verstünden, so traf dies alles auf seine eigenen Bemühungen zu. Mit der Zeit wurde er zum Gefangenen seiner Taktik und seines

ewigen Paktierens. In diesem Sinne war seine Literaturbetrachtung, zumal wenn sie Schriftsteller unserer Epoche betraf, nie
unabhängig.

Sieburg hatte mehr Geist als Format, mehr Talent als Charakter, mehr Macht als Autorität. Seine Koketterie beeinträch-
tigte seinen Geschmack, seine Eitelkeit (freilich eine kaum
vermeidbare Berufskrankheit der Kritiker) gefährdete sein
Urteil. Und er war zu verdrossen, um überlegen, zu ehrgeizig,
um souverän sein zu können. Er wollte das Publikum mit dem
Typischen bekannt machen und meinte, es sei oft wichtiger,
»auf Strömungen als auf Leistungen hinzuweisen«[6]. Aber da
ihm die vielfachen Abhängigkeiten die Sicht verstellten, war
ihm in jener Zeit, die das Buch »Verloren ist kein Wort«
umfaßt, gerade das Typische entgangen, und er hat weder die
Strömungen noch die wesentlichen Leistungen wahrzunehmen vermocht. Marie Luise Kaschnitz, Koeppen, Nossack und
Hildesheimer, Dürrenmatt und Peter Weiss, Schnurre, Eisen-
reich und Uwe Johnson haben für ihn offenbar nicht existiert.
Ingeborg Bachmann, Eich, Celan und Huchel wurden nur
einer flüchtigen Erwähnung für wert befunden. Kein einziges
der Bücher Heinrich Bölls aus der Zeit von 1955 bis 1964 hat
Sieburg besprochen.

In der Prosa von Günter Grass sah er nur »die Unappetitlich-
keiten«[7]. Zu Enzensberger wußte er lediglich zu sagen: »Wir
müßten ihn und seinesgleichen erfinden, wenn es sie nicht so
unverkennbar gäbe. Denn sie halten den Betrieb aufrecht . . .«[8]
Und Rühmkorfs Lyrik hat er nur mit Spott bedacht. Über
Walsers »Halbzeit« schrieb er eine seiner besten und witzigsten
Kritiken der letzten Jahre – mit dem noch heute gültigen Fazit:
»Dieser Walser ist ein Genie, wenn auch einstweilen nichts dabei
herauskommt« – und doch hat er sich auch in ihm gründlich
getäuscht. Noch 1962 beliebte er, ihn einen »im allgemeinen
Schritt und Tritt marschierenden Rebellen« zu nennen.[9]

Darauf könnte man erwidern, Sieburg sei in diesen Jahren an
der neueren Literatur wenig interessiert gewesen, weshalb er

sich vor allem mit den Autoren seiner eigenen Generation beschäftigt habe, mit Gesamtausgaben, Neuauflagen und Anthologien. Dies trifft jedoch nicht zu. Zeit und Lust haben ihm nicht gefehlt, um noch dem allerlangweiligsten Buch (»Schiff im Berg«) des in den fünfziger Jahren nicht unbekannten Blut-und-Boden-Dichters Gerd Gaiser »eine großartige Souveränität« zu bescheinigen und festzustellen, hier sei »das Äußerste geleistet, dessen die deutsche Sprache heute gegenüber der Natur fähig ist«[10]. Sieburg hatte Muße zur ausführlichen Besprechung eines Romans von Henry Jaeger. Er rezensierte – keineswegs nur ablehnend – Bücher jüngerer deutscher Autoren, deren Namen schon fünf oder zehn Jahre später vollkommen vergessen waren.

Doch welchem Kritiker ließen sich keine Irrtümer und keine Fehlurteile nachweisen? Nur dem, der vor jeglicher Wertung zurückschreckt und niemals »Ja« oder »Nein« sagen will. Es zeigt sich, daß die originellsten und bedeutendsten Kritiker sich gelegentlich spektakuläre Irrtümer leisten konnten, ohne daß dies ihrem Ruf und ihrer Autorität ernsthaft geschadet hätte. Anders sieht es allerdings aus, wenn jemand zwar immer wieder über Autoren seiner Zeit schreibt, aber in Wirklichkeit der zeitgenössischen Literatur den Rücken zuwendet. Nicht einzelne Schriftsteller hat Sieburg verkannt, sondern eine ganze Generation. Er verglich sie mit einer Schafherde, die nur »den Schnee zertrampelt und ein dunkel zerwühltes Feld« hinterläßt.[11]

Aber die jungen Schriftsteller, die er ohnmächtig beschimpfte und die ihn mehr verachtet als gehaßt haben, setzten sich durch, meist ohne ihn, oft gegen ihn. Und nicht nur in Deutschland, sondern auch in vielen anderen Ländern der Welt. Gewiß haben zahlreiche Leser und manche Buchhändler auf Sieburgs Stimme gehört. Glücklicherweise gelang es ihm jedoch nicht, diejenigen, die er bekämpfte oder, vor allem, ignorierte, zu bremsen. Überdies hat er den Schriftstellern auch nicht die geringste Anregung zu geben vermocht. Mit anderen Worten: Den Markt hat er beeinflußt, nicht die Literatur.

Obwohl also Friedrich Sieburg kein großer Kritiker war, hat er doch – und das sollten wir weder unterschätzen noch vergessen – eine Anzahl hervorragender Kritiken verfaßt. In seinen guten Stunden konnte er die Problematik und, insbesondere, die Stimmung eines Romans mit vorbildlicher Anschaulichkeit und Eindringlichkeit wiedergeben. Den Stil der deutschen Literaturkritik, die oft vom Jargon einer literaturfeindlichen Disziplin, nämlich der Germanistik, geprägt und verpestet war, hat er vom Ballast abstrakter Begriffe gereinigt. Wenn er sich von seiner Anhänglichkeit an die Sklavensprache frei machte, erreichte seine Diktion eine Klarheit, die nicht hoch genug gerühmt werden kann. Wenn er dunkel war, so nur dann, wenn er es sein wollte. Er schrieb in der Regel – und auch das spricht natürlich zu seinen Gunsten – für das Publikum. Und er war imstande zu beweisen, daß eine Buchbesprechung ein höchst lesenswertes und auch amüsantes Prosastück sein kann.

Indes war nicht die Literaturkritik die starke Seite seines Talents. Sieburgs Meisterschaft kam vor allem im gesellschaftskritischen Feuilleton zum Vorschein, in der sarkastischen Glosse, im ironischen Genrebild, in den Impressionen, die er zu melancholischen und auch humorvollen Sittenschilderungen verarbeitete. Viele Phänomene des bundesrepublikanischen Alltags hat er als erster wahrgenommen und formuliert. Er war doch wohl der geistreichste und beste deutsche Feuilletonist der fünfziger Jahre. Ich weiß, ein Superlativ provoziert immer den Widerspruch. Aber wenn nicht Sieburg, wer dann?

Er hat auch mehrere beachtliche Porträts von Schriftstellern hinterlassen, über die er unbefangen und daher aufrichtiger schreiben konnte – weil sie längst tot waren. Mit Stolz berief er sich auf seine »Lust an der Verehrung«. Wo er aber nur bewundert hat, wurde er rasch fade und banal, so in der Hymne auf Stefan George. Um sich entfalten zu können, brauchte der

Porträtist Sieburg andere Modelle: die Zwielichtigen und Zwie-
spältigen, die Irisierenden, denen etwas Dubioses anhaftet und
die er mit unverhohlener Sympathie zeichnete. Nicht zufällig
ist der Held seines wohl besten Buches ein ebenso konsequenter wie talentvoller Opportunist, dessen politische Charakter-
losigkeit durch Eitelkeit und Ehrgeiz verursacht wurde: Cha-
teaubriand.

Lesenswert sind auch die Aufsätze über Rousseau, Maupassant und Karl Kraus und der virtuose Heine-Essay, in dem sich
das Bonmot findet: »Die vollendete Sagbarkeit der Welt schien
erreicht, aber unheimlicherweise verlor die Welt in dem Maße
an Glanz, in dem sich der Glanz ihrer Sagbarkeit steigerte.«[12]
Wie auch immer: Aus Sieburgs Arbeiten können wir allerlei
lernen. Seine Bemühungen und sein exemplarisches Scheitern
als Literaturkritiker bestätigen unfreiwillig Walter Benjamins
These: »Kritik ist eine moralische Sache.«[13]

Das wäre allerdings ein etwas harter Schluß für das Porträt
eines Kritikers, dessen Tod, ich gebe es zu, mich 1964 tiefer
betroffen hat, als ich es vermuten konnte. Wie also schließen?
Vielleicht mit einem Wort, das sich bei Rilke findet, dem
Friedrich Sieburg einen seiner interessantesten Aufsätze gewidmet hat. In der achten der »Duineser Elegien« heißt es: »Wir
ordnen's. Es zerfällt. Wir ordnen's wieder und zerfallen selbst.«
(1967)

Der fröhliche Germanist

Robert Minder, der Elsässer, der seit Jahrzehnten in Paris lebt und lehrt, den man in Frankreich längst schätzt und in der Bundesrepublik seit einiger Zeit rühmt und weiterhin rühmen sollte, ist vom Geschlecht jener Literaten, die Wissenschaftler werden und doch Literaten bleiben. Er ist ein Aufklärer mit dem Temperament eines Artisten, ein Gelehrter mit Grandezza und mit leisem Humor, ein listiger Rhetoriker ohne Prunk und ohne Selbstgefälligkeit, ein amüsant predigender Causeur, ein für seine Gegner gefährlicher Polemiker, der auch vernichtende Schläge anmutig und elegant zu versetzen weiß. Ein Germanist ist er. Trotzdem fehlt es ihm nicht an Charme. Zu den Eiferern gehört er. Dennoch hat er meist recht.

Natürlich ist Minder auch ein Skeptiker. Aber er geniert sich nicht zuzugeben, daß er an »etwas Unverwundbares« im Menschen glaube, wobei er den Akzent auf »etwas« legt.[1] Er ist nach wie vor von der weltlichen Nützlichkeit der Literatur überzeugt, ja, er zögert nicht, sogar von ihrer Unzerstörbarkeit zu sprechen. Wie alle Kritiker ist er ein Mann des Prinzips Hoffnung und überdies ein Verliebter; nur daß ihn die Liebe zur Literatur nicht blendet. Und wie alle Historiker ist auch Minder »ein rückwärts gekehrter Prophet« (Friedrich Schlegel)[2], zornig und fröhlich, weise und kurzweilig zugleich.

Die Literaturgeschichte erscheint ihm als »ein Riesenmärchenteppich, bunt, verworren«. Jedoch: »Irgendein Sinn steckt hinter dem Ganzen. Man müßte ihn besser heraushören können.« Das ist Minders Kredo und fast sein Programm. Er versuche, »wie alte Landärzte es tun, wieder einmal das Ganze in den Griff zu bekommen, sei es auf noch so unvollkommene

Weise.«[3] Angedeutet ist hiermit ebenjene Eigentümlichkeit, die Minders Literaturbetrachtung so bemerkenswert und so anregend macht. Daß er alles Verschwommene und Dunkle verabscheut, daß er die Vernunft und die Klarheit geradezu leidenschaftlich liebt und daß er die deutsche Innerlichkeit mitten ins Herz trifft, ist höchst verdienstvoll und dankenswert. Nur kann man ähnliches anderen gleichfalls nachrühmen.

Aber diesem Literaturhistoriker geht es tatsächlich und bei jeder Gelegenheit um das, was er mit der auch von Goethe gern verwendeten Vokabel das »Ganze« nennt. Und weil das im selben Maße für Minders Gegenstände wie für seinen Blickwinkel gilt, ist er in jeder seiner Arbeiten (ungeachtet der Qualitätsschwankungen) ganz zu finden. Wo immer er ansetzt, er landet doch bei jener fundamentalen Frage, die heute aktueller denn je scheint und die in einer seiner Sammlungen schon als Titel auftaucht: Wozu Literatur? Aus dieser Frage geht bei Minder sofort eine weitere hervor: nämlich jene nach dem Sinn, den Möglichkeiten und den Aufgaben der Literaturgeschichte. Er nennt sie eine »Randerscheinung«, indes verlangt er von ihr mehr als die Geschichte der Literatur.

Launisch wie Modistinnen seien die Literarhistoriker – meint Minder freundlich spottend. Sie »putzen je nach der Saison ihre Modelle neu heraus, lassen Goethes Frauengestalten und Goethes Freundinnen – von Friederike bis Ulrike – bald als betont deutsche Mädchen mit Zöpfen auftreten, bald kleiden sie sie nach Freud, ziehen sie existentialistisch an oder aus, bis dann wieder Marx die Stunde regiert und alles aufs Gesellschaftliche bezogen wird, während ebenso beflissen auf der Gegenseite alleinseligmachend der Text an sich erscheint, die sakrosankte Struktur«[4].

Wie man sieht, fühlt sich Minder weder hier noch da zugehörig. Wo also ist sein Platz? Zunächst: Er ist der letzte, der auf die Hilfe der Psychoanalyse, des Marxismus oder des Existentialismus verzichten würde. Und daß er die exakte Textanalyse für unentbehrlich hält, versteht sich von selbst.

Aber von »alleinseligmachenden« Methoden will er ein für allemal nichts wissen.

Der Literaturhistoriker, der den Zugang zu seinem Gegenstand lediglich von der soziologischen oder psychologischen Plattform aus sucht, hat mit seinem Kollegen, der sich auf eine vornehmlich formalistische Strukturanalyse oder eine immanente Interpretation beschränkt, jedenfalls eins gemein: die Einseitigkeit der Betrachtungsweise. Eine einseitige Untersuchung mag zwar oft fruchtbar sein, aber ganz gerecht werden kann sie höchstens minderwertigen künstlerischen Phänomenen. Je bedeutender ein literarisches Werk, desto komplexer ist es auch, und je komplexer es ist, desto mehr nötigt es den Literaturhistoriker, sich ihm von verschiedenen Positionen, auf verschiedenen Wegen und mit verschiedenen Instrumenten zu nahen. Die Spezialisierung ist auch im Bereich der Literaturwissenschaft unaufhaltsam und zweifellos erforderlich. Doch ebendeshalb kommt der Forschung, die sich jeglicher Einengung und Einseitigkeit widersetzt und die gegen die allzu bequeme und in Deutschland immer allzu beliebte Kastentrennung protestiert, jener Literaturbetrachtung also, die es auf das »Ganze« abgesehen hat, jetzt ein besonderes Gewicht zu.

Minder hat Angst vor Scheuklappen und daher keine Angst vor Grenzüberschreitungen. Er liebt und braucht sie. Geschichte und Philosophie, Soziologie und Ökonomie, Medizin und Psychologie, Musik und bildende Künste – alles wird herangezogen, was zur Verdeutlichung und zur Einordnung eines Schriftstellers und seines Werks dienen kann. Dichtung isoliert zu betrachten, ist für diesen Philologen schlechthin undenkbar und wohl auch absurd. Der Titel seiner Schiller-Rede – »Literatur im kulturellen Geflecht« – ließe sich für sämtliche Arbeiten Minders anwenden.

So mißtraut er jeder Methode für sich – und macht, so häufig es ihm nur nötig scheint, von jeder Gebrauch. Ein Eklektiker also? Jawohl, wenn man bereit ist, diesen Begriff einmal im ausschließlich positiven Sinne zu verstehen. Den

großen Hebel nennt Minder (in seinem wichtigsten Buch
»Dichter in der Gesellschaft«) »einen Klassiker der Koexistenz«[5]. Das gilt auch für ihn selber: Seine Sache ist die
Koexistenz der Disziplinen und der Methoden. Er steht nicht
zwischen, sondern über den Fronten der Germanistik.

Da er das Konkrete liebt, bleibt er immer dicht am Objekt
und schwelgt in allen seinen Arbeiten in Fakten und Details.
Zugleich hat er Distanz genug, um die ganze Szene zu über-
schauen und die geistesgeschichtlichen Zusammenhänge, die
unzähligen hin- und herlaufenden Fäden und Linien aufzudek-
ken. Er behandelt das literarische Werk stets als Produkt seiner
Epoche, und er sieht es doch als eine einmalige, unverwechselbare und unwiederholbare künstlerische Schöpfung. Er hört
nicht auf, »Buch und Mensch zu vergleichen, Literatur an der
Wirklichkeit zu messen, aber auch Wirklichkeit an der Literatur«. Diese Wechselbeziehung demonstriert ebenso seine Rede
»Literatur als Geschäft und Politik« wie der Essay »Nochmals
die Lesebücher«; hier wie da wird die mythisierende Funktion
der Literatur, des »Instruments der Massenbeherrschung« und
der »Trägerin kollektiver Leitbilder«[6], anschaulich und witzig
und nicht ohne Sarkasmus nachgewiesen.

Auf die gleiche Wechselbeziehung und doch in ganz anderer
Richtung zielt ein großer Döblin-Essay ab. In der frühen
Erzählung »Die Segelfahrt« erkennt Minder die Keimzelle und
das Grundmuster der Döblinschen Epik. Indem er sowohl den
direkten als auch den verborgenen Zusammenhang von Biographie und Werk, von Erlebnis und Struktur zum Vorschein
kommen läßt und scharfsinnig erläutert, liefert er ein Meister-
stück jener Interpretationskunst, die von allen Methoden profitiert, ohne von irgendeiner abhängig zu sein.

»Verhaltensweisen der Löwen, Affen, Schwäne, Läuse studiert
man im Urwald, im Zoo, im Laboratorium. Über menschliche
Verhaltensweisen kann Literaturgeschichte so gut orientieren wie
Literatur selbst« – heißt es in der in mancher Hinsicht exemplarischen Schiller-Rede.[7] Minder schildert hier die gesellschaftlichen

Zustände im Südwesten Deutschlands um 1780 (wobei er trotz der Kürze der Rede mit kuriosen und aufschlußreichen Einzelheiten aufwartet), zeigt Schillers Situation in Mannheim, informiert sachlich und exakt über seine Erkrankung, ihre Ursachen und literarischen Folgen, und zitiert und interpretiert den damals entstandenen Essay »Brief eines reisenden Dänen«.

Auf den ersten Blick ist dies alles in allem kaum mehr als eine reizvolle germanistische Arabeske, als eine gelehrte und doch anmutige Paraphrase über das gewaltige Thema Schiller: Die Motive werden bloß angeschlagen und angedeutet. Gewiß, nur daß Minders Rede oder Skizze unerwartete, tiefe Perspektiven eröffnet und plötzliche Durchblicke bietet. So bewirkt er, worauf kaum zu rechnen war: Er weckt Neugier, Literaturgeschichte wird spannend. Man hat Lust, wieder den jungen Schiller zu lesen.

Von seiner Rede über das Thema »Wie wird man Literaturhistoriker und wozu?« sagt Minder, sie sei »eine Minikonfession, gemildert durch den Unterhaltungston«[8]. Alle seine Arbeiten sind mehr oder weniger getarnte Bekenntnisse, mit allen will er seine Leser auch amüsieren. »Scheherazade sollte unsere Muse heißen«[9] – verkündet er unbekümmert. Und er hält sein Wort: Er doziert nicht, er erzählt. Griffig ist sein Stil, schlank und biegsam.

Aus der Beschreibung konkreter Sachverhalte ergibt sich wie von selbst die kritische Folgerung; Bild und Reflexion, Darstellung und Urteil gehen ineinander über. Die feuilletonistische Leichtigkeit beeinträchtigt niemals die wissenschaftliche Akribie. Ja, es ist die pedantische Gründlichkeit, die hier das Fontanesche »heitere Darüberstehen« ermöglicht. Einer macht es sich unentwegt schwer, damit wir, seine Leser, es nicht schwer haben. »Man legt fast keine seiner Schriften aus der Hand, ohne sich nicht bloß zum Selbstdenken belebt und bereichert, sondern auch erweitert zu fühlen.«[10] Was einst Friedrich Schlegel über Georg Forster sagte, trifft auch auf Robert Minder zu, den unterhaltsamen Wissenschaftler und fröhlichen Germanisten.   (1971)

Der beredsame Gelehrte

I.

Hans Mayer lebt und lehrt in Leipzig. Sein Buch »Bertolt Brecht und die Tradition« ist jedoch in Pfullingen in Württemberg erschienen.[1] Es mußte also für den Osten tragbar, für den Westen attraktiv und wissenschaftlich einwandfrei sein. In der Tat, diese Monographie dürfte jenseits der Elbe nicht viel Anstoß erregen – es sei denn bei jenen Funktionären, die den Geist für suspekt, kritisches Talent für unheilvoll, den Witz für staatsfeindlich und stilistischen Glanz für bürgerlich-dekadent halten. Vielleicht wird man auch im Bayreuth am Schiffbauerdamm nicht ganz zufrieden sein, denn dort pflegen manche über den Meister kniend zu schreiben, also in einer Position, die der Qualität literarkritischer Versuche abträglich ist. Mayer schreibt nicht kniend. Und dieses Buch ist tatsächlich für den westlichen Leser ungemein interessant – die Lektüre kann ohne Zaudern als ein intellektuelles Vergnügen höchsten Ranges bezeichnet werden. Dennoch haben wir es mit einer bedenklichen Arbeit zu tun. –

Mit sanftem Spott schreibt Mayer: »Das beliebte Gesellschaftsspiel, den ›reinen Dichter‹ Bertolt Brecht sorgfältig vom Marxisten zu scheiden, dürfte allmählich aus der Mode kommen. Wie einer dazu stehen mag: ohne Kenntnis marxistischen Denkens ist eine Analyse der Brechtwerke gar nicht möglich.«[2] Hier muß man insofern widersprechen, als dieses tatsächlich läppische Gesellschaftsspiel wohl doch noch längere Zeit modern bleiben wird. Andererseits aber werden in Interpretationen gerade des Brechtschen Schaffens die Gefahren besonders deutlich, mit denen die unter marxistischem Einfluß stehenden Kritiker zu kämpfen haben. Bekanntlich wird der Marxismus von vielen seiner Anhänger – jedenfalls von allen kommunistischen Parteien – als Universalsystem behandelt, mit dessen Hilfe man nicht nur alle Probleme lösen und sämtliche Erscheinungen des Lebens erklären, sondern auch die wesentlichen Entwicklungslinien der Zukunft voraussagen kann. In Brechts »Geschichten vom Herrn Keuner« heißt es: »Ich habe bemerkt, sagte Herr Keuner, daß wir viele abschrekken von unserer Lehre dadurch, daß wir auf alles eine Antwort wissen. Könnten wir nicht im Interesse der Propaganda eine Liste der Fragen aufstellen, die uns ganz ungelöst erscheinen?«

Die Fetischisierung des Marxismus oder, richtiger gesagt, dessen, was man in der kommunistischen Welt mit diesem Begriff bezeichnet, erstreckt sich auch auf die Literaturkritik. Die Anwendung eines vorgefaßten philosophischen Schemas auf den Gegenstand der Betrachtung soll den Künstler und das Kunstwerk zu rational ganz und gar erfaßbaren und somit restlos deutbaren Phänomenen machen. Goethe sagte zu Eckermann über den »Wilhelm Meister«: »Es gehört dieses Werk übrigens zu den inkalkulabelsten Produktionen, wozu mir fast selbst der Schlüssel fehlt.«[3] Die radikalen marxistischen Kritiker wollen sich mit diesen der Kunst innewohnenden »inkalkulablen« und »inkommensurablen« Elementen nicht abfinden. Sie glauben, das Kunstwerk gänzlich aus den zeitgeschichtlichen Verhältnissen ableiten zu können, wobei sie den außerliterarischen Umständen – vornehmlich den historischen und soziologischen Aspekten – eine dominierende Rolle zuerkennen. Es wird also, meist mit beängstigender Konsequenz, ein unmittelbarer Kausalzusammenhang zwischen dem gesellschaftlich-ökonomischen Hintergrund, der Biographie des Dichters und seinem Werk konstruiert.

So nützlich und wichtig die Untersuchung der legitimen Beziehungen zwischen Gesellschaft und Literatur auch ist, so irreführend muß eine Betrachtungsweise sein, die die spezifisch künstlerischen Elemente im literarischen Werk ignoriert.

Wer auf den im Grunde gänzlich unwissenschaftlichen Charakter derartiger Bemühungen hinweist, wer also den orthodoxen marxistischen Postulaten die Autonomie der Kunst entgegenhält, der wird – östlich der Elbe – beschuldigt, dem Irrationalismus eine Pforte öffnen zu wollen. In Wirklichkeit scheint jedoch jene Literaturwissenschaft vom trüben Irrationalismus belastet zu sein, die mit Hilfe bisweilen komplizierter gedanklicher Konstruktionen und umfangreicher Spekulationen die Deutung eines Kunstwerks philosophischen und soziologischen Dogmen sowie politischen Forderungen anpaßt und somit zu einer fatalen Mythenbildung beiträgt.

Natürlich ist Hans Mayer kein Dogmatiker, natürlich kennt er jene außerordentlichen Gefahren, die der vom Marxismus beeinflußten Literaturbetrachtung drohen. Viele seiner Essays – vor allem der letzten Jahre – beweisen, daß er diese Gefahren von seiner literarkritischen Praxis abzuwenden vermochte. Und das ist mehr als ein persönlicher Erfolg: Mayers Forschung ist ein Sieg jener Literaturbetrachtung, die vom Marxismus kommt, sich jedoch der begrenzten Möglichkeiten der Verwertung marxistischer Kriterien bewußt ist und sie ebendeswegen mit großem Nutzen anwenden kann. Sein Buch über Brecht ist frei von Dogmatismus, aber es enthält Versuche einer einseitigen Interpretation und einer kausalen Ableitung Brechtscher Werke, was vor allem jene beunruhigen muß, die in Mayer einen bedeutenden deutschen Kritiker sehen.

Vielleicht wollte Brecht seine Interpreten warnen, als er in einem posthum veröffentlichten Psalm, der mit den Worten beginnt: »Was erwartet man noch von mir?«, die Zeile schrieb: »Wer immer es ist, den ihr sucht: ich bin es nicht.« Es scheint kein Zufall zu sein, daß Mayer diese Zeile nicht zitiert. Auch sonst werden die zahlreichen Äußerungen Brechts, die ihn als widerspruchsvolle und mitunter sogar rätselhafte Gestalt erscheinen lassen, sorgfältig ausgespart. Sie würden das Bild stören, das Mayer mit großem Scharfsinn und beneidenswerter Beredsamkeit entwirft.

Er sieht Brecht und sein Werk in aller Deutlichkeit, ihn quälen keine Zweifel, er ist nie um Argumente und Zitate verlegen. Die Logik des Plädoyers scheint makellos zu sein, zahlreiche Beweisstücke liegen wirkungsvoll vor uns ausgebreitet. Aber dienen nicht mitunter Indizien als Beweise? Und Spekulationen als Indizien? Manche Widersprüche in Brechts Werken werden, bestenfalls, knapp angedeutet – und sofort wortgewaltig wegkommentiert. Wäre es nicht zweckdienlicher, diese Widersprüche in ihrer ganzen Unversöhnlichkeit zu zeigen und bestehen zu lassen?

Aber die Gleichungen, die Mayer bietet, lassen sich immer scheinbar fehlerlos auflösen. Sein Buch zeigt Brechts Werk als ein tadellos konstruiertes, wundervoll übersichtliches Kreuzworträtsel. Die auffällig schlichten letzten Worte der Monographie – »Am 14. August 1956 ist Brecht in Berlin gestorben« – klingen nach fünfzehn Kapiteln geistreicher und raffinierter Darlegungen wie: »Quod demonstrandum erat«. Können auf diese Weise die mannigfaltigen und oft entgegengesetzten Möglichkeiten, die in Brechts Dichtung liegen, auch nur annähernd erfaßt oder sichtbar gemacht werden?

Freilich beschränkt sich Mayer darauf, Brechts Gesamtwerk unter *einem* Aspekt abzuleuchten: Indem er vor allem sein Verhältnis zur Tradition untersucht, greift er aus dem höchst komplizierten Geflecht einen einzigen Strang heraus, wodurch eine imponierende Zuspitzung der Analyse möglich wird. Andererseits aber erweist sich der Begriff »Tradition« als so sehr dehnbar, daß die Bewegungsfreiheit Mayers keineswegs durch die Themenstellung eingeengt wird.

Im Sinne des üblichen vulgärmarxistischen Schemas verdankte Brecht die entscheidenden Anregungen dem Erlebnis des Ersten Weltkrieges und der Revolution von 1918 (er war Sanitätssoldat und Mitglied des Augsburger Soldatenrates). Es folgten dann Jahre des Suchens und Experimentierens (wozu auch die »Dreigroschenoper« gezählt wird), die erst um 1930 durch die Begegnung mit dem Marxismus und mit der Arbei-

terklasse angeblich glücklich beendet werden. Von diesem
Schema will Mayer nichts wissen. Er sagt ausdrücklich, daß
»die geistige Welt des jungen Brecht nicht durch die großen
literarischen und politischen Strömungen der Kriegs- und
ersten Nachkriegsjahre geprägt« worden sei, sondern durch
Augsburg und die Umwelt der Provinz. Dies dürfe aber keineswegs etwa auf Unkenntnis und Mangel an Information zurückgeführt werden. Die Ausgangsposition sei nämlich für Brecht
identisch mit einer Gegenposition zur expressionistischen
Menschheitsdämmerung. Von bewußter Absonderung ist die
Rede. Der junge Brecht habe schon damals gewußt, was er
nicht wollte: die namenlosen Bühnenschemen der Expressionisten, ihre hymnische, aber unpräzise Sprache, ihre Lebens-
unkenntnis. Die Tradition wird in dem Kapitel »Augsburg als
geistige Lebensform« nicht ins Spiel gebracht. Es heißt, daß für
Brechts Schaffen in dieser Periode »Traditionslosigkeit« kenn-
zeichnend gewesen sei. Seinem damaligen Verhältnis zur dichterischen Überlieferung wird mit Recht gänzliche Unklarheit
vorgeworfen.

Im Sinne der fundamentalen These Mayers soll jedoch
Brechts Verhältnis zur Tradition als »Weiterführung einer großen Tradition«[4] verstanden werden und das Kernproblem
seines Werks sein. Indes, die Bemühungen Brechts in den
ersten Jahren seines Berliner Aufenthalts, die von Mayer nicht
ohne Humor dargestellt und mit unbekannten Zitaten belegt
werden, wollen diese These keinesfalls bestätigen. Brecht
glaubte damals, den Sport als Inhalt entdeckt zu haben. Er
widmete viel Zeit einem Boxer, dessen Lebensgeschichte er
schreiben wollte. Ihn faszinierte die moderne Maschinenwelt.
Er befaßte sich theoretisch mit der Technik der Kriminalro-
mane, denn er war der Ansicht, sie seien die adäquate Literatur
in einem wissenschaftlichen Zeitalter.

Was hat das alles mit der Frage »Brecht und die Tradition«
zu tun? Allerlei, wie wir erfahren: Während die Augsburger Zeit im Zeichen der Traditionslosigkeit stand, seien diese

Jahre als ein »Bekenntnis zur unliterarischen Tradition« zu verstehen. Und mit diesem Bekenntnis beginne Brechts »Weg zur plebejischen Tradition«[5]. Es sei erlaubt, heftig zu widersprechen.

Brechts Bewunderung des Schwergewichtsboxers Paul Samson-Körner bedarf wahrlich keiner scharfsinnigen Deutung. Im Grunde handelt es sich doch nur um die Variation eines hinlänglich bekannten und sehr literarischen Motivs. Die Helden sowohl Thomas Manns als auch Kafkas beneiden ihre Kontrahenten um ihre Gesundheit, Unkompliziertheit und Skrupellosigkeit. Hemingway schwärmt für Jäger und Stierkämpfer, Fischer und Boxer. Immer wieder findet man in der Literatur unseres Jahrhunderts die gleiche Konstellation: hier der feinsinnige Ästhet, der schwächliche Intellektuelle, der müde Künstler, dort der Starke, Primitive und Gesunde. Dieses angebliche »Bekenntnis zur unliterarischen Tradition« ist also eine sehr typische Geste eben des Literaten.

Das gleiche betrifft auch Brechts Interesse in den zwanziger Jahren für Technik, seine von Mayer oft erwähnte Vorliebe für Sach- und Dokumentarbücher. Wiederum wird eine durchaus nicht originelle Haltung des Literaten in jenen Jahren als Besonderheit Brechts ausgelegt. Die damals anwachsende Welle der Biographien, Reisebücher und Reportagen war doch nichts anderes als Ausdruck der Suche nach dem Sachlichen und Konkreten. Edschmid schrieb in den zwanziger Jahren einen Roman über Byron, weil dieser »den Weg von der Literatur ins handfeste Leben« gefunden habe. Schließlich war die »Neue Sachlichkeit« keine Erfindung Brechts, aber sie war das logische Ergebnis einer allgemeinen, nicht nur literarischen Entwicklung, an der auch er teilnahm. Mit einem »Weg zur plebejischen Tradition« hatte das wohl nichts zu tun.

Auch sollte man nicht übersehen, daß die angeblich »im Zeichen der gegenliterarischen Tradition« stehende Periode Brechts überhaupt keine sichtbaren Spuren in seinem Schaffen hinterließ. Jedenfalls hat er weder einen Kriminalroman geschrieben noch ein Buch über Sport oder Technik. Hingegen hat er damals – unter anderem – zusammen mit Feuchtwanger ein Drama von Marlowe bearbeitet. Kurzum: So aufschlußreich dieser Abschnitt im Leben Brechts vom psychologischen Standpunkt aus auch sein mag, sowenig zeugt er von seinem angeblichen Bekenntnis zur unliterarischen Tradition und sowenig ergibt er für die Analyse seiner Beziehungen zur plebejischen Welt.

Von zentraler Bedeutung scheint hingegen das Kapitel über Brechts Verhältnis zur klassischen Dramatik zu sein. Mayer zitiert einen Aufsatz Brechts vom Jahre 1926, in dem dieser behauptet, das klassische Repertoire habe sich als »hinreichend brüchig und vermottet« erwiesen und könne »erwachsenen Zeitungslesern« nicht mehr angeboten werden. Mit Recht betont Mayer, der Marxist Brecht habe bei der Beurteilung deutscher Klassik versagt, da er ihren bürgerlichen und antifeudalen Charakter verkannte und sie »eigentlich als bloßen Überbau im Dienste von Ausbeutern« verstand. In einem Aufsatz vom Jahre 1954 hingegen überrascht uns Brecht mit einer Entdeckung: »Die Größe der klassischen Werke besteht in ihrer menschlichen Größe, nicht in einer äußerlichen Größe in Anführungszeichen.« Aus dieser Arbeit zitiert Mayer folgenden Satz: »Wir müssen den ursprünglichen Ideengehalt herausbringen und seine nationale und damit internationale Bedeutung fassen und zu diesem Zweck die geschichtliche Situation der Entstehungszeit des Werks sowie die Stellungnahme und besondere Art des klassischen Autors studieren.«[6] Dies hätte, mit Verlaub, auch Alexander Abusch schreiben können. Mayer scheint bei diesem Zitat nicht ganz wohl zu sein, denn er betont, daß man »Brechts Sorge um die nationale wie internationale Bedeutung der Klassizität« nicht etwa »als aktuelles Zugeständnis zum Tage« auffassen solle. Der Unterschied im Verhältnis zur Tradition der klassischen Werke auf dem zeitgenössischen Theater ergebe sich, meint Mayer, »aus dem Übergang Brechts von der gesellschaftlichen Opposition zur gesellschaftlichen Repräsentation«[7]. Vielleicht also doch ein »Zugeständnis zum Tage«?

Aber es ist wohl richtiger, sich nicht an Brechts theoretische Äußerungen, sondern an seine schriftstellerische Praxis zu halten. Er hat Sophokles, Shakespeare, Molière und Lenz bearbeitet. Doch hat man den Eindruck – schreibt Mayer treffend –, »als bemühe sich der Dialektiker Brecht bei seinen Bearbeitungen klassischer Werke, den realen Gehalt zu vernachlässigen, um einen virtuellen Gehalt ›in Freiheit zu setzen‹«. Über die Neufassung des Lenzschen »Hofmeister«, die Mayer vortrefflich analysiert, lesen wir: »Brechts Bearbeitung hat nicht im Sinn, das Trauerspiel von Lenz in der Grundkonzeption beizubehalten.«[8]

Auch das ungemein interessante Kapitel über den »Römischen Brecht« kann letztlich nicht von der fundamentalen These des Buchs überzeugen. Die Hinwendung zum Römertum und zur lateinischen Literatur wirke demonstrativ angesichts der klassischen deutschen Synthese aus Deutschtum und Griechentum. Ja, gewiß, nur daß merkwürdigerweise ebenjenes Werk, in dem vielleicht am stärksten diese Synthese zum Ausdruck gekommen ist, die Hölderlinsche Fassung der »Antigone« des Sophokles, von Brecht bearbeitet wurde.

War nicht somit des unzweifelhaft genialischen Brecht Verhältnis zur klassischen Tradition pragmatisch, wenn nicht skrupellos und vielleicht sogar zynisch? Als seinerzeit gegen den Dichter der »Dreigroschenoper« der Vorwurf des Plagiats erhoben wurde, schrieb Karl Kraus, daß Verse anderer Autoren »ihm für den Bühnenzweck praktikabel schienen wie Versatzstücke und Personen«. Ist nicht mit dieser Formulierung der Kern des Verhältnisses Brechts zur Tradition getroffen? Noch einfacher hat es Brecht selber ausgedrückt, als er 1930 ein »Sonett zur Neuausgabe des François Villon« mit den Worten abschloß: »Nehm jeder sich heraus, was er grad braucht! Ich selber hab mir was herausgenommen . . .«[9] Mayer zitiert beides – den Ausspruch von Karl Kraus und Brechts Gedicht –, doch nur im Zusammenhang mit der Plagiatsaffäre. Er darf das Bekenntnis Brechts nicht sehr ernst nehmen, denn es macht im Grunde die These seines Buches fragwürdig.

In dem längsten Kapitel der Monographie wird Brechts Verhältnis zu den Klassikern des Marxismus behandelt. Was führte Brecht zu Marx und Lenin? Es sei kaum Mitleid oder Suchen nach Gerechtigkeit gewesen, meint Mayer. »Die gegen-literarische Tradition verlangte nach der Lektüre klassischer Werke über Wertgesetz, Krisenzyklus, Imperialismus und Ver-elendungstheorie.« Aus einem von Mayer zitierten Bericht Brechts geht hingegen hervor, daß sein Weg zum Marxismus sehr »literarisch« war: auf der Suche nach Material zu der »Heiligen Johanna der Schlachthöfe« begann er Marx zu lesen.[10]

Beispielhaft für Brechts Anschauungen um 1930 sei »Die Maßnahme«, also jenes sadistische Stück, das heute in der kommunistischen Welt nicht gespielt werden kann, weil es wie ein Aufruf gegen den Totalitarismus östlicher Prägung wirkt. Wie ist der »Kult der Erbarmungslosigkeit« in der »Maßnahme« zu erklären? Natürlich kann sich Mayer mit dieser Frage nicht näher befassen. Er wirft sie dennoch auf und schwenkt – seiner literarkritischen Praxis zum Trotz – in das Fahrwasser der primitiven marxistischen Literaturbetrachtung ein: Brechts unmenschlich-grausame Ansichten werden ganz einfach auf seine soziale Herkunft zurückgeführt. Mayer schreibt also über die »Maßnahme«: »Ein marxistisches Gesellenstück, kein Mei-sterstück. Das hängt mit Brechts eigentümlicher, gleichsam unorthodoxer Entwicklung zum Marxismus zusammen. Er war kein Arbeiter, der zu seiner Klasse fand. Er war ein Sohn des Bürgertums, der die Klassenposition wechselte.«[11] Jedoch waren alle literarisch nennenswerten kommunistischen Auto-ren der damaligen Zeit – Anna Seghers, Johannes Becher, Ludwig Renn, Friedrich Wolf – bürgerlicher oder adliger Her-kunft. Brechts Entwicklung kann also in dieser Hinsicht weder als »eigentümlich« noch als »unorthodox« bezeichnet werden.

Die soziologische Deutung des grauenvollen Radikalismus in der »Maßnahme« ist irreführend.

Immer wieder findet man in diesem Kapitel weiße Flecke: es wird mehr verschwiegen als gesagt. Mayer betont, daß Brecht nie Parteimitglied wurde. Warum eigentlich? Seine theoretische Auffassung vom Marxismus könne »durchaus nicht immer im Parteisinne als orthodox angesehen« werden[12]. Welche Differenzen hat es gegeben? Hierzu kein Wort. Brechts Anfänge als Marxist stünden unter dem Einfluß des Luxemburgismus, dessen Spuren in seiner Dichtung lange sichtbar seien. In welchen Werken? Welche Spuren sind gemeint? Wieder ein weißer Fleck. Brechts Rede auf dem Pariser Schriftstellerkongreß von 1935 beweise abermals, daß seine Anschauungen nicht etwa mit denjenigen der KPD gleichgesetzt werden können. Worin bestand der Unterschied? »Für den Marxisten und Emigranten Brecht gibt es nur die volle Wahrheit oder gar keine. Taktisches Verschweigen richtiger Erkenntnisse, wie es die Veranstalter der Tagung offenbar beabsichtigt hatten, ist für Brecht unerträglich.«[13]

Weshalb schreibt Hans Mayer dergleichen? Er weiß doch ganz genau, daß der große Brecht ein ungewöhnlich abgefeimter und raffinierter Dichter war, wofür es Hunderte von Beweisen gibt. Schließlich war es Brecht, der das Stück vom Intellektuellen schrieb, der abschwört, um weiterarbeiten zu können. Schließlich war es Brecht, der immer wieder betonte, »beim Schreiben der Wahrheit« müsse man mit List vorgehen. Mayer sagt auch, daß Mutter Courages »Lied von der Großen Kapitulation« die Lebenserfahrung Brechts wiedergebe, »aus welcher er kein Hehl zu machen pflegte«. Na also? Nein, es ist ausgeschlossen, daß Mayer an das Bild Brechts glaubt, das er entwirft. Die Gegensätze, die auf dem Pariser Kongreß zutage traten, seien übrigens auch aus den Briefen ersichtlich, die Brecht wenig später an Bredel schrieb, mit dem er gemeinsam die Zeitschrift »Das Wort« redigierte. Kein einziger dieser Briefe wird zitiert.

Sehr interessant sind Mayers Bemerkungen über die Proletarier in den Stücken des jungen Marxisten Brecht: »Die Arbeitergestalten des Schauspiels (›Die heilige Johanna der Schlachthöfe‹) sind Schatten und Schemen … Die Handlungen von Arbeitern, die man auf der Szene erlebt, sind ziemlich niederträchtig.« – Brecht habe, erklärt Mayer, sowohl in diesem Stück als auch zehn Jahre später in dem »Guten Menschen von Sezuan« Arbeiter »gleichsam im Vorstadium des Klassenbewußtseins dargestellt«. Den Prozeß der »Entstehung von proletarischem Klassenbewußtsein« habe Brecht nur ein einziges Mal gezeigt – in dem Stück »Die Mutter« (nach Gorki), das aus dem Jahre 1932 stammt.[14] Wir zitieren: »Es ist müßig, eine Antwort auf die Frage zu suchen, warum Brecht als Stückeschreiber diese Art der Akzentuierung späterhin aufgab, so daß seine große Dramatik der dreißiger Jahre weit stärker in die Nachfolge des Chicago-Spiels (also der ›Heiligen Johanna der Schlachthöfe‹) zu stehen kam als in die Tradition, die mit der Dramatisierung des Gorkiromans gestiftet wurde.«[15]

Nein, diese Frage scheint keineswegs müßig zu sein, aber ihre Behandlung müßte geradeaus zur Problematik des sozialistischen Realismus und des sogenannten positiven Helden führen. Der Begriff »sozialistischer Realismus« taucht jedoch, verständlicherweise, in Mayers Buch kein einziges Mal auf. Wer gilt eigentlich für Brecht als Klassiker des Marxismus? Marx, Engels, Lenin und wohl auch – wie Mayer meint – Mao Tse-tung. Dann lesen wir: »Stalin wohl kaum.« Diese lapidare Feststellung, die Brechts zwiespältiges Verhältnis zu der Verwirklichung dessen, was die Klassiker des Marxismus wollten, umfaßt, seine höchst problematischen Beziehungen zu der Sowjetunion also und zum Stalinismus, zu der DDR und zu der SED, wird nicht erläutert – es sei denn, daß man das folgende Kapitel (»Texte in der Sklavensprache«) als einen einzigen Kommentar hierzu auffassen will.

Mayer knüpft an eine Äußerung von Lenin an, der 1917, nach seiner Rückkehr nach Rußland, sagte, er könne nun auf die »verfluchte Sklavensprache« verzichten und ohne Umwege das aussprechen, was er für nötig halte. Brechts Werke seien, wie Mayer darlegt, ab 1933 in der Sklavensprache geschrieben. Ob er je aufgehört habe, in dieser Sprache zu schreiben, wird nicht gesagt. Es gehe immer wieder um die »Dialektik von Heldentum und Einverständnis«. »Wo geht die List beim Schreiben der Wahrheit in den Verrat über?«[16] – fragt Brecht, fragt Mayer, fragt der Leser dieses Buches. Jetzt ist es wohl angebracht, Mayer ohne Kommentar zu zitieren: »Schweyks Einverständnis mit der Gewalt demonstriert gleichzeitig die Unwirksamkeit seiner Kampfmethode. Die Gestalt des Pragers erfüllt zwar die Aufgabe der List gegenüber der Gewalt, versagt aber bei den anderen Aufgaben, die der Schreibende und Handelnde als Sklave in einer Welt der Sklaverei zu erfüllen hat. Schweyk hat nicht Urteil genug, um jene auszuwählen, ›in deren Händen die Wahrheit wirksam wird‹.« Etwas später: »Dialektik ist notwendig für Unterdrückte, sie gehört zum Erlernen der Sklavensprache. Sie soll aber dazu dienen, die Sklaverei mitsamt der Sklavensprache zu beseitigen.« Brecht sei – diese Feststellung von Mayer wird ausdrücklich auf die Emigrationsjahre eingeschränkt – bestrebt gewesen, »durch eine Sprache des scheinbaren Einverständnisses den Widerspruch und die Schärfe des Nichteinverständnisses sichtbar zu machen.«[17]

Alles in allem liegt ein sehr fragwürdiges und doch ungewöhnlich reichhaltiges und anregendes Buch vor, aus dessen Fehlern und Irrtümern man nicht weniger lernen kann als aus manchen treffenden Erkenntnissen, auf die hier kaum hingewiesen werden konnte. So verständlich die Existenz der vielen weißen Flecke ist, so wenig kann man sich mit ihnen abfinden. Da sie den wissenschaftlichen Wert der Monographie erheblich verringert haben, läßt sich die Frage nicht von der Hand weisen, ob Mayer recht getan hat, ein so heikles Thema zu wählen.

Wie dem auch sei: Hans Mayer wirkt und veröffentlicht in beiden Teilen Deutschlands. Wir möchten die Umstände nicht

wünschen – und dies sei mit Nachdruck gesagt –, die diesen
bedeutenden Kritiker zwingen könnten, seine Tätigkeit auf nur
einen Teil Deutschlands einzuschränken. (1961)

II.

Hans Mayers Buch »Außenseiter«[18] provoziert viele Fragen.
Nur eine nicht: wozu es geschrieben wurde. Es hat viele
Vorzüge. Sein wichtigster: Nie ist es langweilig. Es hat allerlei
Fehler. Sein bedauerlichster: Obwohl es über fünfhundert
Seiten umfaßt, ist es viel zu kurz.

Der Autor dieses Buches ist ein Freund des Gesprächs, ein
Anhänger der Diskussion, ein Meister der Polemik. Er unterhält sich mit den Lesern, er diskutiert mit genannten und auch
ungenannten Partnern, er polemisiert gegen überlieferte und
landläufige Anschauungen. Ein Mann des Dialogs und gleichwohl, ob er es will oder nicht, stets ein Einzelgänger: Wer
genau liest, wird bemerken, daß hier einer oft nur mit sich
selber redet. Der scheinbare Dialog ist also ein großer Mono-
log. Diese Darstellung der Literatur, diese passionierte Auseinandersetzung mit ihren wirklichen und erfundenen Figuren ist
unentwegt, bewußt oder unbewußt, auch Selbstdarstellung
und Selbstauseinandersetzung. Um es auf die kürzeste Formel
zu bringen: Der hier über Außenseiter schreibt, war immer
schon und aus mehr als einem Grund ein Außenseiter.

Mayer plädiert so temperamentvoll wie eh und je. Doch
scheint mir seine Resignation ungleich stärker als seine Rebellion. In dem Buch ist Trauer und Verbitterung. Gewiß, er will
auf seine Leser Einfluß ausüben, er möchte sie belehren. Das
versteht sich, denn Kritiker, die vom Pädagogischen ablassen,
verraten das Gesetz ihrer Zunft. Aber der entscheidende
Antrieb ist persönlicher Art: Mayer glaubt, endlich sagen zu
müssen, was ihn ein Leben lang beschäftigte, woran er ein
Leben lang litt. Dies ist kein verspäteter, kein nachgeholter
Jugendstreich, sondern ein elegisches Resümee: Statt einer
Autobiographie, die Mayer tatsächlich geplant hat, eine groß-

zügige literarhistorische Bilanz, ein schmerzhafter Befund, frei von Illusionen, doch keineswegs frei von Melancholie. Auf jeden Fall: ein Buch in Moll.

Es geht von der Behauptung aus, daß die bürgerliche Aufklärung gescheitert sei. Sie habe vor den Außenseitern versagt, vor jenen nämlich, denen zwar die formale Gleichheit vor dem Gesetz, doch nicht die gleiche Lebenschance zugebilligt wurde: vor den Frauen, den Homosexuellen, den Juden. Dies ist das Thema der Untersuchung. Und damit wäre sowohl ihre Reichweite angedeutet als auch ihre Gliederung in drei große Teile.

Die These von der Nichteinlösung der Gleichheitspostulate, die durch das Verhältnis zu den Außenseitern so deutlich erkennbar werde, dient Mayer, journalistisch gesprochen, als »Aufhänger«. Dagegen ist nichts einzuwenden. Indes fungiert sie auch als das gedankliche Leitmotiv, das er etwas zu häufig und zu nachdrücklich betont, da nirgends jemand zu sehen ist, der diese generelle Behauptung Mayers auch nur anzuzweifeln bereit wäre. Hier rennt er mit viel Eifer Türen ein, die nie ganz geschlossen waren und schon seit einiger Zeit weit offen stehen.

Schließlich soll die zentrale These auch noch als Hilfskonstruktion dienen, als Rahmen, der die einzelnen Aufsätze zusammenzuhalten hat. Aber die Konstruktion ist überfordert, der Rahmen kann die Dreiteilung des Buches nicht hinreichend legitimieren. Denn das Außenseitertum der Frauen ist mit jenem der Homosexuellen und der Juden auf keinen Fall vergleichbar. Es genügt, an den simplen Umstand zu erinnern, daß man sich die Menschheit sehr wohl ohne Homosexuelle und ohne Juden vorstellen kann, doch schwerlich ohne Frauen. Ich bin nicht so tollkühn, ihre Diskriminierung zu unterschätzen, aber man hat schon oft alle Homosexuellen und alle Juden vernichten wollen, noch nie hingegen alle Frauen.

Natürlich ist sich Mayer dieses gewaltigen, dieses qualitativen Unterschieds bewußt. Er spricht von »existentiellen« und »intentionellen« Außenseitern. Figuren der Grenzüberschreitung seien sie allesamt, diese aber aus eigenem Willen – wie etwa Faust, Hamlet oder Don Juan –, jene indes schon durch ihre Existenz, durch die körperliche und psychische Veranlagung, durch die Herkunft, durch das Geschlecht. Frauen gehören somit zwar zu den existentiellen Außenseitern, doch sind sie, wie sich zeigt, für Mayers Untersuchung meist nur dann von Interesse, wenn sie »Grenzüberschreiter der Erkenntnis und des Empfindens« sind, wenn also erst ein Entschluß sie »ins Abseits und Außen« geraten läßt. Er behilft sich dann mit dem Hinweis, es handle sich um »Außenseiterinnen des Außenseitertums«[19]. Sehr wohl, nur geht dieser Teil des Buches – eben weil wir es doch mit intentionellen und daher traditionellen Grenzüberschreitungen zu tun haben – über die herkömmliche Literaturbetrachtung nicht weit hinaus.

Immerhin: wie Mayer den Wandel der Jeanne-d'Arc-Figur von Shakespeare und Voltaire über Schiller und Shaw bis zu Brecht und Wischnewski zeigt und deutet, wie er in dem Kapitel »Bürgerliche Lebensläufe als Alternativen« George Eliots und George Sands doppeltes Scheitern (»das der bemühten Anpassung und das des bemühten Skandals«)[20] nachzeichnet und belegt – das macht ihm so rasch keiner nach. Noch in seinen schwachen Stunden hat Mayer mehr zu sagen als die meisten Germanisten in ihren Sternstunden.

Freilich sind die Teile über die Homosexuellen und über die Juden ergiebiger und origineller, und auch die Darstellung ist hier ungleich eindringlicher. Mayer bleibt seiner alten und oft bewährten Leidenschaft treu: Er liebt es, die Literaturgeschichte zu vergegenwärtigen und die Gegenwartsliteratur historisch zu sehen. Mit trockener Wissenschaft hat das natürlich nichts zu tun. Er beherzigt die von ihm am Ende zitierte Goethe-Maxime: »Leben wird am besten durchs Lebendige belehrt.« Das Ärgernis der Außenseiter im Laufe der Jahrhunderte demonstriert er immer wieder an konkreten Einzelfällen. Er behandelt reale Menschen, als seien sie literarische Gestalten, und literarische Gestalten, als seien sie reale Menschen. Wie der große Egon Erwin Kisch, der rasende Reporter, der ein

langsamer Schreiber war, die Länder erforschte, so durchquert
Mayer in raschem Tempo (aber er hat viele Jahre an diesem
Buch gearbeitet) die Literaturen der Völker und Jahrhunderte.
Der Vergleich mit Kisch ist übrigens so abwegig nicht: Die
»Außenseiter« hat eben nicht nur ein Wissenschaftler, ein
Literaturhistoriker verfaßt, sondern auch ein glänzender
Reporter, ein engagierter Erzähler.

Von Marlowe erzählt er und der von ihm geschaffenen Figur
des homosexuellen Königs, von Winckelmann und der Enthüllung seines Doppellebens, von dem Streit zwischen Heine,
dem »Outsider der Abkunft«, und Platen, dem »Outsider der
Geschlechtlichkeit«: »Hier kämpften Außenseiter miteinander,
die ... ein Außenseitertum beim Widersacher denunzierten,
das – zufälligerweise – nicht das eigene war.«[21] Am Beispiel von
Verlaine und Rimbaud, Ludwig von Bayern und Tschaikowski,
Wilde und Gide, Klaus Mann und Jean Genet werden verschiedene Möglichkeiten der homosexuellen Existenz vorgeführt:
vom Todesrausch bis zur verzweifelt angestrebten Gleichschal-
tung, vom entschlossenen Willen zum Doppelleben bis zum
provozierten Skandal. Meisterhaft zeigt Mayer den Zwang zur
Idealisierung und Stilisierung: »Der homosexuelle Künstler
war zum Rollenspiel verurteilt, also zur ästhetischen Existenz.«[22]

Wie ein Zauberkünstler, der zur Verblüffung des Publikums
unzählige Gegenstände aus den Taschen seines Mantels hervor-
holt und säuberlich auf einem Tisch ausbreitet, weiß Mayer
mit immer neuen Zitaten und Beispielen, Vergleichen und
Argumenten aufzuwarten. Sie alle, zeigt sich, sind nur Mosaik-
steine, aus denen er ein stets übersichtliches Bild zusammenzu-
setzen weiß. Manche seiner Plädoyers sind geradezu vollkommen, gegen die Fülle der Beweisstücke ist, so scheint es, kein
Widerspruch möglich.

Da haben wir etwa den glanzvoll geschriebenen Aufsatz über
Hans Christian Andersen. Er sei, legt Mayer dar, nur von seiner
Homosexualität her verständlich. Knapp und anschaulich wird

sein Doppelleben dargestellt, die »Existenzspaltung in die
gesittete und unauffällige Lebensführung zu Hause« und »die
erotische Kreuzfahrt des unablässig Reiselustigen«[23], die ewige
Angst vor Enthüllung und Skandal, die charakteristische Beziehung zu dem (ebenfalls homosexuellen) Bildhauer Thorwald-
sen, die Furcht vor kompromittierenden Zwischenfällen bei
öffentlichen Anlässen. In seinen Märchen habe sich Andersen
die Möglichkeit geschaffen, von sich fast ohne Verhüllung zu
sprechen. Die Geschichte von der kleinen Seejungfrau, vom
falsch gegossenen Zinnsoldaten, vom Schwan, der im Enten-
teich zu leben hat, wo man Schwäne nicht als höhere Gattung
anerkennt – das alles seien Gleichnisse vom existentiellen, vom
unheilbaren Außenseitertum. Sehr überzeugend. Nur behaupten die Andersen-Forscher – und zwar einmütig –, dies sei eine
längst überholte These, seine Tagebücher, deren vollständige
Ausgabe seit 1971 erscheint und die Mayer nicht berücksichtigt,
hätten erneut deutlich gezeigt, daß Andersen nicht homo-
sexuell gewesen sei.

Wie auch immer: Manche dieser Essays erinnern an Gleichungen. Es sind meist, scheint es, einwandfreie Gleichungen,
sie lassen sich fehlerlos auflösen. Die Perfektion der Beweisführung ist verführerisch und beunruhigend zugleich. Können
diese Zitate, diese vielen Beispiele wirklich stets als Beweise
gelten? Haben wir es oft nicht bloß mit Indizien zu tun? Sollte
es etwa so sein, daß sich hier pure Hypothesen mitunter fast
unmerklich in Thesen verwandeln? Wo hören die Tatsachen
auf, und wo beginnen die bisweilen etwas leichtfertigen Spekulationen? Mayers Buch ist eine Synthese aus Analyse und
Bekenntnis. Daher bezieht es seine Stärke, daher rührt aber
auch die Schwäche einiger Kapitel. Seine Konfessionen und
Argumente beglaubigen und steigern sich gegenseitig. Doch ist
es gelegentlich, fürchte ich, einzig die Konfession, der das
Argument seine Existenz verdankt.

Gegen den Teil über die Juden braucht man diesen Vorwurf
nicht zu erheben, und zwar aus einem einfachen Grund: Das

Außenseitertum der Homosexuellen wird individuell begründet, das der Juden hingegen generell – durch das Judesein
schlechthin. Und wer Jude war, das weiß man genau, da ist der
Literarhistoriker niemals auf Mutmaßungen und Auslegungen
angewiesen. Hier kann er aus dem vollen schöpfen und nicht
nur deshalb, weil die Zahl der bedeutenden jüdischen Schriftsteller und der charakteristischen jüdischen Figuren in der
Weltliteratur enorm ist, sondern weil alle diese Schriftsteller
(hier gibt es keine einzige Ausnahme) und auch alle diese
Figuren die These vom Scheitern der jüdischen Emanzipation,
also vom Versagen der Aufklärung, bestätigen und beweisen.

Bemerkenswert, daß Mayer auf die sich aufdrängenden
Beispiele aus der Geschichte der deutschen Literatur unseres
Jahrhunderts verzichtet: Über diese Außenseiter – also über
Kafka, Döblin, Schnitzler, Roth, Benjamin, Tucholsky – wird
man hier kaum ein Wort finden. Vielmehr befaßt er sich
zunächst mit Kunstfiguren, die er mit großer Eindringlichkeit
als Phänotypen der jüdischen Existenz innerhalb der nichtjüdi-
schen Welt porträtiert und deutet: mit Shakespeares Shylock,
der sich, von der christlichen Gesellschaft geprellt, bespuckt
und geprügelt, in ein Monstrum verwandelt, mit Nathan, den
Lessing mit Hilfe von Wohlstand und gebildeter Humanität
»aus dem Sonderdasein zu befreien« trachtete, mit dem Räuber
Moritz Spiegelberg, der »als Antithese des jüdischen Messia-
nismus zur Emanzipationsforderung der bürgerlichen Aufklärung«[24] zu verstehen sei.

Von diesen Figuren ausgehend beschreibt und interpretiert
Mayer die individuellen, oft krampfhaften und immer vergeb-
lichen Einordnungsversuche jüdischer Künstler, Gelehrter und
Schriftsteller, die im 19. Jahrhundert, in der Ära »einer scheinbaren staatsbürgerlichen Egalität, den inneren Widersprüchen aus
abstrakter Emanzipationsforderung und realer Zerrissenheit«
nicht entkommen können. Lessing hatte gehofft, die Emanzipation der Juden sei möglich durch Bildung und Besitz. In virtuos
geschriebenen Kapiteln demonstriert Mayer die (jene hochher-

zige Prämisse Lessings widerlegende) »unheilvolle Provokation in der Bildung und im Besitz, in der konservativen wie in der sozialistischen Politik«[25]. Für diese Provokation stehen die Namen Heine und Rothschild, Disraeli und Lassalle.

Nicht weniger erhellend sind die glanzvollen Darlegungen über jüdische Figuren in den Romanen von Dickens und George Eliot, Proust und Joyce, vor allem aber in der deutschen Epik in der zweiten Hälfte des 19. Jahrhunderts. Die in der Prosa Freytags, Raabes und Dahns dominierende Feindschaft gegen die moderne Großstadt und gegen den aufgeklärten bürgerlichen Intellektuellen gipfelt in der Judenfeindschaft, die beides in sich vereine: den Haß gegen die Großstadt (»also Wurzellosigkeit«) und gegen die Aufklärung (»also Glaubenslosigkeit«).[26]

Seinen Höhepunkt erreicht das Buch in der Abhandlung über den »Genossen Shylock«: Gemeint ist Leo Trotzki, der doppelte Außenseiter – der Jude unter den Russen, der Literat unter den Revolutionären. Aber was Mayer hier darstellt, geht weit über die Person Trotzkis hinaus und wird, gleichsam unter der Hand, zur Parabel von Hoffnung und Enttäuschung, von Illusion und Scheitern des jüdischen Literaten im Dienst der Revolution. Auch hier schreibt Mayer über andere und zugleich über sich selber.

Überdies zeichnet sich der dritte und wichtigste Teil der »Außenseiter« durch Qualitäten aus, die hierzulande, zumal in Büchern über Literatur, nicht gar so selbstverständlich sind und ebendeshalb nicht genug gerühmt werden können – durch Souveränität, durch Unabhängigkeit: Es kümmert Mayer herzlich wenig, ob und wem manche seiner Ansichten mißfallen werden. Auch spricht es für ihn, daß er den Mut hat, auf handliche Schlußfolgerungen zu verzichten. Er bietet den Lesern lediglich einen »offenen Schluß«, er denkt nicht daran, seine Ratlosigkeit zu beschönigen. Alles in allem: eine Phänomenologie der Außenseiter, wie es sie bisher nicht gegeben hat. Und zugleich weit mehr.   (1975)

GOLO MANN

Der noble Enthusiast

Seine Aufsätze und Reden zur Literatur hat Golo Mann in einem Band mit dem eher anfechtbaren als einleuchtenden Titel »Wir alle sind, was wir gelesen«[1] gesammelt. Von den behandelten Autoren lebt nur noch ein einziger, und auch dieser (Ernst Jünger) ist im vergangenen Jahrhundert geboren. Aber mit der Literaturgeschichte und der Literaturwissenschaft hat Golo Mann nichts im Sinn, er selber sagt, er sei kein »Literaturgelehrter«. Wer also kommt hier zu Worte? Ein Liebhaber, ein nobler Bewunderer, der ein glänzender Kenner seiner Themen ist. Ein Schriftsteller, dem es Spaß macht, sich über andere Schriftsteller zu äußern. Ein Essayist, der feuilletonistische Mittel nicht verpönt. Ein Kritiker und somit – wie alle Kritiker – ein Enthusiast der Literatur.

Über die Bekenntnisse des Augustinus nachdenkend, ruft Golo Mann ganz ungeniert aus: »Welch gelungene Formulierungen!«[2] Sein Festvortrag über Wilhelm Busch beginnt mit den Worten: »Am liebsten würde man nur zitieren . . .«[3] Man glaubt es diesem Redner, daß ihm das Zitieren mehr Freude bereitet als das Kommentieren. Aber Bewunderung habe, so Golo Mann, »rein gar nichts mit Unterwerfung zu tun. Im Gegenteil, sie erhöht . . .«[4] Goethe spricht einmal von »genießender Bewunderung«. Bei Golo Mann haben wir es mit genießender und zugleich kritischer Bewunderung zu tun. Er ist oft verliebt, doch macht ihn die Liebe nicht blind. Diese ansteckend wirkende Begeisterungsfähigkeit, die mit den Jahren eher zugenommen hat, beeinträchtigt nicht seine Erkenntnisse, seine (ganz außergewöhnliche) Unvoreingenommenheit.

Er schwärmt für Tacitus, der Essay über den altrömischen Kollegen ist ein vehementes, ja geradezu spannendes Prosastück. Eine Liebeserklärung? Gewiß, indes kein Kniefall. Er liest den Tacitus mißtrauisch, er klopft ihm auf die Finger. Über dessen Beurteilung des von Kaiser Augustus hinterlassenen Rechenschaftsberichts schreibt Golo Mann so unwirsch, als handle es sich um einen in der vergangenen Woche veröffentlichten und höchst schädlichen Leitartikel. Doch hütet er sich, Äußerungen von Historikern oder Schriftstellern immer ernst zu nehmen. Er zitiert eine ihn überraschende Ansicht des Tacitus und fragt, worauf sie denn zurückzuführen sei: »Weil er heute etwas heller gelaunt ist als gewöhnlich? . . . Morgen mag er wieder anderer Stimmung sein. Und völlig anders können die Dinge in zehn Jahren sein.«[5] Kurz: Er hält Tacitus für einen etwas unsicheren Kantonisten. Aber welcher Autor war oder ist das nicht?

Am Ende sind sie alle, wie einer der Größten unter ihnen gesagt hat, auf Allotria bedachte Kumpane.[6] Golo Mann schätzt und verehrt sie nicht trotzdem, sondern ebendeshalb. Denn er weiß, daß jene der Wahrheit näher sind, die heiter mit ihr umgehen: »Die trösten uns am verläßlichsten, die ihren tiefen Ernst hinter Scherzen verbergen.«[7] Daher sein vertrauliches und inniges Verhältnis zu Heine, zu Fontane und Wilhelm Busch und auch zu Cervantes. Natürlich sei Heine nicht der einzige Dichter gewesen, den man liebte, doch der einzige, mit dem man sich habe identifizieren können. Nicht mit Goethe oder Hölderlin, nicht mit Eichendorff oder Brentano, nicht mit der Droste. Warum also mit Heine?

Weil er, argumentiert Golo Mann, an dem »nie zur Ruhe kommenden geschichtlichen Prozeß« unmittelbar partizipierte, und zwar in doppeltem Sinne: Zugleich mit dem Fortschreiten der Zeit erlebte er sehr bewußt sein eigenes Fortschreiten in dieser Zeit. Und »weil er sich offener, natürlicher, schamloser gab als die anderen, weil hier die Beziehung zwischen Dichter und Gedicht oft die allerdirekteste war.« Dies eben hätten ihm die Deutschen verübelt, denn sie suchen im Dichter nicht »den lächelnden Bekenner«, sondern »den verborgenen König, den *Vates*«[8]. Der Poet als Seher und Prophet? Als geheimnisvoller Sachwalter des Überirdischen und Unbegreiflichen? Damit will Golo Mann nichts zu tun haben. Er scheut sich nicht zu behaupten, daß Goethes Genie zusammenhing und zu einem Teil sogar identisch war »mit einer beispiellos starken Dosis von gesundem Menschenverstand«[9], gerade darin liege der Reiz vieler seiner Werke.

Um die wissenschaftliche Literatur über die Schriftsteller, mit denen er sich beschäftigt, kümmert sich Golo Mann überhaupt nicht. Er beweist überzeugend, daß Schillers »Wallenstein« auf Kleist stark gewirkt habe, zumal auf das »Käthchen von Heilbronn«. Dann heißt es: »Solche Zitierungen könnte ich vermehren; müßte mich übrigens wundern, wenn ich der erste wäre, der sie entdeckte.«[10] Aber wenn er sich auch nie auf die Sekundärliteratur beruft, so ignoriert er sie insofern nicht ganz, als er sich manchen Legenden, die von unseren Germanisten in Umlauf gebracht wurden, entschieden widersetzt – beispielsweise jenen über Kleist.

So stimme es nicht, daß dieser keine ermutigenden Kritiker gefunden hätte. Wahr sei vielmehr, daß es über ausnahmslos jede seiner Veröffentlichungen »neben törichten auch eine gute Zahl wohltuend verständnisvoller, nobler, ja bewundernder Besprechungen« gab.[11] Als Kleist aus dem Militärdienst ausschied, habe »die hohe preußische Bürokratie sich keineswegs schnöde, sondern lange Zeit überaus geduldig und wohlwollend ihm gegenüber« betragen. 1804 wurde er »trotz seines plötzlichen Verschwindens vier Jahre zuvor, trotz seines unerhörten, dem Berliner Hof genau bekannten Verhaltens in Frankreich« wieder angestellt, und zwar »unter väterlich-erzieherischen Bedingungen«[12]. Die Minister und andere Würdenträger Preußens hätten gar nicht zuvorkommender gegen ihn handeln können. Unter den Patrioten in seinem Bekanntenkreis und auch in seiner weiteren Umgebung gab es keinen einzigen, den die Fremdherrschaft, den die deprimierenden Verhältnisse im Vaterland zum Selbstmord getrieben hätten.

Golo Mann führt dies mit Nachdruck an, um die immer noch beliebte und ihn irritierende These zu widerlegen, Kleist sei ein Opfer der Epoche oder Preußens gewesen oder, auch das konnte man in West und Ost lesen, der Krise der bürgerlichen Aufklärung in Deutschland. Wenn man den berühmten Satz in seinem Abschiedsbrief an die Schwester (»Die Wahrheit ist, daß mir auf Erden nicht zu helfen war«) als »letztgültige Einsicht« begreife, dann sei es eben nicht der Weltlauf gewesen, der ihn tötete. So sieht Golo Mann die Gründe für den Selbstmord am Kleinen Wannsee ausschließlich in der seelischen Prädisposition Kleists. Es wird – schreibt der Bruder Klaus Manns – »der, der den Tod durch eigene Hand von Anfang an in sich trägt, zuletzt ihn finden«[13].

Übrigens mangelt es in dieser Studie nicht an Widersprüchen. Da heißt es, Kleist sei für die Politik »enorm begabt« gewesen, »ohne doch für sie zu taugen«[14]. Entweder – sollte man meinen – trifft dieses zu oder jenes. Aber Golo Mann hat sich bei seinem Befund schon etwas gedacht, nur will er es uns nicht so deutlich sagen: Wir haben die Wahl. Oder: Kleist war »gewiß einer der Scharfsinnigsten unter unseren großen Dichtern«. Andererseits wundert sich Golo Mann, daß Kleist mit dem »Prinzen von Homburg« die Gunst des Berliner Hofes zu gewinnen hoffte, obwohl er doch wissen mußte, daß dem Hof »dergleichen Verwirrung so wenig liegen konnte wie das Romantisch-Neurotische, das in dem Drama waltet«[15]. Läßt sich als höchst scharfsinnig einer bezeichnen, der so gründlich die Realität verkannte? Derartige Unklarheiten, die nicht nur in dem Kleist-Vortrag auffallen, hängen mit dem Stil dieser kritischen Prosa zusammen: Denn wie dem Redner das Vorrecht zusteht, um der Kürze willen zu vereinfachen und zu überspitzen, so ist der Essayist nicht nur berechtigt, sondern beinahe verpflichtet, auch solche Fragen zu stellen, die er nicht beantworten kann oder nicht beantworten will.

In dem Aufsatz über den »stoischen« Ernst Jünger läßt Golo Mann besonders viel ungesagt, da findet sich manches nur zwischen den Zeilen. Schon 1930 polemisierte der junge Klaus Mann gegen Jünger, »der uns die Barbarei als neue Gesinnung vorgaukelt«[16]. Thomas Mann meinte im Herbst 1945, es könne einer mit »Menschen- und Engelszungen« reden und würde ihm dennoch Jünger nicht geheuer machen. Er hielt ihn für einen »Wegbereiter des Nazitums«, der »ein eiskalter Genießer des Barbarismus geblieben« sei.[17]

Wenn Golo Mann ein Fanatiker ist, dann lediglich ein Gerechtigkeitsfanatiker. Auch er sei, betont er gleich, kein Freund der Schriften Jüngers, er habe deren Lektüre immer als gar zu unheimlich, als quälend empfunden: »Im Grunde sprach er nie zum Publikum, sondern erteilte abgewandten Blickes seine Befehle . . .« Er möchte über Jünger freundlich schreiben, aber es will ihm nicht recht gelingen – die permanente Selbststilisierung stößt ihn ab, das Komödiantische. »Er stilisierte sich zu früh, zu großartig. Er bestieg früh das Prophetenroß, wurde zum Monument und kam nicht wieder herunter.« Sein Werk sei eine »stilisierte Konfession«, seine Tagebücher (»reich und klug und oft schön«) seien bloß »stilisierte Tagebücher, keine echten«. Zu seinen Aphorismen sagt er: »Auch da gibt er sich so, wie kein Mensch ist.« Golo Mann mag sie nicht, diese »Geste des Propheten«, diese »Maske des kühlen Richters, des furchtlosen Ritters«. Und nachdem sich Jünger so stilisiert hatte, konnte er »etwas Geringeres als Zukunft und Schicksal der Menschheit kaum noch anrühren«.

Die grauenvollste Aussicht sei die der Technokratie, nämlich »einer kontrollierenden Herrschaft, die durch verstümmelte und verstümmelnde Geister ausgeübt wird« – nicht ohne Widerwillen zitiert Golo Mann diese Meinung Jüngers, und er fragt höhnisch: »Immer noch die alten Illusionen, hochverehrter Herr? Immer noch die Erwartung des Menschen, der ganz aus Stahl gemacht sein wird, anstatt aus krummem Holz? Nach allem, was wir erlebt haben?«[18] Der Vergleich von

Jüngers Buch »An der Zeitmauer« (1959) mit seiner Abhandlung »Der Arbeiter« (1932) fällt zugunsten der neueren Publikation aus: »Aber nicht ums Sterben würde er zugeben, daß die frühere Schrift eine Verirrung war.« Jünger »sollte zu den Unabhängigkeiten, die er bewies, auch noch die von den Irrtümern der eigenen Vergangenheit fügen«[19].

Woran mag es liegen, frage ich mich, daß manche Schriftsteller – Jünger ist wahrlich nicht der einzige – die Fehler, die ihnen früher unterlaufen sind, vielleicht insgeheim einsehen, doch sich nicht überwinden können, es öffentlich zuzugeben? Vermutlich hat diese Unfähigkeit mit einer Schwäche zu tun, derer sie sich schämen, mit einem Mangel an Souveränität und Selbstsicherheit, den sie unbedingt tarnen möchten, mit einer Eitelkeit, die ihre Selbstkontrolle schmälert.

Im Fazit drückt Golo Mann seine Anerkennung für Jünger so kühl wie möglich aus: Was er schreibe, bezaubere nur »augenblicksweise« und »die Durchschlagskraft der großen Thesen und Bilder« habe es nicht. Aber den Bedenken zum Trotz gehöre er zu jenen, »die unser Leben ein wenig reicher machen und von denen man, mit Vorsicht, lernen kann«. »Augenblicksweise«, »ein wenig«, »mit Vorsicht« – das sind unmißverständliche Einschränkungen. Dieser Aufsatz über Jünger stammt aus dem Jahre 1960. Doch da gibt es noch einen »Nachtrag 1989«, neun Zeilen alles in allem, der letzte Satz lautet: »Ernst Jünger ist zu einer ehrwürdigen Gestalt geworden.«[20] Was gilt nun – der generelle Vorbehalt von 1960 oder die Verbeugung von 1989? Wieder einmal haben wir die Wahl. Ich meine: Der neue Nachtrag zeugt in erster Linie von Golo Manns Güte und Menschenfreundlichkeit.

Von Güte ist auch der höchst aufschlußreiche Essay über Heinrich Mann und sein 1946 erschienenes Buch »Ein Zeitalter wird besichtigt« geprägt. Sympathie, Zuneigung, Liebe? Wie immer man es nennen mag – kein Zweifel, daß Golo Mann mit großer Herzlichkeit an seinen Onkel Heinrich denkt und daß es ihm geradezu ein Bedürfnis ist, ihn zu loben und zu rühmen. Das ist aber keine einfache Aufgabe, zumal wenn von dem Band »Ein Zeitalter wird besichtigt« die Rede sein soll.

»Ein schönes Buch und höchst eigenartig« – urteilt Golo Mann. Das meint er natürlich nicht ganz ernst. Denn Heinrich Mann hat ohne Plan und Konzeption die unterschiedlichsten Aufsätze, alte und neue, zusammengefaßt, es ist ein zunächst ärgerliches, doch bald trostloses und entwaffnendes Sammelsurium, in dem einige gut geschriebene Beiträge wie Fremdkörper wirken. Das liest sich bei Golo Mann so: »Der Band ist assoziiert, gewachsen, wild gewachsen, ist etwas wie ein alter nobler Garten, der lange keines Gärtners Hand sah.«[21] Noch nachsichtiger und freundlicher ließ sich dieser Sachverhalt gar nicht ausdrücken.

Aber der liebende Neffe ist auch ein unbestechlicher Kritiker – und so sagt er uns klipp und klar, daß der Onkel Heinrich von den historischen und politischen Themen, über die er sich in diesem Buch äußerte, meist keine Ahnung hatte. Das gilt beispielsweise für Friedrich den Großen und für den von ihm ohne Pardon gepriesenen Bismarck. Belehren ließ sich Heinrich Mann nicht: Wenn der Neffe versucht hätte, ihn zu korrigieren, »so hätte er erstens gar nicht verstanden, was ich meinte, und hätte er zweitens von da an bitteren Groll gegen mich gehegt. Denn er war ein sehr eigensinniger Mensch und konnte in Sachen, die für ihn wesentlich waren, durchaus keinen Widerspruch vertragen; kaum auch nur in unwesentlichen.«

Was in »Ein Zeitalter wird besichtigt« über die Sowjetunion und den Kommunismus zu lesen ist, sei indiskutabel, wir hätten es mit »kindlich verblendeten Texten« zu tun, man möge, rät Golo Mann, »das ganze Zeug überschlagen«. Er erinnert sich an Gespräche mit Heinrich Mann in den dreißiger Jahren. Auch den geringsten Zweifel an der Güte, der Humanität und der Liberalität des Bolschewismus habe er nicht geduldet: »Sofort brach er alle Beziehungen ab.« Er sei unfähig gewesen, »ökonomisch, soziologisch, politisch zu fra-

gen«. Wann werden unsere Heinrich-Mann-Forscher dies endlich begreifen? Aber es ehrt Golo Mann, daß er, allerlei törichte
Darlegungen des Onkels beim Namen nennend und gelegentlich mit dem Ausruf »O misère!« kommentierend, gleichwohl
nicht daran denkt, den alten und einsamen Exilschriftsteller,
der offenbar zu einem lebenden Anachronismus geworden
war, etwa zu verspotten: »Es rührte mich, was ich da noch
einmal las, es gefiel mir sehr die Unschuld dieses bewundernden, liebenden Herzens.«[22]

Die kluge Studie über Heinrich Mann, die nichts beschönigt
oder bagatellisiert und doch nobel ist, beweist vielleicht am
überzeugendsten, was freilich der ganze Band »Wir alle sind,
was wir gelesen« erkennen läßt: daß hier ein Anwalt der
Literatur spricht, den nichts hindern kann, sich selber die Treue
zu halten. Formuliert ist das Ganze in einer Sprache, die man
in der deutschen Literaturbetrachtung erst seit Heines
»Romantischer Schule« kennt und die immer noch Seltenheitswert hat: Golo Mann hat es gelernt zu schreiben, wie ihm der
Schnabel gewachsen ist. Allerdings macht er es sich bisweilen
sehr leicht – etwa, wenn er fragt, wie man »Magie« analysieren
solle, und wir uns dann mit der Antwort begnügen müssen:
»Man hat es oder man hat es nicht.«[23] Das tadle, wer will, der
Schreiber dieser Zeilen darf es nicht, denn er verwendet
mitunter das Wort »Charme« und kann es ebenfalls nicht
definieren. Und so sei denn Golo Manns Buch, ganz ohne
Reue, beides zugleich nachgerühmt: Magie und Charme.

(1989)

Der Diener des Publikums

Natürlich brauchen wir die Theaterkritik. Insoweit ist alles klar, Joseph Goebbels war der letzte, der sie für schädlich hielt und abschaffen wollte. Und den Theaterkritikern selber ist das Bedürfnis, an dem Ast zu sägen, auf dem sie sich meist einigermaßen gemütlich niedergelassen haben, eher fremd. Aber wozu, zu welchem Zweck und Ende werden Theaterkritiken verfaßt und veröffentlicht? Wer da meint, daß sich jene, die sie schreiben, in dieser Hinsicht etwa einig sind, der irrt. Jeder Theaterkritiker, der etwas auf sich hält, denkt gern über seine Aufgabe und seine Funktion nach, jeder kommt zu einem anderen Ergebnis, jedem schwebt ein anderes Ziel vor. Ob die Theorie eines Kritikers nicht mehr sein will als eine Art Arbeitshypothese, die ihm seine tägliche Praxis erleichtern soll, oder sich, was ungleich häufiger geschieht, nur als eine dieser Praxis nachgelieferte Rechtfertigung erweist – auf jeden Fall leistet sich, wer es in der Zunft zu etwas gebracht hat, eine eigene Konzeption.

Der eigenwilligste Kritiker, den Deutschland seit den Tagen der Romantik hatte, Alfred Kerr, ließ sich nicht lumpen: In seinem 1904 publizierten Glaubensbekenntnis beantwortete er die Frage, warum man Rezensionen schreibe, mit provozierender Klarheit und Entschiedenheit: »Nicht um des Publikums willen noch um des Rezensierten willen.« Warum also? »Um des Rezensenten willen.« Der wahre Kritiker bleibe, so Kerr, »ein Dichter: ein Gestalter«, die Kritik sei »als eine Dichtungsart anzusehen«, sie habe ein Kunstwerk zu sein: »Man betrachtet Dichter wie ein Dichter Menschen betrachtet.«[1]

Kerrs Gegenspieler, Herbert Ihering, verstand seine Aufgabe natürlich ganz anders. Er wollte vor allem ein »Mitarbeiter«

des Theaters sein, er hielt es für seine wichtigste Pflicht, das Theater »auf seine Entwicklungsmöglichkeiten hin zu prüfen«. Die Kritik müsse, verkündete er immer wieder, zumal in einer größeren Abhandlung von 1928, die »Autorität des gleichgesetzten Mitkämpfers« des Theaters gewinnen. Er habe sich stets bemüht, bekannte er, »die Kritik in die Arbeit des Theaters selbst mit einzubauen«[2]. Folgerichtig postulierte er: »Die Kritik gehört zu den Theaterleuten.«[3]

War Alfred Kerr ein Repräsentant der Poesie in den Reihen der Kritik, ein Künstler also in der Rolle des Kunstrichters, so Herbert Ihering ein schreibender Exponent des Theaters, gleichsam dessen Agent in der Öffentlichkeit. Aber diese beiden Gegenspieler und Antipoden hatten mehr miteinander gemein, als auf den ersten Blick scheinen will. Beide liebten sie die Welt der Bühne leidenschaftlich. Und doch behandelten sie beide den Premierenabend, über den sie schrieben, vor allem als Anlaß und Vorwand – Kerr für seine Dichtung, Ihering für seine Theaterpolitik.

Friedrich Luft hat seinen Vorgängern viel zu verdanken. Dennoch ist seine Kritik, entstanden in einer anderen Zeit und unter anderen Vorzeichen, nur bedingt und nur in Grenzen mit der ihrigen vergleichbar. Von Anfang an ging er einen eigenen Weg. Nie schrieb er Kritiken um ihrer selbst willen, nie kam es ihm in den Sinn, in der Kritik eine Dichtungsart, eine selbständige literarische Gattung zu sehen. Ausdrücklich erklärte er: Der Kritiker »kann nur tätig werden, wenn die anderen tätig geworden sind ... Der Kritiker lebt aus zweiter Hand.«[4] Damit hatte Luft, im eindeutigen Gegensatz zu Kerr, für die dienende Funktion der Theaterkritik plädiert.

Anders als Ihering hält er es keineswegs für seine Aufgabe, an den Produktionen des Theaters mitzuarbeiten. Nicht als Sprecher des Theaters versteht er sich, er schreibt weder *ex domo* noch *pro domo*. Die Kritik, wie er sie anstrebt und übt, soll keineswegs ein Faktor des Theaters sein, etwa dessen publizistische Komponente, sondern eine Instanz außerhalb des Theaters – unabhängig in jeder Hinsicht, also auch von den Theaterleuten.

Ihering wollte den Regisseur und die Schauspieler belehren und überzeugen, er hoffte, sie würden aus seiner Kritik für ihre nächsten Inszenierungen und Rollen Nutzen ziehen. Luft will ebenfalls belehren und erziehen, jeder Kritiker ist auch ein Pädagoge. Aber ob die Intendanten und Dramaturgen, die Regisseure und Schauspieler aus seinen Rezensionen etwas lernen können, ist für Luft im Grunde eine nebensächliche Frage, nicht darauf kommt es ihm an. Denn nicht für die Leute vom Bau ist seine Kritik bestimmt und auch nicht für die Kollegen Theaterkritiker. Für wen schreibt er also? Er schreibt für das Publikum.

Daraus ergibt sich das entscheidende Element der Kritik Friedrich Lufts. Als er im Februar 1946 im RIAS seine wöchentlichen Theaterbesprechungen ankündigte, sagte er sogleich, was er vor allem zu geben beabsichtige – nämlich »Rapport und Bericht«. Der Kritiker sei vorerst, bemerkte er an anderer Stelle, »Reporter, ein spezialisierter Reporter und Zeitungsmann«[5]. Lufts Rezensionen sind – um ein Wort Kerrs zu verwenden – »Quittungen für Erlebtes«[6]. Das aber bedeutet: Er analysiert nicht jene mutmaßlichen Entwicklungsfaktoren des Theaters, an denen Ihering so brennend interessiert war, sondern die Realität der Bühne. Er meditiert nicht über die Intentionen des Regisseurs und der Schauspieler, vielmehr stellt er die tatsächlichen Resultate ihrer Arbeit dar. Er spricht nicht von dem Theater, das sein könnte oder sollte, also nicht von dessen möglicher Zukunft, sondern von dessen Gegenwart.

Die Sprache seiner Kritik hat mit deren Adressaten zu tun. Luft möchte eine denkbar breite Öffentlichkeit erreichen: Auch die Schreiner und Gemüsehändler, die von der Volksbühnenorganisation in den Zuschauerraum geschickt werden, sollen ihn verstehen. So nimmt er ein in Deutschland außergewöhnlich großes Risiko in Kauf: Er schreibt klar. In »Wil-

helm Meisters Wanderjahre« heißt es: »Wenn man dem Menschen gleich und immer sagt, worauf alles ankommt, so denkt
er, es sei nichts dahinter.« Daher habe das Geheimnis »sehr
große Vorteile«[7]. Luft folgt dem ironischen Ratschlag Goethes
nicht: Er sagt den Lesern gleich und immer, worauf alles
ankommt.

Da hat Luft die deutsche Erstaufführung einer Komödie
gesehen; er lehnt sie ab. Doch kann man ihm wahrlich nicht
vorwerfen, er habe sein Urteil in umständlich-vernebelnden
Sätzen versteckt. Denn seine Kritik beginnt: »Ein miserables
Stück. Eine hundsmiserable Aufführung. Ein degoutanter Theaterabend.«[8] Es ging immerhin um das Produkt eines weltberühmten Autors: Ilja Ehrenburg. Aber auch mit Ausdrücken
höchster Anerkennung geizt Luft nicht. Die ersten Worte seiner
Besprechung des »Hofmeister« von Lenz in der Fassung von
Brecht, gespielt 1950 in Ost-Berlin, lauten: »Das ist vollendet.«[9]

Um verstanden zu werden, hat Luft – wie vor ihm Fontane,
Döblin oder Tucholsky – dem Berliner Volk aufs Maul
geschaut. Seine Diktion, von der Berliner Mundart geprägt, ist
betont salopp und gleichwohl exakt, sie ist schnoddrig und
witzig und verbirgt dennoch nie den Ernst der Sache und die
Teilnahme des Schreibers. Anders als jene Theoretiker, die der
Sinnlichkeit der Bühne mit barer Abstraktion gerecht werden
wollen und deren Artikel meist an den Staub der Archive
denken lassen, kritisiert Luft konkret und lebensnah, er
schreibt anschaulich, zupackend und griffig.

Waren einst bei Kerr vielleicht gar zu viele Pointen und bei
Ihering eher zu wenige, so fällt auf, mit welcher Sicherheit Luft
das Gleichgewicht von Argument und Pointe zu halten vermag.
Er weiß Pointen zu verwenden, die sich als Argumente erweisen,
und Argumente so zu formulieren, daß sie zu Pointen werden.
Seine Kritiken sind amüsante Plädoyers und militante Feuilletons in einem. Als Friedrich Dürrenmatt in seiner Komödie »Der
Meteor« einen deutschen Starkritiker karikieren wollte, paro-
dierte er mit respektvollem Humor den Stil Friedrich Lufts – und

das ist durchaus verständlich. Denn welchen Theaterkritiker unserer Jahre hätte er sonst parodieren können? Luft ist im ganzen Zeitraum seit 1945 der einzige, der über eine eigene, eine unverwechselbare Sprache verfügt. Ihr verdankt er, was ihm viele Kollegen nicht verzeihen wollen: seine große Popularität in beiden Teilen der Stadt Berlin, in beiden deutschen Staaten.

Ausführlichkeit allerdings ist seine Sache nicht. Auch er bewundert, wie wir alle, Fontanes behaglich-nachdenkliche Rezensionen, seine souveränen Betrachtungen über das Theater. Aber das Gemächliche entspricht nicht dem Naturell Lufts. Seine Prosa hat Tempo, hat einen hämmernden, vorwärtsdrängenden Rhythmus. Im Unterschied zu jenen gelehrten Theaterkritikern, die ihre Ansichten, wie es einst Tacitus forderte, *sine ira et studio* formulieren, folgt Luft dem Berliner Historiker Sybel, der meinte, man müsse *cum ira et studio*, also mit Zorn und mit Vorliebe, schreiben. Seine Kritik lebt von temperamentvoller Besonnenheit, von leidenschaftlicher Nüchternheit, von der Verbindung eines erregten Engagements mit engagierter Sachlichkeit.

Wie der Autor des »Stechlin« glaubt auch er an die Vernunft, an jenen gesunden Menschenverstand, den man in Deutschland so gern als etwas Braves und Hausbackenes abtut und daher den Kritikern oft eher anlastet als nachrühmt. So fragt Luft unermüdlich nach der weltlichen Verwertbarkeit dessen, was das Theater bietet, nach seinem »aktuellen Nutzwert«. Doch gerät er nie in die Gefahr, das Ästhetische zu vernachlässigen. Löbliche Anschauungen werden von ihm auf die jeweils angemessene Weise registriert, aber einen Rabatt für gute Gesinnung, einen ermäßigten Tarif für Stücke mit willkommenen Gedanken und Motiven gewährt er nicht. Im September 1945, knapp vier Monate nach der Kapitulation, wird inmitten der Ruinen von Berlin wieder Theater gemacht. Man spielt Julius Hays Tragödie »Gerichtstag«, ein höchst aktuelles Zeitstück über die Schuld der Deutschen, geschrieben von einem emigrierten Antifaschisten. Luft äußert sich respektvoll, doch nichts liegt ihm ferner, als die Schwächen des Stücks etwa zu vertuschen: »Daß es eine hastige Arbeit ist, merkt man nicht nur streckenweise der Diktion, sondern auch der Handlungsführung an ... Da tönt verdächtig oft noch der Leitartikel auf, nicht das blutige Leben selber.«[10]

Häufig erinnert Luft an die zeitkritischen, die gesellschaftlichen und pädagogischen Pflichten des Theaters. Aber schon in der ersten Nachkriegszeit warnt er vor jenen, die das Theater in ein Erziehungsinstitut umfunktionieren möchten. Im April 1946 schreibt er aus Anlaß einer Neuaufführung des »Liliom« von Franz Molnar: »Das Theater ist moralische Anstalt. Heute mehr denn je. Aber vergeßt nicht, daß es auch ein Ort redlichen Vergnügens ist, des Lachens, des Seufzens, des Weinens. Und ein solcher Ort reinsten Theaters war das Hebbel-Theater mit diesem Liliom ... Ich habe mich – gebe ich offen zu – amüsiert wie Bolle, um im Jargon zu bleiben. Ich habe gelacht. Und ein paarmal, auch das gebe ich zu, drang mir die Feuchtigkeit unter die Brille.«[11]

Das neue deutsche Drama findet in Luft einen ebenso liebevoll-freundlichen wie unbestechlichen Beobachter. Als 1963 Rolf Hochhuths »Stellvertreter« in Berlin uraufgeführt wurde, erkannte Luft auf Anhieb die eminenten Vorzüge und die eminenten Schwächen dieses »christlichen Trauerspiels«. Als 1964, ebenfalls in Berlin, der Triumphzug eines Bühnenwerks begann, das sehr bald in allen fünf Erdteilen gespielt wurde und in vielen Ländern immer noch gespielt wird – ich meine »Die Verfolgung und Ermordung Jean Paul Marats« von Peter Weiss –, da traf es bei der deutschen Theaterkritik auf eine sehr unterschiedliche Resonanz. Ein prominenter Kritiker meinte damals im »Spiegel«, das Stück biete bloß »Schulfunk« und »Nachhilfe-Unterricht«, es sei das »womöglich schwächste Werk« von Peter Weiss.[12] Friedrich Luft hingegen rühmte Stück und Autor und sprach von einem »Geniestreich«, von einem »Ereignis für das Theater unserer Epoche«[13]. Heute wissen wir, daß Luft sich nicht geirrt hat.

Zugleich vermochte er dem Sog des Modischen zu widerstehen. Er hat eine Lanze für Beckett gebrochen. Aber die maßlose Überschätzung dieses Autors, den man hierzulande konsequent mit Tiefsinn aufzupumpen versuchte, hat Luft nicht mitgemacht. Im Gegenteil, schon 1959 konstatierte er aus Anlaß des Stückes »Das letzte Band«: »Beckett schockt nicht mehr wie einst. Die Hartnäckigkeit, mit der er den Nullpunkt anpeilt, hat für uns, beinahe hätte ich gesagt: schon etwas Gemütliches bekommen ... Man amüsiert sich großartig bei Beckett.«[14]

Die knappen und kräftigen, die unabhängigen und unmißverständlichen Urteile Lufts haben ihm bei manchem seiner Kollegen den Ruf eines Vereinfachers und Übertreibers eingebracht. Aber sollte das vielleicht gar zutreffen, daß er vereinfacht und übertreibt? Ja, es trifft zu. Wer wahr sein will – lehrt Karl Jaspers –, »muß die Dinge auf die Spitze treiben, oder auf des Messers Schneide bringen, damit sie ... wirklich entschieden werden«[15]. Luft hat sich nie gescheut, zu vereinfachen, zu übertreiben und zu überspitzen – und gerade damit blieb er der Tradition der deutschen Kritik, nicht nur der Theaterkritik, treu.

Börne und Fontane, Kerr, Polgar und Tucholsky – sie alle hatten den Mut zu der simplifizierenden Formulierung, die die Dinge auf des Messers Schneide bringt. Ja, schon die großen deutschen Romantiker, bei denen wir Kritiker immer wieder in die Schule gehen sollten, haben bewußt vereinfacht und übertrieben. Und einer von ihnen hat es kurz begründet. Bei Novalis heißt es: »Formeln für Kunstindividuen finden, durch die sie im eigentlichen Sinn erst verstanden werden, macht das Geschäft des artistischen Kritikers aus ...«[16] So faßt auch Luft das Geschäft des Kritikers auf: Er liefert dem Theaterbesucher die Vokabeln und Formeln, die ihm das, was sich auf der Bühne abgespielt hat, begreiflich machen. Berichtend und richtend, deutend und verdeutlichend wurde er ein großer Lehrmeister des Publikums.

Doch dieser Lehrmeister, dieser Profi des kritischen Gewerbes ist insgeheim und glücklicherweise ein Amateur geblieben. Das soll heißen: Allem, was Luft geschrieben hat, merkt man an, daß sein Beruf aus einem Hobby, aus einer Passion hervorgegangen ist. Er selber sagt es klipp und klar: »Kritik ist eine gehobene Liebhaberei.«[17] Und damit wäre wohl auch angedeutet, woher er die Kraft und die Ausdauer nimmt, jahrzehntelang seinen Dienst, diesen strammen Parkettdienst, pünktlich und gewissenhaft zu versehen und uns unermüdlich mit seinen spontanen, seinen unverwechselbaren Quittungen für Erlebtes zu beliefern – wo also die Wurzeln der imponierenden Kontinuität seiner Arbeit zu suchen sind. Friedrich Luft hat einmal, auf den ersten Korintherbrief anspielend, eher beiläufig bemerkt: »Und wäre nichts, hätte er der Liebe nicht! Nur der Liebende darf rügen.«[18]   (1978)

Die empfindsame Europäerin

Alltäglich werden in den deutschsprachigen Ländern Dutzende von Buchbesprechungen und Theaterrezensionen gedruckt und gesendet. Es sind nicht immer, doch häufig nützliche und notwendige journalistische Beiträge, von denen wir alle profitieren. Trotzdem gibt es heutzutage – nicht anders übrigens als vor hundert Jahren – zwar viele Rezensenten, aber nur sehr wenige Kritiker.

Was unterscheidet diese von jenen – etwa das Niveau, das Format, der Stil? Gewiß, dies alles mag eine Rolle spielen, wichtiger indes scheint mir das Verhältnis des Autors zum behandelten Thema. Eine Rezension beschäftigt sich mit einem bestimmten Buch oder Theaterabend – und ist sie gut geschrieben, dann sind wir auch gut informiert über die Besonderheit und die Qualität dieses Buches oder Theaterabends. Mehr kann, mehr will sie gar nicht bieten.

Auch der Kritiker bleibt oft ganz dicht am Gegenstand, doch wenn er es verdient, ein Kritiker genannt zu werden, dann liefert er ungleich mehr als die Schilderung und Beurteilung eines literarischen oder theatralischen Ereignisses. In seiner Arbeit verbirgt sich zwar nicht unbedingt, wie es einst Jean Paul wünschte, »eine gute Ästhetik und noch dazu eine angewandte«[1], aber eine Stellungnahme zur Literatur der Gegenwart oder zur Situation des Theaters – wenn nicht zu allgemeineren Fragen der Zeit.

Vereinfachend und überspitzend ließe sich sagen: Während die Person des Rezensenten hinter seinem Text zu verschwinden hat, mag die des Kritikers sehr wohl in Erscheinung treten – sie kann und darf es, ohne daß es erforderlich wäre. Und wie

ist es in dieser Hinsicht um den Essayisten bestellt? In einem
Gespräch mit Eckermann meinte Goethe, daß alle Künste des
Talents wenig helfen, wenn uns aus einem Theaterstück nicht
»eine liebenswürdige oder große Persönlichkeit des Autors
entgegenkommt«[2]. Was Goethe vom Drama verlangte, gilt erst
recht für den Essay, ja er wird durch diesen hohen Anspruch
geradezu definiert.

Erst dank der subjektiven Sicht und dem individuellen Stil
wird aus der Studie oder der Abhandlung ein Essay. Neben
allem anderen macht er einen Schriftsteller erkennbar, der
vielleicht ganz im Hintergrund bleibt und der gleichwohl stets
mit seinen Gedanken und Gefühlen, Ansichten und Kenntnissen, mit seiner Lebenserfahrung zugegen ist: Hinter dem Essay
steht ein ganzer Mensch oder, mit Goethe zu sprechen, eine
Persönlichkeit.

Hilde Spiel hat im Laufe eines arbeitsreichen Lebens unge-
zählte Literatur- und Theaterkritiken geschrieben, darunter
viele, die noch heute so lebendig und anregend sind wie vor
dreißig oder vierzig Jahren: man kann sie ohne Reue als
meisterhafte Prosastücke bezeichnen. Dennoch will es mir
scheinen, daß sie, obwohl natürlich und bisweilen hauptberuf-
lich eine Kritikerin, doch in weit höherem Maße eine Feuilleto-
nistin und, vor allem, eine Essayistin ist. Das hat mit ihrer
Mentalität zu tun, mit ihrem Naturell.

Nicht, daß es ihr an Temperament gefehlt hätte, im Gegenteil,
man spürt es in allen ihren Arbeiten, freilich ist es ein Temperament, das von Nachdenklichkeit gemildert und von Höflichkeit im Zaume gehalten wird. Ausbrüche des Zorns oder der
Leidenschaft erlaubt sich Hilde Spiel so gut wie nie: Schon in
ihren frühesten Artikeln erstaunte die Leser eine beinahe
vollkommene Gelassenheit; sie mochte ihren Ursprung zunächst in gesitteten Umgangsformen haben, zeugte aber bald
von ungleich mehr, nämlich von Souveränität.

Gelassenheit und Souveränität sind Tugenden und benei-
denswerte obendrein. Indes können sie zur Folge haben, daß

gewisse Elemente, die zur Kritik gehören und auf die das literarische Leben nicht verzichten sollte, an den Rand gedrängt oder ganz verdrängt werden. Unsere großen Kritiker von Lessing bis heute bewährten sich und glänzten immer wieder in heftigen Gefechten. Auch Hilde Spiel beweist uns bisweilen, daß sie, wenn sie es für unumgänglich hält, scharf und treffend zu polemisieren vermag.

Doch hat sie, allem Anschein nach, keine sonderliche Lust am Streit und an der Debatte: Die Polemik ist offensichtlich ihre Sache nicht. Gewiß, alles, was sie über Literatur und über Theater geschrieben hat, läßt ein persönliches Engagement erkennen, ein ernstes und unbeirrbares. Engagiert ist sie, nicht militant. Nur bin ich keineswegs sicher, ob wir dies bedauern oder ihr gar vorwerfen sollten.

Aber wie kann sich eigentlich das Engagement eines Kritikers artikulieren? In der Regel bleibe ihm nichts anderes übrig, dies jedenfalls meinte der Franzose Roland Barthes, als einen möglichst energischen, mehr noch, einen herrisch und gebieterisch klingenden Ton anzuschlagen: Wieviel er auch zweifeln mag, letztlich könne der Kritiker nur auf eine Schreibweise rekurrieren, die Thesen und Postulate enthält.[3] Nichts davon trifft auf Hilde Spiel zu. Sie kommt aus einer anderen geistigen Welt, sie hat andere Ziele im Auge, und so sind denn auch ihre Schriften frei von den Attributen, an die der französische Theoretiker dachte.

Zu den am häufigsten zitierten Worten der österreichischen Literatur unseres Jahrhunderts gehört jener Ausspruch des schwierigen Hofmannsthalschen Grafen Hans Karl Bühl, demzufolge das simple Faktum, daß man etwas ausspricht, schon indezent sei. Wer das Schreiben zu seinem Beruf gemacht hat, kann sich diese zarte Warnung schwerlich zu Herzen nehmen. Und doch: Hilde Spiel lesend, kann man sich bisweilen des Eindrucks nicht erwehren, daß ihrer Ansicht nach ein unmittelbares, gar ein abfälliges Urteil über einen ästhetischen Gegenstand eben indezent sei. Herrisch oder gebieterisch ist ihr Ton wahrlich nie. Thesen und Postulate möchte sie eher vermeiden als verkünden, Zensuren erteilen mag sie nicht. Und sie bemüht sich unentwegt um die Quadratur des Kreises im kritischen Gewerbe – das soll heißen: Ihr ist viel daran gelegen, sich über Literatur und Theater und ähnliche Themen ganz und gar aufrichtig zu äußern, indes nicht den Takt zu verletzen und nicht gegen die guten Manieren zu verstoßen.

Hätten wir es also mit Kritik ohne Wertung zu tun? Das wäre, fürchte ich, eine höchst zweifelhafte und im Grunde überflüssige Kritik. Keiner weiß das besser als Hilde Spiel, und niemals hat sie ihre Meinung verschwiegen oder etwa getarnt. Nein, sie fürchtet das klare Urteil nicht. Nur ist es in ihren Schriften schon in der Darstellung enthalten: Sie deutet, indem sie verdeutlicht, sie entscheidet, indem sie unterscheidet, sie richtet, indem sie berichtet. Doch was immer sie verdeutlicht, unterscheidet und berichtet – unverkennbar ist ihre tiefe Abneigung gegen alles Weihevolle oder gar Raunende und ihre Liebe zum Rationalen. Sie bekennt sich ohne Abstriche zu jener Aufklärung, deren Scheitern das größte Unglück in der Geschichte Deutschlands war. Freilich würde sie niemals Robert Musil widersprechen, der von dem Kritiker verlangte, er solle das teilweise Irrationale ins Rationale übertragen; dies lasse sich – fügte Musil hinzu – nie ganz verwirklichen, weil stets ein Rest bleibe, der sich der Übertragung hartnäckig widersetzt.[4]

In Hilde Spiels Arbeiten ist das Bewußtsein gegenwärtig, daß ein Kunstwerk, wenn es denn wirklich eines sei, sich nie ganz erfassen lasse und daß gerade das Unerklärliche, das uns oft ratlos macht und zugleich entzückt, zur Kunst und zum Künstlertum gehöre. Und gewiß würde sie Eliots ebenso schönem wie einfachem Satz zustimmen: »Die Leute, die meinen, daß es Shakespeare ums Denken ging, sind immer Leute, deren Sache nicht die Dichtung ist, sondern das Denken.«[5]

Hilde Spiel ist eine treue und zuverlässige Sachwalterin der Dichtung, der Poeten und der Künstler. Doch hält sie es für ihre

Pflicht, auf ihre Weise zu warnen, wenn die irrationalen, die nicht mehr erklärbaren Komponenten und damit auch unsere Ratlosigkeit gar zu groß werden. Eine solche Mahnung, in wunderbaren, ja beinahe zärtlichen Worten, birgt ihr Aufsatz über den Gedichtband »Verschenkter Rat« von Ilse Aichinger:

»Wenn Dichter und Leser vorzustellen sind wie Orpheus, der vorangeht durch Dunkelheiten, vorbei an staunenswerten, auch erschreckenden Gesichtern, und Eurydike, die dicht hinter ihm schreitet, die Hand vertrauensvoll auf seine Schulter gelegt – dann gilt das Bild für den Großteil des Bandes. Freilich, wie alle Metaphern hat auch diese ihre Widersprüche. Darf Orpheus sich nicht umwenden, Eurydike nicht ansehen, er verlöre sie denn, so sollte doch der Leser dem Dichter niemals völlig aus dem Blickfeld geraten. Im Gegenteil müßte dieser sich ab und zu vergewissern, daß jener ihm nicht abtrünnig wird, müßte zumindest nach der Hand auf seiner Schulter tasten, um sicher zu sein, daß der Kontakt nicht abgerissen ist.«[6]

Der Respekt vor der Kunst und die Überzeugung, daß die Mittel jener, die sich mit der Kunst interpretierend und kritisierend beschäftigen, ihrer Aufgabe meist nur bedingt gewachsen sein können, veranlassen Hilde Spiel, ihre Schriften besonders häufig im Bereich zwischen Einsicht und Zweifel, zwischen Erkenntnis und Mutmaßung anzusiedeln und vielleicht auch, wenn man so sagen darf, zwischen den Tatsachen und Gewißheiten einerseits und den Melodien und Stimmungen andererseits. Dies aber ist der klassische, der angestammte Ort des Essayisten. In seinem Wappen fehlt das Fragezeichen nie.

Der Essay – heißt es einmal im »Mann ohne Eigenschaften« – nimmt »ein Ding von vielen Seiten . . ., ohne es ganz zu erfassen, – denn ein ganz erfaßtes Ding verliert mit einem Male seinen Umfang und schmilzt zu einem Begriff ein«[7]. Damit ist vielleicht schon angedeutet, warum der Essay, der aus Frankreich kommt und schon sehr bald in England aufblühte, hierzulande eher selten gedeihen wollte. Unendlich viel haben deutsche Denker auf den Begriff gebracht – und wir haben ihnen dafür dankbar zu sein. Freilich hat diese Liebe zum Begriff und auch zur Gründlichkeit viele Schriftsteller und Philosophen eher zur gewichtigen Studie und zur gelehrten Abhandlung getrieben als zu jener Form, die geistreich und durchaus anspruchsvoll, doch zugleich auch leicht und locker sein sollte und die flüchtig und fragmentarisch sein darf, also zum Essay.

Es mag kein Zufall sein, daß die ersten meisterhaften Essays in deutscher Sprache aus der Feder von zwei Autoren stammen, deren Deutschtum oft genug und nicht nur in den Jahren des »Dritten Reiches« angezweifelt wurde. Denn was anderes als Essays sind Ludwig Börnes »Briefe aus Paris«? Und Heines »Romantische Schule« ist weder ein literarhistorisches noch ein kulturgeschichtliches Werk, vielmehr ein, allerdings überdimensionaler, Essay von höchster Qualität.

Es ist ebenfalls kein Zufall, daß unter den Philologen in der ersten Hälfte unseres Jahrhunderts hier nur ein einziger genannt werden kann und nicht ein Germanist, sondern ein Romanist – ich spreche natürlich von Ernst Robert Curtius, der das schier Unwahrscheinliche vollbracht hat, nämlich zu beweisen, daß man ein deutscher Professor und dennoch und trotzdem ein Essayist und nebenher auch ein Journalist sein kann.

Sein Buch »Kritische Essays zur europäischen Literatur« bietet Glanzstücke der Gattung. Vergleicht man sie mit den Arbeiten so bedeutender, etwas jüngerer Autoren und Wissenschaftler wie Walter Benjamin und Theodor Adorno, dann läßt sich, wie fragwürdig dieser Vergleich auch sein mag, doch nicht übersehen, daß Curtius auf jeden Fall begriffen werden wollte, daß es für ihn selbstverständlich war, dem Publikum möglichst weit entgegenzukommen. Benjamin und auch Adorno haben ein solches Bedürfnis recht selten empfunden, weshalb denn beide, fürchte und bedaure ich, häufiger gerühmt und zitiert als gelesen werden.

Zur Blüte des deutschen Essays in unserem Jahrhundert haben besonders viel die Österreicher beigetragen – und das ist

durchaus nicht verwunderlich. Die Eigenart der Literatur ihrer
Heimat hat Hilde Spiel schon vor vielen Jahren beschrieben:
»In allem, was sie (die österreichischen Dichter) berührten,
fühlten sie den Stachel, in jedem Glase schmeckten sie den
Wermutstropfen der Vergänglichkeit. So profund jedoch ihre
Überzeugung war, daß das Leben auch in seinen schönsten
Augenblicken noch zu wünschen übrig ließ, so groß war
zugleich ihr Labsal an seinen irdisch-sinnlichen Freuden.«[8]
Daraus ergibt sich die einmalige Spezialität der österreichischen Poeten: Man serviert Bitteres, aber es ist schmackhaft
zubereitet. Oft gleicht diese Literatur – um eine Formulierung
von Hans Weigel über Schnitzlers »Liebelei« zu verwenden –
einem »Totentanz im Dreivierteltakt«[9].

In einem ihrer Essays erzählt Hilde Spiel, daß Arnold
Schönberg im Wiener Prater Walzer von Johann Strauß diri-
giert habe und daß die im Café Griensteidl versammelten
Schriftsteller, mit Hofmannsthal an der Spitze, sich nicht zu
schade waren, das Libretto der Operette »Ein Walzertraum«
auszubessern. Diese Konstellationen veranschaulichen die
österreichische Synthese – aus Schmerz und Spiel, aus dem
Tragischen und dem Tändelnden oder, ganz einfach, aus dem
Ernsten und dem Leichten.

Ebendiese Synthese prädestiniert die Österreicher für die
essayistische Schreibweise. Es genügt, noch einmal an Hofmannsthal und Musil zu erinnern, aber auch an Joseph Roth
und Alfred Polgar. Und nicht an Karl Kraus? Nein, wohl nicht,
denn man kann Fanatiker und Pamphletist zugleich sein, doch
schwerlich Fanatiker und Essayist. Die Gattung des Essays setzt
Toleranz und Liberalität voraus – und damit wären wir wieder
bei Hilde Spiel, die die Tradition des österreichischen Essays
kontinuiert und bereichert hat.

Aber für Toleranz und Liberalität wollen wir sie gar nicht
loben, derartiges versteht sich, bedenkt man ihre Herkunft und
ihre Biographie, eigentlich von selbst – zumal es nicht Hilde
Spiels Sache ist zu schreiben, als sei unser Planet unbewohnt.

Den im Laufe eines halben Jahrhunderts wechselnden Moden und Strömungen zum Trotz vertrat sie mit der ihr eigenen subtilen Entschiedenheit die Überzeugung, daß es zwar nicht unmöglich, doch müßig sei, über Literatur und Theater zu berichten, ohne auch außerkünstlerische, genauer: ethische und gesellschaftliche Aspekte zu berücksichtigen.

Eine Moraltrompeterin war sie allerdings nie; was sie in moralischer Hinsicht zu sagen hat, formuliert sie stets unaufdringlich, mitunter diskret und allemal unmißverständlich. Für Protestbekundungen und Widerstandsmanifestationen taugt der Essay wenig; dennoch protestiert sie, freilich auf ihre leise Weise – nämlich gegen Vorurteile – und doch widersetzt sie sich, wenn auch dezent – nämlich gedanklichen Verkrustungen.

Sie wolle in ihren Arbeiten, sagte sie gelegentlich, vor allem »beleuchten«. In der Tat gelingt es Hilde Spiel, alles, was sie betrachtet, ins rechte Licht zu rücken. Indes ist es meist ein eher weiches Licht. Denn sie, die das Laute, das Schrille nicht mag, verabscheut das Grelle ebenfalls. Unter ihren Werkzeugen sind neben vielen anderen auch allerlei Leuchtkörper, aber nicht jene Scheinwerfer, die mehr blenden als erhellen. So gelingt es ihr, der empfindsamen Europäerin, die europäischen Metropolen gleichsam zu illuminieren: Paris und Rom etwa, London und Berlin, vor allem aber Wien. Manche dieser Essays sind Liebeserklärungen, die über Wien sind Lobreden und Anklageschriften in einem. Sie bestätigen ihre Behauptung, daß die schlechtesten Wiener auch die besten sind: Gerade in der Heftigkeit, mit der man diese Stadt anprangert, verrate sich ein Gefühl der Mitverantwortung an ihren Übeln, offenbare sich das unzerreißbare Band.

Niemand hat anschaulicher als Hilde Spiel die Dämonie der Wiener Gemütlichkeit uns vorgeführt und erklärt, niemand deutlicher jenes Tier sichtbar und spürbar gemacht, das »in der Volksseele wohnt und lauert, um hervorzubrechen, wenn die inneren zivilisatorischen Zügel gelockert sind«. In der lächeln-

den Maske, die der Wiener zur Schau trägt, liege, sagt sie
schonungslos, Lug und Trug: »Die Nachtseite wird verhüllt,
geleugnet, mit Vorbedacht zugedeckt. Unter dem Mantel höf-
licher Manier birgt sich der tödliche Dolch.«[10]

Was Hilde Spiel hier den Mitbürgern ihrer Geburtsstadt
ankreidet – gilt es für sie selber überhaupt nicht? Ein ganz klein
wenig vielleicht doch – und es hat ihrer Essayistik und Kritik
wahrlich nicht geschadet. Die Kunst, freundlich zu tadeln,
beherrscht sie vollkommen: Mit Vorliebe rügt sie *ex positivo*.
Sie vermag nicht nur taktvoll, sondern gelegentlich sogar
herzlich zu beanstanden. Wer in deutschen Landen kann
charmanter mißbilligen als Hilde Spiel?

Das alles wird möglich, weil sie ein untrügliches Gefühl für
das Verhältnis von Gegenstand und Ausdruck hat, für die
Proportionen also. Geisteswerke zu charakterisieren, sei –
schrieb August Wilhelm Schlegel – ein sehr schwieriges
Geschäft, »aber es muß nicht als solches erscheinen«.[11] Den
Arbeiten Hilde Spiels ist niemals anzumerken, wieviel Mühe
sie ihr bereitet haben. Auf die Gefahr hin, daß man ihre
Leistung unterschätzt, stellt sie ihre Gelehrsamkeit unter den
Scheffel. Und lieber gilt sie als rasch und flüchtig denn als
schwerfällig und tiefsinnig. Im Unterschied zu vielen unserer
Autoren ebenso der jüngeren wie der älteren Generation zieht
sie es vor – mit Nietzsche zu sprechen –, »lieber verstanden als
angestaunt zu werden«[12].

Nicht für die Zunft schreibt sie – obwohl die Zunft immer
von ihren Essays lernen kann –, sondern für alle nachdenk-
lichen und gebildeten Leser. Ihnen bietet sie, wie es einst die
Romantiker verlangten, die Formeln, durch die das Kunstindi-
viduum erst begriffen wird. In Hofmannsthals Gedichten habe
– so Hilde Spiel – ein volksliedhaftes Element die klassizistischen Züge mit dem Anmutshauch der Romantik belebt.[13] Das
ist so knapp wie klar. Ein anderes Beispiel ihrer prägnanten und
im besten Sinne eleganten Diktion: Somerset Maugham
machte sich nichts daraus, »die Wahrscheinlichkeit zuletzt

jener Pointe zu opfern, die gewöhnlich nur zustande kommt, wenn man die Realität einen Salto schlagen läßt«. Seine Geschichten enthalten »perfekt erfundene Möglichkeiten, aber niemals die imperfekte Wirklichkeit«[14].

Vielleicht ist die Essayistik Hilde Spiels am originellsten dort, wo sie von Dichtern spricht, die sich in die Grenzbereiche gedrängt fühlten und die daher in die Nähe oder gar in den Sog der Abgründe gerieten. Ich meine hier vor allem ihre Arbeiten über Virginia Woolf, ich meine den unvergeßlichen Nachruf auf Ingeborg Bachmann, in dem es heißt: »Daß sie gefährdet war, wußte sie wohl, und hatte Angst vor dieser Gefährdung, der sie doch, wie sie gleichfalls wußte, ihre Dichtungen verdankte, Angst vor dieser entfernten und erbarmungslosen Sphäre, in der sie nicht nur zum poetischen Erleben zugelassen, sondern zum poetischen Leben verurteilt war.«[15] Das läßt sich nicht schöner und richtiger ausdrücken.

Ferdinand Raimund habe – berichtet Hilde Spiel –, als er Grillparzers Drama »Der Traum ein Leben« sah, geklagt, solches habe er immer schon machen wollen, nur »die vielen schönen Worte«, die hätten ihm gefehlt. Mancher von uns Kritikern und Journalisten mag sich nach der Lektüre der Essays von Hilde Spiel ähnliches gedacht haben. Ihr, so will es uns scheinen, mangelt es niemals an diesen »vielen schönen Worten«. Die große Liebe ihrer Jugend heißt Hofmannsthal, seine Sprache wurde ihr zum Vorbild. Wir lassen uns kein Sakrileg zuschulden kommen, wenn wir heute ihren Stil, der auf so vollkommene Art Würde mit Anmut und Leichtigkeit verbindet, mit ebenjenen Worten charakterisieren, die sie einst gefunden hat, um das Deutsch Hofmannsthals zu rühmen: Auch Hilde Spiels Sprache vereint die Melodik des Italienischen mit der Klarheit des Französischen, die Symbolkraft des Englischen mit der Grazie der lateinischen Diktion.   (1986)

Der Redner aus Passion

Er ist ein Schriftsteller, der sich schwer einordnen und überhaupt nicht etikettieren läßt, der also in keinen Rahmen paßt und aller Vergleiche spottet, einer, der, das sei gleich gesagt, umstritten war, umstritten ist und, hoffentlich, immer auch umstritten bleiben wird.

Ihn, Walter Jens, hat man schon oft in Lobreden gerühmt und in allerlei Berichten porträtiert. Die Autoren dieser Artikel bedienen sich gern solcher Vokabeln wie »kühl« und »spröde« und »asketisch«. Ob damit die Person gemeint ist oder das Werk – hier stimmt kein Wort. Denn nicht kühl ist er, sondern eher heißblütig, und nicht spröde oder abweisend, sondern – seine Freunde wissen dies ebenso wie seine Studenten – eher leutselig, ja herzlich. Und wie ist es mit der Askese? Nun, es läßt sich nicht verheimlichen, daß Jens nur gelegentlich zum Essen ein Achtel Wein trinkt und jeden, der sich etwas mehr gönnt, für einen gefährdeten Menschen auf dem Wege zum baren Alkoholismus hält. Aber wenn man seinem umfangreichen Werk auch manches vorwerfen mag – asketisch mutet es nie an. Und es kann nicht asketisch sein, weil das Grundelement dieses Werks das Spiel ist.

Ja, Jens ist rettungslos dem Spiel verfallen – und deshalb, wenn auch nicht nur deshalb, liebt er kaum einen Schriftsteller so sehr wie Lessing. Freilich: Lessing frönte dem Glücksspiel, Jens hingegen kann ich mir im Spielkasino von Baden-Baden nicht recht vorstellen, ich glaube, seine Familie braucht da keine Angst zu haben, er ist gegen diese Gefahr hinreichend gefeit. Es ist ein ganz anderes Spiel, das ihn mit Lessing verbindet.

In einer dramatisch-essayistischen Arbeit von Jens, die ich
besonders liebe, in dem Totengespräch zwischen Lessing und
Heine, läßt er Lessing über seine Figuren zusammenfassend
sagen: Riccaut de la Marlinière »spielt mit Dukaten, Nathan
mit Waren, der Sultan mit Dame, Springer und Turm, und
Minna, das Fräulein von Barnhelm, spielt ... mit ihrem Mann.
Mesdames, Messieurs, faites votre jeu!«[1] So ist auch Jens
leidenschaftlich verliebt in das erhabene Spiel mit Gedanken
und Gestalten, mit Fragen und Formeln, mit Thesen und
Themen und zugleich mit der Tradition, genauer: mit dem
Tradierten. Er läßt Lessing im Totengespräch bekennen: »Und
hätte ich nicht in der Schule gelernt, mir fremde Schätze zu
borgen – in Bescheidenheit, wie sich versteht! – und mich an
fremden Feuern zu wärmen – ich wär' schon arm dran.«[2]

Dieses Sichwärmen an fremden Feuern, diese Arbeitsme-
thode also, wird von Jens an anderer Stelle beschrieben,
nämlich in seiner großen Studie über »Lessing und die Antike«:
»Erst das Finden, dann, mit Hilfe von Variation, Raffung und
Zusatz, das Erfinden: Da arbeitet der Philologe dem Schriftsteller, der Antiquar dem auf Unterweisung bedachten Literaten in
die Hand; da werden Schätze ausgegraben und, durch Restauration und modernisierendes Arrangement, in einer Weise zur
Schau gestellt, daß die zu Säulenheiligen der Klassizisten
heruntergekommenen Klassiker sich plötzlich wieder in ihrer
Frische und ihrer Fremdheit, ihren Widersprüchen, ihrer Zeitbedingtheit und ihrer Überzeitlichkeit zeigen.« Und Jens fährt
fort: »Dem Abgegriffenen durch Umfiguration und verfrem-
dende Pointierung neue Anschaulichkeit zu verleihen ...: Das
war Lessings Begabung.«[3] Das kann man nicht besser ausdrücken, das trifft genau – den Gotthold Ephraim Lessing und
den Walter Jens.

Auch Jens borgt sich fremde Schätze, auch er wärmt sich an
fremden Feuern, auch er ist ein Finder und nicht ein Erfinder,
einer, der die ausgegrabenen Schätze durch Restauration und
modernisierendes Arrangement zur Schau stellt, um sie in ihrer

Zeitbedingtheit und ihrer Überzeitlichkeit zu zeigen. Wann immer er etwas findet und es auf seine Weise verwertet – wir spüren stets den Trieb, von dem er sich leiten läßt, jenen Spielbetrieb also, dem auch Schiller in seinen Briefen »Über die ästhetische Erziehung des Menschen« außerordentliche Bedeutung beimißt, Schiller, der sogar behauptet, der Mensch sei »nur da ganz Mensch, wo er spielt«.[4]

Cäsars Tod, dessen Hintergrund und dessen Konsequenzen – das wurde schon einmal auf der Bühne dargestellt und nicht eben schlecht, nein, im Gegenteil, das Stück ist vielleicht das bedeutendste politische Drama der Weltliteratur. Aber Shakespeares »Julius Caesar« kann Jens nicht hindern, sich des Stoffes abermals und ganz anders anzunehmen. Ist Caesar – fragt er in seinem Fernsehspiel und Bühnendrama »Die Verschwörung« – wirklich von politischen Gegnern umgebracht worden oder hat er vielleicht seine Ermordung und auch seine Bestattung geplant und inszeniert, um nicht unrühmlich als Epileptiker zu sterben?

Wurde Philoktet – fragt Jens in seinem Fernsehdrama »Der tödliche Schlag« – auf einer Insel ausgesetzt, weil ihn eine giftige Schlange gebissen hat oder vielleicht deswegen, weil er zweifelte, ob die Vernichtung Trojas sinnvoll und nötig sei? Und wie war es eigentlich mit dem Judas? In dem Prosabuch »Der Fall Judas« werden wir daran erinnert, daß in Jerusalem *zwei* Männer am Holz hingen, daß es *zwei* Opfer gab. War Judas ein Verräter oder vielleicht ein Komplize, ein Märtyrer gar, der Jesus bis zum Tod die Treue hielt? Verschiedene Möglichkeiten der Beurteilung dieses Falles werden durchgespielt, Jens vertritt in dieser Sache die Positionen ebenso des Richters wie des Verteidigers und des Anklägers. Ein intellektuelles Spiel, freilich von anderer Art, ist auch das Buch »Herr Meister«: Ein Schriftsteller und ein Literarhistoriker korrespondieren über einen geplanten Roman. Zwei Figuren, wirklich? Nein, es sind zwei Seelen, gewiß, doch wohnen sie, ach, in einer Brust, in der des Autors nämlich.

Jahre-, jahrzehntelang hat Jens für die »Zeit« Fernsehbesprechungen geschrieben, sie sind in seinen Bänden »Fernsehen – Themen und Tabus« und »Momos am Bildschirm« zu finden; und auch in diesen Rezensionen spürt man seine unermüdliche Lust am Spiel. Da ist er von einem Film enttäuscht, aber er begnügt sich nicht damit, seine Ablehnung zu begründen, er sagt noch dem Drehbuchautor, dem Regisseur und dem Kameramann, wie sie es hätten machen sollen – und schon entwirft er, gleichsam unter der Hand, über das gleiche Thema einen neuen Film, der natürlich nie realisiert werden wird. Doch ist es nicht etwa Besserwisserei, die zu solchen Gegenentwürfen innerhalb von Rezensionen geführt hat, es ist vielmehr das Spielbedürfnis des Kritikers.

Dieses Spielbedürfnis läßt sich sogar in den Übersetzungen von Walter Jens ausmachen – und das hat ihnen nicht geschadet, sondern genutzt. Er hat die »Orestie« des Aischylos und die »Antigone« des Sophokles übertragen, das Matthäus-Evangelium und die »Offenbarung des Johannes«. Am Ende der »Offenbarung« wird jenen gedroht, die von den Worten der Weissagung etwas fortnehmen oder ihnen etwas hinzufügen möchten. Von Übersetzungen in andere Sprachen ist hier naturgemäß nicht die Rede, doch richtet sich die Warnung des Johannes an die Übersetzer erst recht. Wie kann man das, was vor Jahrtausenden geschrieben wurde, so ins Deutsche übertragen, daß der Text, ohne daß man ihn entstellt, verständlich wird und schön bleibt? Der Übersetzer Jens ähnelt einem Schachspieler, der nicht einen Gegner besiegen will, sondern schwierige Schachaufgaben zu lösen versucht.

Aber eine vollkommene Übertragung des Neuen Testaments oder der griechischen Tragödien ist nicht denkbar. Jens weiß das: Man kann das Ziel nie erreichen, man kann sich ihm bloß nähern. Das gilt für den Übersetzer ebenso wie für den Essayisten. Die Aufsätze von Walter Jens sind essayistische Arbeiten im Wortsinn, also tatsächlich Versuche. Was unterscheidet denn einen Essay von einer Studie oder einer Ab-

handlung? Im Vorwort zu seinem Buch »Deutsche Literatur der
Gegenwart«, erschienen 1961, sagt Jens: »So betrachtet, sind
die Behauptungen dieses Traktats in Wahrheit nur Fragen.«[5]
Und weil diese Behauptungen nur Fragen sind, haben wir es
mit einem Essay zu tun. Denn der Ort des Essayisten ist
zwischen Erkenntnis und Zweifel, zwischen Einsicht und
Mutmaßung, im Wappen der Essayisten fehlt nie das Fragezeichen.

Ob die Arbeiten von Jens sich mit literarischen, theologischen, politischen oder kulturgeschichtlichen Themen befassen, es mangelt nie an Gedanken und Argumenten, nur erweisen sie sich in den meisten Fällen eben nicht als Gewißheiten,
sondern als Möglichkeiten, sie werden dargelegt, um erprobt,
um durchgespielt zu werden. Wie der Übersetzer Jens mit
Worten spielt, so spielt der Essayist Jens mit Fragen. Und wie in
seinen Romanen und Erzählungen auch der Essayist zum Zuge
kommt, so in seinen Essays auch der Erzähler. Das zeigt sich in
dem aus dem Jahre 1957 stammenden Buch »Statt einer Literaturgeschichte«[6].

Hier werden die Themen, die Leitmotive und die Ausdrucksmittel der modernen Literatur an konkreten Beispielen untersucht. Zugleich erhält der Leser anschauliche Beiträge zur
Typologie des Schriftstellers. Durch zweierlei hatte Jens damals
verblüfft: durch die konsequente und wie selbstverständliche
Anwendung der Methoden der klassischen Philologie auf die
Dichtung der Moderne und überdies durch die temperament-
voll-eindringliche, oft eben schon epische Darstellung literar-
historischer Fragen. Das sei eine mittlerweile schon überholte
Arbeit? Mag sein, aber man übertreibt nicht, wenn man sagt,
daß dieses von außergewöhnlicher Bildung zeugende und
dennoch höchst amüsante Buch eine ganze Generation von
Freunden und auch Kennern der Literatur erzogen hat.

Doch haben wir bisher noch nicht den wichtigsten Faktor
benannt, dem dieses vielfältige und vielseitige Werk seine
Einheitlichkeit verdankt. Der erste Satz seiner Arbeit über

Lessing lautet: »Was immer er war . . . – zuerst war er Redner.«[7]
Auch das ist eine Selbstcharakteristik: Was immer Jens schreibt,
es dominiert stets das Rhetorische. Seine Dramen, Hörspiele
und Totengespräche, seine Porträts und Parabeln stammen aus
der Feder eines Rhetors, der sich der unterschiedlichsten
literarischen Formen als Vehikel bedient. Und umgekehrt: Was
der Redner Jens vor unseren Ohren und Augen produziert,
gewinnt rasch den Rang eines dramatischen, ja theatralischen
Auftritts. Die Rostra ist seine Bühne, die Kanzel ist es und
natürlich und vor allem das Katheder. Seine Argumente sind
seine Pointen, seine Pointen bewähren sich als Argumente.
Und da er ein Redner ist, hört er nie auf, ein Pädagoge zu sein –
daher eben haben viele seiner epischen und dramatischen
Arbeiten den Charakter von Belegen, die einer geliefert hat, der
unentwegt die unmittelbare Wirkung auf den Leser oder Zuhörer anstrebt.

Allerdings macht es Jens seinen Lesern nicht leicht. Vor bald
fünfzehn Jahren beanstandete einer der Herausgeber der
»Frankfurter Allgemeinen Zeitung« – er ist inzwischen längst
tot – die große Zahl der Fremdwörter in den Artikeln von
Walter Jens. Die Beanstandung hatte etwas für sich, da ich aber
nicht ganz sicher war, ob es hier tatsächlich nur um Fremdwörter ging, sagte ich, das sei doch nicht schlimm, schließlich
könne man alle diese Vokabeln im Fremdwörterbuch nach-
schlagen. Worauf jener Herausgeber knapp erwiderte, es sei der
Zeitung unmöglich, alle ihre Abonnenten und Käufer mit
einem Fremdwörterbuch zu versehen – was ja ein vernünftiges
Argument war. Nur: Jens denkt an Leser, die schon ein
Fremdwörterbuch besitzen, er schreibt für die Gebildeten, er
ist ein alexandrinischer Schriftsteller.

Die Beanstandung dieses Herausgebers blieb übrigens nicht
ohne Folgen. Danach habe ich als Redakteur der F. A. Z. bei
jedem seltenen Fremdwort, das in einem Manuskript von Jens
auftauchte, sofort zum Fremdwörterbuch gegriffen und, wenn
es dort nicht zu finden war, den Autor angerufen und um eine

Änderung gebeten. Ich habe immer eine Niederlage erlitten und immer gesiegt. Das soll heißen: Ich konnte Jens nie überzeugen. Aber er hat das entsprechende Fremdwort am Ende doch ausgemerzt, wenn auch nachdrücklich betonend, er weiche lediglich der verabscheuungswürdigen Gewalt.

Gebildet, wie das Publikum von Jens sein sollte, ist auf jeden Fall sein Personal. Alle Lessing-Figuren, behauptet er, sprechen die Sprache ihres Meisters – und zwar nicht nur Redner von Rang wie der weise Nathan, sondern auch Personen von eher schlichter Geistesart wie etwa der Klosterbruder oder der Wachtmeister Werner in der »Minna«. Franziska wiederum, des Fräulein von Barnhelm schmuckes Kammerkätzchen, plaudere so geistreich, als wäre sie einer Komödie von Bernard Shaw entsprungen. Ja, sogar die Domestiken reden bei Lessing »im biegsamsten, nuanciertesten Deutsch«.

Das alles trifft schon zu, aber es fällt mir auf, daß Jens darauf mit großer Genugtuung verweist. Warum? Nun, weil er sich von Lessing die Rechtfertigung für sein eigenes Werk holt. Denn bei Jens reden alle wie Jens. Wenn – um nur dieses eine Beispiel anzuführen – in seiner Neufassung des »Fidelio«-Librettos der Kerkermeister Rocco seine Erinnerungen ausbreitet, beunruhigt mich die Frage, ob er uns nicht etwas verheimlicht – daß er, der Kerkermeister, einst in Tübingen war und an Seminaren im Institut für Rhetorik teilgenommen hat. Man mag diese Eigentümlichkeit des Schriftstellers Jens goutieren oder mißbilligen – doch darf man nicht verkennen, daß es der suggestive, die Umgangssprache ignorierende Stil ist, der alle seine so unterschiedlichen Arbeiten zu einem einzigartigen Werk zusammenwachsen läßt.

Hier ist immer wieder von Spiel und Stil die Rede – und wo bleibt die Moral? Sonderbar: Moralisten und Gesellschaftskritiker hören es heutzutage nicht gern, wenn man sie Moralisten oder Gesellschaftskritiker nennt. Heinrich Böll konnte diese Worte nicht leiden und wurde wütend, wenn man seine gute Gesinnung lobte. »Gute Gesinnung« – pflegte er zu sagen –

»gibt es bei uns gratis.« So wollen wir auch nicht die Bildung von Walter Jens loben, seine Toleranz und sein Verantwortungsbewußtsein. Das versteht sich bei ihm von selbst.

Aber wir können nicht verschweigen, daß aus seinen Arbeiten, noch aus den kleinsten Rezensionen, stets ein Moralist spricht und ein Gesellschaftskritiker. Alle diese Arbeiten sind Bruchstücke einer großen . . . – nein, nicht einer großen Konfession, sondern einer großen Auseinandersetzung mit der Gegenwart und mit Deutschland. 1981 hat Jens eine Sammlung seiner »Reden in erinnerungsfeindlicher Zeit« (so der Untertitel) mit einem von Schiller entlehnten Titel versehen: »Ort der Handlung ist Deutschland.« Welches seiner Bücher könnte diesen Titel nicht tragen? Wo spielt denn sein Drama »Der Untergang«, eine Neufassung der »Troerinnen« des Euripides? Gewiß, in Troja – doch zugleich in Deutschland. Wo spielt denn seine »Friedensfrau«, eine Neufassung der »Lysistrate« des Aristophanes? In Athen, versteht sich – und zugleich hier und heute.

Geht es immer nur um Deutschland? Und Griechenland? Gehört Jens nicht zu jenen, die das Land der Griechen mit der Seele suchen? Das schon, doch letztlich ist Griechenland für ihn nur ein Umweg. Aber »warum der Umweg über Griechenland?« Diese Frage steht in dem Totengespräch zwischen Sophokles und Bertolt Brecht. Und Brecht antwortet, auch im Namen seines Autors: »Um der Verdeutlichung willen. Aus Gründen der Objektivation . . . Nur das scheinbar Antiquierte ermöglicht dem Zuschauer die Freiheit der Kalkulation und gestattet es ihm, den Modellcharakter des Spiels zu durchschauen . . . Darum Antigone.«[8]

Es fragt sich allerdings, ob Jens wirklich glaubt, es ließe sich mit der Literatur ein nennenswerter Einfluß auf den Lauf der Dinge ausüben. Macht er sich Illusionen, man könne mit der Dichtung die Welt verändern? So will es scheinen. Denn in seiner frühen Erzählung »Das Testament des Odysseus«, 1957 veröffentlicht, läßt er Odysseus sagen: »Die Eroberung eines

Satzes, das geglückte Wagnis einer rhetorischen Figur, die zärtliche Schöpfung einer Floskel und der verwegene Entwurf eines Gleichnisses: das, mein Kind, sind Freuden, für die es sich zu leben lohnt. Was zählt die Eroberung Trojas gegen die Erfindung des Alphabets! Wie leicht ist ein Sieg und wie schwer wiegt ein Satz! Wie wenig gilt ein Triumph im Kriege und wie gewaltig verändert eine gelungene Periode die Welt!«[9]

Das sind wunderbare Worte. Ach, wenn sie noch zuträfen... Doch wie wenig ein Triumph im Kriege gilt und wie gewaltig eine gelungene Periode die Welt verändert – davon können sich leider immer nur diejenigen überzeugen, die den Krieg überlebt haben. Aber es ist nicht Jens, der diese Sätze spricht, es ist Odysseus, freilich sein Odysseus. Und sie drücken nicht einen Befund oder Sachverhalt aus, sondern eine Hoffnung, ein Ziel, aufs innigste zu wünschen. Man könnte auch sagen: eine Utopie.

Jens ist kein leichtfertiger Autor, er war es auch nicht in seinen jungen Jahren. Er denkt nicht daran, seinen Lesern und Zuhörern etwas vorzumachen. Doch ist sein Glaube an die Macht des Wortes unerschütterlich. In seinem Buch »Die Götter sind unsterblich«, ebenfalls noch in den fünfziger Jahren entstanden, begrüßt Euripides an der Pforte des Hades einen Neuankömmling: den Dichter Bertolt Brecht. Er muß in der Unterwelt einem Gericht Rede und Antwort stehen. Im Laufe der Verhandlung wird Sokrates von einem der Richter gerühmt. Brecht ist skeptisch: »Doch die Menschen wurden nicht besser, weder durch ihn noch durch die Komödienschreiber.« Der Richter belehrt ihn: »Aber wissend, ... und das ist viel mehr.«[10]

Damit ist der Standpunkt von Walter Jens angedeutet. Natürlich hofft er, wie wir alle in unseren schwachen Stunden, man könne die Menschen mit Hilfe der Literatur wenn nicht gut, so doch immerhin etwas besser machen – um schließlich zum Ergebnis zu kommen, daß man sie nur wissend machen kann. Nur? Nein, mehr kann man gar nicht von der Literatur erwarten. Ein Gedicht von Bertolt Brecht, im Exil geschrieben, endet mit den Zeilen:

> General, der Mensch ist sehr brauchbar.
> Er kann fliegen, und er kann töten.
> Aber er hat einen Fehler:
> Er kann denken.

Daß die Zeitgenossen nicht aufhören, über ihr Land und ihre Epoche nachzudenken, daß sie den Herrschenden auf ihre nicht immer sauberen Finger sehen, daß sie sich der Ungerechtigkeit, welcher Art auch immer, widersetzen, daß sie die Gefahren, die uns allen drohen, nie aus dem Auge verlieren – dafür haben die deutschen Schriftsteller unserer Tage zu sorgen. Keiner erfüllt diese Pflicht so beharrlich und so inbrünstig wie Walter Jens, der vielen Vorbildern nacheifert und doch keine Vorgänger hat, er, der Sprecher der Schwachen und Benachteiligten, der Sachwalter der Literatur, der Redner unserer Republik. Genauer: Walter Jens, unser Redner dieser Republik. (1989)

Der Mann der Liebeserklärungen

Es beginnt mit einer Unwahrheit. Dennoch kann man dem Buch Mangel an Ehrlichkeit oder auch nur Unaufrichtigkeit nicht vorwerfen. Es endet mit einem Kniefall. Indes besiegelt er nicht eine Niederlage, sondern einen schwer erkämpften Sieg. Das Ganze besteht aus essayistischen Arbeiten, aus Reden und Aufsätzen. Gleichwohl erinnert es an einen Novellenzyklus, dessen einzelne Stücke zwar von verschiedenen Personen erzählen, doch insgeheim einen gemeinsamen Helden haben. Es ist Martin Walser, der Autor dieser ungewöhnlichen »Liebeserklärungen«.

»Ich lese nicht zu meinem Vergnügen, ich suche weder Entspannung noch Ablenkung, noch andere Freuden dieser Art.« Wozu liest er also? »Ein Buch ist für mich eine Art Schaufel, mit der ich mich umgrabe.« Dann hören wir, daß ihm das Lesen – vorausgesetzt freilich, es handelt sich um »dieses Herumgraben in mir selbst« – oft doch Vergnügen bereite, ja sogar mehr Vergnügen als das Atmen.[1] Das alles mag aufschlußreich sein. Aber ich glaube davon kein Wort.

Was hier schon auf der ersten Seite des 1958 entstandenen Aufsatzes zum Thema Marcel Proust sichtbar wird, deutet fast auf ein Programm hin. Es hat mit Walsers (durchaus traditionellem) Bildungsweg zu tun: Er ist ein Zögling des deutschen Gymnasiums und der deutschen Universität und wäre beinahe ein Opfer der Germanistik von gestern geworden. Man hat ihm beigebracht, daß es sich nicht ziemt, Literatur zu genießen und in ihr »Entspannung« oder »Ablenkung« zu suchen – oder gar andere, nicht näher bezeichnete, aber offenbar noch verächtlichere Freuden.

Welchen edlen Zielen soll sie denn dienen? Dem Heil des Menschen, der Erlösung des Individuums? Thomas Mann, wahrlich kein leichtgewichtiger Autor und schon gar nicht einer, der geneigt war, die Bedeutung seines Werks zu unterschätzen, schrieb mitten im Zweiten Weltkrieg, in Beantwortung des Briefes eines Journalisten: »Ihre letzte Frage nach dem ›eigentlichen Ziel‹ meiner Arbeit ist am schwersten zu beantworten. Ich sage einfach: *Freude*.«² Und Brecht hat sich nicht gescheut, ausdrücklich zu erklären, es sei das Geschäft des Theaters, der Literatur und aller anderen Künste, »die Leute zu unterhalten«³. Beide, Thomas Mann und Brecht, wußten sehr wohl, daß sie damit bloß aussprachen, was sich überall von selber versteht – nur nicht in Deutschland.

Wenn sich der junge Walser in die Romane Prousts vertiefte, so nicht deshalb, weil er, wie er uns einreden möchte, dringend eine Schaufel für Intimzwecke benötigte, sondern weil er sich nach Freude und Genuß sehnte, nach Unterhaltung. Es gibt nicht den geringsten Grund, sich dieser Sehnsucht zu schämen. Tatsächlich bekennt sich Walser zu ihr und ganz ohne Reue – da nämlich, wo er über Schiller und Hölderlin nachdenkt. Denn auf sie war er schon als Halbwüchsiger gestoßen und durfte noch, was der Absolvent der Germanistik glaubte, bestreiten zu müssen: zu seinem Vergnügen lesen. Dies alles wäre schwerlich der Erwähnung wert, wenn es nicht, sogleich am Anfang, auf eines der zentralen Aspekte des ganzen Bandes verwiese. Was sich hier abspielt, ist ein langwieriger und keinesfalls geradlinig verlaufender Emanzipationsprozeß: Walsers teils schüchterner und zögernder, teils rebellischer und stürmischer Versuch, der akademischen Erziehung zu entkommen und einen eigenen Weg, einen individuellen Zugang zur Literatur zu finden. Die Verwirrungen des Zöglings Walser oder der Kampf mit den Eierschalen – das ist eines der Leitmotive dieses Buches.

Doch nichts wäre falscher als die Vermutung, die hier vereinten Arbeiten seien von des Gedankens Blässe angekrän-

kelt. Das Gegenteil trifft zu: Während Walsers Geschichten
mitunter vom Gespenst der Abstraktion bedroht werden und
sich nicht immer von Sterilität freisprechen lassen, sind diese
Aufsätze und Reden von wohltuender Konkretheit und zeugen
von außerordentlicher Vitalität, mehr, von geradezu jugendlicher Leidenschaft. Was man der Tübinger Germanistik um
1950 auch vorwerfen mag, Walsers Verhältnis zur Literatur hat
sie, man kann dessen sicher sein, keineswegs getrübt. Diese
Porträts großer Schriftsteller stammen aus der Feder eines
dankbaren Enthusiasten. Und seine Begeisterung wirkt anstek-
kend, obwohl ihm daran nicht sonderlich gelegen scheint. Ein
anderes, ein gleichsam privates Ziel ist ihm offenbar wichtiger:
Er will sich der Gegenstände seiner Betrachtung vergewissern
und bemächtigen. Er möchte von ihnen Besitz ergreifen.

Walsers essayistische Arbeiten sind also nicht etwa Plädoyers,
sondern – ähnlich wie seine Geschichten – Konfessionen eines
Betroffenen, um nicht zu sagen: eines Getroffenen. Aber anders
als die Geschichten, denen der Segen des Eros versagt bleibt, sind
dies Dokumente, deren innere Spannung auf unverkennbare
Weise eben erotischer Art ist: Der hier zu Worte kommt, gehört
zum Geschlecht der Liebenden. Sein Band bietet, was der Titel
verspricht – Liebeserklärungen. Damit mag es auch zusammenhängen, daß diesen Prosastücken, die doch meist als Reden
konzipiert wurden und einen unmittelbaren Adressaten hatten,
der Appellcharakter gänzlich abgeht. Will Walser das Publikum
überzeugen? Nicht unbedingt und nur gelegentlich. Seine
Reden sind Monologe. Und dieser Monologist ist so sehr mit
seinem Objekt und zugleich mit sich selber beschäftigt, daß er
keinen Gedanken an uns verschwenden kann; wir sollen froh
sein, daß wir überhaupt zuhören dürfen. An den Höhepunkten
wird der Leser zum intellektuellen Voyeur und zum Zeugen eines
aufregenden Schauspiels.

Daß Walsers öffentliche Selbstgespräche von unterschiedlicher Qualität sind, liegt in der Natur der Sache – Essayismus
und Perfektion vertragen sich schlecht. Schließlich war es

immer schon das Vorrecht dieser Gattung, an die Stelle von Behauptungen Fragen zu setzen und nicht mit Ergebnissen aufzuwarten, sondern mit Vorschlägen: Vom Endgültigen will also der Essay nichts wissen, sein Element ist das Provisorische, das sich freilich im Glücksfall als äußerst dauerhaft erweisen kann. Nein, vollkommen sind diese Arbeiten nicht. Doch in jeder ist Martin Walser vollkommen zu finden – mit seiner stets aufs neue verblüffenden Reizbarkeit und seiner unerschöpflichen Lust an der Verehrung, mit seiner unruhigen Liebe zur Literatur, einer Sehnsucht, die zur Sucht, einer Passion, die zur Obsession wurde.

Aber wenn man einen Dichter liebt – schreibt Martin Walser –, werde man gerade durch diese Zuneigung ein bißchen unfähig, anderen zu sagen, warum man eigentlich von ihm so begeistert sei. Seine Rede auf Robert Walser beginnt er mit einer Äußerung Albin Zollingers: Für ihn ist sein großer Schweizer Landsmann »so über alle Beschreibung wundervoll«, daß er »mit mehr Vernunft nicht von ihm zu schreiben vermag«[4]. Daß dieses Eingeständnis eher gegen Zollinger spricht als für den von ihm Gepriesenen, spürt Martin Walser sehr wohl – er möchte Superlative und jedes stilistische Seufzen vermeiden, er will nicht mehr vor lauter Begeisterung die Hände über dem Kopf zusammenschlagen.

Auch andere Bewunderer Robert Walsers kritisiert er: Weder Kafka noch Walter Benjamin seien imstande gewesen, »das Hirtenbüebli zu durchschauen«, und Benjamin habe sogar »mit seinem bewundernden Raunen von den rätselhaften Qualitäten« Robert Walsers »eher das Kulturgerücht vom Naivlingspoeten genährt als dessen Poetik faßbar gemacht«[5]. Nun muß man schon dankbar sein, wenn einer wahrnimmt, daß Benjamin (oft auf unerträgliche Weise) zu raunen pflegte; und es mag auch zutreffen, daß beide, Kafka und Benjamin, dem »Raffinement« Robert Walsers nicht gewachsen waren. Nur stellt sich die Frage, ob denn Martin Walser uns diese Poetik faßbar machen und dieses Raffinement erklären kann.

Er geht, wie das seine Art ist (und ich habe dafür viel Sympathie), gleich aufs Ganze: Robert Walser sei mit Shakespeare, Mozart und Schubert verglichen worden, er habe mit Cervantes, Stendhal und Dostojewski gewetteifert. Billiger macht es unser Walser nicht. Nun gut, aber warum ist denn diese Prosa (was auch ich meine) so wunderbar? Martin Walser bemerkt hierzu allerlei, und es ist, wie jede Seite seines Buches, höchst lesenswert. Aber es überzeugt mich nicht. Da schreibt er: »Robert Walser wollte lernen, auf jeden Himmel zu verzichten, um eines noch höheren Himmels würdig zu werden, auf den er dann natürlich auch verzichten würde, um eines noch höheren Himmels willen . . . das hieß in Wirklichkeit: Verzicht auf Himmel überhaupt . . .«[6] Wo soviel vom Himmel die Rede ist und es doch recht dunkel bleibt – da ist, fürchte ich, etwas nicht in Ordnung.

Wenn Martin Walser glaubt, »daß man diesem Autor gegenüber nie einen festen Punkt erreichen darf, weil er selber auch keinen solchen erreichte«[7] – dann nähert sich meine Verwunderung der Ratlosigkeit. Denn gerade einem Schriftsteller gegenüber, der keinen festen Punkt erreichen wollte oder konnte, sollte man, will man ihn wirklich ernst nehmen und nicht nur als herrliche und unübertreffliche Kuriosität besingen, einen möglichst festen Punkt anstreben. Oder hält Martin Walser, gleich dem von ihm zitierten Zollinger, die Vernunft für eine in Sachen Robert Walser entbehrliche oder ungeeignete Kategorie?

Daß dem Essayisten ein unkritisches, gar schwärmerisches Verhältnis zum jeweiligen Objekt nicht gut ansteht, ihm jedenfalls nicht den fruchtbarsten Zugang eröffnet, zeigen auch die beiden Arbeiten Walsers über Hölderlin. Die erste, schon 1960 geschrieben, macht dessen Gedichte zum Vehikel privater Erinnerung. Es ist ein rührendes und schönes Prosastück, das vom Knaben Walser erzählt, der den Versen Hölderlins ausgeliefert war – »wie einer, der Hunger hat, der mit dem Finger nach dem Essen greift, weil er nicht versteht, wozu das Besteck

gut sein soll. Später wird einem allzuviel Besteck angeboten«[8].
Allzuviel? Offensichtlich sehnte sich Walser nach jener Zeit
zurück, da es ihm möglich war, »Literatur mit Haut und
Haaren einfach zu konsumieren, ohne daran zu denken, was
daraus wird«[9]. Dagegen ist nichts einzuwenden, auch nichts
gegen den (fast schon traditionellen) Protest des jungen Germanisten gegen die germanistische Behandlung, ja Mißhandlung
der Poesie. Nur frage ich mich, ob sich in Walsers zartem
Rückblick nicht noch mehr verbirgt. Die Antwort finde ich in
seiner Hölderlin-Rede von 1970.

Zu den Lieblingen seiner Jugend zurückkehrend, hat er stets
Neues, auch Wichtiges mitzuteilen. Aber sein Verhältnis zu
ihnen ändert sich nicht: Walser ist und bleibt ein Adorant, also
einer, wenn ich einmal das Duden-Fremdwörterbuch zitieren
darf, der »mit erhobenen Händen Gott anbetet oder einen
Heiligen verehrt«. So schreibt er 1970 über Hölderlin nahezu
im selben Tonfall wie 1960: »Wer möchte nicht lange dasitzen
und nichts tun, als in immer neuem Anlauf sich vorzusagen:
›Versöhnender, der du nimmer geglaubt / Nun da bist . . .‹ Ein
luxuriöses Leben könnte man verbringen mit dem Hin- und
Herbeten solcher Sätze wie ›Göttliches trifft Urteilnehmende
nicht . . .‹«
Ich kann da nicht mitmachen, mir scheint die schwächste
Taschenlampe immer noch nützlicher als die wundervollste
Aureole, ich bin gegen die Anbetung von Dichtern, ja sogar
von Dichterinnen. Denn sie ist – und wer wollte dies ernsthaft
bestreiten? – der nüchternen und prüfenden Betrachtung der
Literatur nicht eben bekömmlich. Indes: Genau wissend, daß
die Poesie seines genialen Schützlings am allerwenigsten den
kritischen Blick zu fürchten braucht, warnt Walser gleichwohl
vor dem »Versuch, diesen Dichter durch mehr als das dankbare
Gefühl zu verstehen«, da ein solcher Versuch »von zuwenig
oder zuviel Unmittelbarkeit« gefährdet sei.[10]
Werden hier dem Irrationalismus Tür und Tor geöffnet?
Sollte gar der gelegentliche Meuterer gegen das germanistische

Seminar von gestern insgeheim auch dessen unfreiwilliger Erbe sein? Er zitiert den »Hyperion« (»Und, wie die Vergangenheit, öffnete sich die Pforte der Zukunft in mir«) und dekretiert nicht ohne Pathos: »Jeder, der mehr von Vergangenheit und Zukunft als von Gegenwart lebt, ist ein Dichter.«[11] Wirklich? Reicht das schon aus? Nein, diese waghalsige Definition, so dunkel wie feierlich, genügt mir nicht – und sie scheint mir typisch für jene unheilvolle Mystifizierung und Mythologisierung des Dichters, als deren bevorzugte Inspirationsquelle Hölderlin, der gescheiterte Jüngling und der umnachtete Seher, herhalten mußte.

Walser selber hat es nicht nötig, eine so dubiose Deutung des Begriffs »Dichter« für sich in Anspruch zu nehmen. Wie immer sein Verhältnis zur unmittelbaren Gegenwart auch war – nie hat er versucht, sie zu ignorieren. Auch nicht in dieser Hölderlin-Rede. Ihrem Schlußteil ist deutlich, allzu deutlich anzumerken, wann sie geschrieben wurde. Da heißt es plötzlich, der Dichter sei »nur eine Prozeßfigur« und der »gesellschaftliche Teil in dieser Vermittlungsbewegung«, womit die Vermittlung zwischen Vergangenheit und Zukunft gemeint ist. Während Hölderlin sich dessen bewußt war, »daß man in diesem ›Entscheidungsprozeß‹ nicht neutral sein« könne, glauben wir, behauptet Walser, es sei möglich, ihn zu überlisten: »Zwei Parteien rotieren bewegungslos . . . Dabei ist das Entgegengesetzte, der Sozialismus, innerhalb der deutschen Tür.«[12]

Ja, das hat er tatsächlich 1970 geschrieben, tatsächlich kannte er damals keine Hemmungen, den Sozialismus mit der DDR zu identifizieren. Aber mit Hölderlin hat das schon nichts mehr zu tun, das gehört zum Thema »1968 und die Folgen« und ist ein Stück der Biographie, der Vergangenheit Martin Walsers. Übrigens: Daß er diese Passage jetzt weder gestrichen noch korrigiert hat, das spricht nicht gegen, sondern nur für ihn.

Doch bin ich keineswegs sicher, ob man es ohne Widerspruch hinnehmen sollte, daß Walser sich noch 1981 strikt weigert, Brecht seinen »Parteidienst« vorzuwerfen: Jeder könne ja nachlesen, »was für eine radikaldemokratische Vorstellung er von der Partei hatte«[13]. Ei freilich, nur gab es da zwischen Vorstellung und Wirklichkeit jenen harten Gegensatz, der Brecht veranlaßte, sich solide Scheuklappen zu verfertigen: Der vorgab, die Realität verändern zu wollen, fürchtete sich, die Realität kennenzulernen, weil sie ihn vielleicht gezwungen hätte, seine Anschauungen zu verändern und auf manche Privilegien zu verzichten.

Brechts Stellung zu Dogmatismus und Zentralismus sei – meint Walser – »ein schöner Studiengegenstand«. Sehr richtig, nur will er sich dieses Gegenstands leider nicht annehmen, zieht es statt dessen vor, alles, was Brecht über die Partei gedichtet hat, mit dem Etikett »Geistliche Gedichte« zu versehen: »Die fallen nun einmal in jedem Jahrhundert anders aus.«[14] Und so ist alles wieder einmal in Ordnung. Schließlich fragt Walser, ob man aus »so einem schönen Leben« etwas lernen könne. Er antwortet diplomatisch: »So viel wie aus Heiligenlegenden. Man kann sich freuen daran.«[15] Ich meine: Wenn man es nicht retuschiert und in eine Heiligenlegende umfunktioniert, kann man aus Brechts Leben schon sehr viel lernen.

Aber warum will er den großen Brecht unbedingt in einem so mild-barmherzigen Licht sehen? Wohl deshalb, weil er selber, wie den Lesern seiner Romane seit vielen Jahren bekannt ist, an jenem »Mitleidsknacks« leidet, den er (sehr zu Recht) Brecht bescheinigt. Weil auch Walser »ein großes Mitleidsunternehmen«[16] verwaltet. Bei Büchner, schreibt er, sei jeder »ein armer Hund«. Gilt das für den Autor der »Liebeserklärungen« etwa nicht? Er hat eine Schwäche für die Zerrissenen und Getriebenen, für die Verzweifelten und die Scheiternden. Opfer sind sie in seinen Augen allemal: Schiller und Hölderlin, Büchner und Heine, Kafka, Brecht und Robert Walser. Und Kleist? Daß Martin Walser sich (leider) in ihn noch nicht verliebt hat, kann ich mir nur damit erklären, daß vom Bodensee her Preußens größter Dichter exotisch oder zumindest fremd anmutet.

Doch haben die von Walser porträtierten Genies noch mehr miteinander gemein. Wer aufmerksam liest, wird feststellen können, daß ihm bei Jonathan Swift, dem Walser 1965 einen streitbaren und geistreichen Essay gewidmet hat, Eigentümlichkeiten auffallen, die sich auch bei Hölderlin bemerkbar machen. Hölderlin zitierend, ruft er ganz ungeniert aus: »Das ist Kafka . . .« Robert Walser erinnert ihn ebenfalls an Kafka und, wie könnte es anders sein, an Hölderlin. Alle gehören sie derselben erlauchten Familie an, in jedem erkennt er eine brüderliche Seele, jeder ähnelt ihm ein ganz klein wenig – und dies mag auch der Grund sein, daß er sie immer wieder so aufrichtig bedauert und beklagt. Schon in seinem Roman »Halbzeit« hatte der junge Martin Walser geschrieben: »Es gibt keine Grenzen der Nachsicht mit sich selbst.«

Natürlich leiden alle seine dichtenden Helden an der Lieblosigkeit der Menschen. Er geht sogar so weit, Hölderlins Geisteskrankheit nur dessen Umwelt zur Last zu legen. Mindestens bis 1802 – er kennt da keine Zweifel – hätte diese Krankheit gehemmt, wenn nicht gar geheilt werden können. Wie denn das? »Grob gesagt: durch Liebe. Auch in der Form der öffentlichen Anerkennung.«[17] Da haben wir's: freundlichere Verleger, klügere Kritiker und ein besseres Publikum – und schon wäre Hölderlin gesund geblieben oder gesund geworden. Bewundernswert ist immerhin, mit welcher Kühnheit der Schriftsteller Walser psychiatrische Diagnosen zu stellen vermag.

Aber womit er sich auch beschäftigt und was er auch zu sagen hat – verblüffend bleibt, wie sehr er der Literatur verfallen und also auf sie angewiesen ist. Die Faszination, mit der wir es hier zu tun haben, nähert sich schon einer edlen Besessenheit. Das jedoch paßt nicht ins Bild. Denn Walser hat eine Heimat, weiß dieses Glück zu schätzen und kommt darauf oft zu sprechen: Er braucht keine Surrogate, er hat es nicht nötig, die Literatur zu seiner Heimat zu erheben. Walser würde antworten – und in der Schiller-Rede gibt er derartiges zu verstehen –, bei ihm ginge beides (das Verhältnis zur Literatur und zur Heimat) Hand in Hand, das eine werde durch das andere bedingt. Ich hingegen kann den Verdacht nicht unterdrücken, daß er die Literatur liebt, wie es sonst nur die Heimatlosen tun. Jedenfalls ist es gerade ihm gelungen, jenen zu durchschauen, der von einer Heimat, einem Vaterland ein Leben lang nur träumen konnte: Heinrich Heine.

Walser sieht Heine zunächst und vor allem als Literaten, dem es am liebsten gewesen wäre, »wenn er sich, unbehelligt von Judentum und Christentum, als Dichter hätte erproben dürfen«. Dies indes wollte seine deutsche Umwelt nicht zulassen. Anders als viele (leichtfertige) Heine-Interpreten denkt Walser nicht daran, dessen Übertritt zum Christentum zu bagatellisieren: Die Tauf-Prozedur sei ihm »alles andere als eine Erfrischung im Sommer plus Mimikry-Training« gewesen. Denn er habe »zwar nichts bekommen, aber er hat etwas verloren«.[18] Der christliche Staat habe von ihm einen Verrat gefordert, den er beging und dem er sich doch – Walser legt dies einleuchtend dar – konsequent widersetzte. Wozu das geführt hat, drückt er in einer meisterhaften Sentenz aus: »Heine brachte es in seinem Leben zu zwei Identitäten: zu der eines deutschen Dichters und zu der eines Juden. Aber zwei Identitäten, das ist weniger als eine.«[19]

Und was bedeutet dies für die Literatur? »Wer glaubt das Seine zu haben, der läßt gelten, was ihn gelten läßt. Wem die erste Geltung, daß man irgendwo dazugehört, so bestritten wurde wie Heine, der läßt dann nichts mehr einfach gelten. Auch nicht die eigene Empfindung.«[20] Leidenserfahrung habe bei Heine »die Bildung von Klassik-Ohropax« verhindert und die daraus folgende Arbeitsteilung in Kunst und Politik. Aus der zentralen Verlegenheit, »wesenhaft zwei Nationen anzugehören, die so unglücklich-glücklich ineinander verwachsen waren, gewann er seinen Ton, den Heine-Ton, diese Simultaneität von Tränen und Gelächter«[21]. – Thomas Mann hat einmal in einem Vortrag gesagt: »Belächeln Sie nicht meine Neigung zum Zitieren! Auch das Zitieren ist eine Form der Dankbarkeit.«[22]

Am Ende der Heine-Rede meint Walser, Rührung sei der
Anwalt, der den Prozeß verliert. Eine treffende Bemerkung,
nur an falscher Stelle. Denn in dem Prozeß in Sachen Heine
hat Walser glanzvoll gesiegt. Dank der Rührung oder trotz der
Rührung? Ich glaube, es war anders: Heine hat er, im Unterschied zu einigen anderen hier Porträtierten, gar nicht sonderlich geliebt. Er hat sich in ihn erst während der Arbeit an dieser
Rede verliebt. Vielleicht ist ein frisches Verliebtsein eine bessere Voraussetzung für eine Liebeserklärung als eine noch von
der Jugend herrührende Zuneigung.

Bei Walsers Verhältnis zu Goethe (ihm ist die neueste und
letzte Rede dieses Bandes gewidmet) kann von Rührung nicht
die Rede sein. Nicht als eine Person, sondern als Institution
habe er Goethe stets empfunden. Schuld daran seien »die
Goethe-Heger und -Pfleger«, also die Germanisten. Noch einmal rebelliert der Zögling des Tübinger Seminars, zumal gegen
jene »Goethe-Verklemmung, die entsteht durch Verehrung
nach Vorschrift«. Er macht sich selber Mut zur Ketzerei (»Mehr
persönliche Reaktion, und sei sie frevelhaft. Wer mit ihm
streitet, dem lebt er wenigstens . . .«)[23] und fragt, ob er es denn
verschweigen oder verklären müsse, daß der Minister Goethe
dem Professor Fichte Berufsverbot erteilt habe – wegen
Atheismus.

Weiß denn Walser nicht, daß dieser Umstand schon unzählige Male entdeckt wurde, ohne jemanden (außer Goethe) in
Verruf zu bringen? Nicht der geringste Mut ist nötig, um
heutzutage in Deutschland schlecht über Goethe zu reden. Es
verhält sich eher umgekehrt: Wer darauf hinweist, daß Goethe
ein gar nicht so übler Dichter sei und daß es sich immer noch
lohne, ihn zu lesen, der wird bei uns in der Regel denunziert als
einer, der hinter dem Mond lebe. 1970 hatte Walser geschrieben, man könne Hölderlin nicht rühmen, ohne den Weimarer
Goethe zu schmähen. Auch jetzt versucht er, gegen ihn zu
wettern: Er sei ein »Ausgewogenheitsklassiker« und »unser
größtes Kaufhaus«, in dem sich jedermann bedienen könne;

von einer »Harmonisierungsanlage« hören wir, deren Zahnräder auf das glimpflichste ineinandergreifen. Dann wird Goethe in die Nachbarschaft Karl Mays gerückt; nun mag es schon sein, daß »die Lösung à la Iphigenie« manches gemein hat mit jener »à la Winnetou«[24]. Nur scheint mir der Stilunterschied zwischen den beiden Autoren jeglichem Vergleich den Boden zu entziehen.

Aber alle diese Seitenhiebe sind etwas schlapp. Man hat den Eindruck, es handle sich nur noch um Pflichtleistungen, die sehr bald ganz anderen Akzenten Platz machen. Walser spricht von der Unerträglichkeit der bloßen menschlichen Existenz und von der Angst vor dieser Unerträglichkeit. Goethes Gegengewicht heiße Schönheit, heiße Kunst. Daß er der Not seiner Zeit dieses »Angstprodukt« entgegengehalten habe, beginnt unserem Walser zu gefallen, wenn nicht gar zu imponieren. Widerwillig gibt er zu: »Goethes vorsätzliche Güte zieht mich an.« Der einst, 1970, höhnte, dieser Olympier habe »zum leichteren gesellschaftlichen Gebrauch unabhängigen Sinn in regelmäßige Hebungen und Senkungen verwandelt«, schlägt nun ganz andere Töne an: Goethe habe darauf gesetzt, »daß etwas Schönes, Gutes – und sei es reines Produkt – Besseres bewirke als die Nachgiebigkeit gegenüber dem infam Vorhandenen«. Mehr noch: Walser spürt jetzt, daß »dieses schöne Goethe-Gut Aufrichtungskraft oder Heilkraft«[25] haben kann oder könnte. Er ist, zeigt sich abermals, doch bestechlich – nämlich durch Qualität.

Hat er nun den seit Jahrzehnten hartnäckig Bekämpften bloß richtig verstanden oder hat er sich gar in ihn verliebt? Oder bedingt das eine das andere? Hier wird es am deutlichsten: Walser ist, wenn ich Heine paraphrasieren darf, vom Geschlecht jener, welche lieben, wenn sie schreiben. Im Fazit heißt es dann: »Man muß nur hindenken zu ihm; eins erfährt man immer: wie Goethe sich sträubt gegen Sinnlosigkeit. Wie schön er sich sträubt. Schon das ist sinnvoll. Etwas Schönes ist überhaupt sinnvoll.«[26] So wird er als Vorbild anerkannt: Man muß nur hindenken zu ihm. Dies aber ist nichts anderes als ein Kniefall Walsers vor dem einst verhaßten Erzfeind, vor den Idealen der noch unlängst verspotteten »Klassikfirma«. Von seinem Ende her gesehen, dokumentiert das ganze Buch eine folgerichtige Entwicklung, die schließlich zu Goethe und zu der Anerkennung der Schönheit geführt hat.

Zugleich darf die Goethe-Rede als entschiedene Abwendung verstanden werden – nämlich von jener für viele unserer Schriftsteller in den späten sechziger Jahren attraktiven Ästhetik, die Günter Grass formuliert hatte: »Alles Schöne ist schief.«[27] Nun also: Kunst und Schönheit als Gegengewicht zu der uns umgebenden Welt, als Möglichkeit, sich der Angst, der Unerträglichkeit unserer Existenz zu widersetzen. Derartiges läßt uns hoffen. Für Walsers weiteres Werk? Das auf jeden Fall. Aber vielleicht verbirgt sich in seiner Goethe-Rede mehr als das Bekenntnis eines einzelnen Autors. Vielleicht kommt ihr der Rang eines Zeitsymptoms zu, genauer: eines literarhistorischen Signals.

Wie auch immer: Vor einem Vierteljahrhundert schrieb der junge Walser, er würde, wenn Prousts Romanzyklus ein Industrieartikel wäre, den Slogan empfehlen: »Proust-Leser sind im Vorteil.«[28] Auch ich möchte jetzt einen Slogan empfehlen: Die Leser der »Liebeserklärungen« Martin Walsers haben mehr von der Literatur. Und also vom Leben.   (1983)

Der menschenfreundliche Kritiker

Beliebt sind die Kritiker in keinem Land der Welt. Aber nirgends wurden sie so konsequent bekämpft und verketzert wie in Deutschland. Verwunderlich ist das leider nicht. Denn wo man die Dämmerung mehr schätzte als die Klarheit und wo man für das Geheimnisvolle mehr übrig hatte als für das Nüchterne, wo man Unterordnung und Ergebenheit forderte und Gehorsam und Gefolgschaft verherrlichte, da gab es keinen Platz für die Kritik, da empfand man sie als etwas Lästiges, man hielt sie für einen Störfaktor.

Allerdings war die deutsche Kritik, zumal die Kritik der Literatur, selten auf der Höhe ihrer Aufgabe. Niemand wußte das besser als die Kritiker selber. Denn der Selbstzweifel gehört zur Tradition dieses Metiers. Im Jahre 1826 meinte Ludwig Börne: »In Deutschland schreibt jeder, der die Hand zu nichts anderem gebraucht, und wer nicht schreiben kann, rezensiert.«[1] Ein fataler Teufelskreis war entstanden: Es war leicht, der Kritik als Institution die Anerkennung zu verweigern, weil sie in der Tat oft schlecht war. Und sie mußte oft schlecht sein, weil ihr die Anerkennung verweigert wurde. Jedenfalls standen die Kritiker in dem Ruf, Nörgler und Meckerer, Miesmacher und Spielverderber zu sein, wenn nicht gar ekelhafte Parasiten.

So konnte es geschehen, daß das gesetzliche Verbot der Kritik im Dritten Reich, eine in der zivilisierten Welt beispiellose Maßnahme, zumindest von Teilen der deutschen Intelligenz ohne sonderliche Verwunderung hingenommen wurde. Als der Reichsminister für Volksaufklärung und Propaganda, Joseph Goebbels, im Herbst 1936, also kurz nach den Olympischen Spielen in Berlin, die »Anordnung betreffend Kunst-

kritik« verkündete, als er die denkwürdigen Worte sprach:
». . . untersage ich mit dem heutigen Tage endgültig die Weiterführung der Kunstkritik in der bisherigen Form«, da machte er
keine Umstände und redete gleich von den Juden, von der
»jüdischen Kunstüberfremdung«. Die Kunstkritik sei – erklärte
Goebbels – weitgehend das Werk »jüdischer Literaten«. Zwei
Namen nannte er: Heinrich Heine und Alfred Kerr.[2]

Aber Goebbels hat die Juden überschätzt, er hat ihnen, ohne
es zu wollen, geradezu geschmeichelt. Denn die genialen
Gründer der deutschen Kritik, Lessing, Friedrich Schlegel und
August Wilhelm Schlegel, waren nun doch keine Juden. Auch
Deutschlands größter Philosoph, Immanuel Kant, der den
Begriff »Kritik« schon in den Titeln seiner Hauptwerke verwendete, war ebenfalls kein Jude. Gleichwohl war der Reichsminister Goebbels, als er auf die außerordentliche Rolle der Juden
in der Geschichte der deutschen Kritik verwies, gar nicht mal
im Unrecht. Nur hätte er neben Heine auch Ludwig Börne
nennen sollen und neben Alfred Kerr jedenfalls Walter Benjamin und Karl Kraus, Alfred Polgar und Kurt Tucholsky.

Die langjährige Unterdrückung und Ächtung der Kritik
hatte immer schon viel mit dem deutschen Judenhaß zu tun.
Geistig gesehen gelte dieser Haß – so Thomas Mann – »gar
nicht den Juden oder nicht ihnen allein«, vielmehr breche in
ihm der Drang durch nach der »Abschüttelung zivilisatorischer
Bindungen, ohne die Deutschtum nicht Deutschtum wäre,
sondern eine weltunbrauchbare Bärenhäuterei«[3].

Dies ist der Hintergrund, vor dem wir den Ludwig-Börne-
Preis zu sehen haben, der in aller Öffentlichkeit für die
Institution der Kritik Partei ergreifen will, der sie stützen und
stärken soll. Als erster wird mit diesem Preis Joachim Kaiser
ausgezeichnet. Warum? Als 1929 Alfred Polgars Buch »Schwarz
auf Weiß« erschien, schrieb Kurt Tucholsky in der »Weltbühne«: »Schneider Polgar, wir arbeiten in derselben Innung –
ich habe es nicht leicht, Ihnen eine Liebeserklärung zu
machen.«[4] Schneidermeister Kaiser, auch wir beide arbeiten in

derselben Innung. Doch habe ich nicht die geringsten Schwierigkeiten, Sie zu loben und zu rühmen. Ich schulde Ihnen viel
Dank: Denn seit ich wieder in Deutschland bin, seit 35 Jahren,
lese ich Ihre Kritiken, Ihretwegen habe ich im Laufe dieser Zeit
schon ein kleines Vermögen für die »Süddeutsche Zeitung«
ausgegeben. Aber ich bedauere es nicht: Die Investition hat
sich gelohnt.

Ob Kaiser Rezensionen verfaßt oder Essays, Glossen oder
Porträts – seine Artikel haben eine Eigenschaft, die man nicht
hoch genug schätzen kann: Noch die flüchtigsten sind anregend. Sind sie also stets gut oder bedeutend? Natürlich nicht
immer, nur fordern sie immer eine unmittelbare Reaktion
heraus, die freudige oder zögernde Zustimmung, den vorsichtigen oder entschiedenen Widerspruch. Nach ihrer Lektüre ist
man vergnügt oder verärgert – gleichgültig ist man nie.

Schon zur Zeit der Romantik wurden deutsche Dichter
gewarnt, nicht nur für Gelehrte zu dichten. Über die deutsche
Literatur sei das traurige Schicksal gekommen – hat man um
1848 geklagt –, »geschrieben zu werden *von* Literaten *für*
Literaten«[5]. So gibt es auch nicht wenige Kritiker – übrigens in
unseren Tagen weit häufiger als in den zwanziger Jahren –, die
allem Anschein nach nicht für die Leser schreiben, sondern für
andere Kritiker. Es ist eine alte Geschichte: Dem Kritiker, der
viel gelesen wird, werfen die Kollegen, denen ein ähnliches
Echo versagt bleibt, beinahe immer vor, er sei ja nur erfolgreich, weil er die Bedürfnisse des Publikums befriedige. Dahinter verbirgt sich meist nichts anderes als der bare Neid – und
doch ist etwas Wahres dran. Nur sollte man klären, welche
Bedürfnisse denn eigentlich gemeint seien.

In der Regel möchten die Leser, die Musikliebhaber oder
Theaterbesucher erfahren, warum ein Buch, ein Konzert oder
eine Vorstellung sie entzückt oder enttäuscht hat. Sind das
nicht legitime Bedürfnisse? Und wer sollte sie befriedigen,
wenn nicht der Kritiker? In Kaisers Arbeiten spürt man stets
den pädagogischen Eros. Aber niemals bemüht er sich, dem

Romancier oder dem Komponisten, dem Lyriker oder dem Regisseur auch nur das Geringste beizubringen. Nicht an sie sind seine Kritiken adressiert, sondern, schlicht gesagt, an die Käufer und die Abonnenten der Zeitung, für die er schreibt. Daher folgt er einem Rezept, das sich seit Luther bewährt und das von deutschen Kritikern leider nur ungern beherzigt wird: Wie einst der Rezensent Fontane, wie Alfred Kerr profitiert auch Kaiser ausgiebig von der Sprache des Alltags, von der Umgangssprache. Überdies vergißt er niemals Schopenhauers berühmte und so nötige Warnung: »Und doch ist nichts leichter, als so zu schreiben, daß kein Mensch es versteht.«[6] Kaiser will immer zunächst einmal und auf jeden Fall verstanden werden. Damit hängen manche seiner stilistischen Eigenarten zusammen.

Gelegentlich hat man ihm eine gewisse Neigung zur Redseligkeit verübelt – zu Unrecht. Es ist schon richtig: Er reiht gern drei oder vier Adjektiva aneinander, wo zwei, sollte man meinen, schon gereicht hätten. Bestimmte Eindrücke oder Urteile formuliert er zwei- oder dreimal, ja, er wiederholt sich, wenn auch immer mit anderen Worten. Er tut es aus einem einzigen Grund: um seinen Lesern zu helfen. Er macht es sich schwer, damit sie es nicht schwer haben. Kaiser ist, was man in Deutschland nicht häufig findet: ein menschenfreundlicher Kritiker.

Er, der die Sprache der Kritik, vor allem der Musikkritik, verfeinert und bereichert hat, ist sich dessen bewußt, daß man große künstlerische Leistungen, will man ihre Besonderheit erkennbar machen, auch mit außerordentlichen Worten charakterisieren darf und muß. Er meidet nicht die gehobene, die erhabene Diktion, zumal wenn er mit noblem Schwung das große Preislied anstimmt. Doch immer bleibt seine kritische Prosa klar und durchsichtig und so leicht, daß sie auf der Waage engstirniger Wissenschaftler wenig wiegen mag. Denn sie ahnen nicht einmal, wie gewichtig das Leichte sein kann.

Wo er tief beeindruckt, wo er ergriffen ist, da verzichtet Kaiser auf erlesene oder originelle Formulierungen und schreibt schlicht und schön, ja eben ergreifend. So über die dreizehnjährige Anne-Sophie Mutter: »Ich habe noch nie in meinem Leben einen Interpreten vergleichbaren Alters vergleichbar spielen gehört. Am schönsten: der Ton. Dunkel, groß, zart und rührend rein in jedem Sinn: die naive Beseeltheit. Wie sie im leisesten Pianissimo ansetzt und dann Musik aus der Stille holt ... Wen das nicht rührt, der muß Ohren und ein Herz aus Stein haben.«[7]

Man soll sein Licht, rät uns die Volksweisheit, nicht unter den Scheffel stellen. Schon wahr, nur gibt es Gegenstände und Situationen, wo der Kritiker gut beraten ist, jenem, über den er sich äußert, den Vortritt zu gönnen. Wenn Kaiser Sarah Kirsch interpretiert, dann ist ihm nicht daran gelegen, uns zu zeigen, wie schön er schreiben kann. Wohl aber zeigt er uns, wie schön Sarah Kirsch schreiben kann.[8] Und wie in der Musik bisweilen das stärkste Ausdrucksmittel die Pause ist, so erreichen manche seiner Rezensionen ihren Höhepunkt in Feststellungen, die den stilistischen Ehrgeiz verpönen, so etwa: »Gidon Kremer scheint mir im Augenblick der interessanteste Geiger der Welt zu sein.«[9]

Jeder Kritiker kennt diesen Kummer: Es ist besonders schwer, dem Zeitungsleser zu erklären, warum das Herrliche in der Kunst denn eigentlich herrlich sei. Gerade darin hat es Kaiser zur wahren Meisterschaft gebracht. Er hat auch den Umstand benannt, der das Loben und Preisen so außerordentlich schwer macht: Uns fehlt das hier dringend erforderliche Vokabular, denn die lobenden und preisenden Eigenschaftswörter sind zum großen Teil verbraucht, weil sie tagein, tagaus von der Werbung verwendet werden. Ja, die Werbung hat mittlerweile ganze Bereiche der deutschen Sprache abgenutzt und sogar zerstört. Seit ich über den Volkswagen lesen mußte: »Er läuft und läuft und läuft«, kann ich nicht mehr hören: »Eine Rose ist eine Rose ist eine Rose«.

Wie alle Kritiker gehört auch Kaiser zu den leidgeprüften Menschen. Und je mehr er an schlechter Literatur oder an schlechtem Theater leidet, desto mehr sehnt er sich nach jener Kunst, die er ohne Reue genießen könnte. Ziemt sich das – die Kunst genießen? Das ist eine nicht überflüssige, doch typisch deutsche Frage. Viel zu sehr liebt Kaiser das Kulinarische im Leben, als daß er überhaupt auf die Idee kommen könnte, vom Kulinarischen in der Literatur oder auf der Bühne gering zu denken. Fragte man mich, welche dichterischen Werke ich für kulinarisch halte, ich zögerte nicht und antwortete: alle Dramen von Shakespeare, und das ist ja nicht der schlechteste Stückeschreiber, und alle Opern von Mozart, und den kann man auch nicht zu den minderwertigsten Komponisten zählen. Kurz und gut: Ich glaube, es ist das Unglück unserer Musik und unserer Literatur, daß sie zu wenig kulinarisch sind.

Kaiser braucht man in dieser Hinsicht nicht zu überzeugen: Er hat in seinen frühen Jahren aus einem Hobby einen Job gemacht und aus einer Passion eine Profession. Er ist ein Kritiker geworden und ein glühender Liebhaber der Musik und der Literatur geblieben. So kann man noch den schwächsten seiner Arbeiten den Spaß ablesen, den ihm sein Handwerk bereitet. Er ist ein leidenschaftlicher Genießer der Kunst, der es für eine seiner vornehmsten Aufgaben hält, seinen Lesern ebenfalls diesen Genuß zu ermöglichen.

Derartiges hat hierzulande und heutzutage schon Seltenheitswert. Ich meine das ernst. Denn manche unserer Kritiker sind durchaus gescheite und gebildete Menschen, sie arbeiten genau, gründlich und gewissenhaft. Wo hapert es also? Sie schreiben mürrisch und mißmutig, verstimmt und verdrossen, ohne Temperament und ohne Engagement. Sie kennen alle Symphonien von Bruckner und alle Stücke von Brecht. Aber wissen sie auch, daß Musik und Literatur Glück bescheren können? Ihnen fehlt – das Wort läßt sich nicht mehr umgehen – die Liebe. Kritik aber ohne Liebe und ohne Begeisterung ist schädlich, mehr noch: Es ist ein Widerspruch in sich selbst. Joachim Kaiser ist ein deutscher Kritiker, und dennoch liebt er die Musik, dennoch liebt er die Literatur.

Von dieser unbeirrbaren Liebe, von dieser immer jugendlichen Begeisterung rühren Elan und Suggestivität seiner Aufsätze. Und sein enormes Wissen, Kaisers oft schon gerühmte Bildung? Nein, dies werden wir hier nicht preisen. Denn das versteht sich von selbst, dies bieten Kritiker von seinem Format gratis. Wichtiger ist, daß sich Kaiser von seiner Bildung nie behindern läßt, daß sie seine spontane Reaktion auf das künstlerische Werk niemals hemmt, niemals trübt.

In einem Porträt Leonard Bernsteins schreibt er: »Bei Bernstein erfährt die Welt, was Reinheit, was eine reine Flamme vermag. Darum liebt sie ihn. Er glaubt beschwörend. Er verkündet und belehrt hingerissen und eben deshalb auch hinreißend. Er ist ein Schenkender. Das Umarmen ist sein Gestus ... Es ist eine Weltumarmung aus Ursprünglichkeit, aus zweiter Unmittelbarkeit.«[10] Diese Ursprünglichkeit, diese »zweite Unmittelbarkeit« bilden in Kaisers Arbeiten ein heimliches Fundament. Wahrscheinlich ist das eines der Geheimnisse seines Erfolgs – daß er eine höhere Naivität zu erlangen und zu gewinnen vermochte, jene Naivität, die uns allen einst gegeben war und deren zweite, deren höhere Stufe letztlich ein Werk der Reife ist.

Über Mangel an Erfolg kann er sich nicht beschweren. Kollegen (und nicht nur jüngere) erweisen ihm ihre Reverenz, indem sie ihn reichlich zitieren, meist jedoch ohne Quellenangabe und ohne Anführungszeichen. Kaiser ist der am häufigsten plagiierte Musikkritiker Mitteleuropas. Sein Buch »Beethovens 32 Klaviersonaten und ihre Interpreten« gehörte, bevor die Taschenbuchausgabe auf den Markt kam, zu den in den Seminar- und Hochschulbibliotheken besonders oft gestohlenen Büchern.

Aber zum Erfolg Kaisers trägt im gewissen Sinne auch die Tatsache bei, daß er mit den Poeten und den Musikern, mit den Schauspielern und Regisseuren in einem Boot sitzt. Er kann weder dichten noch komponieren. Und wir wissen es längst, daß die Romantiker, die doch die deutsche Kritik auf wunderbare Weise entwickelt und gefördert haben, auf falscher

Fährte waren, als sie meinten, Poesie könne nur durch Poesie kritisiert werden, als sie verlangten, ein Kunsturteil müsse selber ein Kunstwerk sein.

Es trifft ja eher das Gegenteil zu: Wer dichten oder komponieren kann, ist in der Regel ein befangener Sachverständiger der Poesie oder der Musik. Daher kann er der Kunst eines anderen selten und bloß in Grenzen gerecht werden. Nur ein einziges Beispiel will ich hier anführen: Über eine neue Symphonie konnte man im Wiener »Salonblatt« 1886 lesen, in ihr herrsche »Nichtigkeit, Hohlheit und Duckmäuserei«, sie sei der Ausdruck der »intensivsten musikalischen Impotenz«. Es handelte sich um die vierte Symphonie von Johannes Brahms. Der die Kritik geschrieben hat, war nicht unmusikalisch. Es war Hugo Wolf.[11]

Nein, der Kritiker muß nicht besser können, was er begutachtet. Aber es gibt ein Element, das ihn mit dem Dichter, mit dem Komponisten oder Regisseur verbinden sollte, verbinden muß. Musik und Literatur, Film und Theater – was ist das denn eigentlich? Doch nichts anderes, nicht mehr und auch nicht weniger als ein Spiel, ein tief ernstes und ganz heiteres, ein herrliches Spiel, ein Gleichnis vom menschlichen Streben und Leiden, von unserem Glück und Unglück.

An diesem Spiel sind auch die Kritiker beteiligt. Und vielleicht haben wir damit noch ein Geheimnis aufgedeckt, das die Qualität der Arbeit von Joachim Kaiser ausmacht. Er ist frei und stark genug, sich vom Spieltrieb leiten zu lassen. Er kennt das provozierende Wort Schillers, der Mensch sei nur da ganz Mensch, wo er spielt.[12] So ist Kaiser beides zugleich und in einem: ein ordentlicher deutscher Professor und ein spielender und gelegentlich sogar ein verspielter Literat.

Aus seiner Liebe zum Spiel ist ein kleines Buch hervorgegangen, das nur wenig bekannt wurde: das Buch »Vieles ist auf Erden zu thun«[13]. Es enthält imaginäre Gespräche mit Dichtern und Musikern – mit Nestroy, Büchner, Wedekind und Morgenstern, mit Kafka, Cocteau, Kerr und Koestler und noch mit vielen anderen. Kaiser fragt – die Toten antworten mit einzelnen Sätzen oder Abschnitten aus ihren Briefen, Essays oder Tagebüchern. Alles in allem: ein Scherz bloß, eine Petitesse? Schon möglich, nur wird das scheinbar harmlose Spiel mit Zitaten unversehens ernst und, da sie alle pedantisch nachgewiesen sind, sehr nützlich. Unter der Hand entstehen witzige und geistreiche Porträts, die beweisen, wie lebendig die Toten sein können. Dieses Buch und manch anderes aus Kaisers Feder – das ist besonnener und bedächtiger Feuilletonismus, wenn nicht gar fröhliche Wissenschaft.

Die Liebe zum Spiel jeglicher Art – ob sie auch mit Kaisers Erziehung zu tun hat? In einem »ganz privaten Vorwort« zu seinem Buch »Erlebte Musik« schildert er das Milieu, in dem er aufgewachsen ist. Es bestätigt sich, was schon alle seine Artikel erkennen ließen: Dieser Kritiker ist ein Zögling, ein Produkt des gebildeten deutschen Bürgertums. Mehr noch: Er ist – man verzeihe das große Wort – des Bürgertums Testamentsvollstrecker. Im Bereich der Musik liegt dies auf der Hand: Während ihn die Komponisten der Gegenwart nicht sonderlich bewegen, gelten seine Liebe und seine Leidenschaft den Großen der Vergangenheit – die Bücher über Mozart, Beethoven und Richard Wagner beweisen es aufs schönste.

In der Literatur hingegen ist es umgekehrt: Kaiser verheimlicht nicht, daß ihm bei aller Bewunderung Shakespeares, Goethes oder Schillers das Neue doch wichtiger sei. Wer sich an seine mustergültige Analyse der »Maßnahme« von Bertolt Brecht erinnert, jene Analyse, die gleich im ersten Satz die zentrale Frage stellt, ob denn hier ein Mord verherrlicht werde, wer heute liest, was er einst über Ingeborg Bachmann und Günter Grass schrieb, über Uwe Johnson und Thomas Bernhard – dem kann es nicht entgehen, daß Kaiser, gerade wenn er sich mit den Modernen beschäftigt, den besten Traditionen und Idealen verpflichtet ist. Eben hier bewährt er sich als Testamentsvollstrecker der Klassik und der Romantik.

Um das Verhältnis zur Tradition war es in Deutschland nie gut bestellt. Wer sich offen zu ihr bekannte, der mußte damit rechnen, daß man ihn als altmodisch oder gar als reaktionär abstempelte. Man fängt ja gern von neuem an – und das ist noch nicht verwerflich. Bedenklich wird es erst da, wo man von neuem anfängt, weil man das Alte nicht kennt oder nicht kennen will. So wurde Deutschland zum exemplarischen Land der Traditionsbrüche. Wer aber wäre berufen, die Tradition zu verteidigen, wenn nicht die Kritiker?

Kaiser hat sich nie um die Moden gekümmert, aber mitunter hat er, ohne es zu wollen, zur Entstehung von Moden beigetragen. Er ist niemals dem Zeitgeist nachgelaufen, aber er hat bisweilen den Zeitgeist mitgeprägt. Dogmen, welcher Art auch immer, waren seine Sache nie. Spöttisch belehrte er seine Leser: »Glaubenssätze werden in anderen Fakultäten verkündet.«[14] Immer war er sich sicher, daß nicht nur das Alte den Sinn für das Neue schärft, sondern auch das Neue für das Alte.

So entdeckt er im Überlieferten das Moderne und entlarvt im Modernen nicht selten das Antiquierte. Nicht darum geht es ihm, das Alte unbedingt zu erhalten, vielmehr im Alten das Gute und Lebendige ausfindig zu machen, um es zu bewahren. Kaiser weiß wohl, daß nur jenes Traditionsbewußtsein wünschenswert und nützlich ist, das aus dem Zweifel an dem Überlieferten hervorgeht. Nur wer bereit ist, der Tradition zu mißtrauen, der darf für sie plädieren.

Die Tradition und die Moderne, Gelehrsamkeit und Leichtigkeit, Leidenschaft und Spiel, Vernunft und Humor – das alles kann Joachim Kaiser vereinen. Und dies mag der entscheidende Umstand sein, der seine Rolle im deutschen Kulturleben erklärt. Es ist eine außerordentliche, eine unvergleichliche Rolle.   (1993)

Nachwort

Dieses Buch wurde bereits vor langer Zeit geplant und begonnen. Von vornherein dachte ich an nichts anderes, nicht mehr und nicht weniger als Porträts bedeutender deutscher Literaturkritiker von Lessing bis heute zu bieten. Zugleich stand fest, daß Schriftsteller, die ihren Ruhm anderen Gattungen verdanken, sich aber kontinuierlich mit der Kritik befaßten, also Lessing etwa, Heine oder Thomas Mann, nicht unberücksichtigt bleiben dürften.

Mit ungefähr fünfzehn Aufsätzen habe ich gerechnet – und acht Jahre würden nötig sein, vielleicht sogar zehn. Allein, es irrt der Mensch, solang er strebt. Schließlich sind 23 Essays entstanden. Aber immer noch scheint mir dieses Buch lückenhaft und daher viel zu dünn. Und gedauert hat das Ganze, sage und schreibe, ein Vierteljahrhundert.

Mithin handelt es sich nicht – und das sei mit Nachdruck gesagt – um eine Zusammenstellung von Artikeln, die ich für Zeitungen geschrieben habe, sondern um ein allmählich wachsendes Gebilde, dessen einzelne Bestandteile nach und nach den ursprünglichen Entwurf verwirklichten: Abgesehen von zwei noch aus den sechziger Jahren stammenden Beiträgen, wurden alle hier enthaltenen Arbeiten für dieses Buch verfaßt. Daran ändert die Tatsache nichts, daß ich sie sogleich, wenn auch oft nur in einer gekürzten Fassung, publiziert habe – beinahe alle in der »Zeit« oder in der »Frankfurter Allgemeinen Zeitung«. Dies war möglich, weil ich mich in vielen Fällen von aktuellen Anlässen habe anregen lassen, von Neuausgaben, Briefeditionen und Jubiläen; manche Aufsätze wiederum waren als Lobreden auf Kritiker konzipiert oder auch als Dankansprachen für mir verliehene Auszeichnungen.

Auf jeden Fall sollten die einzelnen Kapitel nicht nur Teile des Ganzen sein, sondern zugleich selbständige Einheiten, sie sollten auch allein gelesen werden können und sich allein verantworten. Das aber hatte zur Folge, daß Wiederholungen und Überschneidungen nicht immer vermeidbar waren. So kommen einige Zitate, die mir besonders lieb und wichtig sind, in dem Buch mehr als einmal vor. Nun wäre es ein leichtes, solche Schönheitsfehler zu beseitigen: Es genügte ja, die Überschneidung zu streichen und die Äußerung, auf die ich mich berufe, aus dem einen oder anderen Stück zu entfernen. Nur stellte sich heraus, daß dies immer eine Einbuße bedeuten würde, daß ich also den entsprechenden Aufsatz, um den Vorwurf der Überschneidung oder der Zitatwiederholung abzuwenden, ärmer gemacht hätte. Das wollte ich nicht – und die Leser werden, hoffe ich, für diese Entscheidung Verständnis haben.

»Seines Fleißes darf sich jedermann rühmen.« Das steht bei Lessing, gewiß, aber wo?[1] Damit komme ich zur leidigen Frage der Anmerkungen, genauer: der Zitatnachweise. Es liegt in der Natur der Sache, daß alle, die über Literatur schreiben, häufig zitieren. Und ein Aufsatz über einen Anwalt der Literatur kann ohne reichliche Beispiele und Belege gar nicht auskommen. Die Erfahrung lehrt jedoch, daß viele Autoren literarkritischer Arbeiten ungern verraten, wo die Textstellen zu finden sind, die sie anführen. In einem Vor- oder Nachwort pflegen sie dann zu erklären, warum sie so verfahren.

Einer sagt, er habe auf Anmerkungen verzichtet, weil diese »einen wissenschaftlichen Anspruch fingiert« hätten, den sein Buch nicht erhebe. Diese Begründung oder Entschuldigung ist besonders beliebt, man begegnet ihr in verschiedenen Fassungen. Andere Autoren sind offenbar überzeugt, es genüge, sich auf die Vokabel »Essay« zu berufen – und damit sei schon erklärt, warum man in ihrem Buch einen Anmerkungsapparat vergeblich sucht. Das klingt dann so: »Die Gattung des Essays, auch eines großangelegten Versuchs, widerstrebt solcher Zugabe.« Da kann man sich des Verdachts nicht erwehren, daß sie ihre Abhandlungen nur deshalb als »Essays« bezeichnen, um die Quellen nicht angeben zu müssen. Indes: Wer hat eigentlich verfügt, daß ein Essay auf keinen Fall mit Anmerkungen versehen werden dürfe?

Wieder ein anderer verblüffte mich mit der Behauptung, Zitatnachweise seien »eher dekorativ als nützlich«. Dabei war ich immer der Ansicht, daß die im Text untergebrachten Ziffern die Schönheit des Druckbildes eher beeinträchtigen als steigern. Wie man sieht, fehlt es den Kollegen, auch den ehrenwerten, nicht an Einfällen, um dem Leser ihre Quellen vorzuenthalten. Warum? Hier meine Vermutung: Diese Autoren – sie sind allesamt Faulpelze. Denn sicher ist: Die Nachweise machen viel Mühe.

Aber haben wir es hier wirklich nur mit Faulheit zu tun? Oder sollte es gar so sein, daß es Literarhistoriker und Kritiker gibt, die ein wenig mogeln und verhindern möchten, daß man ihnen auf die Schliche komme? Fälschen sie etwa Zitate? Nein, natürlich nicht. Nur geben sie bisweilen die Gedanken und Formulierungen ihrer Kronzeugen oder Forschungsobjekte etwas ungenau wieder, sie verdeutlichen oder retuschieren sie, damit sie als Beweismittel für ihre Zwecke tauglich werden. »Nicht selten ist das Auslegen ein Einlegen des Erwünschten oder des Zweckmäßigen . . .«[2] – heißt es bei Friedrich Schlegel. Kann man sich wundern, daß solche Interpreten die Überprüfung ihrer Praktiken erschweren wollen und ebendeshalb die Fundstellen konsequent aussparen?

Jedenfalls möchte ich meinen Lesern den Ärger, den mir die Kollegen oft bereitet haben, ersparen. Sämtliche Zitate werden in meinem Buch nachgewiesen – und damit erhebe ich keinen Anspruch, weder einen wissenschaftlichen noch einen sonstigen. Ich weiß schon: Für viele Leser sind diese Angaben überflüssig; sie alle werden freundlichst gebeten, die kleinen

Ziffern im Text einfach zu ignorieren. Aber ich weiß zugleich, daß ein Teil der Leserschaft, und sei es nur eine Minderheit, mir wenn für nichts anderes, so wenigstens für die Anmerkungen dankbar sein wird.

Frankfurt am Main, im März 1994   M. R.-R.

NACHWEISE UND ANMERKUNGEN

Folgende Titel werden nach einer Kurzformel mit römischer Bandzählung und römischer oder arabischer Seitenzählung angegeben:

Benjamin Schriften   Walter Benjamin: *Gesammelte Schriften*. Unter Mitwirkung von Theodor W. Adorno und Gershom Scholem herausgegeben von Rolf Tiedemann und Hermann Schweppenhäuser. Suhrkamp Verlag, Frankfurt/M. 1972.

Börne   Ludwig Börne: *Sämtliche Schriften*. Neu bearbeitet und herausgegeben von Inge und Peter Rippmann. Joseph Melzer Verlag, Band 1–3: Düsseldorf 1964, Band 4 und 5: Darmstadt 1968.

Fontane Hanser   Theodor Fontane: *Sämtliche Werke*. Herausgegeben von Walter Keitel. Carl Hanser Verlag, München 1969 ff.

Goethe Artemis   Johann Wolfgang Goethe: *Gedenkausgabe der Werke, Briefe und Gespräche*. Herausgegeben von Ernst Beutler. Dritte Auflage. Artemis Verlag, Zürich 1976 ff.

Heine   Heinrich Heine: *Sämtliche Schriften*. Herausgegeben von Klaus Briegleb. Carl Hanser Verlag, München 1968–1976.

Jacobsohn Briefe   Siegfried Jacobsohn: *Briefe an Kurt Tucholsky 1915–1926*. Herausgegeben von Richard Soldenhoff. Albrecht Knaus Verlag, München 1989.

Kerr Schriften   Alfred Kerr: *Gesammelte Schriften in zwei Reihen*. S. Fischer Verlag, Berlin 1917/1920.

KFSA   *Kritische Friedrich-Schlegel-Ausgabe*. Herausgegeben von Ernst Behler unter Mitwirkung von Jean-Jacques Anstett und Hans Eichner. Verlag Ferdinand Schöningh, Paderborn-München-Wien 1958 ff.

Lessing Werke	Gotthold Ephraim Lessing: *Werke.* Herausgegeben von Herbert Göpfert. Carl Hanser Verlag, München 1970–1979.
Thomas Mann	Thomas Mann: *Gesammelte Werke in dreizehn Bänden.* Zweite durchgesehene Auflage. S. Fischer Verlag, Franfurt/M. 1974.
Polgar Schriften	Alfred Polgar: *Kleine Schriften.* Herausgegeben von Marcel Reich-Ranicki in Zusammenarbeit mit Ulrich Weinzierl. Rowohlt Verlag, Reinbek bei Hamburg 1982–1986.
Tucholsky Rowohlt	Kurt Tucholsky: *Gesammelte Werke.* Herausgegeben von Mary Gerold-Tucholsky und Fritz J. Raddatz. Rowohlt Verlag, Reinbek bei Hamburg 1961/1962.

MOTTOS

Thomas Mann XIII/246.

Robert Musil: Gesammelte Werke. Herausgegeben von Adolf Frisé. Rowohlt Verlag, Reinbek bei Hamburg 1978, Band 2, S. 1188.

Benjamin Schriften III/259.

GOTTHOLD EPHRAIM LESSING

Der Aufsatz wurde zu Lessings 200. Todestag geschrieben und erschien zuerst (in einer gekürzten Fassung) in der »Frankfurter Allgemeinen Zeitung« vom 14. Februar 1981 unter dem Titel: »War Lessing ein großer Kritiker?«.

1 KFSA II/100.

2 Johann Gottfried Herder: *Werke in zehn Bänden.* Band 2: *Schriften zur Ästhetik und Literatur 1767–1781.* Herausgegeben von Gunter E. Grimm. Deutscher Klassiker Verlag, Frankfurt/M. 1993, S. 690.

3 Ebenda, S. 706 f.   4 KFSA II/109.   5 KFSA II/112.   6 Ebenda.

7 Goethe Artemis X/310.   9 Goethe Artemis XVIII/124 f.

8 Goethe Artemis XXIV/163.   10 Goethe Artemis XXIV/239.

11 Heine III/586.

12 Franz Mehring: *Die Lessing-Legende.* Zur Geschichte der Kritik des preußischen Despotismus und der klassischen Literatur. Dietz Verlag, Berlin 1953, S. 43.

13 Kerr Schriften. Erste Reihe, III/353.

14 Thomas Mann X/254.

15 Hugo von Hofmannsthal: *Erzählungen und Aufsätze.* S. Fischer Verlag, Frankfurt/M. 1961 (= Ausgewählte Werke in zwei Bänden, Band 2), S. 772.

16 *Lessing – ein unpoetischer Dichter.* Dokumente aus drei Jahrhunderten zur Wirkungsgeschichte Lessings in Deutschland. Herausgegeben,

eingeleitet und kommentiert von Horst Steinmetz. Athenäum Verlag, Frankfurt/M. 1969, S. 14 f.

17 Heine III/91 f. 18 Lessing Werke V/305. 19 Lessing Werke V/369.
20 Lessing Werke V/126.   21 Lessing Werke VI/407.
22 Gotthold Ephraim Lessing: *Gesammelte Werke.* Herausgegeben von Paul Rilla. Aufbau-Verlag, Berlin 1952–1958, Band 9: *Briefe,* S. 776.
23 Moses Mendelssohns Notizen für eine geplante Biographie Lessings *(Hauptzüge von Lessings Persönlichkeit)* sind zu finden in: *Lessing – ein unpoetischer Dichter.* A. a. O., S. 167.
24 Lessing Werke VI/192.   28 Heine III/586.
25 Lessing Werke V/218 f.   29 Lessing Werke III/234 f.
26 Lessing Werke VIII/196 ff.   30 Lessing Werke V/144.
27 Lessing Werke VII/21.   31 Lessing Werke V/242 f.
32 Lessing Werke V/26.
33 Gotthold Ephraim Lessing: *Gesammelte Werke.* A. a. O., Band 9, S. 234.
34 Lessing Werke V/28.
35 Franz Mehring: *Die Lessing-Legende.* A. a. O., S. 383.
36 Lessing Werke IV/670.
37 Lessing Werke IV/559.   40 Lessing Werke IV/299.
38 Lessing Werke V/72.   41 Lessing Werke IV/300.
39 Lessing Werke IV/610.   42 Lessing Werke V/331.
43 Paul Rilla: *Lessing und sein Zeitalter.* Enthalten in: Gotthold Ephraim Lessing: *Gesammelte Werke.* A. a. O., Band 10, S. 198.
44 Franz Mehring: *Die Lessing-Legende.* A. a. O., S. 385.
45 Lessing Werke IV/571.   47 Lessing Werke V/179.
46 Lessing Werke V/31.   48 Lessing Werke V/47.
49 Gotthold Ephraim Lessing: *Gesammelte Werke.* A. a. O., Band 9, S. 606.
50 Ebenda, S. 614.   52 Lessing Werke III/304.
51 Ebenda, S. 630.   53 Lessing Werke IV/670.
54 Gotthold Ephraim Lessing: *Gesammelte Werke.* A. a. O., Band 9, S. 748.
55 Lessing Werke V/382.   62 Lessing Werke IV/233.
56 Lessing Werke V/280.   63 Lessing Werke IV/264.
57 Lessing Werke III/113.   64 Lessing Werke IV/698.
58 Lessing Werke IV/456.   65 Lessing Werke IV/573.
59 Lessing Werke IV/263.   66 Lessing Werke IV/296.
60 Lessing Werke IV/339.   67 Lessing Werke IV/674.
61 Lessing Werke V/223.   68 Lessing Werke IV/281.
69 Gotthold Ephraim Lessing: *Gesammelte Werke.* A. a. O., Band 9, S. 185.
70 Lessing Werke IV/232.   71 Lessing Werke IV/694.
72 Adam Müller: *Kritische, ästhetische und philosophische Schriften.* Kritische Ausgabe. Herausgegeben von Walter Schroeder und Werner Siebert. Hermann Luchterhand Verlag, Neuwied und Berlin 1967, Band 1, S. 50.

FRIEDRICH NICOLAI

Eine stark gekürzte Fassung dieser Arbeit erschien in der F. A. Z. vom 2. Dezember 1989.

1 Johann Gottlieb Fichte: *Friedrich Nicolai's Leben und sonderbare Meinungen.* Ein Beitrag zur Literargeschichte des vergangenen und zur Pädagogik des angehenden Jahrhunderts. Herausgegeben von A. W. Schlegel. J. Cotta'sche Buchhandlung, Tübingen 1801, S. 96.

2 Ebenda, S. 112.   3 Ebenda, S. 76.   4 Ebenda, S. 80.

5 Ebenda, S. 14.

6 *Schillers Briefe.* Mit Einleitung und Kommentar herausgegeben von Erwin Streitfeld und Viktor Žmegač. Ullstein Verlag, Frankfurt/M. 1986 (= Ullstein Werkausgaben, Ullstein-Buch 37046), S. 404.

7 Goethe Artemis XVIII/260.

8 Goethe Artemis X/645.   9 Goethe Artemis X/646.

10 Georg Gottfried Gervinus: *Schriften zur Literatur.* Aufbau-Verlag, Berlin 1962, S. 14.

11 Heine III/580.

12 Erich Schmidt: *Lessing.* Geschichte seines Lebens und seiner Schriften. Berlin 1884, Band 1, S. 301.

13 Paul Rilla: *Lessing und sein Zeitalter.* A. a. O., S. 143.

14 Zitiert nach: Günter de Bruyn: *Lesefreuden.* Über Bücher und Menschen. S. Fischer Verlag, Frankfurt/M. 1986, S. 32.

15 Nicolais Brief an den »Hrn. Hofr. Lichtenberg« ist zu finden in: Friedrich Nicolai: *»Kritik ist überall, zumal in Deutschland, nötig.«* Satiren und Schriften zur Literatur. Herausgegeben von Wolfgang Albrecht. Verlag C. H. Beck, München 1987, S. 436.

16 Ebenda, S. 437.

17 Die Äußerung stammt aus einem Brief Nicolais vom 26. März 1759. Zitiert nach: *Friedrich Nicolai 1733–1811.* Essays zum 250. Geburtstag. Herausgegeben von Bernhard Fabian. Nicolaische Verlagsbuchhandlung, Berlin 1983, S. 21.

18 Friedrich Nicolai: *Briefe über den itzigen Zustand der schönen Wissenschaften in Deutschland.* Herausgegeben von Georg Ellinger. Verlag der Gebrüder Paetel, Berlin 1894, S. 2.

19 Ebenda, S. 7.   24 Ebenda, S. 132.   29 Ebenda, S. 84 ff.

20 Ebenda, S. 133.   25 Ebenda, S. 138.   30 Ebenda, S. 86.

21 Ebenda, S. 133 f.   26 Ebenda, S. 147.   31 Ebenda, S. 111.

22 Ebenda, S. 139 f.   27 Ebenda.   32 Ebenda, S. 50 f.

23 Ebenda, S. 135.   28 Ebenda, S. 85 f.   33 Ebenda, S. 102.

34 Friedrich Nicolai: *»Kritik ist überall, zumal in Deutschland, nötig.«* A. a. O., S. 402.

35 Friedrich Nicolai: *Leben und Meinungen des Herrn Magisters Sebaldus*

Nothanker. Frankfurt/M. 1986 (= Ullstein Werkausgaben, Ullstein-Buch 37051), S. 105 f.

36 Zitiert nach: Jochen Schulte-Sasse: *Friedrich Nicolai.* Enthalten in: *Deutsche Dichter des 18. Jahrhunderts.* Ihr Leben und Werk. Unter Mitarbeit zahlreicher Fachgelehrter herausgegeben von Benno von Wiese. Erich Schmidt Verlag, Berlin 1977, S. 333.

37 Die Äußerung stammt aus einem Brief an Wieland. Zu finden in: Gotthold Ephraim Lessing: *Gesammelte Werke.* A. a. O., Band 9, S. 630.

38 *Die Briefe des jungen Schiller.* Ausgewählt und eingeleitet von Max Hecker. Insel Verlag, Leipzig 1909, S. 50.

39 Friedrich Nicolai: *»Kritik ist überall, zumal in Deutschland, nötig.«* A. a. O., S. 333.

40 Ebenda, S. 322.

41 Friedrich Schiller: *Briefe.* Herausgegeben von Gerhard Fricke. Carl Hanser Verlag, München 1955, S. 330.

42 Friedrich Nicolai: *»Kritik ist überall, zumal in Deutschland, nötig.«* A. a. O., S. 319.

43 Ebenda, S. 379. 44 Heine III/582.

45 Lessing Werke IV/698.

46 Günter de Bruyn: *Lesefreuden.* A. a. O., S. 53.

JOHANN WOLFGANG GOETHE

Dankrede aus Anlaß der Verleihung der Goethe-Plakette der Stadt Frankfurt am Main. Zuerst gedruckt in der F. A. Z. vom 25. August 1984.

1 Goethe Artemis VIII/515. 8 Goethe Artemis XXII/131.

2 Goethe Artemis X/642. 9 Goethe Artemis XXIV/635.

3 Goethe Artemis XXIV/726. 10 Goethe Artemis XX/487.

4 Goethe Artemis XX/854. 11 Goethe Artemis XXIII/198.

5 Goethe Artemis XXIV/141. 12 Goethe Artemis XXII/400.

6 Goethe Artemis XXIV/384. 13 Goethe Artemis XX/343.

7 Goethe Artemis XXIV/636. 14 Goethe Artemis XIV/184 f.

15 *Goethes Werke.* Herausgegeben im Auftrage der Großherzogin Sophie von Sachsen. IV. Abteilung. Band 16: *Goethes Briefe 1802–1803.* Hermann Böhlau Verlag, Weimar 1894, S. 3 f.

16 Goethe Artemis XIX/417 f. 18 Goethe Artemis XIV/330.

17 Goethe Artemis XVIII/185. 19 Goethe Artemis XIV/336.

20 Goethe Artemis XIV/765.

21 *Goethe im Urteil seiner Kritiker.* Dokumente zur Wirkungsgeschichte Goethes in Deutschland. Teil I: 1773–1832. Herausgegeben, eingeleitet und kommentiert von Karl Robert Mandelkow. Verlag C. H. Beck, München 1975, S. 418.

22 Ernst Robert Curtius: *Kritische Essays zur europäischen Literatur.* Fischer Taschenbuch Verlag, Frankfurt/M. 1984 (= Fischer Taschenbuch 7350), S. 47.

23 KFSA XVI/142.

24 Goethe Artemis XVIII/229 f.

25 Goethe Artemis X/567 f.

26 Goethe Artemis XIV/444.

27 Goethe Artemis XXI/732.

28 Goethe Artemis XIX/575.

29 Goethe Artemis XIV/830 f.

30 Lessing Werke V/331.

31 *Goethes Werke.* A. a. O., Band 25, S. 242.

32 Goethe Artemis XVIII/57.

33 Goethe Artemis XVIII/208.

34 Goethe Artemis XX/126.

35 Goethe Artemis XX/264.

36 Goethe Artemis X/122.

37 Goethe Artemis XXIII/787.

38 Thomas Mann IX/348.

Friedrich Schlegel

Vortrag, gehalten am 25. Mai 1993 an der Ruprecht-Karls-Universität Heidelberg (im Rahmen der »Heidelberger Universitätsreden«) und am 3. Juni 1993 an der Friedrich-Schiller-Universität Jena.

1 KFSA XXIII/31.

2 KFSA XXIII/70.

3 KFSA XXIII/40.

4 KFSA XXIII/115 f.

5 KFSA V/36.

6 KFSA XIII/104 f.

7 KFSA II/15.

8 Friedrich Nicolai: *»Kritik ist überall, zumal in Deutschland, nötig.«* A. a. O., S. 330.

9 Ricarda Huch: *Gesammelte Werke.* Herausgegeben von Wilhelm Emrich. Köln 1966–1974, Band 6: *Literaturgeschichte und Literaturkritik,* S. 40.

10 Goethe Artemis XX/846.

11 Ebenda.

12 KFSA V/13.

13 Heine III/408.

14 KFSA V/78.

15 KFSA V/38.

16 KFSA III/51.

17 KFSA III/52.

18 KFSA II/116.

19 Ebenda.

20 KFSA II/113.

21 KFSA II/112.

22 Ebenda.

23 KFSA III/52.

24 KFSA II/154.

25 KFSA XVI/139.

26 KFSA III/57.

27 KFSA II/107.

28 Klabund: *Literaturgeschichte:* Die deutsche und die fremde Dichtung von den Anfängen bis zur Gegenwart. Herausgegeben von Ludwig Goldscheider. Phaidon-Verlag, Wien 1929, S. 208.

29 Zitiert nach: Ricarda Huch: *Gesammelte Werke.* A. a. O., Band 6, S. 42.

30 KFSA XXII/116.

30a KFSA XXIV/234.

31 KFSA XXIII/45.

32 KFSA III/148.

33 KFSA I/173.

34 KFSA II/182 f.

35 KFSA I/162.

36 KFSA II/140.

37 KFSA XVI/82.

38 KFSA XVI/142.

39 KFSA II/14.

40 Ebenda.

41 KFSA II/131.

42 KFSA II/90.

43 KFSA II/14.

44 KFSA II/162.

45 KFSA II/176.

46 KFSA II/169.

47 KFSA II/102.	55 KFSA XXIII/107.	63 KFSA II/337.
48 KFSA III/59.	56 KFSA II/182.	64 KFSA II/185.
49 KFSA II/6.	57 KFSA VI/4.	65 KFSA XVI/133.
50 KFSA II/341.	58 KFSA VI/9.	66 KFSA XVI/112.
51 KFSA II/140.	59 KFSA II/404.	67 KFSA II/159.
52 KFSA XVI/168.	60 KFSA III/53.	68 KFSA II/366.
53 KFSA III/146 f.	61 KFSA III/58 f.	69 KFSA XXIII/360.
54 KFSA II/212.	62 KFSA III/82.	

LUDWIG BÖRNE

Dem Essay über Börne liegt die Rede zugrunde, mit der ich am 17. Februar 1976 der Heinrich-Heine-Gesellschaft in Düsseldorf für die Verleihung der Heine-Plakette gedankt habe. Die Arbeit erschien zuerst in der F. A. Z. vom 10. April 1976.

1 Börne II/330.	11 Börne III/942.	21 Börne I/209.
2 Heine IV/26.	12 Börne III/687.	22 Börne I/208.
3 Heine IV/86.	13 Börne I/684.	23 Vgl. Börne IV/68.
4 Börne III, 513.	14 Börne I/677.	24 Börne I/243.
5 Börne III/243.	15 Börne III/579.	25 Börne II/451.
6 Börne III/243 f.	16 Börne III/365.	26 Börne III/71.
7 Börne II/812.	17 Börne III/902.	27 Börne III/365.
8 Börne III/511.	18 Börne I/627.	28 Börne I/339.
9 Börne IV/102.	19 Börne I/206.	29 Börne V/772.
10 Börne II/390.	20 Börne I/673.	

30 Fontane Hanser. Abt. III, II/289.

31 Börne I/206 f.	43 Börne I/500.	55 Börne I/238.
32 Börne I/106.	44 Ebenda.	56 Börne I/395.
33 Börne I/708.	45 Börne I/501.	57 Börne II/455.
34 Börne V/666.	46 Börne I/248.	58 Börne II/560.
35 Börne V/668.	47 Börne I/249.	59 Börne II/562.
36 Börne I/721.	48 Börne I/397.	60 Börne IV/324.
37 Börne I/484.	49 Börne I/398.	61 Börne I/790.
38 Börne I/492.	50 Börne I/400.	62 Börne I/791.
39 Börne I/499.	51 Börne I/403.	63 Börne IV/848.
40 Börne I/490.	52 Börne II/395.	64 Börne II/868 f.
41 Börne I/491.	53 Börne II/396.	65 Börne III/70.
42 Börne I/496.	54 Börne I/304.	66 Börne I/1210.

67 Börne II/819 f.

68 Zitiert nach Ludwig Marcuse: *Börne – Aus der Frühzeit der deutschen Demokratie.* Verlag J. P. Peter, Gebr. Holstein, Rothenburg ob der Tauber 1968, S. 282.

69 Börne I/1057.	70 Heine IV/11.	71 Börne I/219.

72 Börne II/782.   74 Vgl. Börne I/592.   76 Börne II/337.
73 Börne I/214.   75 Börne II/699.
77 Tucholsky Rowohlt IV/213.
78 Börne I/88.   80 Börne I/1064.   82 Börne I/212.
79 Börne I/866.   81 Börne II/434.

HEINRICH HEINE
Vortrag, gehalten am 17. Februar 1986 im Hamburger Rathaus. Zuerst
gedruckt in der F. A. Z. vom 8. März 1986.

   1 Theodor W. Adorno: *Gesammelte Schriften*. Band 11: *Noten zur Litera-
     tur*. Herausgegeben von Rolf Tiedemann. Suhrkamp Verlag, Frank-
     furt/M. 1974, S. 95 und 105.
   2 »Süddeutsche Zeitung« vom 19./20. Oktober 1985.
   3 F. A. Z. vom 25. März 1978   4 Heine V/109.
   5 *Heinrich Heine und seine Zeit 1797–1856.* Katalog zur Heine-Ausstel-
     lung im Museum des Heinrich-Heine-Instituts. Herausgegeben von
     Joseph A. Kruse. Heinrich-Heine-Institut, Düsseldorf 1980, S. 8.
   6 Heinrich Heine: *Briefe*. Erste Gesamtausgabe nach den Handschrif-
     ten. Herausgegeben und eingeleitet von Friedrich Hirth. Florian
     Kupferberg Verlag, Mainz 1949/1950, Erster Teil, S. 8.
   7 Heine I/399.
   8 HeinrichHeine: *Briefe*. A. a. O., Erster Teil, S. 85.
   9 Ebenda, S. 96.   11 Ebenda, S. 63.   13 Ebenda, S. 107.
  10 Ebenda, S. 38.   12 Ebenda, S. 100.   14 Ebenda, S. 150.
  15 Martin Walser: *Liebeserklärungen*. Suhrkamp Verlag, Frankfurt/M.
     1983, S. 183.
  16 Heinrich Heine: *Briefe*. A. a. O., Erster Teil, S. 242.
  17 Heine VI/1–622.
  18 Heinrich Heine: *Briefe*. A. a. O., Erster Teil, S. 250.
  19 Ebenda, S. 284.
  20 Heine II/874.   21 Heine II/830.   22 Heine II/832.
  23 Vgl. Wolfgang Hädecke: *Heinrich Heine*. Eine Biographie. Carl Hanser
     Verlag, München 1985, S. 224.
  24 Heine II/854.
  25 Heinrich Heine: *Briefe*. A. a. O., Erster Teil, S. 408.
  26 Heine II/459.   27 Heine II/456 ff.
  28 Heinrich Heine: *Briefe*. A. a. O., Erster Teil, S. 326.
  29 Heine VI/1–498.
  30 Heine III/468. Vgl. auch Joseph A. Kruse: *Die romantische Schule*. In:
     Internationaler Heine-Kongreß Düsseldorf 1972. Referate und Diskussio-
     nen. Herausgegeben von Manfred Windfuhr. Hoffmann und Campe
     Verlag, Hamburg 1973, S. 459 f.

31 Heinrich Heine: *Briefe*. A. a. O., Zweiter Teil, S. 278.
32 Heine III/587.   33 Heine III/467.   34 Heine III/515.
35 Heine VI/1–617.
36 Heinrich Heine: *Briefe*. A. a. O., Zweiter Teil, S. 101.
37 Heine III/515.   38 Goethe Artemis VIII/165.
39 Heinrich Heine: *Briefe*. A. a. O., Zweiter Teil, S. 37.
40 Heine III/370.   44 Heine III/374 f.   48 Heine III/487.
41 Heine VI/1–447.   45 Heine III/455.   49 Heine III/480.
42 Heine III/372 f.   46 Heine III/586.   50 Heine VI/1–668.
43 Heine IV/179.   47 Heine III/440.
51 Heinrich Heine: *Briefe*. A. a. O., Erster Teil, S. 426.
52 Heine III/395.
53 Heine III/469.
54 Heinrich Heine: *Briefe*. A. a. O., Erster Teil, S. 333.
55 Heine III/390.

THEODOR FONTANE
Zuerst veröffentlicht – in gekürzter Fassung – in der Wochenzeitung »Die Zeit« vom 21. August 1971.
 1 Thomas Mann IX/29 f.
 2 Theodor Fontane: *Briefe an Georg Friedländer*. Herausgegeben und erläutert von Kurt Schreinert. Quelle & Meyer, Heidelberg 1954, S. 239.
 3 Fontane Hanser. Abt. I, V/10.
 4 Fontane Hanser. Abt. III, II/81.
 5 Fontane Hanser. Abt. IV, III/77.
 6 Fontane Hanser. Abt. III, II/289.
 7 Fontane Hanser. Abt. IV, I/538 f.
 8 Fontane Hanser. Abt. III, II/470.
 9 Fontane Hanser. Abt. III, II/786.
10 Fontane Hanser. Abt. III, II/875.
11 Fontane Hanser. Abt. III, II/785.
12 Fontane Hanser. Abt. III, II/21.
13 Fontane Hanser. Abt. III, II/543.
14 Fontane Hanser. Abt. III, II/117 f.
15 Fontane Hanser. Abt. III, II/576.
16 Fontane Hanser. Abt. III, II/347.
17 Theodor Fontane: *Briefe an Georg Friedländer*. A. a. O., S. 124.
18 Fontane Hanser. Abt. III, I/501 und 505.
19 Fontane Hanser. Abt. IV, III/213.
20 Fontane Hanser. Abt. III, IV/1034.
21 Fontane Hanser. Abt. IV, II/431.
22 Fontane Hanser. Abt. IV, IV/98.

ALFRED KERR

Zuerst veröffentlicht in der F. A. Z. vom 13. August 1983.

1 Rolf Hochhuth: *Krieg und Klassenkrieg.* Studien. Mit einem Vorwort von Fritz J. Raddatz. Rowohlt Taschenbuch Verlag, Reinbek bei Hamburg 1971, S. 67 f.

2 Alfred Kerr: *Sätze meines Lebens.* Über Reisen, Kunst und Politik. Herausgegeben von Helga Bemmann. Buchverlag Der Morgen, Berlin 1978, S. 13 f.

3 Joseph Chapiro: *Für Alfred Kerr.* Ein Buch der Freundschaft. S. Fischer Verlag, Berlin 1928, S. 103.

4 Kerr Schriften. Erste Reihe, III/304.

5 Kerr Schriften. Erste Reihe, I/383.

6 Alfred Kerr: *Die Welt im Licht.* Herausgegeben von Friedrich Luft. Verlag Kiepenheuer & Witsch, Köln 1961, S. 7.

7 Kerr Schriften. Erste Reihe, I/XVIII.

8 Alfred Kerr: *Sätze meines Lebens.* A. a. O., S. 47.

9 Kerr Schriften. Erste Reihe, I/9.

10 Robert Musil: *Gesammelte Werke.* A. a. O., Band 2, S. 1405.

11 Kerr Schriften. Erste Reihe, I/VII.

12 Novalis: *Werke.* Herausgegeben und kommentiert von Gerhard Schulz. Verlag C. H. Beck, München 1969, S. 334.

13 Kerr Schriften. Erste Reihe, I/152.

14 Alfred Kerr: *Mit Schleuder und Harfe.* Theaterkritiken aus drei Jahrzehnten. Herausgegeben von Hugo Fetting. Severin und Siedler, Berlin 1982, S. 60.

15 Ebenda, S. 95.   16 Ebenda, S. 450.

17 Alfred Kerr: *Die Welt im Drama.* Herausgegeben von Gerhard F. Hering. Zweite Auflage. Verlag Kiepenheuer & Witsch, Köln 1964, S. 184.

18 Alfred Kerr: *Mit Schleuder und Harfe.* A. a. O., S. 211 f.

19 Ebenda, S. 463.

20 Alfred Kerr: *Sätze meines Lebens.* A. a. O., S. 28.

21 Alfred Kerr: *Die Welt im Drama.* A. a. O., S. 248.

22 Kerr Schriften. Erste Reihe, I/15.

23 Kerr Schriften. Erste Reihe, I/8.

24 Alfred Kerr: *Mit Schleuder und Harfe.* A. a. O., S. 59.

25 Ebenda, S. 34.   26 Ebenda, S. 41.

27 Kerr Schriften. Erste Reihe, V/170.

28 Alfred Kerr: *Mit Schleuder und Harfe.* A. a. O., S. 459.

29 Vgl. Joseph Chapiro: *Für Alfred Kerr.* A. a. O., S. 39.

30 Kerr Schriften. Erste Reihe, I/11 und 13.

31 Kerr Schriften. Erste Reihe, I/VI f. und IX.

32 Kerr Schriften. Erste Reihe, I/XVI.

33 Vgl. Joseph Chapiro: *Für Alfred Kerr.* A. a. O., S. 59.
34 Alfred Kerr: *Die Welt im Drama.* A. a. O., S. 228.
35 Kerr Schriften. Erste Reihe, I/XV.
36 Alfred Kerr: *Die Welt im Drama.* A. a. O., S. 336 f.
37 Alfred Kerr: *Mit Schleuder und Harfe.* A. a. O., S. 498.
38 Alfred Kerr: *Die Welt im Drama.* A. a. O., S. 128.
39 Kerr Schriften. Erste Reihe, III/96.
40 Alfred Kerr: *Mit Schleuder und Harfe.* A. a. O., S. 546.
41 Alfred Kerr: *Die Welt im Drama.* A. a. O., S. 269.
42 KFSA XVI/142.

MORITZ HEIMANN
Zuerst veröffentlicht in Heft 1 der »Neuen Rundschau« von 1971,
S. 127–143.

 1 Moritz Heimann: *Kritische Schriften.* Ausgewählt, eingeleitet und
    erläutert von Helmut Prang. Artemis Verlag, Zürich 1969 (= Klassiker
    der Kritik. Herausgegeben von Emil Staiger), S. IX–XII.
 2 Julius Babs Arbeit über Moritz Heimann ist zu finden in: *Juden in der
    deutschen Literatur.* Essays über zeitgenössische Schriftsteller. Heraus-
    gegeben von Gustav Krojanker. Welt-Verlag, Berlin 1922. Die zitierten
    Formulierungen auf S. 260.
 3 Wilhelm Lehmanns Aufsatz *In Memoriam Moritz Heimann* ist enthal-
    ten in: Moritz Heimann: *Die Wahrheit liegt nicht in der Mitte.* Essays.
    S. Fischer Verlag, Frankfurt/M. 1966, S. 281.
 4 Moritz Heimann: *Die Wahrheit liegt nicht in der Mitte.* A. a. O., S. 272.
 5 Albert Soergel: *Dichtung und Dichter der Zeit.* Eine Schilderung der
    deutschen Literatur der letzten Jahrzehnte. R. Voigtländers Verlag,
    Leipzig 1928, S. 223.
 6 Jakob Wassermann: *Deutscher und Jude.* Reden und Schriften 1904–
    1933. Herausgegeben und mit einem Kommentar von Dierk Rode-
    wald. Verlag Lambert Schneider, Heidelberg 1984, S. 187.
 7 Moritz Heimann: *Kritische Schriften.* A. a. O., S. 234.
 8 Ebenda, S. 243.
 9 Moritz Heimann: *Prosaische Schriften in drei Bänden.* S. Fischer Verlag,
    Berlin 1918, Band 1, S. 202.
10 Moritz Heimann: *Kritische Schriften.* A. a. O., S. 227 f.
11 Moritz Heimann: *Die Wahrheit liegt nicht in der Mitte.* A. a. O., S. 122 f.
12 Ebenda, S. 118 f.   13 Ebenda, S. 120.
14 Kerr Schriften. Erste Reihe, I/12 f.
15 Moritz Heimann: *Die Wahrheit liegt nicht in der Mitte.* A. a. O., S. 223.
16 Ebenda, S. 217.   18 Ebenda, S. 128–131.
17 Ebenda, S. 121.   19 Ebenda, S. 125.

20 Moritz Heimann: *Kritische Schriften.* A. a. O., S. 20.
21 Moritz Heimann: *Die Wahrheit liegt nicht in der Mitte.* A. a. O., S. 131.
22 Moritz Heimann: *Kritische Schriften.* A. a. O., S. 260 und 254.
23 Ebenda, S. 29 f.   24 Ebenda, S. 48.
25 Moritz Heimann: *Die Wahrheit liegt nicht in der Mitte.* A. a. O., S. 212.
26 Moritz Heimann: *Kritische Schriften.* A. a. O., S. 120.
27 Moritz Heimann: *Die Wahrheit liegt nicht in der Mitte.* A. a. O., S. 203.
28 Moritz Heimann: *Kritische Schriften.* A. a. O., S. 8.
29 Moritz Heimann: *Die Wahrheit liegt nicht in der Mitte.* A. a. O., S. 208.
30 Ebenda, S. 194 f.   31 Ebenda, S. 199.
32 Moritz Heimann: *Kritische Schriften.* A. a. O., S. 81 f.
33 Ebenda, S. 145–148.   34 Ebenda, S. 150 f.
35 Moritz Heimann: *Kritische Schriften.* A. a. O., S. 20.
36 Moritz Heimann: *Die Wahrheit liegt nicht in der Mitte.* A. a. O., S. 118.

ALFRED POLGAR

Der erste Teil dieses Kapitels wurde zunächst 1982 veröffentlicht als Vorwort zum ersten Band von Alfred Polgar: Kleine Schriften. Herausgegeben von Marcel Reich-Ranicki in Zusammenarbeit mit Ulrich Weinzierl (Polgar Schriften I/XIX–XXII). Der zweite Teil des Kapitels, zuerst in der F. A. Z. vom 20. September 1986 gedruckt, ist das Vorwort zum sechsten Band der Kleinen Schriften Alfred Polgars (Polgar Schriften VI/XVII–XXVI).

 1 Polgar Schriften IV/86.   2 Benjamin Schriften III/109.
 3 Alfred Polgar: *Begegnung im Zwielicht.* Lothar Blanvalet Verlag, Berlin 1951, S. 7 f.
 4 Polgar Schriften I/275.
 5 Arnold Zweig: *Früchtekorb – Jüngste Ernte.* Aufsätze. Greifenverlag, Rudolstadt 1956, S. 85.
 6 Alfred Polgar: *Auswahl.* Prosa aus vier Jahrzehnten. Herausgegeben von Bernt Richter. Rowohlt Verlag, Reinbek bei Hamburg 1968, S. 79.
 7 Polgar Schriften III/391.
 8 Polgar Schriften IV/273.
 9 Joseph Roth: *Werke.* Herausgegeben und eingeleitet von Hermann Kesten. Verlag Kiepenheuer & Witsch, Köln 1976, Vierter Band, S. 433.
10 Polgar Schriften VI/238.
11 Gustav Janouch: *Gespräche mit Kafka.* Aufzeichnungen und Erinnerungen. S. Fischer Verlag, Frankfurt/M. 1961 (= Fischer Bücherei 417), S. 57.
12 Franz Blei: *Schriften in Auswahl.* Mit einem Nachwort von A. P. Gütersloh. Biederstein Verlag, München 1960, S. 581.

13 Polgar Schriften IV/79.
14 Alfred Polgar: *Begegnung im Zwielicht.* A. a. O., S. 8.
15 Polgar Schriften VI/26.
16 Berthold Viertel: *Schriften zum Theater.* Kösel-Verlag, München 1970, S. 409.
17 Alfred Polgar: *Die Mission des Luftballons.* Skizzen und Erwägungen. Herausgegeben und mit einem Nachwort versehen von Fritz Hofmann. Verlag Volk und Welt, Berlin 1979, S. 559.
18 Benjamin Schriften III/200.
19 Alfred Polgar: *Die Mission des Luftballons.* A. a. O., S. 352.
20 Alfred Polgar: *Hinterland.* Ernst Rowohlt Verlag, Berlin 1929, S. 10.

21 Polgar Schriften I/72.
22 Polgar Schriften I/43.
23 Polgar Schriften I/58 f.
24 Polgar Schriften I/70.
25 Polgar Schriften I/58.
26 Polgar Schriften I/92.
27 Polgar Schriften I/309.
28 Tucholsky Rowohlt III/51 f.

29 Robert Musil: *Gesammelte Werke.* A. a. O., Band 2, S. 1157.

30 Polgar Schriften VI/56.
31 Polgar Schriften VI/303.
32 Polgar Schriften V/382.
33 Polgar Schriften V/67.
34 Polgar Schriften V/323.
35 Polgar Schriften V/335.
36 Polgar Schriften V/534.
37 Polgar Schriften V/1.
38 Polgar Schriften V/418.
39 Polgar Schriften V/61.
40 Polgar Schriften IV/28.
41 Polgar Schriften V/41.
42 Polgar Schriften IV/136.
43 Polgar Schriften V/533.
44 Polgar Schriften VI/133.
45 Polgar Schriften V/395.
46 Polgar Schriften VI/26–28.
47 Fontane Hanser. Abt. III, II/289.
48 Polgar Schriften IV/65.
49 Polgar Schriften IV/56.
50 Polgar Schriften V/266.
51 Polgar Schriften V/247.
52 Polgar Schriften VI/243.
53 Polgar Schriften V/492.
54 Polgar Schriften V/517 und 514.
55 Polgar Schriften VI/221.
56 Polgar Schriften V/535.
57 Polgar Schriften VI/48.
58 Polgar Schriften V/152.
59 Polgar Schriften VI/140 f.
60 Polgar Schriften VI/125.
61 Polgar Schriften IV/178.
62 Polgar Schriften VI/5.
63 Polgar Schriften VI/28.

THOMAS MANN
Zuerst gedruckt in der F. A. Z. vom 25. März 1986.
1 Leo N. Tolstoi: *Shakespeare.* Eine kritische Studie. Zweite Auflage. Adolf Sponholtz Verlag, Hannover 1906, S. 78 und 101.
2 KFSA XVI/142.   3 Thomas Mann X/235 f.
4 Thomas Mann: *Briefe 1948–1955 und Nachlese.* Herausgegeben von Erika Mann. S. Fischer Verlag, Frankfurt/M. 1965, S. 152.
5 Thomas Mann IX/628.

6 Thomas Mann XII/75 und 404.   8 Thomas Mann X/468.

7 Thomas Mann IX/796.   9 Thomas Mann X/470.

10 Schillers Äußerung stammt aus einem Brief an Christian Gottfried Körner vom 1. November 1790. In: *Schillers Sämtliche Werke*. Herausgegeben von Conrad Höfer (Horenausgabe). Band 7, Georg Müller Verlag, München und Leipzig o. J., S. 392.

11 Thomas Mann XII/20.

12 Thomas Mann: *Briefe an Otto Grautoff 1894–1901 und Ida Boy-Ed 1903–1928*. Herausgegeben von Peter Mendelssohn. S. Fischer Verlag, Frankfurt/M. 1975, S. 186.

13 Thomas Mann IX/873.

14 *Thomas Mann an Ernst Bertram*. Briefe aus den Jahren 1910–1955. Herausgegeben, kommentiert und mit einem Nachwort versehen von Inge Jens. Verlag Günther Neske, Pfullingen 1960, S. 172.

15 Thomas Mann: *Briefe 1889–1936*. Herausgegeben von Erika Mann. S. Fischer Verlag, Frankfurt/M. 1961, S. 323 f.

16 Thomas Mann: *Briefe 1948–1955*. A. a. O., S. 153.

17 Paul Scherrer/Hans Wysling: *Quellenkritische Studien zum Werk Thomas Manns*. Francke Verlag, Bern 1967, S. 171.

18 Goethe Artemis X/649.

19 Thomas Mann IX/295.

20 *Thomas Mann an Ernst Bertram*. A. a. O., S. 92.

21 Thomas Mann IX/363 und 368.

22 Thomas Mann IX/256–258.   23 Thomas Mann IX/273 f.

24 Thomas Mann: *Tagebücher 1949–1950*. Herausgegeben von Inge Jens. S. Fischer Verlag, Frankfurt/M. 1991, S. 207, 212 f. und 215 f.

25 Thomas Mann IX/783, 785, 788 und 791 f.

26 Thomas Mann XIII/246.   27 Thomas Mann XIII/356.

Siegfried Jacobsohn

Zuerst (in stark gekürzter Fassung) in der F. A. Z. vom 11. Mai 1991.

1 Jacobsohn Briefe 445.

2 S. J.: *Der Fall Jacobsohn*. Zweite Auflage. Verlag der Schaubühne, Charlottenburg 1913, S. 15.

3 Jacobsohn Briefe 173.   6 Jacobsohn Briefe 116.

4 Jacobsohn Briefe 63.   7 Jacobsohn Briefe 8.

5 Jacobsohn Briefe 45.   8 Polgar Schriften IV/94.

9 Zitiert in: Rolf Michaelis: *Von der Bühnenwelt zur Weltbühne*. Siegfried Jacobsohn und die Schaubühne. Athenäum Verlag, Königstein/Ts. 1980, S. 82.

10 Jacobsohn Briefe 365.   11 Jacobsohn Briefe 33.

12 »Die Schaubühne« vom 10. Januar 1918.

13 Jacobsohn Briefe 126 und 229.

14 Jacobsohn Briefe 140 f.

15 Jacobsohn Briefe 386.

16 Jacobsohn Briefe 342.

17 Jacobsohn Briefe 57.

18 Jacobsohn Briefe 76.

19 Jacobsohn Briefe 199 und 261.

20 Jacobsohn Briefe 278 und 413.

21 Tucholsky Rowohlt IV/213.

22 Jacobsohn Briefe 397.

23 Jacobsohn Briefe 140 f.

24 Jacobsohn Briefe 1163 und 333 f.

25 Jacobsohn Briefe 255 f.

26 Im Vorwort zu: Siegfried Jacobsohn: *Max Reinhardt.* Vierte und fünfte völlig veränderte Auflage. Erich Reiss Verlag, Berlin 1921.

27 Siegfried Jacobsohn: *Jahre der Bühne.* Theaterkritische Schriften. Herausgegeben von Walther Karsch unter Mitarbeit von Gerhart Göhler. Rowohlt Verlag, Reinbek bei Hamburg 1965, S. 223.

28 Ebenda, S. 267.

29 Ebenda, S. 91.

30 Ebenda, S. 224.

31 Ebenda, S. 216 f.

32 Ebenda, S. 240 und 243.

33 Polgar Schriften IV/94.

34 Siegfried Jacobsohn: *Jahre der Bühne.* A. a. O., S. 222.

35 Ebenda, S. 121.

36 Siegfried Jacobsohn: *Max Reinhardt.* A. a. O., S. 110.

37 Vgl. »Die Schaubühne« vom 31. Juli 1913.

38 Siegfried Jacobsohn: *Max Reinhardt.* A. a. O., S. 7 und 9.

39 Siegfried Jacobsohn: *Jahre der Bühne.* A. a. O., S. 73 und 146.

40 S. J.: *Der Fall Jacobsohn.* A. a. O., S. 16.

41 Jacobsohn Briefe 19 f.

KURT TUCHOLSKY

Zuerst veröffentlicht (in gekürzter Fassung) in der »Zeit« vom 14. September 1973.

1 Tucholsky Rowohlt III/426.

2 Tucholsky Rowohlt III/38.

3 Kurt Tucholsky: *Literaturkritik.* Mit einer Vorbemerkung von Fritz J. Raddatz. Rowohlt Taschenbuch Verlag, Reinbek bei Hamburg 1972 (= Rowohlt Taschenbuch 1539), S. 9.

4 Tucholsky Rowohlt III/820 und 824.

5 Tucholsky Rowohlt I/383.

6 Tucholsky Rowohlt II/976 und 982.

7 Tucholsky Rowohlt II/1055.

8 Tucholsky Rowohlt II/1217–1224.

9 Tucholsky Rowohlt I/387.

10 Tucholsky Rowohlt II/376.

11 Tucholsky Rowohlt II/1062–1065.

12 Tucholsky Rowohlt II/51.

13 Tucholsky Rowohlt III/607 und 611.

14 Tucholsky Rowohlt II/759.

15 Tucholsky Rowohlt I/664 ff.

16 Tucholsky Rowohlt II/372.

17 Tucholsky Rowohlt II/1062 ff.

18 Tucholsky Rowohlt II/463.

19 Tucholsky Rowohlt II/949–955.

20 Tucholsky Rowohlt III/822.   23 Tucholsky Rowohlt III/613.
21 Tucholsky Rowohlt III/799.   24 Tucholsky Rowohlt III/802.
22 Tucholsky Rowohlt III/557 f.   25 Tucholsky Rowohlt III/614.

WALTER BENJAMIN
Zuerst gedruckt (in gekürzter Fassung) in der »Zeit« vom 24.November 1972.

1 Alle Buchbesprechungen Benjamins – »von der kurzen Anzeige bis zur Kritik mit Essay- oder Abhandlungscharakter« – sind enthalten in: Benjamin Schriften III (Zitat: III/605).

2 Benjamin Schriften II,1/108.   7 Benjamin Schriften III/283.

3 Benjamin Schriften III/605.   8 Benjamin Schriften III/281.

4 Benjamin Schriften III/183.   9 Benjamin Schriften III/246.

5 Benjamin Schriften III/185.   10 Benjamin Schriften III/173.

6 Benjamin Schriften III/280 f.   11 Benjamin Schriften III/163.

12 Walter Benjamin/Gershom Scholem: *Briefwechsel 1933–1940*. Herausgegeben von Gershom Scholem. Suhrkamp Verlag, Frankfurt/M. 1980, S. 50.

13 Benjamin Schriften III/392 und 399.

14 Werner Fuld schreibt in seinem Buch: *Walter Benjamin*. Zwischen den Stühlen. Eine Biographie. Carl Hanser Verlag, München 1979, meine Behauptung, Benjamins Rückblick auf Stefan George hätten viele Leser als Verbeugung vor dem »Dritten Reich« mißverstehen müssen, sei nur möglich, weil ich »die folgenden entscheidenden Sätze« nicht zitiere. Sie seien hier nachgetragen: »Das heißt nicht, daß George das historische Geschehen, noch weniger, daß er dessen Zusammenhänge vorausgesehen hätte. Das macht den Politiker, nicht den Propheten. Prophetie ist ein Vorgang in der moralischen Welt. Was der Prophet voraussieht, sind die Strafgerichte. Sie hat George dem Geschlecht der ›eiler und gaffer‹, unter welches er versetzt war, vorausgesagt.« – Das sind leider sehr dunkle Sätze, die von den meisten Zeitungslesern wohl kaum verstanden wurden. Klar und einfach sind hingegen die vorangegangenen Sätze: »Stefan George schweigt seit Jahren. Indessen haben wir ein neues Ohr für seine Stimme gewonnen. Wir erkennen sie als eine prophetische.« Das werden die Leser im Juli 1933 sehr wohl verstanden haben. Und worauf sollte damals das Wort »indessen« anspielen, wenn nicht auf die Vorgänge in den ersten Monaten des Jahres 1933, also auf die Machtübernahme? Man sollte auch nicht übersehen, daß es damals üblich war, Verse beispielsweise von Hölderlin – und gelegentlich auch von Schiller – als Prophezeiungen des »Dritten Reichs« zu gebrauchen. So war Benjamins George-Artikel, der ja in Deutschland unter Pseudonym veröffentlicht wurde, zumindest

leichtfertig. Jedenfalls sehe ich keine Veranlassung, die von Fuld beanstandete Passage in meinem Aufsatz von 1972 zu ändern.
15 Benjamin Schriften III/677.
16 Walter Benjamin: *Briefe.* Herausgegeben von Gershom Scholem und Theodor W. Adorno. Suhrkamp Verlag, Frankfurt/M. 1966, Band 2, S. 505 und 508 f.
17 Benjamin Schriften III/259.
18 Hannah Arendt: *Walter Benjamin/Bertolt Brecht.* Zwei Essays. R. Piper & Co. Verlag, München 1971 (= Serie Piper 12), S. 22.
19 Benjamin Schriften III/51.   20 Benjamin Schriften III/69.

FRIEDRICH SIEBURG
Zuerst gedruckt in der »Zeit« vom 17. Februar 1967. Damals lautete der Titel des Beitrags: »Gerechtigkeit für Friedrich Sieburg? Noch einmal über den mächtigen Literaturkritiker von gestern.«
1 Friedrich Sieburg: *Verloren ist kein Wort.* Disputationen mit fortgeschrittenen Lesern. Deutsche Verlags-Anstalt, Stuttgart 1966.
2 Friedrich Sieburg: *Nicht ohne Liebe.* Profile der Weltliteratur. Deutsche Verlags-Anstalt, Stuttgart 1967.
3 Horst Bienek: *Werkstattgespräche.* Carl Hanser Verlag, München 1962, S. 187 f.
4 Friedrich Sieburg: *Nur für Leser.* Jahre und Bücher. Deutsche Verlags-Anstalt, Stuttgart 1955, S. 27.
5 Friedrich Sieburg: *Lauter letzte Tage.* Prosa aus zehn Jahren. Deutsche Verlags-Anstalt, Stuttgart 1963, S. 139.
6 Friedrich Sieburg: *Nur für Leser.* A. a. O., S. 23.
7 Friedrich Sieburg: *Verloren ist kein Wort.* A. a. O., S. 297.
8 Ebenda, S. 14.   10 Ebenda, S. 56.
9 Ebenda, S. 199 und 298.   11 Ebenda, S. 15.
12 Friedrich Sieburg: *Nicht ohne Liebe.* A. a. O., S. 46.
13 Benjamin Schriften IV,I/108.

ROBERT MINDER
Zuerst veröffentlicht in der F. A. Z. vom 11. Juni 1971.
1 Robert Minder: *Wozu Literatur?* Reden und Essays. Suhrkamp Verlag, Frankfurt/M. 1971 (= Bibliothek Suhrkamp 275), S. 30.
2 KFSA II/176.
3 Robert Minder: *Kultur und Literatur in Deutschland und Frankreich.* Fünf Essays. Insel Verlag, Frankfurt/M. 1962 (= Insel-Bücherei 771), S. 137 f.
4 Robert Minder: *Wozu Literatur?* A. a. O., S. 52.
5 Robert Minder: *Dichter in der Gesellschaft.* Erfahrungen mit deutscher und französischer Literatur. Insel Verlag, Frankfurt/M. 1966, S. 138.

6 Robert Minder: *Wozu Literatur?* A. a. O., S. 121 und 175.

7 Ebenda, S. 64.   8 Ebenda, S. 37 f.

9 Robert Minder: *Kultur und Literatur in Deutschland und Frankreich.*
A. a. O., S. 137 f.

10 KFSA II/81.

HANS MAYER

Dieses Kapitel besteht aus zwei in großem Zeitabstand geschriebenen
Aufsätzen. Der erste Beitrag wurde in der »Zeit« vom 16. Juni 1961
veröffentlicht. Sein Titel lautete damals: »Bertolt Brecht, Hans Mayer
und die Sklavensprache. Wo geht die List beim Schreiben der Wahrheit in
den Verrat über?« Der zweite Beitrag war zuerst in der F. A. Z. vom
15. November 1975 gedruckt.

1 Hans Mayer: *Bertolt Brecht und die Tradition.* Verlag Günther Neske,
Pfullingen 1961.

2 Ebenda, S. 67.   3 Goethe Artemis XXIV/141.

4 Hans Mayer: *Bertolt Brecht und die Tradition.* A. a. O., S. 19.

5 Ebenda, S. 31.   7 Ebenda, S. 16 und 18.

6 Ebenda, S. 15 ff. und 20.   8 Ebenda, S. 17 und 57.

9 Ebenda, S. 46 f.   12 Ebenda.   15 Ebenda, S. 82.

10 Ebenda, S. 68 f.   13 Ebenda, S. 75 f.   16 Ebenda, S. 88.

11 Ebenda, S. 74.   14 Ebenda, S. 79 f.   17 Ebenda, S. 89 f.

18 Hans Mayer: *Außenseiter.* Suhrkamp Verlag, Frankfurt/M. 1975.

19 Ebenda, S. 18 und 21 f.   23 Ebenda, S. 227.

20 Ebenda, S. 99.   24 Ebenda, S. 343 ff.

21 Ebenda, S. 207 und 218.   25 Ebenda, S. 378 ff.

22 Ebenda, S. 262.   26 Ebenda, S. 384.

GOLO MANN

Zuerst gedruckt in der F. A. Z. vom 15. April 1989.

1 Golo Mann: *Wir alle sind, was wir gelesen.* Aufsätze und Reden zur
Literatur. S. Fischer Verlag, Frankfurt/M. 1989.

2 Ebenda, S. 75.   3 Ebenda, S. 189.   4 Ebenda, S. 102.

5 Ebenda, S. 69.   6 Thomas Mann XI/332.

7 Golo Mann: *Wir alle sind, was wir gelesen.* A. a. O., S. 181.

8 Ebenda, S. 173.   12 Ebenda, S. 126 und 128.

9 Ebenda, S. 102.   13 Ebenda, S. 136 f.

10 Ebenda, S. 119.   14 Ebenda, S. 125.

11 Ebenda, S. 120.   15 Ebenda, S. 123 und 117.

16 Klaus Mann: *Prüfungen.* Schriften zur Literatur. Herausgegeben von
Martin Gregor-Dellin. Nymphenburger Verlagshandlung, München
1968, S. 161.

17 Thomas Manns Briefe vom 24. September 1945 und 10. Oktober 1945 sind zitiert in: *Die Briefe Thomas Manns.* Regesten und Register. Band 3: *Die Briefe von 1944 bis 1950.* Bearbeitet und herausgegeben unter Mitarbeit von Yvonne Schmidlin (Thomas-Mann-Archiv Zürich), von Hans Bürgin und Hans-Otto Mayer. S. Fischer Verlag, Frankfurt/M. 1982, S. 187 und 194.

18 Golo Mann: *Wir alle sind, was wir gelesen.* A. a. O., S. 292 f.

19 Ebenda, S. 294 und 302. 21 Ebenda, S. 233 und 235.

20 Ebenda, S. 302 f. 22 Ebenda, S. 240 f. und 242–244.

23 Ebenda, S. 210.

FRIEDRICH LUFT

Laudatio aus Anlaß der Verleihung des Ricarda-Huch-Preises. Zuerst gedruckt in der F. A. Z. vom 24. Juni 1978.

1 Kerr Schriften. Erste Reihe, I/11.

2 Herbert Ihering: *Von Reinhardt bis Brecht.* Vier Jahrzehnte Theater und Film. Aufbau Verlag, Berlin 1961, Band 1: 1909–13, S. 8.

3 Herbert Ihering: *Die Zwanziger Jahre.* Aufbau Verlag, Berlin 1948, S. 148.

4 Friedrich Lufts Aufsatz über das Wesen der Kritik findet sich in dem Sammelband *Kritik in unserer Zeit* – Literatur, Theater, Musik, Bildende Kunst. Herausgegeben im Einvernehmen mit der Hochschule für bildende Künste Berlin. Verlag Vandenhoeck & Ruprecht, Göttingen 1960, S. 28 ff.

5 Ebenda, S. 37.

6 Alfred Kerr: *Die Welt im Licht.* A. a. O., S. 7.

7 Goethe Artemis VIII/165.

8 Friedrich Luft: *Stimme der Kritik.* Berliner Theater seit 1945. Dritte, neubearbeitete und erweiterte Auflage. Friedrich Verlag, Velber bei Hannover 1965, S. 70.

9 Ebenda, S. 91. 10 Ebenda, S. 13. 11 Ebenda, S. 49.

12 Reinhard Baumgarts Kritik *(Musical für Staatstheater)* erschien im »Spiegel« 1964, Heft Nr. 25, S. 82.

13 Friedrich Luft: *Stimme der Kritik.* A. a. O., S. 359–363.

14 Ebenda, S. 297 f.

15 Karl Jaspers: *Philosophie.* Band 2: *Existenzerhellung.* Verlag Julius Springer, Berlin 1932, S. 69.

16 Novalis: *Werke.* A. a. O., S. 334.

17 *Kritik in unserer Zeit.* A. a. O., S. 34.

18 Ebenda, S. 41.

HILDE SPIEL

Lobrede aus Anlaß der Verleihung des Ernst-Robert-Curtius-Preises für Essayistik am 16. April 1986 im Rathaus der Stadt Bonn. Zuerst gedruckt in der F. A. Z. vom 24. Mai 1986.

1 Jean Paul: *Sämtliche Werke*. Herausgegeben von Eduard Behrend. Band 16, Hermann Böhlaus Nachfolger, Weimar 1935, S. 6.
2 Goethe Artemis XXIV/610.
3 Roland Barthes: *Kritik und Wahrheit*. Suhrkamp Verlag, Frankfurt/M. 1967, S. 90.
4 Robert Musil: *Gesammelte Werke*. A. a. O., Band 2, S. 1169 f.
5 T. S. Eliot: *Ausgewählte Essays 1917–1947*. Suhrkamp Verlag, Frankfurt/M. 1950, S. 60.
6 Hilde Spiel: *In meinem Garten schlendernd*. Essays. Nymphenburger Verlagshandlung, München 1981, S. 146 f.
7 Robert Musil: *Gesammelte Werke*. A. a. O., Band 1, S. 250.
8 Hilde Spiel: *Welt im Widerschein*. Verlag C. H. Beck, München 1960, S. 231.
9 Hans Weigel: *Das tausendjährige Kind*. Kritische Versuche eines heimlichen Patrioten. Verlag Kremayr & Scheriau, Wien 1965, S. 156.
10 Hilde Spiel: *Die Dämonie der Gemütlichkeit*. Enthalten in: *Wien*. Spektrum einer Stadt. Ein Buch von Hilde Spiel mit Beiträgen von Friedrich Achleitner, Gotthard Böhm, Friedrich Heer, Paul Kruntorad und anderen. Verlag Jugend und Volk, Wien 1971, S. 190.
11 August Wilhelm Schlegel: *Kritische Schriften*. Ausgewählt, eingeleitet und erläutert von Emil Staiger. Artemis Verlag, Zürich 1962, S. 49.
12 In Nietzsches *Menschliches, Allzumenschliches*. Ein Buch für freie Geister. Zweiter Band. Erste Abteilung: *Vermischte Meinungen und Sprüche*, heißt es unter der Überschrift »Merkmale des guten Schriftstellers«: »Die guten Schriftsteller haben zweierlei gemeinsam; sie ziehen vor, lieber verstanden als angestaunt zu werden; und sie schreiben nicht für die spitzen und überscharfen Leser.« (Friedrich Nietzsche: *Werke in zwei Bänden*. Ausgewählt und eingeleitet von August Messer. Alfred Kröner Verlag, Leipzig 1930, Band 1, S. 133.)
13 Hilde Spiel: *In meinem Garten schlendernd*. A. a. O., S. 86.
14 Hilde Spiel: *Welt im Widerschein*. A. a. O., S. 95.
15 Hilde Spiel: *In meinem Garten schlendernd*. A. a. O., S. 154.

WALTER JENS

Laudatio aus Anlaß der Verleihung des Alternativen Büchnerpreises 1989, gehalten in der Orangerie in Darmstadt am 19. Februar 1989. Zuerst gedruckt in der »Zeit« vom 10. März 1989.

1 Walter Jens: *Feldzüge eines Republikaners*. Ein Lesebuch. Herausgege-

ben von Gert Ueding und Peter Weit. Deutscher Taschenbuch Verlag, München 1988 (= dtv 10847), S. 37.
2 Ebenda, S. 29.
3 Walter Jens: *Zur Antike.* Kindler Verlag, München 1978, S. 103 f.
4 Friedrich Schiller: *Werke und Briefe in zwölf Bänden.* Herausgegeben von Rolf-Peter Janz unter Mitarbeit von Hans Richard Brittnacher, Gerd Kleiner und Fabian Störmer. Band 8, Deutscher Klassiker Verlag, Frankfurt/M. 1992, S. 614.
5 Walter Jens: *Deutsche Literatur der Gegenwart.* Themen, Stile, Tendenzen. R. Piper & Co. Verlag, München 1961, S. 10.
6 Walter Jens: *Statt einer Literaturgeschichte.* Siebte erweiterte Auflage. Verlag Günther Neske, Pfullingen 1978.
7 Walter Jens: *Feldzüge eines Republikaners.* A. a. O., S. 245.
8 Walter Jens: *Zur Antike.* A. a. O., S. 418 f.
9 Ebenda, S. 252.   10 Ebenda, S. 217.

Martin Walser
Zuerst veröffentlicht in der F. A. Z. vom 11. Oktober 1983.
1 Martin Walser: *Liebeserklärungen.* A. a. O., S. 9.
2 Thomas Mann: *Briefe 1937–1947.* Herausgegeben von Erika Mann. S. Fischer Verlag, Frankfurt/M. 1963, S. 139.
3 Bertolt Brecht: *Werke.* Große kommentierte Berliner und Frankfurter Ausgabe. Herausgegeben von Werner Hecht, Jan Knopf, Werner Mittenzwei und Klaus-Detlef Müller. Suhrkamp Verlag, Frankfurt/M. 1988 ff., Band 23, S. 67.
4 Zitiert in: Martin Walser: *Liebeserklärungen.* A. a. O., S. 123.
5 Ebenda, S. 128.   9 Ebenda, S. 48.   13 Ebenda, S. 220.
6 Ebenda, S. 149.   10 Ebenda, S. 96.   14 Ebenda.
7 Ebenda, S. 152.   11 Ebenda, S. 117.   15 Ebenda, S. 224.
8 Ebenda, S. 45.   12 Ebenda, S. 117 f.   16 Ebenda, S. 216 f.
17 Ebenda, S. 99.   20 Ebenda, S. 204.
18 Ebenda, S. 175 und 178.   21 Ebenda, S. 192.
19 Ebenda, S. 183.   22 Thomas Mann XIII/123.
23 Martin Walser: *Liebeserklärungen.* A. a. O., S. 240 f. und 243.
24 Ebenda, S. 242, 246 und 252 f.   25 Ebenda, S. 257 ff.
26 Ebenda.
27 »Alles Schöne ist schief«, heißt es in dem Gedicht »Ja« in: Günter Grass: *Ausgefragt.* Gedichte und Zeichnungen. Luchterhand Verlag, Neuwied und Berlin 1967, S. 14.
28 Martin Walser: *Liebeserklärungen.* A. a. O., S. 29.

JOACHIM KAISER
Laudatio aus Anlaß der Verleihung des Ludwig-Börne-Preises, gehalten in der Paulskirche zu Frankfurt am Main am 31. Oktober 1993. Zuerst gedruckt in der F. A. Z. vom 20. November 1993.

1 Börne VI/627.
2 Dietrich Strothmann: *Nationalsozialistische Literaturpolitik.* Ein Beitrag zur Publizistik im Dritten Reich. Zweite verbesserte Auflage. H. Bouvier und Co. Verlag, Bonn 1960, S. 275.
3 Thomas Mann XIII/48.
4 Tucholsky Rowohlt III/51 f.
5 Die Formulierung findet sich in dem (zuerst 1847 publizierten) Aufsatz *Über die Unterhaltungsliteratur insbesondere der Deutschen* von Robert Prutz. Jetzt in: Robert Prutz: *Schriften zur Literatur und Politik.* Herausgegeben von Bern Hüppauf. Max Niemeyer Verlag, Tübingen 1973, S. 22.
6 Das Zitat stammt aus der Arbeit *Über Schriftstellerei und Stil.* Enthalten in: *Schopenhauers Sämtliche Werke in fünf Bänden* (Großherzog Wilhelm Ernst Ausgabe). Insel-Verlag, Leipzig o. J., Band 5, S. 565.
7 Joachim Kaiser: *Erlebte Musik von Bach bis Strawinsky.* Hoffmann und Campe Verlag, Hamburg 1977.
8 »Süddeutsche Zeitung« vom 16. November 1991.
9 Joachim Kaiser: *Erlebte Musik von Bach bis Strawinsky.* A. a. O., S. 616.
10 Joachim Kaisers Aufsatz *Besessener Erzähler und Erzieher.* Eine Laudatio-Sonate findet sich in: *Leonard Bernsteins Ruhm.* Herausgegeben von Joachim Kaiser. Albrecht Knaus Verlag, München 1988, S. 37.
11 Hugo Wolfs Kritik der Vierten Symphonie von Johannes Brahms ist enthalten in: *Meister der deutschen Kritik.* Band 2: *Von Börne zu Fontane 1830–1890.* Herausgegeben von Gerhard F. Hering. Deutscher Taschenbuch Verlag, München 1963 (= dtv 106), S. 286–289.
12 Friedrich Schiller: *Werke und Briefe in zwölf Bänden.* A. a. O., Band 8, S. 614.
13 Joachim Kaiser: *»Vieles ist auf Erden zu thun.«* Imaginäre Gespräche mit Ingeborg Bachmann, Ludwig van Beethoven, Franz Kafka, Johann Nestroy, Friedrich Nietzsche, Clara Schumann, Kurt Tucholsky und anderen. Verlag R. Piper & Co., München 1991.
14 Joachim Kaiser: *Kleines Theatertagebuch.* Rowohlt Verlag, Reinbek bei Hamburg 1965, S. 25.

NACHWORT
1 Lessing IV/699.   2 KFSA II/169.

PERSONENREGISTER